Das Beste auf einen Blick

075ny Abb.: mb

In New York kann man mühelos eine, zwei oder sogar mehrere Wochen verbringen, ohne dass es einem langweilig würde. Die meisten Besucher kommen jedoch für einen Kurzbesuch hierher. Dank der guten und preiswerten Flugverbindungen bietet sich die Stadt auch als Ausgangspunkt einer Reise entlang der US-Ostküste an. Mindestens drei Tage sollte man aber für New York einplanen – verbunden mit der festen Absicht, bald zurückzukehren.

New York an einem Tag

Ein einziger Tag ist für einen Besuch in der Weltmetropole New York zu wenig. Wer es dennoch wagen möchte, für den gibt es nachfolgend eine kurze Übersicht der absoluten „musts". Ein Besuch der Statue of Liberty ❹ *fällt hierbei aus Zeitgründen weg und auch bei den aufgelisteten Museen sollte man sich von persönlichen Interessen leiten lassen. Wer möchte, kann alternativ einen der auf den Seiten 122, 144 und 196 beschriebenen Spaziergänge absolvieren.*

❯ Am **Times Square** ❸❾ mit all seinen Lichtern, Werbebannern und Monitoren schlägt das Herz der Stadt, speziell seit der Broadway verkehrsberuhigt ist.

❯ Sehens- und erlebenswerte bunte, multiethnische Viertel gibt es in New York viele, doch das **Village** – Greenwich Village ❷❹ und East Village ❷❺ – ist ein Musterbeispiel und auch vom Angebot, was Lokale, Shops und Nightlife angeht, vielseitig und interessant. V. a. das East Village ist auch für den Abend ideal.

◁ *Vorseite: Der Pier 45 in Chelsea* ❸⓿ *wurde zur Grünanlage umgestaltet*

EXTRATIPP

Besichtigungsprogramm – Weniger ist mehr

New York kennt keine Grenzen. In den Straßenschluchten kann man rasch die Orientierung verlieren und sich angesichts der Vielzahl von Attraktionen und Museen, Shops und Sights schnell überfordert fühlen. Über eines sollte man sich von Anfang an klar sein: Es ist unmöglich, alle Attraktionen auf einmal „mitzunehmen". Es muss, abhängig u. a. von Interessen, Konstitution, Finanzen oder Jahreszeit und Wetter, eine **Auswahl** getroffen werden. Im vorliegenden Reiseführer werden zahlreiche Attraktionen, Museen und interessante Stadtviertel beschrieben, davon gehören jene, die mit 2 und 3 Sternen hervorgehoben sind, zum „Pflichtprogramm"; der Besuch der anderen ist fakultativ.

Es empfiehlt sich, den **öffentlichen Nahverkehr** ausgiebig zu nutzen und sich eine Wochenkarte dafür zuzulegen (s. S. 340). Wer sich gleich am ersten Tag die Füße wund läuft, wird die restliche Zeit wenig Spaß haben. Vor allem mit der Subway gelangt man einfach und bequem von einem Punkt zum nächsten. Aber auch Busse lassen sich gut in die Stadtbesichtigung einbeziehen, es ist dabei lediglich ein wenig Kartenstudium und während der Stoßzeiten etwas mehr Geduld nötig.

❯ Zwischen 1929 und 1931 erbaut, ist das **Empire State Building** ❸❹ eines der Wahrzeichen New Yorks.

❯ Das **Metropolitan Museum of Art** ❻❷ ist eine der sehenswertesten Kulturinstitutionen und beherbergt die größte Kunstsammlung der westlichen Welt.

Das gibt es nur in New York

> *Pushcarts und Gourmet Food Trucks:* Sie sind ganzjährig an fast jeder Straßenecke zu finden und bieten auf kleinstem Raum eine Vielfalt an preiswerten und vielfach auch kulinarisch interessanten Gerichten aus aller Welt.

> *Delis:* Eine Mischung aus Lebensmittelgeschäft, Feinkostladen und Imbiss, oft 24 Stunden geöffnet

> *Unvergessliche Ereignisse* sind die Times Square New Year's Eve Celebration & Ball Drop, die Thanksgiving Parade und das Feuerwerk am Unabhängigkeitstag (4. Juli).

> Es gibt zwei *Fähren*, die Superausblicke liefern: Staten Island Ferry (gratis) und Governors Island Ferry (s. S. 106).

> New Yorks *Museumsmeile* ist ein einmaliges Konglomerat weltbekannter Museen wie dem Metropolitan Museum of Art **62** oder dem Guggenheim Museum **63**.

> *Macy's* **33** und *Bloomingdale's* (s. S. 25) - zwei *Konsumtempel der Superlative!*

> Der *Madison Square Garden* **36**, die legendäre Sport- und Veranstal-tungshalle, beherbergt zugleich einen Bahnhof im Untergeschoss.

> New Yorks Straßen dominieren *gelbe Taxis* (s. S. 341), zunehmend in der umweltschonenden Hybridversion.

> Auf Weltreise im *„International Express":* mit der Subway Nr. 7 die vielen ethnischen Facetten der Weltstadt kennenlernen (s. S. 278).

> Ein riesiger Park mitten im Stadtzentrum: Der *Central Park* **70** fungiert nicht nur als grüne Lunge, sondern auch als Spielwiese und „gute Stube".

> Eine *Großstadt wird „grün":* Neue Grünanlagen an East und Hudson River, Promenaden und Gärten öffnen die Stadt verstärkt zum Wasser hin und bieten neuen Erholungsraum (s. S. 93).

> *Baseball:* In keiner Stadt spielt der amerikanische Nationalsport eine derart wichtige Rolle. Sehenswert: die Stadien von Yankees **104** und Mets **100**.

> *Kostenlose Sommerkonzerte* und andere Veranstaltungen gibt es zwischen Juni und September an vielen Punkten der Stadt (s. S. 52).

> Beim **Guggenheim Museum** **63** verschmelzen Architektur und moderne Kunst zu einem genialen Gesamtkunstwerk.

> Das **Museum of Modern Art (MoMA)** **57** ist das dritte Highlight in der New Yorker Museumslandschaft und beherbergt eine der umfassendsten Sammlungen moderner Kunst.

> Das **American Museum of Natural History** **74** gilt als weltgrößtes Naturkundemuseum.

> Mitten in Manhattan fungiert der **Central Park** **70** als grüne Lunge der Stadt – vielleicht reicht es für eine kurze Pause im Südteil?

> Natürlich darf der Einkaufsbummel auf der **5th Avenue** **52** bei einem New-York-Besuch nicht fehlen.

> Einen Spaziergang über die **Brooklyn Bridge** **16** sollte man unbedingt unternehmen und anschließend die Aussicht von der **Brooklyn Heights Promenade** **86** genießen.

New York an einem Wochenende

Drei Tage sind für eine Erkundung New Yorks das absolute Minimum. Ein Muss sind die Viertel zwischen Central Park und Lower Manhattan, aber auch ein Abstecher raus aus Manhattan muss sein, um das „andere New York" kennenzulernen. Besonders Brooklyn bietet sich hierfür an, da es leicht mit der Subway zu erreichen ist. Auf den Seiten 122, 144 und 196 werden Spaziergänge durch verschiedene Viertel näher beschrieben.

1. Tag Downtown Manhattan

Es gibt verschiedene Alternativen, um das Besichtigungsprogramm „stilecht" zu beginnen: am Times Square ㊴, im Metropolitan Museum of Art ㊷, mit einer Fahrt mit der Staten Island Ferry (s. S. 106), im Angesicht der Statue of Liberty ➍, auf Ellis Island ➎ oder mit einem Bummel entlang der 5th Avenue ㊷. Oder man beginnt an der Südspitze Manhattans, denn hier liegen die Wurzeln der Stadt: das Finanzzentrum Wall Street (s. S. 127) und die World Trade Center Site ➒. Von hier sind Statue of Liberty, Ellis Island und die Brooklyn Bridge ⓰ leicht erreichbar.

Vormittags und mittags

Der **Battery Park** ➌ mit der Festung Castle Clinton an der Südspitze Manhattans ist der erste Anlaufpunkt. Von hier verkehren Fähren zur **Statue of Liberty** ➍ und nach **Ellis Island** ➎ (früh-

morgens da sein bzw. reservieren!). Nach ein paar Stunden zurück auf dem Festland, nimmt man kurz einen Imbiss an einem der *pushcarts*, z. B. einen Hotdog oder eine *pretzel* mit Senf.

Nachmittags und abends

Auf einer Erkundungstour durch Lower Manhattan könnten **Wall Street** (s. S. 127), **Federal Hall** ⓫, **Museum of American Finance** (s. S. 57), **Trinity Church** ⓾, **South Street Seaport** ⓬ und **World Trade Center Site** ➒ Programmpunkte sein. Von der **City Hall** ⓯ ist es nicht weit zum abschließenden Höhepunkt des Tages: ein Spaziergang über die **Brooklyn Bridge** ⓰, zum Brooklyn Bridge Park ㊸ und zur **Brooklyn Heights Promenade** ㊸. Sowohl von der Brücke als auch von der Promenade ist der Aus-

▷ *Die Freiheitsstatue* ➍,
*Symbol der Demokratie und
Wahrzeichen der Stadt New York*

blick, speziell bei Sonnenuntergang, unvergleichlich. Für Nachteulen bietet sich das derzeit angesagte Viertel **Williamsburg** 92 in Brooklyn – leicht mit der Subway erreichbar – an.

2. Tag Midtown Manhattan

Vormittags und mittags

Ausgangspunkt am zweiten Tag ist die Kreuzung Broadway/Canal Street [D21]. Von hier geht es hinein nach **Chinatown** 17, **Little Italy** 20 und die **Lower East Side (LES)** (s. S. 137). Abgesehen von dem **New Museum of Contemporary Art** 19 und dem **LES Tenement Museum** 18 bietet sich massenhaft Gelegenheit, italienische, chinesische oder jüdische Spezialitäten zu probieren. Wer das lieber unter sachkundiger Anleitung machen möchte, sollte sich einer der Touren von **Enthusiastic Gourmet** (s. S. 328) anschließen.

Danach bietet sich ein Spaziergang durch die benachbarten Viertel **SoHo** 22 und das **Village** (Greenwich Village 24/East Village 25) an. Hier, aber auch rund um den **Union Square** 26, gibt es genügend Lokale aller Kategorien für das Mittagessen. Wer lieber ein Picknick macht: **Washington Square Park** [C/D19], Union Square oder **Bryant Park** [C15] bieten sich dafür an, manchmal mit kostenloser musikalischer Unterhaltung. Oder wie wäre es mit einer Pause auf dem Sonnendeck der neugestalteten **High Line** 31 mit Lunchpaket aus dem nahen **Chelsea Market** (s. S. 31)?

⌂ Zum Ausruhen ideal, aber auch für Action ist im Washington Square Park [C/D19] ständig gesorgt

Nachmittags und abends

Ein paar U-Bahn-Stationen weiter nördlich erreicht man am **Times Square** 39 das pulsierende Herz der Stadt. Hier breitet sich der **Theater District** mit seinen unzähligen Kinos und Theatern aus. Schriller Anziehungspunkt ist die **42nd Street** [C15], die sich mit neuen Lokalen und Läden aber auch wegweisender Architektur zur beliebten Entertainmentmeile mauserte.

Midtown birgt eine Reihe weiterer architektonischer Highlights und ungewöhnlicher Museen, z. B. die **Morgan Library** 35, den **Grand Central Terminal** 45, den **UN-Komplex** 48 oder den legendären **Madison Square Garden** 36. Eine Fahrt auf die Aussichtsplattform des **Empire State Building** ③④ oder des **Rockefeller Center** ⑤⓪, vorzugsweise bei Sonnenuntergang, könnte den Abschluss eines aufregenden Tages bilden.

3. Tag Uptown Manhattan

Vormittags

Jetzt ist es Zeit für ein paar berühmte Museen, z. B. das **Metropolitan Museum of Art** ⑥②, das **Guggenheim Museum** ⑥③, das **Museum of the City of New York** ⑥⑧ oder das **American Museum of Natural History** ⑦④. Bei schönem Wetter und besonders an einem Sonntag böte sich anschließend ein Picknick im **Central Park** ⑦⓪ an. Die nötigen Zutaten gibt es beispielsweise bei **Zabar's** (s. S. 235). Alternativ isst man gut bei **The Wright** im Guggenheim Museum ⑥③ oder man geht auf einen Hotdog zu **Papaya King** (s. S. 42).

Nachmittags und abends

Direkt an der Südostecke des **Central Park** ⑦⓪ beginnt mit der **5th Avenue** ⑤② eine der berühmtesten Flanier- und Shoppingmeilen der Welt. Allerdings ist Einkaufen nicht alles: Attraktionen wie das **Museum of Arts & Design** (s. S. 57), das **MoMA** ⑤⑦, das **Rockefeller Center** ⑤⓪ (mit Studiotouren und Aussichtsplattform), die **Radio City Music Hall** ④⑨, die **St. Patrick's Cathedral** ⑤① oder die **Carnegie Hall** ⑤⑧ sorgen für kulturelle Abwechslung.

Nightlife

Dass New York niemals schläft, ist eine altbekannte Tatsache. Für Nachteulen bietet sich – abgesehen vom Broadway – das derzeit trendige **East Village** ②⑤ zu einer Klub-/Bar-Tour an, z. B. in der **Crif Dogs/PDT Bar** (s. S. 45) oder im **Death & Co** (s. S. 45).

015ny Abb.: al

New York in fünf Tagen

Fünf Tage sind für einen New-York-Besuch optimal, denn dann ist genügend Zeit für Museen, Shopping und Ausflüge in die anderen „boroughs" wie Brooklyn (Coney Island), die Bronx oder Queens. Angesagt ist derzeit besonders Brooklyn, das leicht mit der Subway zu erreichen ist. Für Vorschläge, wie man die ersten drei Tage in New York verbringen kann, siehe Seite 12, Spaziergänge durch bestimmte Stadtviertel sind auf den Seiten 122, 144 und 196 beschrieben.

4. Tag Brooklyn, Harlem und die Bronx

Vormittags und mittags

Die Fahrt mit dem *train* nach **Coney Island** ❼ ist ein Erlebnis, denn die U-Bahn verkehrt meist oberirdisch und bietet im Vorbeifahren Einblick in unterschiedlichste Viertel. Auf Coney Island überrascht das Strandfeeling mit *boardwalk* („Strandpromenade") und Vergnügungsparks. Vorbei am Aquarium (s. S. 273) führt der *boardwalk* nach **Brighton Beach** (s. S. 273), wo das russisch-ukrainische Herz der Weltstadt schlägt. Kunstfreunde sollten sich das **Brooklyn Museum** ❾❺ und den Botanic Garden (s. S. 268) nicht entgehen lassen. Interessantes zu Brooklyn erfährt man auf den „Made in Brooklyn"-Touren (s. S. 328).

Nachmittags und abends

Als Kontrastprogramm bietet sich anschließend ein Besuch in **Harlem** ❼❺ mit seinem pulsierenden Zentrum um die 125th Street an. Wer Karten für ein Spiel der Yankees hat, für den wird es nun Zeit, zum **Yankee Stadium** ❿❹ zu fahren.

Falls nicht, sollte man sich das Stadium wenigstens bei einer Tour ansehen. Ausklingen könnte der Tag in **Little Italy in the Bronx** ❿❼ (Arthur Ave.) oder in einem der **Soulfood-Lokale** in Harlem.

5. Tag Ausflüge

Vormittags

Eine Fahrt mit der kostenlosen Fähre nach **Governors Island** (nur im Sommer, s. S. 106) oder **Staten Island** ❿⓿ bietet grandiose Ausblicke, doch v. a. auf Governors Island kann man New York von einer beschaulicheren Seite kennenlernen. Am nördlichen Ende Manhattans lockt dagegen v. a. **The Cloisters** ❽❺, ein nachgebautes mittelalterliches Kloster und Filiale des Metropolitan Museums of Art ❻❷.

Nachmittags und abends

Besonders empfehlenswert ist **die Fahrt mit dem „7 Train"**, auch „International Express" genannt (s. S. 278). Die U-Bahn steuert den Flushing Meadows-Corona Park mit dem **Citi Field** ❿⓿ (dem Baseballstadion der Mets), dem National Tennis Center (US Open) und dem **Queens Museum** ❿❶ an und quert dazwischen die unterschiedlichsten ethnischen Viertel. Hier kann man auf der Rückfahrt immer wieder einmal kurz aussteigen, um in ein anderes Land „einzutauchen" – und unterschiedlichste Spezialitäten zum Abendessen probieren.

◁ *Das Museum of the City of New York* ❻❽ *widmet sich der Stadtgeschichte*

Zur richtigen Zeit am richtigen Ort

Eigentlich ist man in New York immer „zur richtigen Zeit am richtigen Ort", denn im Big Apple ist das ganze Jahr über etwas los. Zu den größten Events zählen Macy's Thanksgiving Day Parade (über 3,5 Mio. Besucher), Annual Village Halloween Party (2 Mio.) sowie International Auto Show und Times Square New Year's Eve mit je rund 1 Mio. Besuchern.

Frühjahr

> Ende Januar/Anfang Februar: **Chinese New Year's Celebration**, große Parade und viele Festivitäten um die Mott Street (www.explorechinatown.com)

> Mitte März: **St. Patrick's Day** mit der ältesten und größten Parade der Welt (5th Ave.) und irischem Fest (www.nycstpatricksparade.org)

> Ostersonntag: **Easter Parade/Easter Bonnet** Festival an der 5th Ave. (49th–57th St.)

> April: **New York International Auto Show** im Javits Center (www.autoshowny.com)

> 1. Maihälfte: **Harlem Jazz Shrines Festival.** Konzerte auf verschiedenen Bühnen in Harlem (http://harlemjazzshrines.org)

> Ende Mai: **Memorial Day Weekend** (Wochenende um den letzten Montag im Mai) mit **Memorial Day Parade** (Broadway/Dyckman St.) sowie **Fleet Week** (Woche um den Memorial Day): Militärtreffen zu Ehren der U.S. Navy und des Marine Corps mit kostenlosen Schiffsbesichtigungen, Flottenparade und Militärdrills an verschiedenen Orten, u. a. Pier 88 (48th St./West Side Hwy.) und Intrepid Sea, Air & Space Museum **42** (www.fleetweeknewyork.com)

▷ *Anfang November versammeln sich die Topläufer zum New York Marathon*

Sommer

> Anfang Juni: Bei der **Puerto Rican Day Parade** (www.nprdpinc.org) versammeln sich über 2 Mio. Besucher an der 5th Avenue.

> Letzter Sonntag im Juni: **PrideFest** in Greenwich Village (Abingdon Sq.–W 14th St.). Die LGBT-Gemeinde feiert mit Parade mit Touren, Picknicks, Konzerten und Feuerwerk (www.nycpride.org).

> 4. Juli: **Independence Day** mit verschiedenen Veranstaltungen und spektakulärem Feuerwerk (Macy's Fourth of July Fireworks) über dem Hudson oder East River (http://social.macys.com/fireworks/#/home)

> Juni–August: **HBO Bryant Park Summer Film Festival**, Open-Air-Filmklassiker im Bryant Park (montags, www.bryantpark.org), zudem viele andere Veranstaltungen wie Lesungen, Workshops oder Konzerte, z. B. „Broadway in Bryant Park" (donnerstagmittags)

> August: **International Fringe Festival (FringeNYC).** Kunst-/Theaterfestival mit über 200 internationalen Akteuren, 16 Tage lang auf 20 Bühnen, meist in kleineren Theatern (www.fringenyc.org)

> 2. Sonntag im August: **Dominican Day Parade** (6th Ave., 36th–56th St.) mit Merengue-Musik und Essensstände sowie Parade (www.aleida.net/parades-en.html)

> Mitte Juni–Mitte Juli: **River to River Festival**, verschiedene (v. a. Musik-)Veranstaltungen zwischen Battery Park **3** und City Hall **15** (www.rivertorivernyc.com). Ein Teil davon ist das **Seaport Music Festival** an Pier 17 mit Gratiskonzerten an Freitagabenden von Anfang Juli bis Mitte August (www.seaportmusicfestival.com).

> Mitte Juni–Mitte August: **SummerStage** mit Konzerten u. a. Veranstaltungen

EXTRATIPP

Aktuelle Termine

Bei mehr als 5000 Straßenfesten und Veranstaltungen jährlich fällt es schwer, den Überblick zu behalten. Allein in den Parks finden über 425 kostenlose Events im Jahr statt (s. S. 52), dazu Open-Air-Kino und diverse Filmfestivals. Hilfreich zur Orientierung können folgende **Websites** und **Zeitschriften** sein:

❯ www.nycgo.com/events
❯ In der Freitagsbeilage der New York Times („Weekend Guide") bzw. der Samstagsbeilage der Daily News („New York Now") finden sich aktuelle Hinweise.
❯ Darüber hinaus gibt es „Time Out", ein Wochenmagazin (www.timeout.com/ newyork), das u. a. ausführlich über Events berichtet, oder „New York Magazine" (http://nymag.com) mit viel Lesestoff und Adresslisten.

(Infos: www.cityparksfoundation.org/ summerstage, vor allem im Central Park ⑩, aber auch in anderen *boroughs*, z. B. im East River Park, am Tompkins Square, im Marcus Garvey Park), außerdem **GMA** (Good Morning America) **Summer Concert Series:** Mitte Mai – Ende August freitags 7 – 9 Uhr, gratis (http://gma.yahoo.com/music). Weitere Sommerveranstaltungen im Central Park (s. S. 52)

❯ August (Schwerpunkt): **Harlem Week,** ein bunter Veranstaltungskalender mit Kino, Konzerten, Basketballturnieren u. a. (http://harlemweek.com bzw. www.summerstageinharlem.org)
❯ Ende August – Anfang September: **US Open Tennis Championship,** eines der vier Grand-Slam-Turniere der Welt findet in Flushing Meadows statt (www.usopen.org).

Herbst

❯ Mitte September: **San Gennaro Festival,** Prozession und Fest in Little Italy (www.littleitalynyc.com)
❯ 3. Wochenende im September: **German-American Steuben Parade,** großer Umzug entlang der 5th Ave., Start 12 Uhr Ecke 5th Ave./63rd St. (www.germanparadenyc.org)
❯ Mitte Oktober: **Openhousenewyork,** „Tag der Offenen Tür" an einem Wochenende. Sehenswürdigkeiten, die normalerweise nicht zugänglich sind, können dann größtenteils kostenlos besichtigt werden (www.ohny.org).
❯ Anfang Oktober: Beim vom gleichnamigen Magazin veranstalteten **New Yorker Festival** finden ein Wochenende lang Lesungen, Konzerte und Theaterstücke, Touren, Filmvorführungen und Aufführungen an verschiedenen Orten statt (www.newyorker.com/festival).

Winter

❯ 31. Oktober: **Village Halloween Parade.** Umzug auf der 6th Ave., Spring St. bis 21st St. (http://halloween-nyc.com)
❯ Anfang November: **New York Marathon,** nicht nur ein Erlebnis für Läufer, sondern auch für Zuschauer (www.tcsnycmarathon.org)

016ny Abb.: mb

016ny Abb.: al

Feiertage

In den USA gibt es die arbeitnehmerfreundliche Gepflogenheit, **Feiertage auf einen Montag** zu legen. Die **Feriensaison** dauert in Amerika von Memorial Day (letzter Montag im Mai) bis Labor Day (erster Montag im September).

› 1. Januar: **New Year's Day**
› 3. Montag im Januar: **Martin Luther King's Birthday**
› 3. Montag im Februar: **President's Day** (Washington's Birthday)
› Ende März/April: **Easter Sunday** (Ostersonntag); Karfreitag (Good Friday) gilt nur eingeschränkt als Feiertag, Ostermontag überhaupt nicht.
› letzter Montag im Mai: **Memorial Day**
› 4. Juli: **Independence Day** („4th of July")
› 1. Montag im September: **Labor Day**
› 2. Montag im Oktober: **Columbus Day**
› 31. Okt.: **Halloween** (kein offizieller Feiertag!)
› 11. November: **Veterans' Day**
› 4. Donnerstag im November: **Thanksgiving Day**
› 25. Dezember: **Christmas Day;** Heiligabend und der 2. Weihnachtstag sind keine Feiertage

› Letzter Donnerstag im November: **Macy's Thanksgiving Day Parade.** Ab 9 Uhr von Central Park W/77th St. südwärts zur 34th St. bis Herald Sq. und Macy's. Dabei sind überdimensionale Ballons in Gestalt von Comicfiguren, geschmückte Paradewagen, Clowns, Tanz- und Musikgruppen und am Ende der Parade Santa Claus auf dem Schlitten, der die Vorweihnachtszeit einläutet (http://social.macys.com/parade). Das Aufblasen der Ballons findet am Nachmittag zuvor zwischen 77th und 81st St., nahe dem Museum of Natural History **74**, statt.
› Vorweihnachtszeit (nach Thanksgiving): **Tree Lightning Celebrations,** z. B. am Lincoln Center **72** und Rockefeller Center **50** (www.rockefellercenter.com/events) sowie am South Street Seaport **12**. Außerdem **Weihnachtsmärkte** u. a. im Grand Central Terminal **45**, im Bryant Park [C15], am Columbus Circle **71** oder auf dem Union Square **26**
› Anfang November–Ende Dezember: **Annual Radio City Christmas Spectacular** mit den **Rockettes** (www.radiocitychristmas.com) und „The Nutcracker" mit dem **New York City Ballet at Lincoln Center** (www.nycballet.com)
› Dezember (bewegl. Termin): **Hannukah,** jüdisches Lichterfest, an dem die weltgrößte Menorah acht Nächte lang an der Ecke 5th Ave./59th St. brennt. Veranstaltungen im 92nd Street Y (www.92y.org) oder im Museum of Jewish Heritage **6** (www.mjhnyc.org).
› 31. Dezember: **Times Square New Year's Eve Celebration & Ball Drop** (www.timessquarenyc.org), außerdem Feuerwerke über Prospect Park (Eastern Pkwy./Flatbush Ave., Brooklyn) und Central Park (59–110th St.) und New York Road Runners Midnight Run (www.nyrrc.org)

⌃ *Die Macy's Thanksgiving Parade läutet die Vorweihnachtszeit ein*

Margit Brinke, Peter Kränzle

CITY|TRIP PLUS
NEW YORK CITY

Nicht verpassen! — Karte S. 3

4 Statue of Liberty [B27]
Das Geschenk Frankreichs gilt seit seiner Einweihung 1886 als *das* Symbol für Demokratie und Freiheit (s. S. 112).

16 Brooklyn Bridge [E22]
Ein Spaziergang über die Brücke ist für Besucher genauso ein Muss wie der Blick auf die New Yorker Skyline von der nahen Brooklyn Heights Promenade aus (s. S. 134).

24 Greenwich Village [C19] und East Village [D19]
25
Das „Village" ist ein Musterbeispiel für alternative Lebensformen, skurrile Bewohner, schräge Läden, gemütliche Cafés und schicke Restaurants (s. S. 157 und 162).

34 Empire State Building [C16]
Das Empire State Building ist eines der Wahrzeichen New Yorks und das zweithöchste Gebäude der Stadt (s. S. 179).

39 Times Square und Theater District [C15]
Am Times Square schlägt das Herz der Stadt, speziell seit man den Broadway verkehrsberuhigt hat. Hier beginnt der Theater District und die Stadt geht architektonisch neue Wege (s. S. 186).

57 Museum of Modern Art (MoMA) [C14]
Das MoMA bietet eine der umfassendsten und sehenswertesten Sammlungen moderner Kunst und soll in naher Zukunft erneut vergrößert werden (s. S. 213).

62 Metropolitan Museum of Art [C11]
Hier findet sich die größte Kunstsammlung der westlichen Welt. Angesichts der gebotenen Vielfalt finden sogar „Museumsmuffel" interessante Abteilungen (s. S. 221).

63 Solomon R. Guggenheim Museum [D10]
Frank Lloyd Wright hat mit dem Guggenheim Museum ein aufsehenerregendes Baudenkmal und einen Tempel für moderne Kunst geschaffen (s. S. 223).

70 Central Park [C12]
Besonders sonntags scheint hier jeder unterwegs zu sein. Von Kutschfahrten über Konzerte und Theater bis hin zu Spielplätzen wird hier viel geboten (s. S. 228).

74 American Museum of Natural History [B11]
Im weltgrößten Naturkundemuseum kann man in die Geschichte von Mensch und Tier sowie in die Geheimnisse des Universums eintauchen (s. S. 235).

Leichte Orientierung mit dem cleveren Nummernsystem
Die Sehenswürdigkeiten der Stadt sind zum schnellen Auffinden mit **fortlaufenden Nummern** versehen. Diese verweisen auf die ausführliche Beschreibung **im Kapitel „New York entdecken"** und zeigen auch die genaue Lage **im Stadtplan**.

Inhalt

◁ *Die Brooklyn Bridge* ⑯

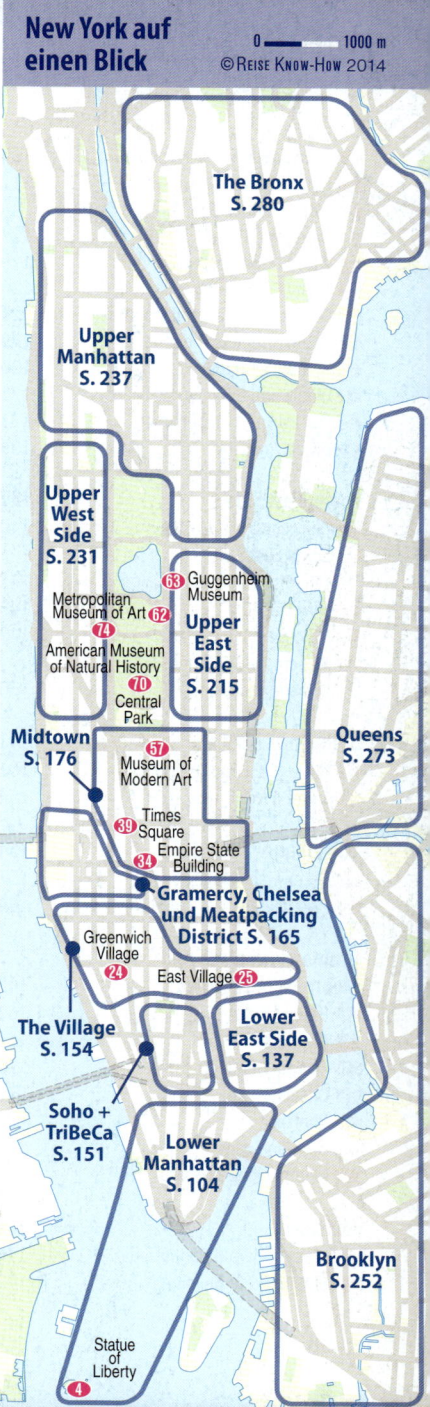

New York auf einen Blick

0 ▬▬▬ 1000 m
©Reise Know-How 2014

The Bronx S. 280

Upper Manhattan S. 237

Upper West Side S. 231

Metropolitan Museum of Art ⑥②

American Museum of Natural History ⑦⓪

Central Park

⑥③ Guggenheim Museum

⑦④

Upper East Side S. 215

Midtown S. 176

Museum of Modern Art

⑤⑦

Times Square ③⑨

Empire State Building ③④

Queens S. 273

Gramercy, Chelsea und Meatpacking District S. 165

Greenwich Village

②④ East Village ②⑤

The Village S. 154

Lower East Side S. 137

Soho + TriBeCa S. 151

Lower Manhattan S. 104

Brooklyn S. 252

Statue of Liberty

④

Anhang 347

Cityatlas 363

Stadtspaziergänge

Exkurse zwischendurch

Hinweise zur Benutzung

Orientierungssystem

Eine **Liste der im Buch beschriebenen Örtlichkeiten** wie Sehenswürdigkeiten, Restaurants, Cafés, Hotels usw. befindet sich auf Seite 396.

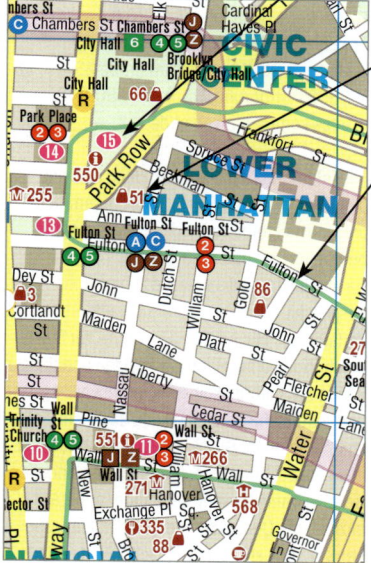

Abkürzungen

Abgesehen von den bekannten Abkürzungen für Himmelsrichtungen, Tage, Monate etc. wurden folgende verwendet:
> DZ (Doppelzimmer)
> E (East), W (West)
> St. (Street)
> Rd. (Road)
> Sq. (Square)
> Ave. (Avenue)
> bei Adressangaben:
  „/" für „Ecke"
  „–" für „zwischen"

Zur schnelleren Orientierung tragen alle Hauptsehenswürdigkeiten und weiteren Lokalitäten die gleiche Nummer sowohl im Text als auch im Kartenmaterial:

⑮ Mit einer fortlaufenden magentafarbenen Nummer sind die Hauptsehenswürdigkeiten gekennzeichnet. Steht die Nummer im Fließtext, verweist sie auf die Beschreibung dieser Sehenswürdigkeit im Kapitel „New York entdecken".

🔺51 Mit Symbol und fortlaufender Nummer werden die sonstigen Lokalitäten wie Cafés, Geschäfte, Restaurants, Hotels, Infostellen usw. gekennzeichnet.

> Die farbigen Linien markieren den Verlauf der Stadtspaziergänge.

[D22] In eckigen Klammern steht das Planquadrat im Kartenmaterial, in diesem Beispiel Planquadrat D22.

Ortsmarken ohne Angabe des Planquadrats liegen außerhalb unserer Karten. Sie können aber wie alle Örtlichkeiten in unserer Online-App unter http://ctp-nyc14.reise-know-how.de lokalisiert werden.

Bewertung der Sehenswürdigkeiten

★★★ auf keinen Fall verpassen
★★ besonders sehenswert
★ wichtige Sehenswürdigkeit für speziell interessierte Besucher

Vorwahlen

> **in die USA:** 001
> **nach Deutschland:** 011–49
> **nach Österreich:** 011–43
> **in die Schweiz:** 011–41
> **Area code Manhattan:** 212 bzw. 646 und 917 für *mobil phones*
> **Area code Bronx, Brooklyn, Queens, Staten Island:** 718 oder 347

Der *area code* muss auch bei Ortsgesprächen mitgewählt werden.

Impressum

Margit Brinke, Peter Kränzle

CityTrip PLUS
New York City

erschienen im
REISE KNOW-HOW Verlag Peter Rump GmbH,
Osnabrücker Str. 79, 33649 Bielefeld

© REISE KNOW-HOW Verlag Peter Rump GmbH
1999, 2001, 2004, 2006, 2007, 2008, 2009,
2010, 2012, 2013

11. Auflage 2014
Alle Rechte vorbehalten.
ISBN 978-3-8317-2533-5
PRINTED IN GERMANY

Dieses Buch ist erhältlich in jeder Buchhand-
lung Deutschlands, der Schweiz, Österreichs,
Belgiens und der Niederlande. Bitte infor-
mieren Sie Ihren Buchhändler über folgende
Bezugsadressen:
    Deutschland: Prolit GmbH, Postfach 9,
    D-35461 Fernwald (Annerod)
    sowie alle Barsortimente
    Schweiz: AVA Verlagsauslieferung AG,
    Postfach 27, CH-8910 Affoltern
    Österreich: Mohr Morawa Buchvertrieb
    GmbH, Sulzengasse 2, A-1230 Wien
    Niederlande, Belgien: Willems Adventure,
    www.willemsadventure.nl
Ebenfalls erhältlich in unserem Internet-
Bookshop: **www.reise-know-how.de**

Herausgeber: Klaus Werner
Lektorat und Layout: amundo media GmbH
Karten: Ingenieurbüro B. Spachmüller,
    amundo media GmbH
Druck und Bindung: Media-Print, Paderborn
Fotos: siehe Bildnachweis S. 362
Anzeigenvertrieb: KV Kommunalverlag
    GmbH & Co. KG, Alte Landstraße 23,
    85521 Ottobrunn, Tel. 089 928096-0,
    info@kommunal-verlag.de

Wir freuen uns über Kritik, Kommentare
und Verbesserungsvorschläge:
info@reise-know-how.de

Aktuelle Informationen
nach Redaktionsschluss
Unter **www.reise-know-how.de** werden
aktuelle Ergänzungen und Änderungen der
Autoren und Leser bereitgestellt. Sie sind
auch in der **Gratis-App** zum Buch abrufbar.

www.reise-know-how.de

› Ergänzungen nach Redaktionsschluss
› kostenlose Zusatzinfos und Downloads
› das komplette Verlagsprogramm
› aktuelle Erscheinungstermine
› Newsletter abonnieren

Verlagsshop mit Sonderangeboten

Auf ins Vergnügen

002ny Abb.: js

New York für Citybummler

„New York war ein unerschöpflicher Raum, ein Labyrinth von endlosen Schritten …" – diese Zeile aus Paul Austers *„New York Trilogy"* kann als Leitfaden für die Erkundung der riesigen Metropole dienen. *New York ist in der Tat ein Labyrinth aus Wolkenkratzerschluchten, die je nach Wetterlage bedrohlich oder faszinierend wirken, bietet aber gleichzeitig pulsierendbunte Viertel, stille Ecken und grüne Oasen.*

New York besteht nicht allein aus **Manhattan.** Zusammen mit den vier anderen Stadtbezirken *(boroughs)* – **Bronx, Brooklyn, Queens** und **Staten Island** – zählt die Stadt über acht Millionen Einwohner. Angesichts der Größe und des Angebots gilt es auszuwählen. Wer Zeit

hat, sollte dennoch dem einen oder anderen weiteren Stadtbezirk einen Besuch abstatten.

Eines vorweg: New York hat **kein eigentliches Zentrum.** Dafür gibt es eine Reihe von *neighborhoods,* Stadtviertel, die völlig unterschiedliche Aspekte bieten. Mit fast 22 km Länge und einer Breite zwischen 1,3 und 3,7 km ist Manhattan nicht einfach zu erkunden. Viel zu laufen ist unvermeidbar, doch kann man bei Nutzung der U-Bahn, offiziell *subway* und von Einheimischen *train* genannt, Kraft sparen. Über 20 Linien durchziehen allein Manhattan und es gibt viele Stopps. Noch dichter ist das Busnetz, das allerdings etwas „staugefährdet" ist und mehr Orientierungssinn erfordert.

Die Südspitze Manhattans – **Lower Manhattan** – ist eines der meistfrequentierten Areale der Stadt. Hier liegt mit der Wall Street und dem World Financial Center **8** eines der Finanzzentren der Welt, hier klafft die Baustelle World Trade Center Site **9** und touristische Highlights wie die Statue of Liberty **4** und Ellis Island **5** laden ein. Besonders die Freiheitsstatue gilt nicht nur als New Yorker Wahrzeichen, sondern verzeichnet nach Times Square **39** und Empire State Building **34** auch die meisten Besucher: über vier Millionen jährlich. Ange-

Sightseeing einmal anders

Wer New York aus einer anderen Perspektive erleben möchte, kann dies entweder per Bus oder Water Taxi tun. Einige **Buslinien** (z. B. die Linien M1 bis M5) durchqueren Manhattan fast komplett in Nord-Süd-Richtung vom Village, durch Midtown, vorbei am Central Park bis hinauf nach Harlem bzw. Washington Heights.

Einen außergewöhnlichen Blick auf die Skyline Manhattans vom Wasser aus ermöglicht das **Water Taxi** (s. S. 330). Die kleinen gelben Boote umrunden den Südteil der Insel zwischen Hudson und East River. Es gibt Hop-on-hop-off- und andere Touren.

❭ Infos zu den **Buslinien** (mit Plänen): www.mta.info
❭ Infos zu **Water Taxi:** www.nywatertaxi.com

▷ *Eines der touristischen Zentren der Stadt: die Südspitze Manhattans*

◁ *Vorseite: Zahlreiche Brücken verbinden Manhattan mit den anderen „boroughs"*

009ny Abb.: mb

sichts des Andrangs und des limitierten Zugangs zu den beiden Aussichtsplattformen bedarf der Besuch dort genauer Vorausplanung.

Ein zweites touristisches Zentrum ist **Midtown,** eine weitere Konzentration von Wolkenkratzern, die zweite Skyline. Hier liegt mit dem Times Square ③⑨ die mit rund 35 Millionen jährlich angeblich meistbesuchte Touristenattraktion der Welt. Andere Topattraktionen sind das Empire State Building ③④, der Grand Central Terminal ④⑤, das Rockefeller Center ⑤⓪ – speziell dessen Aussichtsplattform Top of the Rock –, der Madison Square Garden ③⑥, das weltgrößte Kaufhaus Macy's ③③ oder die St. Patrick's Ca-

thedral ⑤①. Hinzukommen eine Reihe sehenswerter historischer und moderner Bauten wie die Public Library ④③, das Chrysler Building ④⑥ sowie Bank of America Tower ④④, Lipstick Building (53rd St./3rd Ave.) oder MoMA ⑤⑦.

Der Central Park ⑦⓪ in **Uptown** – dem dritten touristischen Zentrum – wird zu beiden Seiten von zahlreichen Museen eingerahmt, mehr als man während eines Kurztrips würdigen könnte. Hauptanziehungspunkte sind das American Museum of Natural History ⑦④, das Metropolitan Museum of Art ⑥② oder das Guggenheim Museum ⑥③.

Einkaufsareale gibt es viele, doch konzentriert finden sie sich um Broadway und 5th Avenue **52**. Während Letzterer ein vornehmes Flair anhaftet, ist der Broadway eher etwas für Schnäppchenjäger. Besonders der Lower Broadway zwischen Canal Street und Union Square (14th St.) lohnt, denn hier überwiegen die preiswerten Läden, besonders im Umkreis der Canal Street. Aber auch ungewöhnliche Boutiquen befinden sich hier, besonders in Teilen von SoHo **22** und dem Village (s. S. 154).

Doch nicht allein Times Square **39** und Theater, legendäre Museen und spektakuläre Bauten machen die Stadt aus. Das Alltagsleben spielt sich in augenscheinlich ganz gewöhnlichen, aber dennoch **typischen Vierteln** ab. Dieses „andere New York" lässt sich bei einem Spaziergang oder bei nächtlichem *bar-hopping* kennenlernen. Das bekannteste „alternative" New Yorker Viertel ist das **Village** – bestehend aus Greenwich **24** und East Village **25** – zwischen Houston und 14th St., aber auch das sich im Süden anschließende **SoHo** **22** sollte man zu Fuß erkunden. Hier sind v. a. zwei Besuchergruppen gut aufgehoben: Architekturfreunde – wegen des Cast Iron District – und Bummler – wegen der zahlreichen Shops und Boutiquen, vor allem entlang dem Broadway.

Neben dem East Village erleben derzeit auch die **Lower East Side** (**LES**) (s. S. 137) sowie die **Bowery** und **Nolita** ein Revival. Diese Viertel sind wegen der Kneipen und Bars besonders abends ein Anziehungspunkt und **Treff der Partyszene**. Tagsüber lohnt die LES wegen ihrer Geschichte als einstiges Immigrantenzentrum, wegen der zahlreichen historischen Bauten und ein paar erhaltener authentisch-jüdischer Shops. Zwischen Lower Manhattan und Midtown, nördlich der 14th Street, blühen derzeit besonders **Chelsea** **30** und

der **Meatpacking District** **32**. Einstmals industriell geprägt, lädt hier mit nun attraktiver touristischer Infrastruktur entlang der 14th und 23rd St. sowie zwischen 5th und 9th Ave. wiederum ein ganz anderes New York zum Entdecken ein. Neuestes Highlight hier ist der High Line Park **31**, eine grüne Erholungspromenade auf Stelzen. Doch das ist nicht die einzige **Ruheoase:** Die *waterfront* – der Streifen entlang dem Wasser – mit ihren alten Piers, besonders am Hudson River, wird immer attraktiver, Governors Island (s. S. 110) ist ein grünes Paradies und dazu gibt es in jedem Viertel Parks und begrünte Plätze zum Pausieren und Erholen.

Vorschläge für **Spaziergänge** durch verschiedene Viertel findet man auf den Seiten 122, 144 und 196. Einige **Einzelziele** in Upper Manhattan sowie Abstecher in die anderen **Stadtbezirke** sollte man ebenfalls einplanen: einen Spaziergang über die Brooklyn Bridge **16**, eine Pause im Brooklyn Bridge Park **87**, den abendliche Sonnenuntergang an der nahen Brooklyn Heights Promenade **86**, Strandvergnügen in Coney Island **97**, The Cloisters **85** – die Mittelalter-Filiale des Metropolitan Museum of Art **62** –, für Sportfans die beiden Baseballstadien Yankee Stadium **104** oder Citi Field **100**, die angesagten Viertel in Brooklyn wie DUMBO **88** oder Williamsburg **92** sowie eine Fahrt hinüber nach Staten Island **110**, mit dem „International Express" durch die ethnische Vielfalt von Queens (s. S. 278) oder eine Entdeckungsreise durch die Bronx (s. S. 281).

▷ *Das Areal um den Times Square* **39** *ist als Fußgängerzone ausgewiesen*

New York für Kauflustige

„Shop 'til you drop" – *Shopping ist in den USA und speziell in New York ein beliebtes Freizeitvergnügen. Bei einem günstigen Stand des Dollars ist selbst in New York, das unter Amerikanern als „eher teuer" gilt, beinahe alles preiswerter als in Deutschland, vor allem aber (Freizeit-) Kleidung und Accessoires, Jeans, Schuhe, Leder- und Sportartikel sowie elektronische und technische Geräte.*

Geöffnet sind die Geschäfte von spätestens 10 bis mind. 18 Uhr, Kaufhäuser und größere Shops zumeist bis 20/21 Uhr (v. a. freitags und samstags), ebenso Buch- und Musikläden (bis 22 oder 24 Uhr). Vielfach stehen auch sonntags die Türen offen, während jüdisch geführte Geschäfte ab Freitagmittag und samstags geschlossen sind.

EXTRAINFO

Mehrwertsteuer

Die **Sales Tax** (Mehrwertsteuer) besteht in New York City aus City Tax (4,5 %), State Tax (4 %) und MCTD (Metropolitan Commuter Transportation District) Tax (0,375 %) und beträgt derzeit 8,875 %. Bei Kleidung und Schuhen gilt eine Sonderregelung: Unter $ 110 pro Einkauf fällt keine Tax an, darüber werden 8,5 %, bei allen anderen Artikeln 8,875 % Steuer fällig.

Besonders günstige **Schnäppchen** kann man nach Weihnachten und am „**Black Friday**", dem Freitag nach Thanksgiving, machen. Die Läden öffnen dann teils schon nachts.

008ny Abb.: mb

Shoppingareale

Interessante Geschäfte verteilen sich über die ganze Stadt, doch lohnen sich ein paar Viertel bzw. Straßenzüge ganz besonders:

> **SoHo,** v. a. entlang dem Broadway ab Canal St.: Boutiquen, Kunstgalerien, Antiquitäten und Schnickschnack, Avantgardekleidung (www.sohonyc.com), in der Nähe der Canal St. v. a. preiswerte Shops. Das anschließende **Nolita** (um Lafayette, Prince und Spring St.) entwickelt sich ebenfalls zunehmend zur Shoppingadresse.

> **Lower East Side/Bowery,** zwischen Canal und Delancey, Orchard und Essex St. In der Orchard St. gibt es nördlich der Delancey St. Billigkleidung, Designeroutlets und Lederwaren, im südlichen Abschnitt dominieren dagegen Boutiquen und Lokale. Einige jüdische Läden und der Essex Street Market (www.lowereastsideny.com)

200ny Abb.: mb

> **Downtown:** Lower Manhattan zwischen City Hall, WTC Site und Wall Street entwickelt sich zunehmend zum Shoppingareal (www.downtownNY.com).

> **Chinatown,** zwischen Canal St., Broadway und Bowery, mit Mott und Grand St. als Hauptachsen: asiatische Lebensmittel und Lokale, Geschirr und Haushaltswaren, Seidenkleidung, Jadeschmuck, Papier etc. (www.explorechinatown.com). Im angrenzenden **Little Italy** um die Mulberry St. gibt es v. a. ital. Feinkost, Bäckereien und Lokale.

> **Greenwich Village,** zwischen Washington und Sheridan Sq. (v.a. Bleeker St.): Boutiquen, Schuhläden, Galerien und Kurioses, aber auch Szenetreffs, Jazzklubs, Cafés und Off-Broadway-Bühnen (http://village alliance.org)

> **East Village,** St. Marks Place, Astor Place und Umfeld bis Tompkins Sq.: Boutiquen, Secondhandläden, Designermode, Kurioses, Galerien (v. a. um 3rd/2nd Ave. sowie 9th St.) sowie nette Kneipen und Cafés (St. Marks Pl., 2nd Ave.–Tompkins Sq.)

> **Union Square** und entlang der 14th St.: Discountläden, Kitsch und Ramsch, Elektronikgeschäfte, günstige Kleidung und lateinamerikanisch-orientalischer Straßenbasar (www.unionsquarenyc.org)

> **Chelsea/Meatpacking District:** Galerien und Boutiquen eher gehobener Kategorie, Cafés, Bars und Lokale (www.meatpacking district.com).

> **Herald Square und Broadway** (23rd–34th St.): Einkaufstempel wie Macy's, JC Penney (Manhattan Mall) und Herald Center (mit Duffy's und Modell's) sowie Billigläden am Broadway

◁ *Preiswert, bunt und ausgefallen: Uniqlo (s. S. 26) betreibt in New York gleich drei Kaufhäuser*

Shoppingareale
Die wichtigsten Shoppingbereiche der Stadt sind im Kartenmaterial mit einer rötlichen Fläche markiert.

310ny Abb.; mb

> **New 42nd St./Times Sq.:** Billigwaren aller Art, Souvenirs, im Times Building (620 8th Ave.) MUJI-Kaufhaus und Dean & DeLuca (www.timessquarenyc.org)
> **5th Ave.** (51st–59th St.): Exklusive Shoppingmeile u. a. mit Tiffany, Cartier, Chanel, Bergdorf, Apple, NBA Store
> **Upper East Side:** Gourmetparadies (3rd Ave./70s Sts.), Antiquitäten (u. a. Sotheby's), Galerien, gehobene Boutiquen v. a. an Madison/Lexington Ave. (www.nyctourist.com/shopping_madisonave.htm)
> **Upper West Side** (Columbus Circle, Amsterdam Ave./Broadway, 84th–71st St.): Designerkleidung, Antiquitäten, Galerien, Mode, Geschenkartikel, *delis* mit Feinkost (z. B. Zabar's), „Shops at Columbus Circle" im Time Warner Center (Einkaufszentrum), Straßencafés und Restaurants

Malls und Kaufhäuser

🔴1 [C18] **Barneys CO-OP,** 236 W 18th St. Designermode-Kaufhaus in Chelsea, wo im Februar und Ende August immer ein beliebter Schlussverkauf stattfindet. Filialen befinden sich in Soho (116 Wooster St.) und Brooklyn (194 Atlantic Ave.) sowie 2151 Broadway (Upper West Side).

🔴2 [D13] **Bloomingdale's,** 3rd–Lexington Ave./59–60th St., www.bloomingdales. com. „Bloomies" ist ein Kaufhaus mit Tradition, das persönliche Einkaufsberater, kostenlose Hotelanlieferung und einen Übersetzungsservice anbietet. Weitere Filiale in SoHo, 504 Broadway/Spring–Broome St.

🔴3 [D22] **Century 21 Department Store,** 22 Cortland St. Filiale: 472 86th St. (Brooklyn), www.c21stores.com. Kleidung, Schuhe, Accessoires, Taschen, aber auch Haushaltswaren zu sagenhaft günstigen Preisen.

🔴4 [C16] **Herald Center,** Herald Sq./34th St. Mit Filiale des Sportgeschäfts Modell's. Derzeit Renovierung, große H&M-Filiale geplant.

🔴33 [C16] **Macy's.** Weltgrößtes Kaufhaus über mehrere Etagen und mit fünf Restaurants.

🔴5 [C16] **Manhattan Mall,** 6th Ave./33rd St. Einziges größeres Einkaufszentrum in Manhattan mit einer Filiale des Kaufhauses J.C. Penney, Aéropostale und *food court* im Untergeschoss.

🔴6 [D18] **Nordstrom Rack,** 60 E 14th St./ Union Sq. Billigversion der gleichnamigen Kaufhauskette.

🔴7 [B13] **The Shops at Columbus Circle,** Time Warner Center/Columbus Circle, www.theshopsatcolumbuscircle.com. Mit Bio-Supermarkt Whole Foods.

◩ *Brooklyn Flea (s. S. 29) –*
ein Paradies für Schnäppchenjäger

Outlet Malls

> **Jersey Gardens,** nahe dem Newark Airport, ist ein Outlet-Shoppingcenter mit über 200 Läden auf 2 Etagen. Es gibt einen regelmäßigen Busshuttle (Infos: www.jerseygardens.com).

> **Woodbury Common Premium Outlets,** 498 Red Apple Court, Central Valley, http://www.premiumoutlets. com/outlets/outlet.asp?id=7, rund 220 Läden, Busse ab Port Authority (42nd St./8th Ave., auch im Explorer Pass enthalten)

Bekleidungsgeschäfte

8 [C14] **Abercrombie & Fitch**, 720 5th Ave., Filiale am South Street Seaport. Kultiger Laden, besonders bei Jugendlichen beliebt.

9 [C15] **Aéropostale**, 1515 Broadway/45th St. Legere, jugendliche Mode und Accessoires, „Viewing Room" im OG mit Ausblick auf den Times Square.

10 [C14] **aritzia**, 600 5th Ave., http://aritzia. com. Kanadische Kette mit schicker, nicht ganz billiger Damen-Designerbekleidung und Accessoires. Filiale: 524 Broadway (SoHo).

11 [C13] **Bergdorf Goodman**, 754 5th Ave./58th St. bzw. 745 5th Ave. (Herrenabteilung). Wie Brooks Brothers ein sehr feines und teures Bekleidungshaus.

12 [D13] **DKNY Madison**, 655 Madison Ave./60th St. Bekannt geworden als Jeans-Label, Filiale: DKNY SoHo, 420 W Broadway.

13 [C6] **Harlem Underground Clothing Company**, 20 E 125th St. Harlem-Memorabilien wie T-Shirts mit guten Aufdrucken, Caps, Sweatshirts.

14 [C14] **Henry Bendel**, 712 5th Ave. Nobelkaufhaus im Stil der 1920er-Jahre mit Designermode, Schmuck und Schuhen.

15 [D20] **Hollister**, 600 Broadway. Kultladen für die jüngere Generation, auch an der 5th Ave. (Nr. 668) zu finden.

16 [C15] **Joe Fresh**, 510 5th Ave. Kleidung in peppigen Farben zu günstigen Preisen, auch Kosmetik. Filialen: 110 5th Ave. und W 34th St.

17 [C18] **Loehmann's**, 101 7th Ave./16th St. Outlet-Kaufhaus mit Designware und weiteren Filialen (2101 Broadway/73th–74th St., Brooklyn und Bronx).

18 [D14] **Saks Fifth Ave.**, 611 5th Ave./50th St. Upperclass-Herrenbekleidung in einer Art Mall mit Einzelshops verschiedener Marken.

19 [D20] **Uniqlo**, 546 Broadway, www. uniqlo.com. Trendiges japanisches Bekleidungsgeschäft in Soho mit praktischer und günstiger Mode. Filialen: 5th Ave./53rd St. und 34th Ave., 5th–6th Ave.

Modeboutiquen

Designermode findet man gehäuft an der 7th Ave. (30s–40s Sts.) und entlang der 5th, Lexington, Park und Madison Ave. (Nr. 600–900). Trendiger ist die Auswahl in der Lower East Side/Bowery und in Soho bzw. TriBeCa, wo auch New Yorker Designer zu finden sind. Wer es preiswerter möchte, der ist in der Orchard Street und am Broadway besser aufgehoben.

Neue Trends sind **Sample** oder auch **Warehouse Sales** (http://ny.racked. com/tags/sample-sales), bei denen hochklassige Firmen und Designer an bestimmten Tagen Ausstellungsstücke bzw. Lagerbestände zu günstigen Preisen anbieten, und **Pop-up Stores**, eine zeitlich begenzte Zwischennutzung leer stehender Räume (http://ny.racked. com/tags/pop-up-shops).

20 [D18] **Free People**, 79 5th Ave., 15–16th St., www.freepeople.com. Damenbekleidung im Hippiestil sowie Accessoires wie Schals oder Schuhe, weitere Filiale: 99 Spring St.

🛍21 [D19] **OMG – The Jeans Store,** 678 Broadway. OMG („Oh My God") bietet Markenjeans in riesiger Auswahl zu günstigen Preisen, weitere Filialen v.a. entlang Broadway, Nr. 408, 810, 1658 u. a.

🛍22 [D21] **Opening Ceremony,** 35 Howard St. Designermode, die nach einem neuen Konzept präsentiert wird: Es werden ausgewählte Modelabels und -designer aus wechselnden Ländern vorgestellt.

🛍23 [E20] **Reed Space,** 151 Orchard St. Laden mit ausgefallenen, hippen Labels wie Stussy, 10.Deep, Crooks & Castles oder Too Black Guys.

🛍24 [C20] **Stussy,** 176 Spring St., www. stussy.com. Trendsetter in SoHo. „Streetwear" und Topmarken aus aller Welt.

🛍25 [D20] **Supreme,** 274 Lafayette St., www.supremenewyork.com. 1994 als Laden mit Skater-Kleidung und „Artist's Wear" eröffnet. Heute gehören Punks, Hip-Hopper u. a. Anhänger anderer Jugendkulturen zum Publikum.

🛍26 [D20] **Yellow Rat Bastard,** 483 Broadway, www.yrbnyc.com. Laden in Soho, bekannt für flippige T-Shirts mit Aufdrucken u. a. ausgefallene Bekleidung und Zubehör.

🛍27 [D19] **Zacky's,** 686 Broadway (NoHo), www.zackys.com. Schuhe und Kleidung verschiedener Trendmarken.

Buch- und Musikläden

🛍28 [D18] **Barnes & Noble,** 33 E 17th St. (Union Sq.), werktags meist 10–21, So. bis 18/19 Uhr, zahlreiche weitere Filialen. Große Buchhandelskette mit Zeitschriftenabteilung und zugehörigem Café sowie Veranstaltungen.

🛍29 [C19] **Bleecker Street Records,** 239 Bleecker St. *Der* Laden im Village: Tolle

Auswahl an CDs, Platten, DVDs, Postern u. a. Souvenirs.

🛍30 [C19] **Bonnie Slotnick Cookbooks,** 163 W 10th St, schräg gegenüber von Three Lives & Company (s. S. 28). Ausgefallene und alte Kochbücher aller Art.

🛍31 [C19] **BookBook,** 266 Bleecker St., 11– mind. 22 Uhr. „Bücherparadies" im Village mit neuen und gebrauchten Büchern.

🛍32 [D18] **Forbidden Planet,** 832 Broadway, www.fpnyc.com. Comics, Bücher, Spiele, Accessoires.

🛍33 [D9] **Kitchen Arts and Letters,** 1435 Lexington Ave./93rd–94th St. Kochbücher, Restaurantführer und anderes zum Thema „Essen und Trinken".

🛍34 [C15] **Midtown Comics,** 200 W 40th St. Relativ großer, gut sortierter Comicshop, auch T-Shirts u. a. Souvenirs.

🛍35 [D19] **Other Music,** 15 E 4th St./Broadway, http://othermusic.com. Kleiner Laden im Village mit guter Auswahl, auch seltene Aufnahmen. Gelegentlich Events im Laden.

🛍36 [C19] **Rebel Rebel Records,** 319 Bleecker St. Neue und v. a. gebrauchte und seltene Schallplatten, DVDs, CDs u. a. Interessant bei Hausnummer 273: Matt Umanov Guitars.

🛍37 [D19] **St. Mark's Comics,** 11 St. Mark's Pl., www.stmarkscomics.com. Paradies für Comic-Fans im East Village, tgl. bis mind. 23 Uhr geöffnet. Filiale: 148 Montague St. (Brooklyn).

🛍38 [D18] **Strand Books,** 828 Broadway/ 12th St., www.strandbooks.com. Der berühmte New Yorker Discountbuchladen führt auch Bestseller, Antiquarisches und Erstausgaben.

🛍39 [D22] **The Mysterious Bookshop,** 58 Warren St., www.mysteriousbookshop. com. Einer der ältesten Krimibuchläden in den USA. Besitzer Otto Penzler schreibt selbst Krimis und gibt die Zeitschrift „The Armchair Detective" heraus.

New York für Kauflustige

🔒40 [C19] **Three Lives & Company,** 154 W
10th St. Buchladen der „alten Art" im Village,
kundiges Personal und gemütliche Wohnzimmeratmosphäre, auch Lesungen.

Sport- und Fanartikel

🔒41 [D20] **Converse,** 560 Broadway/Prince
St. Hier gibt es nicht nur „Chucks", sondern
auch andere Accessoires und Bekleidung.

🔒42 [C15] **Mets Clubhouse,** 11 W 42nd St.
Alles für die Fans des anderen New Yorker
Baseballteams.

🔒43 [D15] **Modell's,** Herald Center/34th St.
Sportfachgeschäft mit Kleidung und Fan- sowie Sportartikeln zu günstigen Preisen, Filialen u. a. 150 und 740 Broadway, 55 Chambers St. sowie 360 Fulton St./Brooklyn.

🔒44 [C16] **MSG Store,** 7th Ave., 31st–33rd St.
Gut sortierter Souvenirladen der New Yorker
Teams im Madison Square Garden.

🔒45 [C14] **NBA Store,** 590 5th Ave. Tempo-
rärer Standort des Souvenirladens der Bas-
ketballliga NBA während der neue Laden
entsteht.

🔒46 [C15] **NHL Store,** 1185 Ave. of the Americas. Ein Muss für Eishockeyfans: Souvenirs und Kleidung der Vereine der Eishockey-
liga NHL.

🔒47 [C15] **Yankees Clubhouse,** 1501 Broadway. Alles für die Fans der legendären New
Yorker Baseballmannschaft. Weitere Filialen
u. a. im Stadion.

Elektronik, Kameras und Computer

🔒48 [C18] **Adorama Camera,** 42W 18th St.,
www.adorama.com. Großes Angebot an
Foto-, Video- und Astronomie-Zubehör zu
günstigen Preisen.

🔒49 [D13] **Apple Store,** 767 5th Ave./59th
St., täglich rund um die Uhr geöffnet. Durch
einen gläsernen Zugangswürfel kommt man
in die unterirdische Apple-Filiale. Hier und in
den weiteren Filialen (103 Prince St./SoHo,
401 W 14th St./9th Ave./Meatpacking District, 1981 Broadway/67th St./Upper West
Side) gibt es alles für Apple-Fans, auch Vorträge und Workshops.

🔒50 [B16] **B&H Photo – Video – Pro Audio,**
420 9th Ave./34th St., www.bhphotovideo.
com. Kameras und Zubehör zu Schnäpp-
chenpreisen.

🔒51 [D22] **J&R Music & Computer World,**
1 Park Row, www.jr.com. Riesiger Elektro-
nik- und Musikladen gegenüber der City Hall,
der von Kameras über Computer bis zu CDs
alles führt.

🔒52 [C20] **Leica,** 460 W. Broadway. Leica-Pro-
dukte wie Kameras, Linsen, Objektive, Stati-
ve, auch gebraucht. Außerdem Workshops.

🔒53 [C19] **Lomography Gallery Store,** 41 W
8th St., www.lomography.com. Alles für den
„Lomo-Fan". Filiale: 41 W 8th St.

Verschiedenes

🔒54 [D16] **Boyd's of Madison Avenue Department Store,** 385 5th Ave./36th St. Ein Kos-
metik- und Parfümerie-Kaufhaus, in dem es
auch diverse Accessoires, einen Friseur und
eine Apotheke gibt.

🔒55 [B16] **Jerry Ohlinger's Movie Material
Store,** 253 W 35th St. Spezialisiert auf alte
und neue Filmposter und Fotos.

🔒56 [D21] **Kam Man Food,** 200 Canal St. Asiatisch Angehauchtes: u. a. Haushaltswaren,
Lebensmittel, Dekoartikel und Stoffe.

🔒57 [D16] **Old Print Shop,** 150 Lexington
Ave., 29th–30th St. Karten, Bücher, Fotos
und Drucke aller Art, besonders schöne
Ansichten von New York.

▷ *Auf dem Flohmarkt in Hell's Kitchen
gibt es eine bunte Vielfalt an Waren*

58 [D20] **Pearl River,** 477 Broadway. Ein günstiger Asialaden, der Lebensmittel und Haushaltswaren, Geschirr und Dekoartikeln anbietet.

59 [E20] **Ranali Boutique,** 176 Bowery. Laden des gleichnamigen Schmuckdesigners mit breiter Palette von handgefertigten Lederhandtaschen über verrückte Hut- und Mützenkreationen bis zu individuellem Schmuck.

60 [D20] **Sur la Table,** 75 Spring St. Küchenutensilien, Geschirr u. a. in riesiger Vielfalt.

61 [E21] **Yunghong Chopsticks Shop,** 50 Mott St. Winziger Laden nur für Essstäbchen in allen Variationen, hübsch in Geschenkverpackungen.

EXTRATIPP

Flohmärkte

62 [C17] **Antiques Garage,** 112 W 25th St., 6th–7th Ave., Sa./So. 9–17 Uhr. Flohmarkt unter Dach.

❯ **Brooklyn Flea:** ab April, Park Slope P.S. 321, 180 7th Ave., 1st–2nd St., Sa. 10–17 Uhr. Fort Greene Flea, 176 Lafayette Ave., Sa. 10–17 Uhr. Williamsburg Flea, 50 Kent Ave., N 11th–12th St. [H18], So. 10–17 Uhr. Im Winter findet Flea Williamsburg zusammen mit Smorgasburg (s. S. 30) unter Dach statt, 80 N 5th St./Wythe Ave., Sa./So. 10–18 Uhr. Infos: www.brooklynflea.com.

63 [B11] **GreenFlea,** Columbus Ave./76th–77th St., vor dem Museum of Natural History, So. 10–mind. 17.30 Uhr. Wochen- und Flohmarkt, teils überdacht.

64 [B15] **Hell's Kitchen Flea Market,** W 39th St. (9th–10th Ave.), Sa./So. 9–17 Uhr, www.hellskitchenfleamarket.com. Flohmarkt nahe dem Port Authority Bus Terminal.

65 [C17] **West 25th Street Market,** W 25th St., Broadway–6th Ave. (Chelsea), Sa. und So. 9–17 Uhr. Rund 125 Verkaufsstände mit Antiquitäten, Möbeln, Kleidung u. a.

018ny Abb.: mb

Wochenmärkte

In New York findet in den Sommermonaten fast täglich irgendwo ein **farmers'** oder **greenmarket** statt (weitere Infos unter www.nyfarmersmarket.com und www.grownyc.org/ourmarkets). Bauern und Produzenten aus der Region verkaufen dann ihre eigenen Produkte – vielfach aus biologischem Anbau. Zentral gelegen sind z. B. die folgenden Märkte:

❷ [D23] **Bowling Green**, Broadway/Battery Place (Lower Manhattan), ganzjährig, Di./Do. 8–17 Uhr

🔒66 [D22] **City Hall Park**, Broadway–Chambers St.–Warren St. (City Hall), März–Dez., Di./Fr. 8–16 Uhr

🔒67 [E22] **New Amsterdam Market**, South St./Peck Slip, neben dem Old Fulton Fish Market, Mai–Dez. meist an einem So. im Monat 11–16 Uhr, www.newamsterdam market.org. Gourmetmarkt mit regionalen Produzenten, auch Imbiss, Umzug in den Old Fulton Fish Market/Tin Building (South St./Pier 17), geplant. Gegenüber befindet sich der Fulton Stall Market (findet wegen Renovierung zurzeit nicht statt, s. www.fultonstall market.com).

🔒68 [C22] **PATH Greenmarket**, W. Broadway/Barclay St.-Park Pl., Di. 8–18 Uhr

🔴50 [C14] **Rockefeller Center**, Rockefeller Plaza, W 50th–51st St. (Midtown), Ende Juli–Anfang Sept., Mi./Do./Fr. 8–17 Uhr

🔒69 [H18] **Smorgasburg**, East River State Park, 90 Kent Ave./N. 7th St., www.smorgas burg.com. April–Mitte Nov. Sa. 11–18 Uhr. Großer Gourmetmarkt in Williamsburg mit Imbissständen. Außerdem immer So. 11–18 Uhr in DUMBO, Brooklyn Bridge Park, Pier 5, am Fuße der Brooklyn Bridge **🔴16**. Im Winter (mit Flohmarkt) nur 80 N 5th St./Wythe Ave., Sa./So. 10–18 Uhr.

🔒70 [E19] **Tompkins Square**, Ave. A, 7th St.–St. Marks Place (East Village), ganzjährig, So. 8–18 Uhr

🔴26 [D18] **Union Square**, Broadway/E 17th St., Union Square Park (Chelsea), ganzjährig, Mo./Mi./Fr./Sa. 8–18 Uhr. Größter und wohl meistbesuchter Markt in New York.

◁ *In New York findet fast täglich irgendwo ein Wochenmarkt statt*

EXTRATIPP

„24/7 Shops"
Im Stadtzentrum finden sich kleinere Lebensmittelgeschäfte *(convenience stores)* mit heißen/kalten Theken, auch *delis* genannt. Sie sind vielfach die ganze Nacht über geöffnet.

- 🔴85 [D22] **7Eleven,** 140 Church St. (nahe City Hall)
- 🔴86 [D22] **Jubilee Marketplace,** 99 John St. (Financial District)
- 🔴87 [E19] **Key Food Supermarket,** 52 Ave. A/3rd St. (East Village)
- 🔴88 [D23] **The Open Kitchen,** 15 William St. Eatery, u. a. Wraps und Salatbar.

Kulinarisches

🔴71 [C22] **Amish Market & Deli,** 53 Park Pl./W. Broadway. Gourmetmarkt in Tribeca mit Waren von Kleinproduzenten aus aller Welt, Imbisstheke und Café.

🔴72 [D19] **Astor Wines & Spirits,** 399 Lafayette/4th St. Hervorragende Weinauswahl in modernem Interieur und mit informativen Beschreibungen im East Village.

🔴73 [B18] **Chelsea Market,** 75 9th Ave., www.chelseamarket.com, Mo.–Sa. 7–22, So. 8–21 Uhr. „Gourmet Mall" mit Blue Bottle (Kaffee!), The Lobster Place, Chelsea Wine Vault, Fill-it (Essig/Öl), Manhattan Fruit Exchange oder Amy's Bread.

🔴74 [D20] **Dean & DeLuca,** 560 Broadway/ Prince St. Der „Gourmettempel" der Stadt, außerdem Küchenzubehör und Espressobar.

🔴75 [C17] **Eataly,** 200 5th Ave./23rd St., www.eatalyny.com. Italienischer Gourmetmarkt mit Lebensmitteln aller Art, frischem Fisch, Fleisch und Käse, Weinladen, Espressobar sowie Restaurants und Kochschule.

🔴76 [E20] **Essex Street Market,** 120 Essex/ Delancey St. Überdachtes Markttreiben mit Ständen in der Lower East Side. Einkaufen und Naschen ist hier günstiger als im exklusiveren Chelsea Market. Wegen eines Neubaus an der Essex/Delancey St. soll der alte Markt auf die gegenüberliegende Straßenseite umziehen. Tgl. 8–17, So. 10–18 Uhr.

🔴77 [C18] **Garden of Eden,** 7 E 14th St. / 5th Ave. Dieser Biosupermarkt ist kleiner als Whole Foods, aber ebenfalls exquisit sortiert. Weitere Filiale z. B. 162 W 23rd St.

🔴78 [D20] **Gourmet Garage,** 453 Broome St., www.gourmetgarage.com. Bekannter Feinkostladen mit Imbiss, ähnlich Dean & DeLuca, aber preisgünstiger. Weitere Filialen u. a. 111 7th Ave./10th St. und 155 W 66th St.

🔴79 [C20] **Kee's Chocolates,** 80 Thompson/ Spring St. Winziger Laden mit erlesenen Trüffeln und Pralinen.

🔴80 [C18] **Murray's Bagels,** 500 Ave. of the Americas. Bekannt für seine mind. 15 Sorten Bagels und verschiedene Aufstriche/Beläge, aber auch Sandwiches und Salate.

🔴81 [C19] **Murray's Cheese,** 254 Bleecker St., Filialen im Grand Central Terminal 🟢45, 43rd. St./Lexington Ave. oder 500 6th Ave. (12–13th St.). Bestes Käsegeschäft der Stadt. Seit 1940 Käse aus aller Welt, aber auch andere Feinkost wie Salami oder Schinken.

🔴82 [E19] **Russ & Daughters,** 179 E Houston St. Legendärer *appetizer store* von 1914 mit riesiger Auswahl an jüdischen (und anderen) Spezialitäten, v. a. Räucherfisch, Lachs, Hering, Kaviar, auch Bagels und *cream cheese.*

🔴83 [D18] **Trader Joe's,** 142 E 14th St. Preiswerte Biosupermarktkette mit guter Weinabteilung (138 E 14th St.).

🔴84 [D18] **Whole Foods,** Union Sq./14th St., tgl. 8–23 Uhr. Größter Biosupermarkt der Stadt mit verschiedenen Imbissstationen (kalt und warm) sowie enormer Auswahl an Biolebensmitteln. Filialen u. a. im Time Warner Building (10 Columbus Circle), 95 E Houston St. (Bowery).

New York für Genießer

Als Erstes sollte man seine Vorurteile gegenüber der amerikanischen Küche ablegen. Im „Vielvölkerzentrum" New York ist die ganze Welt zu Hause und regionale Spezialitäten finden sich an jeder Straßenecke, und zwar vom einfachen Imbiss bis hin zum Sternerestaurant.

Für Sparsamere und für den kleinen Hunger ist in New York v. a. dank der zahlreichen Imbissstände an den Straßen, den sogenannten **pushcarts**, und den **Gourmet Food Trucks** gesorgt. Alternativen sind **Delis** (kalte und/oder warme Theken), **Imbisslokale, Schnellrestaurants** und **Garküchen** (z. B. chinesisch, arabisch, italienisch), **Märkte** wie Chelsea Market (s. S. 31) oder Essex Street Market (s. S. 31) oder **Supermärkte** mit Imbissabteilungen wie Whole Foods (s. S. 31).

Es gibt zahlreiche **weltberühmte Köche** in New York – z. B. Alain Ducasse, Jean- Georges Vongerichten, Thomas Keller, David Bouley, Daniel Boulud, Nobu Matsuhisa, Mario Batali, Anne Burrell oder Wylie Dufresne – und viele Toplokale. Mit insgesamt **über 60 Sternerestaurants** steht New York in der Rangliste ganz oben. Die sieben, 2014 vom Michelin Guide gekürten, Dreisternlokale heißen Daniel, Jean-Georges, Masa, Le Bernadin, Per Se, Eleven Madison Park und Chef's Table (Brooklyn). Für viele dieser Luxustempel ist eine mehrmonatige Reservierung im Voraus erforderlich. Ihnen folgen fünf Zweisterne- und über 50 Lokale mit einem Stern. Es soll derzeit geschätzte **25.000 Restaurants** geben, wobei die **Preise** in den besseren Restaurants gehoben sind. Dafür sind Service und Qualität des Essens auf höchstem Niveau. Der durchschnittliche Preis pro Menü liegt bei gut $ 43, wobei zum Preis auf der Speisekarte in New York insgesamt noch rund 25 % für *tax* (Mehrwehrtsteuer) und *tipp* (Trinkgeld) dazuaddiert werden müssen.

Hinweise zum Essengehen

> **Essenszeiten:** Mittagessen *(lunch)* wird meist zwischen 12 und 14 Uhr, Abendessen *(dinner)* von ca. 18 bis 22 Uhr serviert. Die Speisen von der Lunch-Karte sind meist günstiger als die Dinner-Gerichte.

> **Reservierung:** Abends/an Wochenenden sollte man in besseren bzw. beliebten Restaurants reservieren, ansonsten muss man Schlangen und Wartezeiten in Kauf nehmen.

> **„Wait to be seated":** Am Eingang wird einem ein eigener Tisch zugewiesen, die Bedienung *(server/waiter)* stellt sich vor und der *busboy* (Hilfskellner) schenkt Wasser ein.

> Die **Menüzusammensetzung** ist flexibel und es gibt mehrere Beilagen, Salatdressings und Zubereitungsarten, oft stehen auch Portionsgrößen und Kombinationsmöglichkeiten zur Wahl. Auf den *appetizer* (Vorspeise) folgen das *entrée* (Hauptgericht) und das *dessert* (Nachtisch) oder/und Kaffee. Anschließend kommt unaufgefordert die Rechnung.

> **Einpacken von Essensresten** *for to go* in ein *doggy bag* ist selbst in einem Feinschmeckerrestaurant üblich.

> **Trinkgelder** (*tipp* oder *gratuity*) sind in den USA nicht im Preis für das Essen inklusive.

▷ *Barley & Grain (s. S. 34) – ein gemütliches Lokal in der Upper East Side, wo ein Besuch nicht nur wegen der Bar, sondern auch wegen des Essens lohnt*

Gastro- und Nightlife-Areale

Bläulich hervorgehobene Bereiche in den Karten kennzeichnen Gebiete mit einem dichten Angebot an Restaurants, Bars, Klubs, Discos etc.

312/ny Abb.: mt

Angesichts der geringen Löhne der Beschäftigten im Dienstleistungsgewerbe ist es üblich, in Restaurants, Klubs, Bars etc. 15 bis (eher) 20 % vom Rechnungsbetrag zu der Gesamtsumme zu addieren.

❭ Während der **Winter** bzw. **Summer Restaurant Week** bieten ausgewählte Restaurants Menüs zu festen Preisen an (www.nycgo.com/restaurantweek).

❭ Ein guter Tipp für Unentschlossene ist das **Areal rund um St. Mark's Place** [D/E 19] mit vielen unterschiedlichen Lokalen.

Folgende Webseiten helfen bei der **Suche nach bestimmten Lokalen:**

❭ http://nymag.com/restaurants – wöchentlich aktualisierter „Führer" durch New Yorks Restaurantszene, mit Menüs, Infos zu Neueröffnungen und Artikeln

❭ http://newyork.citysearch.com/guide/newyork-ny-metro/restaurants.html – umfassende Listen zur kulinarischen Szene, gegliedert nach Küche, Art des Lokals, Preis und Besonderheiten

❭ www.timeout.com/newyork/food-drink – hilfreiche Listen, gegliedert nach Küchen, Vierteln, Preisen und sonstigen Besonderheiten, Neueröffnungen und Tipps. Auch als Printausgabe verfügbar.

❭ www.chowhound.com/boards/18 – Messageboards mit Tipps in NYC, außerdem Blogs, News und Rezepte; tägliches Update

❭ www.ny.eater.com – News zur Restaurantszene, zu Neueröffnungen, Schließungen etc., unter „Racked NY" auch Shoppingtipps

Ausgewählte Restaurants

Im Folgenden einige Empfehlungen aus dem Überangebot an Lokalen in New York, wobei Veränderungen – Schließungen, Neueröffnungen, Besitzerwechsel – an der Tagesordnung stehen. Wo eine **Reservierung** u. U. sinnvoll ist, wurde eine Telefonnummer angegeben. Es wird nachfolgend nach **Küchen** (amerikanisch, italienisch, griechisch ...) unterschieden, dazu kommen einige Sonderkategorien (Café, *deli*). Ergänzend dazu gibt es im Kapitel „New York entdecken" am Ende jedes beschriebenen Stadtviertels ebenfalls Tipps, v. a. solche, die für einen schnellen Imbiss oder Lunch günstig am Weg liegen.

Preiskategorien

Annäherungswert für ein Hauptgericht ohne Getränk, Tax und Trinkgeld. Günstiger ist oft „Prix Fixe Lunch" oder „Dinner".

$	unter $ 10
$$	$ 10–20
$$$	über $ 20
$$$$	über $ 50

Amerikanische Küche

⑪89 [C15] **Aureole** $$$$, One Bryant Park, 135 W 42nd St., Bank of America Tower, Tel. 212 3191660. Gehobenes Lokal mit elegantem Dining und relaxtem Bar Room. Günstigeres Dreigangmenü mittags, von 17–18 Uhr zum Festpreis, ausgezeichnete Weinauswahl.

⑪90 [D20] **Back Forty West** $$, 70 Prince/Crosby St. Kleines Lokal mit gut sortierter Bar, bekannt für amerikanische Standards wie Burger, Sandwiches, Salate, Chicken, aber auch kreative „Weltgerichte" aus biologischen Produkten. Sa./So. Brunch, tgl. L/D.

⑪91 [B11] **Barley & Grain** $$, 421 Amsterdam Ave./80th St., Tel. 646 3603231, www. barley-grain.com, tgl. Dinner, Sa/So. 10–16 Uhr Brunch. Gemütliches Ecklokal in der gediegenen Upper West Side mit hervorragend sortierter Bar. Kategorien: „Quick & Easy", „Greens & Grains" und „Land & Sea" – Vorspeisen/kleine Gerichte, Vegetarisches und Hauptgerichte –, alles überaus kreativ und schmackhaft.

⑪92 [D19] **DBGB** $$-$$$, 299 Bowery, Houston–1st St., Tel. 212 9335300. Chef Daniel Boulud eröffnete hier ein auch preis-

Typisch New York – Reuben, Hotdog, Knish und Bagel

Delis sind etwas ganz Typisches für die Stadt: Sie gelangten Anfang des 20. Jh. mit den jüdischen Immigranten nach New York. Es gibt dort heiße und kalte Theken zur Selbstbedienung mit Fertiggerichten aller Art. Hier werden Sandwiches oder Bagels nach Wunsch belegt, heiße Suppen, Salate, Brathähnchen oder Pasta, Kaffee und Getränke und andere Lebensmittel stehen zum Verkauf.

*Zweite Besonderheit der Stadt sind die **pushcarts**, die „Fresswägelchen", die von einfachen Bagels, Muffins oder Donuts und Kaffee oder einem kompletten Frühstück über Säfte, Salate und Obst bis hin zu Hotdogs und „Knishes", „Prezels", Pizza oder Tortillas, „Kabob" (Kebab) - Spezialitäten aus aller Welt - anbieten.*

*Der **jüdische Einfluss** auf Sprache und Musik, Literatur und v. a. das Essen ist in New York bis heute groß. Speziell in der Lower East Side, aber gehäuft in Brooklyn, lassen sich **jüdische Spezialitäten** finden. Typisch jüdische Gerichte sind neben „Knishes" - die es an vielen Straßenecken*

in der „Industrieversion" gibt -, „Gefilte Fish", „Blintzes" (Omelette), „Latkes" (Kartoffelpuffer), „Matzo Balls" (Matzeknödel, Matzo = Cracker), „Pastrami" (Rindfleisch), Hering und „Pickles" (Sauereingelegtes, v. a. Essiggurken), gehackte Leber oder „Kreplach" (Teigtaschen mit Fleisch in Brühe), „Kosher Franks" oder „Knockwurst" (Wiener oder Frankfurter). An delikatem Backwerk gibt es die überall bekannten Bagels, „Bialy" (Hefebrötchen mit Zwiebel oder Knoblauch), „Rugelach" (süß gefülltes Gebäck), „Challah" (Hefezopf), verschiedene Strudel sowie „Halvah" - und all das kann man auf den überaus empfehlenswerten Touren von Enthusiastic Gourmet (s. S. 328) probieren.

*Ein neuerer Trend sind **Gourmetkaffees** (z. B. La Colombe, s. S. 153) und **Cupcakes** (Rührteig-Muffins mit Creme), wie man sie an Straßenständen, Gourmet Food Trucks - eine ebenfalls neue Entwicklung in New Yorks Straßen - und in Cafés wie Baked by Melissa (529*

lich ziemlich „normales" Lokal, eine Mischung aus französischer Brasserie und amerikanischer Taverne. Sehenswerte Einrichtung mit Regalen ringsum und offener Küche, günstiges Festpreismenü ($ 27). Bekannt für die Würste, „Piggie Burger" und Muscheln.

🐟**93** [E20] **Freemans** $$$, 191 Chrystie St., Tel. 212 4200012. Traditionelle und rustikale amerikanische Küche in heimeligem Ambiente, auch gute Cocktails.

🐟**94** [D17] **Gramercy Tavern** $$$$, 42 E 20th St./Broadway–Park Ave. S,

Tel. 212 4770777. Amerikanische Küche vom Feinsten mit exotischem Touch, ausgezeichnete Weinliste.

🐟**95** [D15] **Grand Central Oyster Bar & Restaurant** $$$-$$$$, 42nd St., Tel. 212 4906650. Das historische Seafood-Restaurant im Grand Central Terminal bietet neben einer einzigartigen Auswahl an Austern auch hervorragende Weine und preiswerte Sandwiches.

🐟**96** [B7] **Harlem Tavern** $$, 2153 F. Douglas Blvd./116th St., Tel. 212 8664500, Subway: 116th St. Im Freien gibt es einen

Broadway u. a. Filialen) oder im Little Cupcake Bakeshop (30 Prince St.) in vielerlei Variationen bekommt. Robicelli's Cupcakes (versch. Locations) ist ebenfalls ein heißer Tipp.

Kulinarisches Glossar:
> *Hero* - Baguette mit Spaghettisoße und Fleischbällchen
> *Frank(furter)* - gekochtes Rindfleischwürstchen („wiener"), oft „kosher" und meist als Hotdog in einer weichen länglichen Semmel („roll") serviert
> *Knish* - mit Teig umwickelter frittierter Kartoffel(brei)kloß, auch mit Füllung, wird mit Senf, Ketchup und/oder Honig (!) gegessen.
> *Pretzel* - groß proportionierte, weiche Brezel, die warmgehalten und gerne mit Senf bestrichen wird
> *Corned-Beef- oder Pastrami-Sandwich,* speziell mariniertes und geräuchertes, dünn aufgeschnittenes Rindfleisch „on rye" (Roggen-), „on wheat" (Weizentoast) oder „on club"

(Brötchen). Berühmt dafür ist z. B. Katz's (s. S. 42).
> *Reuben* - Sandwich mit Sauerkraut, Remoulade, dünnen Corned-Beef-Scheiben und mit Emmentaler („swiss cheese") überbacken
> *New York Cheesecake* - Käsekuchen aus knusprigem Mürbeteigboden („pie") und cremigem Belag aus Frischkäse, Eiern und Crème fraîche, Vanille, Zitrone und Zucker
> *Waldorf Salad* - aus geraspelten Äpfeln, Nüssen, Sellerie und Mayonnaise
> *Bagel* - Was anfangs ein schlichtes jüdisches Backwerk war, gehört heute zum täglichen Frühstück vieler New Yorker: Bagels, runde Hefeteigringe, die kurz in sprudelndes Wasser kommen, ehe sie gebacken werden. Es gibt sie natur („plain"), mit Mohn, Sesam, Rosinen, in der Vollkornversion, mit Zwiebelgeschmack etc. Aufgeschnitten werden sie mit „cream cheese" bestrichen, luxuriöser kommt noch Lachs („lox") dazu.

Gourmet Food Trucks

*Gourmet Food Trucks sind der Renner und bieten von Crêpes und „organic sandwiches" über venezuelanische Spezialitäten bis zu Schnitzel, Falafel, „dumplings", Toasts und Kaffee (hier ist der orangefarbene Mudtruck am Astor Pl. [D19] die beste Wahl) einfach alles. Teils mit Tischen und Sitzplätzen ausgestattet, stehen die **Kleinlaster,** in denen das Essen meist frisch zubereitet wird, bevorzugt in Parknähe.*

› **Lesetipp:** *T. Vandenberghe, J. Gossens, L. Thys, „New York Street Food", Hädecke Verlag 2013. Kulinarische Reiseskizzen mit mehr als 60 Rezepten, Walter Hädecke Verlag (2013).*

› *http://streetvendor.org, im Sept. Vergabe der Vendy Awards auf Governors Island: http://streetvendor.org/vendys*

› *www.NYCfoodtrucks.org*

› *www.findnycfoodtrucks.com*

240ny Abb.: mb

großen Biergarten, im Inneren ist das Harlem Tavern ein gemütliches Bierlokal mit amerikanischer Küche und einer großen internationalen Bierauswahl. Relativ preiswert.

97 [D23] **Harry's Café & Steak** $$$, 1 Hanover Sq., Tel. 212 7859200. Alteingesessene Institution in Wall-Street-Nähe, im historischen India House, in dem schon George Washington residierte, tolle Weinkarte und gute Steaks.

98 [C19] **Market Table** $$-$$$, 54 Carmine St., Tel. 212 2552100. 32 Plätze zwischen Ladenregalen, kreative kleine Gerichte von der Speisekarte auf der Schiefertafel.

99 [C19] **Pearl Oyster Bar** $$, 18 Cornelia St., Bleecker–W 4th St., Tel. 212 6918211. Seafood-Klassiker im Village, klein, eng und immer voll, bekannt für Austern, *Chowder* (Muscheleintopf) und *Lobster Rolls*.

🔊**100** [E18] **S'mac – Sarita's Macaroni & Cheese** $, 345 E 12th St. Überbackene Nudeln in allen Varianten (Soßen/Käse/Beigaben) und Portionsgrößen. Empfehlenswert ist der „S'Mac Sampler" – ideal für Familien.

Französische Küche

🔊**101** [C21] **Bouley** $$$$, 163 Duane/Hudson St., Tel. 212 9642525. Hier kocht der Starkoch David Bouley.

🔊**102** [C19] **Cornelia Street Café** $$-$$$, 29 Cornelia St., Tel. 212 9899319. Ländlich-französische Küche zu guten Preisen, dazu Lesungen, Livemusik oder auch Kabarett, Sa./So. Brunch.

🔊**103** [D20] **L'Ecole** $$-$$$, 462 Broadway, www.internationalculinarycenter.com, Tel. 212 2193300, geöffnet: Mo.–Sa. 12–14 (3 Gänge $ 32), 17.30–19 und 20–21.45 (3 Gänge $ 47), Mo.–Sa. 20–21 Uhr (4 Gänge, „Studentenmenü", $ 44), Sa. 11–15 Uhr Brunch ($ 26). Das Schulungsrestaurant des French Culinary Institute bietet günstige mehrgängige Festpreismenüs – frisch, täglich wechselnd und überwiegend von Studenten zubereitet, – und außerdem Kochkurse.

🔊**104** [D18] **Tocqueville** $$$, 1 E 15th St., Tel. 212 6471515. Elegantes Lokal nahe dem Union Square. Französisch-amerikanische Kreationen mit saisonal wechselnden frischen Zutaten vom nahen Markt. Viel Fisch und gute Weinkarte!

Italienisch-mediterrane Küche

Angeblich soll New York maßgeblich an der Verbreitung der Pizza beteiligt gewesen sein. Restaurants wie Lombardi's (s. S. 150) und in Brooklyn Juliana (s. S. 257), Grimaldi's, L&B Spumoni Gardens oder Ignazio's sind legendär.

Lokale mit Aussicht

In vielen Wolkenkratzern befinden sich hoch oben Bars oder Cafés, gelegentlich auch Restaurants, hier eine Auswahl:

🔊**107** [C14] **R Lounge at Two Times Square Restaurant & Lounge** $$$, 714 7th Ave., Tel. 212 2615200. Moderne amerikanische Küche im Restaurant des Renaissance NY Hotel mit Blick auf den Times Square, Lounge Bar, gute Cocktails und Weine.

❯ **Robert** $$$-$$$$, Tel. 212 2997730. Guter Ausblick auf Columbus Circle und Central Park vom obersten Geschoss des Museum of Arts & Design (s. S. 57), dazu Haute Cuisine.

🔊**108** [C14] **Salon de Ning**, 700 5th Ave. Bar auf dem Dach des Hotel Peninsula, zudem Lounge; schon wegen des Ausblicks schön, gute Drinks (knapp $ 20).

🔊**109** [C16] **Stella 34 Trattoria**, 151 W 34th St., Herald Square. Italiener mit Pizza-Holzofen und gutem Ausblick in Macy's. Mit Deli-Abteilung Cibi Ronda.

🔊**110** [F22] **The River Café** $$$$, 1 Water St., Tel. 718 5225200, www.rivercafe.com. Gutes Essen, tolle Bar und dazu gratis Ausblick.

🔊**111** [E16] **Water Club**, 29th–32nd St., Tel. 212 6833333. Pendant zum River Café auf der Manhattan-Seite auf einem Schiff im East River.

🔊**105** [C19] **Babbo Ristorante** $$$-$$$$, 110 Waverly Place, Tel. 212 7770303. Gehobene italienische Küche mit amerikanischem Einschlag am Washington Square Park. Besitzer und Küchenchef ist der als „Iron Chef America" im TV bekannt gewordene Mario Batali.

🔊**106** [A6] **Bettolona** $$-$$$, 3134 Broadway, La Salle–125th St/Tiemann Place (Morningside

Heights), Tel. 212 7491125, Mo.–Fr. Lunch, tgl. Dinner, Sa./So. Brunch 11–16 Uhr. „Real italian", Pasta und Holzofenpizza, aber auch gute Fleisch- und Fischgerichte. Mit gemütlich-rustikalem Ambiente und langer Bar.

112 [B8] **Isola on Columbus** $^{$-$$}$, 994 Columbus Ave./190th St., Tel. 212 6652970, tgl. 11–23 Uhr. Luftig-geräumiges Restaurant mit Bar. Bekannt für dünne Pizzen und Panini mit unterschiedlichen Belägen aus dem Holzofen. Auch viele Pasta-Gerichte werden dadurch besonders lecker, dass sie im Holzofen überbacken werden!

113 [C20] **Piccola Cucina Enoteca** $^{$$}$, 184 Prince St., Tel. 212 6253200. Weinbar mit netten kleinen Gerichten wie Panini, Bruschetta, Käse- oder Wurstplatten und Pasta; günstiges 3-Gang-Menü.

114 [C14] **PizzArte** $^{$$-$$$}$, 69 W 55th St., 5th–6th Ave., Tel. 212 2473936. Lokal auf zwei Ebenen, in dem klassische neapolitanische Küche und zeitgenössische italienische Kunst miteinander verschmelzen. Mit großer Bar und Holzofen im EG und Gastraum im OG, geschmackvoll-schlicht möbliert, mit Kunstwerken und großem Gemeinschaftstisch am Fenster. Neapolitanische Pizza (10 verschiedene), besonders gut ist die „weiße Tartufata". Außerdem empfehlenswerte *stuzzicherie* (Vorspeisen) und hausgemachte Nudelgerichte. 16–19 Uhr Happy Hour.

115 [B11] **The Tangled Vine** $^{$$}$, 434 Amsterdam Ave./81st St., Tel. 646 8633896, tgl. Dinner, Fr./Sa. bis 2 Uhr. Weinbar mit über 160 Weinen, v. a. Bioweine, dazu spanisch angehauchte Küche mit frischen, saisonalen Zutaten. Spektakuläre Weinkarte und Mo.–Fr. zwischen 17 und 19 bzw. Sa. 15–17 Uhr Uhr empfehlenswerte Happy Hour mit günstigen kleinen Gerichten.

Griechische Küche

116 [C17] **Periyali** $^{$$$}$, 35 W 20th St., Tel. 212 4637890. Feine griechische Küche, bekannt für Oktopus vom Holzkohlegrill und die tollen Lammgerichte.

117 [E19] **Pylos** $^{$$-$$$}$, 128 E 7th St., Tel. 212 4730220, tgl. Dinner, Mi.–So. auch Lunch.

311:ny Abb.: mt

Eher rustikale griechische Küche zu anständigen Preisen, serviert in typisch griechischem Ambiente mit langen Tischen und Amphoren unter der Decke.

🍴**118** [E20] **Souvlaki GR** $-$$, 116 Stanton St. Das typisch griechische Fastfood Souvlaki ist hier genauso perfekt wie das Ambiente. Natürlich gibt es auch die richtigen Beilagen, Salate, andere Gerichte und griechischen Wein.

Asiatische Küche

🍴**119** [D18] **15 EAST** $$-$$$$, 15 E 15th St./ Union Sq., Tel. 212 6470015, http:// 15eastrestaurant.com, tgl. Lunch und Dinner, So. geschlossen. Japanische Küche der Extraklasse.

🍴**120** [E20] **An Choi** $-$$, 85 Orchard St., tgl. 12–22 Uhr. Banh Mi (vietnamesische Sandwiches) ab $ 8,50 und Pho-Nudelsuppen, dazu interessante Biere.

🍴**121** [C19] **Galanga** $, 149 W 4th St., Tel. 212 2284267. Kleines thailändisches Restaurant im West Village mit günstigen Preisen und freundlichem Service. Empfehlenswert sind „Crispy Duck Salad" und „Chiang Mai curry noodles", preiswertes Mittagsmenü.

🍴**122** [D18] **Ippudo** $$, 65 4th Ave, 9th–10th St, Tel. 212 3880088. Schickes und immer volles Lokal im East Village mit offener Küche, in der die Nudeln gemacht werden. Bekannt für Ramen (Nudelsuppen) in allen Variationen. Mo.–Sa. 11–15.30 und 17 bis mind. 23.30, So. 11–17 Uhr.

🍴**123** [E21] **Joe's Shanghai** $, 9 Pell St. Chinaimbiss, bekannt geworden durch gefüllte

Teigtaschen *(dumplings),* vielerlei asiatische Fleischgerichte, v. a. *sliced beef,* fast alles unter $ 10. Filiale in Midtown (24 W 56 St.).

🍴**124** [E18] **Momofuku Ssäm Bar** $$-$$$, 207 2nd Ave./13th St., Tel. 212 7777773. Asiatisches vermischt mit Amerikanischem, fleischbetont, aber auch „Raw Bar" (rohe Schalentiere) und günstiger Prix-Fixe-Lunch.

🍴**125** [C21] **Nobu New York** und **Next Door Nobu** $$$-$$$$, 105 Hudson St., Tel. 212 2190500 bzw. 3344445. Sushi Bar und kreative amerikanische Küche, hier gehen Prominente ein und aus. Weitere Filiale: Nobu 57, 40 W 57th St., Tel. 212 7576330.

EXTRATIPP

„Dinner for One"

Allein essen zu gehen ist in New York überhaupt kein Problem. Gemütlich und empfehlenswert sind v. a. die Lokale in den *ethnic neighborhoods,* z. B. im Greenwich oder East Village (Tompkins Sq. und St. Marks Place), in SoHo oder im Meatpacking District.

🍴**126** [E19] **Cafe Orlin** $-$$, 41 St. Mark's Pl. Salate, Burger, Falafel, Kaffee und Kuchen sowie Plätze im Freien

🍴**127** [D20] **Fanelli's Cafe** $-$$, 94 Prince St./Mercer. Singles sitzen gut an der langen Bar dieses historischen Restaurants von 1847.

❯ Die **Plaza (Todd English) Food Hall,** Gourmetstände im UG des berühmten Plaza Hotel 🔵, und das **Eataly** (s. S. 31) sind hervorragend geeignet, um als Single essen zu gehen.

❯ Unter http://nymag.com findet man unter „Restaurants" in der „Restaurant Search" unter „Features" die Rubrik „Singles Scene" und dort Lokale aller Richtungen und in allen Vierteln für Einzelreisende.

◁ *Pizza aus dem Holzofen gibt es bei Isola on Columbus*

128 [D20] Red Egg $^{\$\$}$, 202 Centre St., Grand-Hester St., Tel. 212 9661123. Schickes Lokal im Stil eines chinesischen Teehauses mit gut sortierter Bar, kreativer Weltküche und Dim Sum sowie günstigen Mittagsmenüs.

Lateinamerikanische Küche

129 [E19] Caracas Arepa Bar $^{\$-\$\$}$, 931/2 E 7th St. Kleines Lokal, das für traditionelle venezolanische *Areperas* (gefüllte Maisfladen) bekannt ist – unkompliziert und preiswert.

130 [C15] Havana New York $^{\$\$}$, 27 W 38th St./5–6th Ave, Tel. 212 9440990. Kubanische und karibische Küche in unkompliziert-gemütlichem Lokal mit erschwinglichen Preisen im Garment District. Empfehlenswert: *daily specials* und als Beilage „Yuca Frita"!

Für den späten Hunger

Viele Lokale haben bis Mitternacht oder 1 Uhr geöffnet – vor allem an Wochenenden. In Midtown, um Times Square und Broadway, findet man *delis*, Läden, Lokale und Bars, die rund um die Uhr Essen servieren. Empfehlenswert sind z. B.:

138 [C19] Buvette $^{\$\$}$, 42 Grove St., Bleecker–Bedford St. Werktags 8–2 Uhr nachts, Wochenende 10–2 Uhr geöffnetes französisches Bistro, immer voll, v. a. wegen der gut sortierten Bar.

139 [E19] Cooper's Craft & Kitchen $^{\$}$, 87 2nd Ave./E 5th St., tgl. 11–2/3 Uhr. Rustikale Bar, gute Bierauswahl und handfestes Essen, auch Brunch.

❯ The Tangled Vine (s. S. 38), Do.–Sa. warmes Essen bis 24/1 Uhr!

140 [A7] Tom's Restaurant $^{\$}$, 2880 Broadway, So.–Mi. 6–1.30 Uhr, Do.–Sa. 24 Std. Von Suzanne Vega besungen und Drehort der TV-Serie „Seinfeld", daher ein gerne besuchter Diner.

131 [E13] Sofrito $^{\$\$}$, 400 E 57th/1st Ave., Tel. 212 7545999, tgl. Dinner. Puertorikanische Küche zu günstigen Preisen und in großen Portionen, dennoch eher elegant. Mit Bar und Liveunterhaltung am Abend.

Weitere Küchen/Weltküche

132 [D21] Blaue Gans $^{\$\$-\$\$\$}$, 139 Duane St., Tel. 212 5718880, tgl. Lunch/Dinner, Sa./So. auch Brunch. Kurt Gutenbrunner serviert in der Blauen Gans deutsch-österreichisch-amerikanische Küche in Kaffeehausatmosphäre. Gutenbrunner betreibt auch das Wallse (1 Stern) und das Café Sabarsky in der Neuen Galerie **64**.

133 [E19] Café Mogador $^{\$\$}$, 101 St. Marks Pl. Lohnender Sunday Brunch sowie leckere marokkanisch-mediterrane Gerichte wie Couscous, *Tagines* und *Bastilla*. Mit eigener Kafferösterei. Filiale in Williamsburg, 133 Wythe St.

134 [D16] Resto $^{\$}$, 111 E 29th St., Tel. 212 6855585. Belgisches Lokal mit entsprechenden Spezialitäten und großer Bierauswahl, v. a. die selbstgemachte Wurst probieren!

135 [C18] Salam Café $^{\$\$-\$\$\$}$, 104 W 13th St./Ave. of the Americas, Tel. 212 7410277. Ungewöhnliche syrisch-marokkanische Küche, allein die kreativen Vorspeisen lohnen, aber auch Hauptgerichte wie „Chicken Ouzi".

136 [E19] Veselka $^{\$\$}$, 144 2nd Ave. (East Village), Tel. 212 2289682. Lokal mit langer Tradition: Es gibt Spezialitäten wie *Blintzes*, *Piroggen*, *Borschtsch* …

Vegetarische Restaurants

In New York bzw. in den USA bietet jedes Restaurant eine mehr oder weniger breite Palette an fleischlosen Gerichten, daher ist man nicht auf rein vegetarische Lokale angewiesen. Hier dennoch ein paar Empfehlungen:

137 [E18] Artichoke Basille's Pizza $^{\$-\$\$}$, 328 E 14th St., Tel. 212 5989998. Pizza (auch mit Krebsfleisch) und vegetarisch-vegane Küche – es gibt aber auch auch Fleischgerichte – zu guten Preisen in kleinem, gemütlichen Lokal.

☑141 [B17] **Blossom** $$-$$$, 187 9th Ave., Tel. 212 6271144. Leckere Gerichte aus der veganen Küche, kreative Curry- und Satay-Gerichte, Salate und vieles mehr.

☑142 [C19] **Gobo** $$-$$$, 401 6th Ave., Tel. 212 2553902. „Food for the five senses", gemütliches Ambiente und innovative Gerichte, v. a. auch in kleineren Probierportionen, asiatisch angehaucht, viel Gemüse und Salate sowie Saftbar – also Genüsse für alle Sinne! Preiswerte *lunch specials*. Weitere Filiale: 1426 3rd Ave., Tel. 212 2885099.

☑143 [D16] **Hangawi** $$-$$$, 12 E 32nd St., Tel. 212 2130077. Gesunde koreanische vegetarische Küche in spirituell-asiatischem Ambiente, auch „Organic Menu" und „Emperor's Tasting Menu". Sehr edel und ausgezeichnet.

☑144 [E11] **V-Note** $$-$$$, 1522 1st Ave. Ein „Ableger" von Blossom. „Organic wine bar & vegan bistro" in der Upper East Side.

Delis, Diners und Cafés

☑145 [B10] **Barney Greengrass,** 541 Amsterdam Ave. Jüdischer *deli,* bekannt für Räucherfisch, Hering und Pickles, außerdem Bagels in allen Variationen.

☑146 [H19] **Blue Bottle Coffee,** 160 Berry St., Brooklyn. Exzellente Kaffeerösterei mit Café, mehrere Filialen in NYC.

☑147 [F19] **Clinton Street Baking Company & Restaurant,** 4 Clinton St. Bekannt für *Biscuits, Brownies, Cookies, Muffins* und *Scones* (besonders empfehlenswert um 8 Uhr morgens), aber auch lohnend zu Brunch oder Lunch. Dinner gibt es im Restaurant.

EXTRATIPP

Enthusiastic Gourmet
Susan Rosenbaum, u. a. Absolventin des French Culinary Institute, gelernte Köchin und aus Louisiana stammende Weltreisende, bietet **kulinarische Touren** durch verschiedene ethnische Viertel in kleinen Gruppen an.

„New York Nosh" führt durch die Lower East Side zu bekannten jüdischen *delis* und Bäckereien, „Chinatown Discovered" gibt einen Einblick in die asiatische Szene und „Melting Pot" informiert umfassender über die ethnisch diverse kulinarischen Welt der Lower East Side (jüdisches Viertel, Little Italy, Chinatown, Essex Street Market).

Die Touren dauern alle etwa drei Stunden und viele Hintergrundinformationen, Tipps und nicht zuletzt Kostproben sind im Preis ($ 45 für Frühbucher) inklusive (s. S. 328).

☑148 [C20] **Dominique Ansel Bakery,** 189 Spring St. Konditorei, die für ihre „Cronuts" (Kombination aus Croissant und Donut) berühmt wurde. Allerdings lohnen Breakfast Croissants, Tarts und Cakes (unter $ 6) mindestens ebenso.

☑149 [E20] **Dudley's,** 85 Orchard St, tgl. 9–23 Uhr. Ideal für das Frühstück (bis 16 Uhr) oder Snacks und einen Drink (Cocktails). Günstige Salate, Crostini, Burger und Pastagerichte.

☑150 [D20] **Eight Turn Crêpe,** 55 Spring St. Japanische Reis-Crêpes in Eiswaffelform, mit verschiedensten Füllungen, würzig (u. a. Shrimp, Huhn, Salat, Schwein) oder süß (Früchte und Joghurt) – alle appetitlich und leicht.

☑151 [D14] **Ess-a-Bagel,** 831 3rd Ave, E 50th–51st St. 1976 von Österreichern gegründet. Außer Bagels gibt es auch *Knishes,* Suppen,

Sandwiches und Salate, Frühstück und Gebäck zu günstigen Preisen. Filiale: 359 1st Ave.

152 [D20] **Ferrara Bakery & Café**, 195 Grand St. Historisches Café von 1892 in Little Italy mit italienischen Spezialitäten wie *Cannoli* (mit Ricotta gefüllte Teigröllchen).

153 [E19] **Katz's Delicatessen**, 205 E Houston St. Seit 1888 existierender *deli*, berühmt geworden durch „Harry and Sally", mit eigener Metzgerei und Versand. Empfehlenswert sind v. a. die Pastrami-Sandwiches und die Hotdogs.

154 [D18] **Num Pang Vietnamese Sandwich Shop**, 21 E 12th St. Kambodschanische Sandwiches (Baguettes mit frischen Belägen und Beilagen) zum Sattessen unter $ 10.

155 [D11] **Papaya King**, 179 E 80th St./3rd Ave. Bekannt für seine *franks* („Würstchen") und diversen Säfte.

156 [C15] **Pax Wholesome Foods**, Bryant Park (40th St./6th Ave.). „Bio-deli" mit heißen und kalten Theken und anderen Filialen, z. B. am Herald Sq. (966 6th Ave.).

157 [D16] **Second Avenue Deli**, 162 E 33rd St./3rd Ave. *Deli*, der für Corned Beef, *Pastrami*, „Kugel" (Nudelauflauf) und gehackte Leber bekannt ist.

158 [D19] **Spot Dessert Bar**, 13 St. Marks Place. Winziges Café mit kunstvoll angerichteten, japanisch inspirierten Desserts und *Bubble Tea*.

159 [C16] **Stumptown Coffee Roasters**, 18 W 29th St., tgl. 6–20 Uhr. Coffeeshop in der Lobby des The Ace Hotel, toller Kaffee!

Smoker's Guide

Raucher haben in New York einen schweren Stand. Schon seit 1995 müssen Besucher in New Yorker Bars und Restaurants zum Rauchen vor die Tür und seit 2003 ist der Zigarettengenuss auch in Discos, öffentlichen Verkehrsmitteln und Taxis, am Arbeitsplatz, auf Bahnhöfen und anderen öffentlichen Gebäuden **strikt verboten**. *In Stadien (d.h. Open-Air) gibt es kleine ausgewiesene Raucherzonen.*

Auch in Parks, Gärten und Fußgängerzonen wie am Times und Herald Square, an Stränden und auf öffentlichen Plätzen herrscht **Rauchverbot**. *Lediglich in sogenannten* **Tobacco** *oder* **Cigar Bars**, *in Ta-*

bakgesschäften sowie in einigen **privaten Klubs** *ist das Rauchen noch gestattet.*

160 *[C20]* **Circa Tabac**, *32 Watts St., Thompson St.-6th Ave. Eine Midtown-Raucherbar mit Getränken, Speisen und Tabakwaren.*

161 *[D20]* **Mulberry Street Cigars**, *140 Mulberry St. Ein sehr gut sortierter Tabakladen.*

162 *[D15]* **Nat Sherman Townhouse**, *12 E 42nd St./5th Ave., Mo.-Sa. 10-19, So. 11-18 Uhr, http://natsherman. com. Alteingesessener Tabakladen mit Museumscharakter, in dem man ungestört rauchen darf.*

New York am Abend

Das New Yorker Nachtleben ist ebenso legendär wie veränderlich. Nachtklubs, Discos und Livemusikbühnen, dazu eine Vielzahl von Bars und Pubs – die Palette ist riesig. Besonders im Village kann man mühelos mehrere Nächte mit „bar-hopping" verbringen. Ähnlich riesig ist das Angebot an Theatern – über 300 – und Konzerten, die in den Sommermonaten vielfach als Open Air stattfinden.

Nachtleben

Gewisse Viertel sind für bestimmte Richtungen bekannt, z. B. dominieren in der **Lower East Side** Klubs und Discos, die sich auf Rock oder Grunge, daneben Folk und Jazz spezialisiert haben. Im **East Vil**lage ist es mehr Folk, im **Greenwich Vil**lage Jazz gefolgt von Folk, Rock und Blues, in **Chelsea** und **TriBeCa** sind v. a. Avantgarde Jazz und Rock und in **Har**lem Gospel und Jazz zu hören. Neuere, schicke *nightspots* befinden sich in **Chel**sea (W 27th St., 10th–11th Ave.) und im **Meatpacking District** sowie in der Region zwischen **Bowery** und **East Village**, um Houston Street und Lafayette Avenue sowie um Tompkins Square und 6th Street.

Cool und angesagt sind **Cocktailbars**, meist mit Türstehern oder getarnt als

⌂ Die Manhattan Bridge
bei Sonnenuntergang –
das Nachtleben kann beginnen

speakeasys (ursprünglich Bars mit versteckten Eingängen, die während der Prohibition aufgesucht wurden), die sich der „Mixology" verschrieben haben und mehrseitige Cocktailkarten bieten (ca. $ 15 pro Drink). Außerdem beliebt sind elegante Cocktailbars auf den Dächern von Wolkenkratzern. Es soll über 40 solcher **Dachbars** in der Stadt geben, vom gemütlichen Biergarten wie Berry Park in Williamsburg (4 Berry St., www.berry parkbk.com) über entspannte **After-Work- und Studenten-Bars** wie die Bar 13 (35 E 13th St./University Place, www. bar13.com) oder The Heights Bar & Grill (2867 Broadway, www.theheightsnyc. com) bis zum Roof-Garden-Café auf dem Dach des Met **62**.

(Rooftop-)**Cocktailbars** sind auch ein Muss für die schicken neuen **Boutiquehotels**. Ganz heiß gehandelt wird der Boom Boom Room hoch oben im Standard Hotel (s. S. 334). Die Press Lounge im Hotel Ink48 (653 11th Ave., www.ink48.com), die Strand Rooftop-Bar im 21. Stock des

Strand Hotels (33 West 37th St., www. thestrandnyc.com), das Plunge im Hotel Gansevoort (www.hotelgansevoort.com, 18 9th Ave.), die Bars im Bowery Hotel (335 Bowery, www.theboweryhotel.com), Ace Hotel (s. S. 335), Gramercy Park Hotel (www.gramercyparkhotel.com, 2 Lexington Ave.), Cooper Square Hotel (http:// standardhotels.com/east-village, 25 Cooper Sq.) oder das Restaurant im Kimberly Hotel (145 E 50th St., www.kimberly hotel.com) sind ebenfalls beliebte Treffs.

Mehr und mehr entdecken „Nachteulen" **Brooklyn** und dort besonders Williamsburg (Bedford Ave.) und Greenpoint. Im Sommer sind die *pool parties* im McCarren Park (www.mccarrenpark.com) angesagt. In **Queens** lädt das PS1 (http:// momaps1.org) samstagnachmittags zum *warm up*.

Discos und Klubs

❼**163** [B18] **1 OAK,** 453 W 17th St., Tel. 212 242111, http://1oaknyc.com. „Fancy Avantgarde-Klub" der Oberklasse, verschiedene „Abteilungen", große Bar, *smoking lounge,* viel Kunst und Goldglimmer.

❼**164** [B18] **Avenue Lounge,** 116 10th Ave., Tel. 212 3370054, http://avenue-newyork. com. „Gastro Lounge" mit großer Bar und Lichteffekten, zur Konversation, nicht zum Tanzen. DJs legen auf.

❼**165** [B12] **C72 Nightclub,,** 246A Columbus Ave., http://c72nyc.tumblr.com, Tel. 212 7691492. DJs, Latin und Salsa, „Afterwork" und andere spezielle Partys.

❼**166** [E20] **Club Soiree NYC,** 199 Bowery/ Spring St., Tel. 646 7398219, www.show timeny.com/Soiree.html. Unterhaltung auf mehreren Stockwerken bis 4 Uhr morgens. Nightclub, Lokal, Livemusikbühne, Tanzfläche, DJs u. a.

🔴**167** [D21] **Santos Party House,** 96 Lafayette St., www.santospartyhouse.com, Tel. 212 5845492. Fast täglich Liveauftritte und Partys. Kunst und Musik, Konzerte, Tanz und Lounge gehen ineinander über.

🔴**168** [E19] **Sapphire NYC,** 249 Eldridge/Houston St., Tel. 212 7775153, www.sapphirenyc.com. Disco, Lounge und Nachtklub, ideal für Singles. Bekannte DJs wie Brother, Eman, Kervyn Mark oder Jazzy Nice legen auf, viel House, Indie, Latin, Funk, Soul.

🔴**169** [E20] **The Eldridge,** 247 Eldridge St., Tel. 212 5057600, www.theeldridge.com. Sehr exklusiver und beliebter Klub hinter einer Buchladen-Fassade in der LES. Bekannt für (teure) Cocktails und vibrierende Atmosphäre mit Top-DJs.

Bars

🔴**170** [C21] **Bubble Lounge,** 228 W Broadway/Franklin White St., www.bubblelounge.com. Champagner, Cocktails, Tapas oder Austern in einer schönen Weinbar im alten Stil mit viel Plüsch, Livejazz und Kabarett.

🔴**171** [C19] **Burning Waters Cantina,** 116 MacDougal St., Bleecker–W 3rd St., tgl. 18–3 Uhr. Coole Cocktailbar im Village – eine Art Weinkeller – mit vielen lateinamerikanisch inspirierten Cocktails und DJ-Musik.

🔴**172** [C20] **City Winery,** 155 Varick St., Spring–Vandam St., www.citywinery.com. Mix aus Winery, Restaurant Barrel Room, Weinbar und Konzertbühne mit fast täglichen Auftritten, v. a. Folk und Country.

🔴**173** [D19] **Continental,** 25 3rd Ave./St. Marks Pl.–9th St. (East Village). Ehemaliger Rockklub der zur preiswerten Bar mutiert ist. Viele *drink specials.*

🔴**174** [E19] **Crif Dogs Bar/PDT,** 113 St. Marks Pl. Hotdog-Imbiss mit versteckter „speakeasy bar" namens „Please Don't Tell" (PDT). Zutritt durch die Telefonzelle links.

🔴**175** [E19] **d.b.a. 41,** 41 1st. Ave. Bar mit unglaublicher Auswahl an Bieren und Whiskeys und kleinem Biergarten.

🔴**176** [D23] **Dead Rabbit Grocery and Grog,** 30 Water St., www.deadrabbitnyc.com. Cocktail-Bar im gemütlichen (irisch-britischen) „old world style". Werktags 16–17 Uhr Happy Hour im Taproom. Hausgemachter Punch, Highballs und Cocktails. Oben schickerer Salon mit mehr Cocktails, weniger Bieren. Im Taproom tgl. Lunch, außerdem *small plates.*

🔴**177** [E19] **Death & Company,** 433 E 6th St./Ave A. Viele meinen, hier gibt es die besten Cocktails der Stadt. Meist ist es brechend voll und der Türsteher weist Leute ab – Geduld ist nötig. Der *doorman* verständigt aber auch per Mobiltelefon, sobald Platz ist.

🔴**178** [A4] **Harlem Public,** 3612 Broadway/W. 149th St. Bar mit guter Bierauswahl, gemütlicher *neighborhood hangout.*

🔴**179** [E19] **Mayahuel,** 304 E 6th St./1st Ave. Schicke Tequilabar im East Village, immer voll und laut.

🔴**180** [D20] **Pegu Club,** 77 W Houston St. Hüter der klassischen Cocktailkultur in SoHo, täglich wird hier von 17 bis mind. 2 Uhr „Mixology" der Extraklasse betrieben.

🔴**181** [E20] **PKNY/Painkiller,** 49 Essex/Grand St., www.pk-ny.com, So.–Do. 18–2, Fr./Sa. bis 4 Uhr. Es gibt eine Vielzahl an Cocktails. Der Eingang ist mit „TIKI Bar"markiert.

🔴**182** [D20] **Pravda,** 281 Lafayette St. Schicke „russische" Bar mit Martinis und Wodka-Cocktails sowie Kaviar in SoHo.

🔴**183** [C18] **Raines Law Room,** 48 W 17th St. Gemütlich-rustikaler enger Schlauch im Untergeschoss, eher versteckt und mit Türglocke. Klassische Cocktails, in *booths* („Separees") serviert, im Sommer auch Plätze im Hinterhof.

❯ **Salon de Ning** (s. S. 37). Cocktailbar mit hollywoodreifem Ambiente im Peninsula Hotel.

026ny Abb.: mb

❶184 [E20] **Schiller's Liquor Bar,** 131 Rivington St. Schicke Bar in der Lower East Side.
Hier gibt es alles, von Frühstück bis *late
supper* (bis mind. 1 Uhr, an Wochenenden
länger), außerdem exzellente Weinliste und
Cocktails.

❶185 [E20] **Ten Bells,** 247 Broome St. Eine
gemütliche kleine *organic wine bar* in der
LES mit guter Weinauswahl (auch nicht zu
teuer) und kleinen Gerichten sowie guter
Käseauswahl!

⌂ *Schiller's Liquor Bar (s. S. 46) in der
Lower East Side ist schick und angesagt*

❶186 [D23] **Vintry Whiskey & Wine,**
57 Stone St. Cocktail- und Weinbar im
Financial District. Tolle Whiskeys und Weine
meist kleiner Produzenten.

❶187 [E20] **Whiskey Ward,** 121 Essex/Riving-
ton St., www.thewhiskeyward.com. Whiskey-
Bar mit Riesenauswahl an allen möglichen
Whisk(e)ys, auch in Probiergrößen, außerdem Cocktails und Bier.

Brewpubs, Sportsbars und Kultkneipen

❺188 [B7] **Bier international,** 2099 Douglass
Blvd./W 113th St.. Harlems erster Biergar-
ten mit Riesenauswahl an Bieren (auch deut-
schen) vom Fass und kleinen Gerichten, u. a.
Currywurst, im Herbst: OKTOBIERFEST, an
Wochenenden 11.30–16 Uhr Beer Brunch.

❺189 [C15] **Heartland Brewery,** 127 W 43rd
St./Times Sq. Kleinbrauerei und beliebter
Treff mit Bar und Restaurant. Weitere Filia-

len z. B. South Street Seaport (Fulton Ave.), 35 Union Sq. W/17th St. oder 1285 6th Ave./51st St.

⊖190 [E19] **Jeremy's Ale House,** 140 1st Ave. Gemütliche Bierkneipe mit Happy Hour von 8–10 und 16–18 Uhr.

⊖191 [D19] **McSorley's Old Ale House,** 15 E 7th St. Irischer Pub mit Tradition. Es gibt Bier vom Fass und Sandwiches.

⊖192 [D18] **Old Town Bar,** 45 E 18th St. Seit 1892 eine Legende und kaum verändert, preiswerter Imbiss (Burger, Sandwiches u. a.) und gutes Bier.

⊖193 [B19] **White Horse Tavern,** 567 Hudson St. Legendäre Bar, in der schon Dylan Thomas Stammgast war.

Jazzklubs

⊖194 [C19] **55 Bar,** 55 Christopher St./7th Ave., Tel. 212 9299883, www.55bar.com. Täglich Liveblues und -jazz im Village, existiert schon seit 1919 (auch während der Prohibition).

⊖195 [C19] **Arthur's Tavern,** 57 Grove St., Tel. 212 6756879, www.arthurstavernnyc. com. Gemütliche Village-Kneipe mit toller Stimmung und tgl. Livejazz oder -blues.

⊖196 [B15] **Birdland,** 315 W 44thSt./8th Ave., www.birdlandjazz.com, Tel. 212 5813080. Progressiver Jazz und südamerikanische Küche, *cover* ab $ 10, Konzerte meist 20.30/23 Uhr, ab $ 20. Restaurant mit lateinamerikanischen Spezialitäten, benannt nach Charlie „Bird" Parker, in dessen Fußstapfen andere Jazzgrößen traten.

⊖197 [C19] **Blue Note,** 131 W 3rd St., Tel. 212 4758592, www.bluenote.net. Zwei Jazz-Sets jeden Abend (20/22.30 Uhr) sowie „Sunday Brunch". Legendärer Jazzklub, in dem u. a. Dizzy Gillespie, Ray Charles, B. B. King, Oscar Peterson und Lionel Hampton aufgetreten sind; dazu u. a. R&B, Soul, Pop, Latin.

⊖198 [A6] **Cotton Club,** 656 W 125th (Harlem), www.cottonclub-newyork.com, Tel. 212 6637980. Jazz-Show mit *buffet dinner,* aber auch Blues und Swing. Hier begannen Lena Horne, Duke Ellington u. a. ihre Karrieren.

⊖199 [B13] **Dizzy's Club Coca Cola,** 33 W 60 St., Tel. 212 2589800, http://jalc.org/ dizzys. Teil von Jazz at Lincoln Center (s. S. 53), perfekt zum Cocktail und bekannt für guten Livejazz (ab $ 30 Cover Charge).

⊖200 [C19] **Fat Cat,** 75 Christopher St./7th Ave., www.fatcatmusic.org, tägl. bis 5 Uhr. Jazzklub, in dem jeden Tag mind. drei Acts stattfinden. Dazu kann man Pool, Tischtennis oder Shuffleboard spielen.

⊖201 [C19] **Garage Restaurant and Café,** 99 7th Ave./Sheridan Sq., Tel. 212 6450600, www.garagerest.com. Jazzklub und Restaurant auf zwei Ebenen mit offenen Kaminen, Sa./So. 11.30–16 Uhr „Jazz Brunch", tgl. 2–3 Sets am Abend.

⊖202 [C19] **Smalls,** 183 W 10th St./7th Ave., www.smallsjazzclub.com. Kleine, gemütliche Jazzkneipe mit begrenztem Platz bei Livekonzerten (fast tgl. 19.30–24 Uhr, $ 20 Eintritt).

⊖203 [A8] **Smoke,** 2751 Broadway, Tel. 212 8646662, http://smokejazz.com. Eher eleganter Jazz & Supper Club in der Upper West Side, tgl. Livejazz (ca. $ 20 Eintritt, Dinner optional).

⊖204 [C19] **Village Vanguard,** 178 7th Ave. S/W 11th, Tel. 212 2554037, http:// villagevanguard.com, Jazz-Sets tgl. 20.30 und 22.30 Uhr, $ 25 (Fr./Sa. $ 30) plus ein Getränk, Studentenrabatt. „Carnegie Hall of Jazz" im Village, seit 1935, sehr klein im UG, dafür ähnlich legendär wie das Birdland.

⊖205 [C19] **Zinc Bar,** 82 W 3rd St, Tel. 212 4779462, www.zincbar.com. Winziger *nightspot* mit Wohnzimmeratmosphäre, Livejazz, mehrere Sets am Abend (ab $ 10), im Kellergeschoss und mit „roter Bar".

Andere Livemusik

⊕**206** [E20] **Bowery Ballroom**, 6 Delancey St., Tel. 212 5332111, www.boweryballroom. com. Bands wie Fiery Furnaces, Animal Collective oder Scissor Sisters traten hier bereits genauso auf wie Country-, Hip-Hop- und Jam-Musiker. Bühne und Bar.

⟳**207** [D19] **Joe's Pub im Public Theater**, 425 Lafayette St., Tel. 212 9677555, www.joespub.com. Es wird ein breites Spektrum von Comedy bis Classic Rock mit zwei Auftritten täglich geboten. Es waren bereits große Stars aller Sparten, aber auch Newcomer zu sehen.

⊕**208** [E19] **Mercury Lounge**, 217 E Houston St., www.mercuryloungenyc.com, Tel. 212 2604700. Angesehener Rockklub mit fast tgl. Livebandauftritten zu Preisen ab $ 10.

⊕**209** [C6] **Red Rooster Harlem**, 310 Lenox Ave./125th St., Tel. 212 7929001, http:// redroosterharlem.com. Restaurant mit „Comfort Food" und guter Atmosphäre, u. a. Fr. Soul und R&B, Sa. Groove, So. Gospelbrunch und Jazz.

⊕**210** [C5] **SHRINE Bar und Restaurant**, 2271 Adam Clayton Powell Jr. Blvd., Tel. 212 6907807, www.shrinenyc.com. Weltmusikbühne in Harlem mit mehreren Shows täglich, immer eng und voll, Bewirtschaftung und Freiplätzen für den Sommer.

⊕**211** [C20] **S.O.B.'s (Sounds of Brazil)**, 204 Varick/W Houston St., Tel. 212 2434940, http://sobs.com. Beliebtes gehobenes Restaurant in SoHo, mit Latino-Küche und Livemusik (Salsa, African, African-Caribbean, Reggae, R&B, Samba, Calypso, Merengue).

⊕**212** [D16] **The Cutting Room**, 44 E 32nd St., Tel. 212 6911900, http://thecuttingroom nyc.com. Großer Klub mit täglichem Live-Entertainment. Befand sich ursprünglich im Village, wo schon große Stars verschiedenster Musikrichtungen auftraten. Dazu Bar und Lounge.

❯ Der legendäre Punk- und Rock-Klub **CBGB** wurde leider 2006 geschlossen, aber immer Anfang Oktober wird das **CBGB Festival** in Manhattan und Brooklyn veranstaltet , bei dem zahlreiche Bands auf mehreren Bühnen auftreten (www.cbgb.com).

Kabarett und Comedy

Kabarett ist in New York Alltag, die Etablissements sind klein und überfüllt, die Künstler experimentierfreudig und die Konkurrenz groß.

⟳**213** [E11] **Comic Strip Live Comedy Club**, 1568 2nd Ave., www.comicstriplive.com, Tel. 212 8619386. Hier traten schon Eddie Murphy und Jerry Seinfeld auf.

⟳**214** [C19] **Duplex Cabaret & Piano Bar**, 61 Christopher St., Tel. 212 2555438, www. theduplex.com. Ältestes Kabarett im Village, wo z. B. schon die Streisand oder Dick Cavett auftraten. Fest in Frauenhand.

⟳**215** [E20] **The Slipper Room**, 167 Orchard/ Stanton St., www.slipperroom.com, Tel. 212 2537246. Der „Palace of Variety" – legendäre Vaudevillebühne für Theater, Literatur, Partys und Shows.

▣ *In der Welthauptstadt des Theaters wird für jeden Geschmack etwas geboten*

027ny Abb.: mbr

Theater und Konzerte

New York gilt als „**Welthauptstadt des Theaters**" mit dem Broadway als Dreh- und Angelpunkt. Es gibt für jeden Geschmack etwas: Musicals, Schauspiele und Comedy, Traditionelles und Experimentelles und so pilgern im Jahr über 12 Mio. Besucher zu den Aufführungen der fast 40 Broadway- und mehr als 300 weiteren Bühnen. 1732 hatte der Niederländer Rip van Dam in einer Lagerhalle an der Maiden Street das erste Theater eröffnet, doch so richtig boomte das Showgeschäft erst im 20. Jahrhundert. Das Lyceum (s. S. 50) von 1903 gilt als das älteste heute noch benutzte Theater.

Die meisten **großen Theater** konzentrieren sich um Broadway und Times Square, dazu kommen verteilt über die ganze Stadt kleinere Off- und Off-off-Broadway-Theater. Dabei bezieht sich „off" nicht auf die Nähe zum Broadway, sondern auf die Größe des Theaters. Während die rund 40 **Broadway-Bühnen** (www.spotlightonbroadway.com) über jeweils mehr als 500 Plätze verfügen, sind es bei den etwa 40 **Off-Broadway-Bühnen** nur je 100 bis 500 Sitzplätze und bei den mehr als 200 **Off-off-Broadway-Bühnen** unter 100 Zuschauer. Letztere sind die Hauptorte des experimentellen Theaters und sie zeichnen sich besonders durch Innovationsgeist und Risikofreudigkeit aus. V. a. in der kleineren Version sind sie oft identisch mit Kellern, Garagen, Schulen oder Klubs und geografisch finden sie sich konzentriert in Greenwich/East Village. Die großen Bühnen befinden sich hingegen zwischen Broadway (6th–8th Ave./42nd–53rd St.) und um den Times Square. Während der **NYC Broadway Week** und der **Off-Broadway Week** im September und

EXTRAINFO

Theaterprogramm im Internet
> www.broadway.com, http://broad
  way.org, www.broadwayleague.com
  und www. broadwayonline.com –
  Listen, Kommentare zu Shows,
  Tickets u. a.
> www.nytheatre-wire.com – Bühnen
  und Veranstaltungen, News, Bespre-
  chungen und Vorschau
> www.nycgo.com/broadway – das ak-
  tuelle Programm von NYC & Company
> www.theatermania.com – Reviews,
  Neuigkeiten und Programme

zum Jahresanfang gibt es **verbilligte Tickets** (zwei Tickets zum Preis von einem)
für Shows. Infos unter www.nycgo.com/
broadwayweek bzw. www.nycgo.com/
offbroadwayweek.

Broadway-Theater im Theater District

Infos zu Theatern und dem aktuellen
Programm gibt es übersichtlich online
unter www.newyorkcitytheatre.com bzw.
unter www.shubertorganization.com/
theatres/default.asp.

↻**216** [B14] **Ambassador Theater,** 219 W 49th
St., www.ambassadortheater.com. Theater
mit ungewöhnlicher Sitzanordnung, 1921 eröffnet und bekannt für den Topseller „Chicago", der hier seit 2003 läuft.

↻**217** [B15] **Bernard B. Jacobs Theater,** 242 W
45th St. Im üppigen maurischen Stil mit viel
Dekor 1927 eröffnet, zeitweilig Radiostudio
und seit 1941 wieder Theater.

↻**218** [C15] **Booth Theater,** 222 W 45th St.
1913 als optisches Pendant zum Shubert
Theater eröffnet.

↻**219** [C14] **Broadway Theater,** 1681 Broad-
way/53rd St. 1924 als Kino mit über 1700
Plätzen eröffnet, ab den 1930er-Jahren dann

als Theater genutzt. U. a. wurde hier ab 1987
„Les Miserables" aufgeführt.

↻**220** [C14] **Cort Theater,** 138 W 48th St.
Architektonisch sehenswertes Broadway-
Theater, nach dem Vorbild von Versailles
Petit Trianon 1913 erbaut und üppig
ausgestattet.

↻**221** [C14] **Eugene O'Neill Theater,**
230 W 49th St., www.jujamcyn.com. 1925
eröffnetes Theater mit über 1100 Plätzen,
1959 nach dem bekannten amerikanischen
Drehbuchautor benannt.

↻**222** [C15] **Foxwoods Theatre** (ehem. Hilton
Theatre), 214 W 43nd St., www.foxwoods
theatre.com. 1997 neu eröffnet in Anlehnung an das Apollo Theater und symbolisch
für die Wiedergeburt der New 42nd Street.

↻**223** [B15] **Gerald Schoenfeld Theatre,**
236 W 45th. 1917 erbautes, schön ausge-
stattetes Theater mit über 1000 Plätzen.

↻**224** [C14] **Gershwin Theater,** 222 W 51st
St., www.gershwin-theater.com. Weniger
historisch als groß. 1972 eröffnet und eines
der größten Broadwaytheater mit über
1900 Plätzen und hochmoderner techni-
scher Ausstattung.

↻**225** [C15] **Imperial Theatre,** 249 W 45th St.
„Annie Get Your Gun" war 1946 hier das erste Musical, dessen Uraufführung live im Radio übertragen wurde.

↻**226** [C15] **Lunt-Fontanne Theatre,** 205 W
46th St., http://luntfontannetheatre.com.
1910 Debüt als „The Globe" mit zu öffnen-
dem Dach, nach 1932 dann Kino und seit
1958 wieder Theater mit 1500 Plätzen.

↻**227** [C15] **Lyceum Theatre,** 149 W 45th St.
Ältestes kontinuierlich betriebenes Theater der Stadt, 1903 eröffnet und bekannt für
hochklassige Aufführungen.

↻**228** [B15] **Majestic Theater,** 247 W 44th
St. 1927 im maurischen Stil als Pendant
zum Royale Theatre fertiggestellt; legendäre
Musicalbühne.

↻**229** [C15] **Minskoff Theatre,** 200 W 45th St., http://minskofftheatre.com. 1973 eröffnet und seit 2006 Aufführungsort von „Der König der Löwen".

↻**230** [C15] **Music Box Theater,** 239 W 45th St. Elegantes Theater im neoklassischen Stil von 1920, seit 1987 als „New York Landmark" unter Denkmalschutz.

↻**231** [C15] **New Amsterdam Theatre,** 214 W 42nd St., www.newamsterdamtheatre.net. Langjähriger Aufführungsort des Erfolgsmusicals „Der König der Löwen".

↻**232** [C15] **New Victory Theater,** 209 W 42nd St., www.newvictory.org. Renovierte Bühne von 1900, buntes Programm (Zirkus, Tanz, Puppenspiel, Comedy), ideal für Familien.

↻**233** [C15] **Palace Theatre,** 1564 Broadway/ 47th St., http://palacetheatreonbroadway. com. Das Erfolgsmusical „Die Schöne und das Biest" lief ab 1994 lange in diesem ehemaligen Vaudeville-Haus („The Palace") von 1913, das 1965 renoviert wurde.

↻**234** [B14] **Samuel J. Friedman Theatre** (vormals Biltmore Theater), 261 W 47th St., Broadway–8th Ave., www.mtc-nyc.org. Bühne des Manhattan Theatre Club.

↻**235** [C15] **Shubert Theater,** 225 W 44th St. Legte 1913 den Grundstein für die Theaterreihe an der Shubert Alley, im Inneren üppiges Dekor.

↻**236** [C15] **Stephen Sondheim Theatre,** 124 W 43rd St., www.roundabouttheatre.org. 2009 nach Wiederaufbau (Originalbau von 1918) neu eröffnetes „grünes", d. h. umweltfreundliches Theater mit über 1000 Plätzen.

↻**237** [B15] **St. James Theater,** 246 W 44th St., www.jujamcyn.com. Hier wurde 1943 das Erfolgsmusical „Oklahoma!" uraufgeführt.

↻**238** [C14] **Winter Garden Theater,** 1634 Broadway. Bekannt durch die Uraufführung von „Cats" und „West Side Story". 1911 eröffnet und 1922/23 umgebaut.

EXTRATIPP

Tickets

Der Montag ist normalerweise spielfrei, Matineen finden Mi. und Sa. statt. Tickets zu ermäßigten Preisen für Veranstaltungen am selben Tag (bzw. Matineen am nächsten) gibt es bei

●**239** [C15] **TKTS Times Square,** Times/Duffy Sq. (47th–Broadway), www.tdf.org/tkts, Tel. 212 9129770, weitere Filialen am South Street Seaport **12** (Front/John St.) oder in Downtown Brooklyn (1 Metrotech Center/Jay-Myrtle St.).

❯ Tickets gibt es auch beim **Broadway Ticket Center** (Times Square Visitor Center, s. S. 308) und im **David Rubenstein Atrium** (s. S. 233).

❯ **Rabatte** gibt es außerdem im Internet unter http://nytix.com, www.broadwaybox.com, http://lunchtix.com.

Außerdem gibt es Tickets bei:

❯ **Ticketmaster:** www.ticketmaster. com, Tel. 1 800 7453000 bzw. 1 866 4487849. Verkaufsstände u. a. in Macy's **33**, auch Internetbestellung.

❯ **Telecharge:** Tel. 212 2396200 oder 1 800 4477400, www.telecharge.com

❯ **Broadway Collection:** www.broadway collection.com. Tickets für über 20 Topshows, darunter Chicago, Mamma Mia!, STOMP, The Phantom of the Opera, Wicked, The Lion King, Rocky, Aladdin, Rock Ages oder – bereits mehrfach mit Tony Awards ausgezeichnet – Kinky Boots, Matilda und Motown. Buchung bereits vor Reiseantritt bei vielen Reisebüros und -veranstaltern möglich.

Gratiskonzerte

Den Sommer über finden im Central Park regelmäßig kostenlose Events, v. a. Konzerte, statt (www.centralparknyc.org – „Calendar"). Hauptbühne ist die **Central Park Summerstage** (www.cityparksfoundation.org/summerstage) auf dem Rumsey Playfield (Zugang: E 69th St./5th Ave.). Dort gibt es u. a. die **Summer Concerts** der TV-Show „**GMA**" (http://gma.yahoo.com/music).

> **Harlem Meer Performance Festival,** Central Park Conservancy/Charles A. Dana Discovery Center, W 110th St./Frawley Circle (Nordostecke des Parks), Juni–Anf. Sept. So. 14–16 Uhr, www.centralpark.com/guide/activities/concerts/harlem-meer.html. Moderner Jazz, Salsa, Gospel, Tanz u. a., gratis.

> **Naumburg Orchestral Concerts** (www.naumburgconcerts.org), Naumburg Bandshell (Bethesda Terrace/72nd St.). Juni bis August finden auf der Freilichtbühne meist vier kostenlose (Klassik-)Konzerte statt.

> **Shakespeare in the Park,** im Delacorte Theater, Höhe 79th St., Anfang Juni–Anfang August, meist So. 20 Uhr. Open-Air-Shakespeare-Aufführungen, Gratistickets ab 13 Uhr des Aufführungstages im Delacorte Theater oder im Internet (www.shakespeareinthepark.org).

> **Central Park Conservancy Film Festival,** Ende Aug. Filme nördlich Sheep Meadow (Eingang W 72nd St.)

Daneben finden im Sommer z. B. am Union Square, South Street Seaport oder im Bryant Park (Gratis-)Konzerte, vielfach im Rahmen des **River to River Festivals,** statt (s. S. 16).

Unter dem Motto **Concerts in the Parks** gibt es einige kostenlose Sommerkonzerte (meist Sa./So., www.nycgovparks.org/events/free_summer_concerts) der New York Philharmonic und der Met (http://nyphil.org bzw. www.metoperafamily.com) und auch im Rubenstein Atrium des Lincoln Center, Museen oder **Kirchen** (z. B. Concerts at One in der Trinity Church, www.trinitywallstreet.org/music) wird musikalisch häufig etwas geboten.

> Allgemeine Infos finden sich unter http://freeconcertsnyc.com oder www.nycgo.com/free. Siehe außerdem auch „Brooklyn Info" (S. 254).

Off- und Off-off-Broadway-Bühnen

Viele kleinere Bühnen befinden sich im Greenwich Village, um den Washington Square bzw. im Umkreis der Bleecker und McDougal Street. Die 2nd Avenue (Houston–14th St.) im East Village hieß einst „Broadway des jiddischen Theaters" und auch hiervon sind noch Bühnen erhalten.

⟲**240** [C19] **Actor's Playhouse,** 100 7th Ave. S., http://aphnyc.com. Village-Bühne, auf der schon aufsehenerregende Produktionen stattfanden.

⟲**241** [C19] **Cherry Lane Theatre,** 38 Commerce St., www.cherrylanetheatre.org. Erstes New Yorker Off-Broadway-Theater mit heute drei Bühnen.

⟲**242** [C19] **Lucille Lortel Theatre,** 121 Christopher St., www.lortel.org/llt_theater. Seit 1955 konstant bespielt. Den Anfang machte hier Brecht/Weills „Dreigroschenoper".

⟲**243** [C19] **Minetta Lane Theatre,** 13 Minetta Lane/W 3rd–Bleecker St. Über 400 Plätze.

⟲**244** [E19] **Orpheum Theater,** 126 2nd Ave./E 8th St., www.orpheum-theater.com. Ursprünglich jiddisches Theater im East Village, derzeit läuft hier das Erfolgsmusical „Stomp".

245 [C19] **Players Theatre,** 115 MacDougal St./Minetta Lane, www.theplayerstheatre.com. Zwei Bühnen, Off- und Off-off-Broadway, in einem Haus von 1907.

246 [E18] **P.S. 122,** 1501st Ave./E 9th St., www.ps122.org. Genreübergreifende Bühne mit Performances und Off-off-Broadway Shows.

247 [D19] **Public Theater,** 425 Lafayette St., www.publictheater.org. Mit Restaurant Library at the Public, Joe's Pub (s. S. 48) und Lobby-Bar. Hier wurden u. a. „Hair" und „A Chorus Line" uraufgeführt.

248 [B15] **Signature Theatre Company,** The Pershing Square Signature Center, 480 W 42nd St., Tickets: 212 2447529. Theater in einem Neubau von Frank Gehry. Jede Saison ist einem anderen *playwright* gewidmet. Drei Bühnen: Irene Diamond Stage, The Linney, The Griffin, dazu Café und Bookstore. Tickets $ 25. Livemusik im Café Di.–So. 18–21 Uhr.

249 [F22] **St. Ann's Warehouse,** 29 Jay St., DUMBO/Brooklyn, Tel. 718 2548779, http://stannswarehouse.org. Kreativ-alternative Bühne in einem alten Lagerhaus. Umzug geplant.

250 [B14] **Studio 54 Theatre,** 254 W 54th St., www.roundabouttheatre.org. 1927 noch „Gallo Opera House", später Nachtklub, dann 1998 Wiedereröffnung als Theater mit *Musical Cabaret* und als Sitz der Roundabout Theatre Company.

251 [E18] **Theater for the New City,** 155 1st Ave./10th St., www.theaterforthenewcity.net. Ausgezeichnete Avantgarde-Bühne im East Village, v. a. Schauspiele.

Bühnen und Konzerthallen

76 [C6] **Apollo Theater.** *Die* Institution für Konzerte in Harlem, Music Café und Touren.

58 [C14] **Carnegie Hall.** Älteste Konzerthalle der Stadt mit drei Bühnen.

252 [B13] **Jazz at Lincoln Center,** Broadway/60th St., im Time Warner Center, https://jalc.org, Tel. 212 7216500. Drei Jazz-Bühnen: Allen Room, Rose Theater und Dizzy's Club mit Bar.

72 [B13] **Lincoln Center for the Performing Arts.** Größter Kulturkomplex der Welt, in dem mehr als zehn Ensembles auf mehreren Bühnen zu Hause sind, darunter die „Met" (www.metoperafamily.org) und das New York City Ballet (www.nycballet.com).

36 [B16] **Madison Square Garden.** Alles von Sportveranstaltungen über Zirkus und Rodeos bis zu großen Konzerten und Musicals.

▷ *Ein historisches Juwel in Midtown: die Radio City Music Hall* **49**

㊾ [C14] **Radio City Music Hall.** Berühmt durch die Shows der Tanzgruppe „Rockettes" und das „Christmas Spectacular".

253 [B14] **Roseland Ballroom,** 239 W 52nd St., www.roselandballroom.com , Tel. 212 2470200. Tanzpalast im alten Broadwaystil auf mehreren Ebenen mit großen Konzerten.

254 [I24] **The Brooklyn Academy of Music (BAM),** 30 Lafayette Ave., Tel. 718 6364100, www.bam.org. Seit 1861 Sitz der Brooklyn Philharmonic, heute BAM Cultural District mit mehreren Bühnen/Institutionen. Unter anderem finden hier Sept. bis Dez. das „Next Wave Festival" (Musik, Tanz, Schauspiele , Lesungen) und im Juni ein Filmfestival statt.

TV, Film und Kino

Die Stadt großer Regisseure wie Martin Scorsese, Spike Lee, Woody Allen hat abgesehen von konventionellen Kinos auch Filmvorführungen im Lincoln Center (Film Society) und zahlreiche große **Filmfestivals** zu bieten:

> **BAMcinemaFest,** 10 Tage im Juni Filme in der Brooklyn Academy of Music (www.bam.org/bamcinemafest)

> **Bicycle Film Festival** – Filmfestival Mitte Juni (www.bicyclefilmfestival.com/new-york)

Gastropub Theater

Ein neuer Trend sind Kinos, in denen es ganze Gourmetmenüs gibt, z. B.

> **Nitehawk Cinema,** 136 Metropolitan Ave, Williamsburg/Brooklyn

> **reRun Gastropub Theater,** 147 Front St., Dumbo/Brooklyn. Kleine, aber ausgefallene Speisekarte.

> **Indie Food & Wine,** 144 65th St. Broadway–Amsterdam Ave. Lokal der Film Society of Lincoln Center. Leider wird (noch) nicht im Kino serviert.

> **Central Park Conservancy Film Festival,** im Aug. im Central Park nördlich von Sheep Meadow, W 72nd St. (www.centralparknyc.org/visit/things-to-do/family-community/film-festival.html)

> **New York Film Festival** (Film Society of Lincoln Center, www.filmlinc.com/pages/festivals), Ende Sept. für zwei Wochen

> **TriBeCa Film Festival** (www.tribecafilm.com/festival), zweite Aprilhälfte. Mehr als 100 Filme aus aller Welt, Kurzfilme, Open-Air-Kino, Kinderfilme und Workshops (initiiert von Robert de Niro)

> **Open-Air-Kino** im Rahmen des HBO Bryant Park Summer Film Festival (www.bryantpark.org/plan-your-visit/filmfestival.html) oder im Sommer freitags auf der Intrepid **㊷** (www.intrepidmuseum.org/summermovieseries.aspx).

> **Rooftop Films Summer Series,** http://rooftopfilms.com, Anf. Mai–Anf. Sept. auf verschiedenen Dächern New Yorks, danach sorgen DJs und Drinks für Partystimmung.

> **Syfy Movies With a View** an Pier 1 im Brooklyn Bridge Park **�87**, (www.brooklynbridgepark.org/events)

> Tipp für Kinofans: Im **Museum of the Moving Image** (s. S. 62) werden regelmäßig verschiedene Filme gezeigt.

Tickets für TV-Shows müssen langfristig vorbestellt werden. Ohne Ticket **als Zaungast** dabei sein, kann man bei TV-Shows wie „Good Morning America" (44th St./Broadway, tgl. 7–9 Uhr) oder der „Today Show" (Rockefeller Plaza/49th St., Mo.–Fr. 7–10 Uhr). Lohnend sind auch die Touren von On Location Tours (s. S. 329).

> **NBC Studio Tour,** GE Building, 30 Rockefeller Plaza, 49th St./5th–6th Ave., Tel. 212 6643700, www.nbcstudiotour.com. Tickets im NBC Experience Store (bis Ende 2014 wegen Renovierung keine Touren).

New York für Kunst- und Museumsfreunde

In New York gibt es mehr als 150 Museen und Kulturinstitutionen, vier botanische Gärten und sechs Zoos, über 100 „historic districts" und mehr als 1000 „landmark buildings" – wer das alles sehen möchte, wäre Jahre beschäftigt. Den Ruf als Kunstmetropole verdankt New York seinen weltbekannten Museen wie dem Metropolitan, das mit über 6 Mio. Besuchern an der Spitze der Attraktionen steht, dem Guggenheim oder dem Natural History Museum. Allerdings lohnen die kleineren, oft stärker spezialisierten Museen mindestens ebenso.

Während des **Museum Mile Festival** Anfang/Mitte Juni wird für einen Abend die 5th Avenue zwischen 82nd und 105th Street für den Verkehr gesperrt und es finden Konzerte und andere Aktivitäten statt. Dazu ist der Eintritt in die Museen zwischen 18 und 21 Uhr frei (http://museummilefestival.org).

Im Oktober können bei **OHNY (Open House New York)** rund 200 Sehenswürdigkeiten, die normalerweise nicht zugänglich sind, kostenlos besichtigt werden (www.ohny.org).

EXTRAINFO

Öffnungszeiten und Tickets

> **Jüdische Museen** haben während der jüdischen Feiertage und freitagnachmittags sowie samstags geschlossen.

> **Tipp:** Es empfiehlt sich, für die großen Museen wie Metropolitan oder MoMA Tickets bereits im Vorfeld im Internet zu besorgen.

Für Museumsfreunde

> Der **New York CityPass** (http://de.citypass.com/new-york, u. a. erhältlich im Visitor Center, s. S. 307) gewährt 9 Tage lang freien Zutritt zu sechs Attraktionen: American Museum of Natural History, Guggenheim oder Top of the Rock, MoMA, Metropolitan Museum of Art, Circle Line Cruise oder Fähre Liberty/Ellis Island, Empire State Building Observatory. Dazu kommen diverse Rabatte. Der CityPass kostet $ 109, für Kinder (6–17 Jahre) $ 82.

> Mit dem **Explorer Pass** gibt es ab $ 79,99 bzw. $ 57,99 (3–12 Jahre) kostenlosen Zutritt in 3, 5, 7 oder 10 Attraktionen/Touren/Museen aus einer langen Liste durch den VIP-Eingang (www.smartdestinations.com). 30 Tage gültig, unterschiedliche Ersparnis, meist Einlass ohne Warteschlangen. Außerdem „Go Select Pass" (Ermäßigung auf Smartphone-Tickets).

> Der **New York Pass** (www.newyorkpass.com) ist gut für kostenlosen Eintritt in über 30 Attraktionen/Museen wie Bronx Zoo, Brooklyn Museum, Empire State Bldg. Observation Deck, MoMA, Guggenheim, Whitney Museum, außerdem Gratistouren (u. a. UN, NBC Studio, Radio City Music Hall, Rockefeller Center) und eine Bootstour, Rabatte in Restaurants, Shops und auf Show-/Veranstaltungstickets. Er gilt 1, 2, 3 oder 7 Tage (ab $ 85), lohnt sich aber erst ab 3 Tagen.

> Unter **www.nyc-arts.org** erhält man aktuelle Informationen zu Veranstaltungen, Museen, Ausstellungen, Theateraufführungen und Kinderveranstaltungen etc. Ebenfalls interessant ist **www.publicartfund.org** mit Informationen zu Kunstprojekten und -events im öffentlichen Raum (Public Art).

Museen

Museen in Manhattan

🚇**255** [D22] **9/11 Memorial Preview Site,**
20 Vesey/Church St., tgl. 9–20 Uhr, Eintritt
frei, www.911memorial.org. Ausstellung mit
Modellen, Filmen, Fotos und Plänen zum
11. Sept. 2001 und zur Bebauung der World
Trade Center Site.

🚇**256** [D21] **African Burial Ground National
Monument,** Foley Sq./Duane St., www.nps.
gov/afbg, März–Nov. tgl. 9–17 Uhr, Visitor
Center Di.–Sa. 10–16 Uhr, Eintritt frei, Subway: City Hall. Erinnert an den ältesten Friedhof der New Yorker Afroamerikaner.

🚇**257** [B13] **American Folk Art Museum,**
2 Lincoln Sq, Columbus Ave./66th St.,
www.folkartmuseum.org, Di.–Sa. 12–19.30,
So. 12–18 Uhr, Eintritt frei. Volkskunst und
Kunsthandwerk vom 18. Jh. bis heute. Mit
Shop und u. a. Mi. 14 Uhr Gitarrenmusik live.

74 [B11] **American Museum of Natural
History.** Eines der weltgrößten Naturwissen-
schaftsmuseen, mit IMAX-Kino, Hayden Planetarium, Rose Center for Earth and Space,
mehreren Restaurants und Museumsläden.

3 [D23] **Castle Clinton National Monument.**
Ausstellung zur Stadtgeschichte im alten Fort.
Bookstore und Infostand zu den National-
parks in New York, Ticketverkauf für die Fähren zur Statue of Liberty und nach Ellis Island.

🚇**258** [D19] **Center for Architecture,**
538 La Guardia Pl., http://cfa.aiany.org,
Mo.–Fr. 9–20 Uhr, Sa. 11–17 Uhr, Eintritt
frei. Interessante Wechselausstellungen zur
Architektur, Vorträge und Lesungen.

🚇**259** [B11] **Children's Museum of Manhattan,** 212 W 83rd St., www.cmom.org,
Tel. 212 7211245, Di.–Fr., So. 10–17,
Sa. bis 19 Uhr, $ 11, 1. Fr. im Monat 17–
20 Uhr freier Eintritt. Beliebtes Kindermuseum mit Wechselausstellungen, „hands-on
exhibits" und großem Laden.

66 [D10] **Cooper-Hewitt National Design
Museum.** Wechselausstellungen zu weg-
weisenden Designern und Entwürfen.
Veranstaltungen und gut sortierter Laden.

🚇**260** [E21] **Eldridge Street Synagogue/
Museum,** 12 Eldridge (LES), www.eldridge
street.org, So.–Do. 10–17, Fr. 10–15 Uhr,
stündl. Touren, $ 10 (Mo. 10–17 Uhr frei).
Ausstellungen in einer der bedeutenden
Synagogen der Stadt.

5 [B25] **Ellis Island (Immigration Museum).**
Multimedialer Rundgang durch die 1892 bis
1954 betriebene Einwanderungsstation.

🚇**261** [D18] **Forbes Galleries,** 62 5th
Ave./12th St., www.forbesgalleries.com,
Di./Mi./Fr./Sa. 10–16 Uhr, Eintritt frei.
Ausstellung von Zinnsoldaten, Trophäen
sowie Kunst, Fotos, Schmuck u. a. im
Gebäude des „Forbes Magazine".

🚇**262** [D23] **Fraunces Tavern Museum,**
54 Pearl St., www.frauncestavernmuseum.
org, Mo.–So. 12–17 Uhr, $ 7. Sammlung
zur Frühgeschichte New Yorks sowie
Wechselausstellungen.

60 [D12] **Frick Collection.** Hochkarätige
europäische Kunst des 14. bis 19. Jh.
in edlem historischen Villenambiente.

63 [D10] **(Solomon R.) Guggenheim Museum.**
Sammlung moderner und zeitgenössischer
Kunst in sehenswertem Bau. Restaurant
The Wright sowie Laden, Veranstal-
tungen, Konzerte und sehenswerte
Sonderausstellungen.

Museen, die mit einer magentafarbenen
Nummer (**5**) als Hauptsehenswürdig-
keit ausgewiesen sind, werden im Kapitel „New York entdecken" ausführlich beschrieben. Dort finden sich auch alle praktischen Informationen wie Adresse, Öffnungszeiten usw.

New York für Kunst- und Museumsfreunde

🏛**263** [C15] **International Center of Photography (ICP),** 1133 Ave. of the Americas/43rd St., www.icp.org, Di.–Do. und Sa./So. 10–18, Fr. 10–20 Uhr, $ 14 (Fr. 17–20 Uhr beliebiger Eintritt). Fotomuseum mit Veranstaltungen, Ausstellungen, Bibliothek und Archiv sowie Buchladen.

42 [A15] **Intrepid Sea, Air, Space Museum.** Eines der größten See- und Luftfahrtmuseen auf und um einen alten Flugzeugträger.

67 [D10] **Jewish Museum.** Weltgrößte Sammlung von Judaika zu Alltagsleben, Kunst und Kultur. Laden mit großer Bücherauswahl, Café Weissman sowie verschiedenste Veranstaltungen.

18 [E20] **Lower East Side Tenement Museum.** Touren durch die Wohnungen von europäischen Einwanderern aus dem späten 19. Jh. und durchs Viertel.

🏛**264** [C15] **Madame Tussaud's New York,** 234 W 42nd St./Times Sq., www.madame tussauds.com/NewYork, So.–Do. 10–20, Fr./Sa. bis 22 Uhr, $ 29 (Onlinerabatt!). Persönlichkeiten und historische Szenen aus Wachs.

62 [C11] **Metropolitan Museum of Art (Met).** Riesiger „Kulturtempel" mit den verschiedensten Abteilungen. Mehrere Restaurants und Cafés, Shops (Great Hall), Konzerte und Lesungen, eigene Bibliothek, Archive und Magazine. Filiale: The Cloisters **85**.

🏛**265** [B13] **MOBIA/Museum of Biblical Art,** 1865 Broadway/61st St., Subway „Columbus Circle", Di.–So. 10–18 Uhr, Eintritt frei. Wechselausstellungen zu biblischer Kunst aller Art in beeindruckender Qualität, Film, Leseraum und kleiner Shop. Davor: Das Kunstwerk „Have a Seat" (Bank) von Jeremiah Lanphier.

031ny Abb.: mb

◹ *Ein Kunsttempel der Extraklasse: das Metropolitan Museum of Art* **62**

69 [D8] **Museo del Barrio.** Ausstellung lateinamerikanischer, puertorikanischer und karibischer Kunst und Kultur, mit Restaurant und Shop.

🏛**266** [D23] **Museum of American Finance,** 48 Wall St., www.moaf.org, Do.–Sa. 10– 16 Uhr, $ 8. Multimediales „Finanzmuseum" im Gebäude der Bank of New York von 1927, mit Shop (Souvenirs der NY Stock Exchange) und Tourangebot (Financial District).

🏛**267** [B13] **Museum of Arts & Design,** 2 Columbus Circle, www.madmuseum.org, Di.–So. 10–18, Do./Fr. bis 21 Uhr, $ 16 (Do./Fr. 18–21 Uhr beliebiger Eintritt). Sammlung zum Kunsthandwerk und zur Kunst des 20. Jh., mit Laden und Restaurant Robert im *9th floor* (Sa./So Brunch!).

O30ny Abb.: al

6 [C23] **Museum of Jewish Heritage – A Living Memorial to the Holocaust.** Multimediales Museum zur Kultur der Juden und zur Geschichte ihrer Verfolgung, angrenzend ist der Garden of Stones.

57 [C14] **Museum of Modern Art (MoMA).** Bedeutendes Museum mit Klassikern der Kunstgeschichte, aber auch zeitgenössischer Kunst und Skulpturengarten, Lokal The Bar Room at the Modern und gut sortierten Shops.

268 [D17] **Museum of Sex**, 233 5th Ave./ 27th St. (Gramercy), So.-Do. 10-20, Fr./Sa 10-21 Uhr, $20, www.museumofsex.com. Dauer- und Wechselausstellungen in einem ungewöhnlichen, etwas teuren Museum, mit Cocktailbar und Shop.

269 [E19] **Museum of the American Gangster (MAOG),** 80 St. Marks Place, tgl. 13-18 Uhr, $15, http://museumamerican gangster.tumblr.com. In seiner Art einzigartiges Museum mit Ausstellung und Film zu berühmten Gangstern und zur Prohibition und ihren Folgen. Im Untergeschoss befinden sich ein Theater und ein „Speakeasy" (eine versteckte Bar, wie zu Zeiten der Prohibition üblich) und berühmte Gangster wie „Lucky" Luciano oder der Bayer Frank Hoffmann werden vorgestellt.

21 [D20] **Museum of the Chinese in the Americas.** Neu eröffnetes Museum zu Kultur, Geschichte und Leben der chinesischen Einwanderer.

68 [D8] **Museum of the City of New York.** Lohnendes Museum zur Stadtgeschichte, neben der eigenen Sammlung auch sehenswerte Wechselausstellungen. Mit interessantem Museumsladen.

65 [D10] **National Academy Museum.** Sammlung der ältesten Kunstakademie der USA.

⌂ Im MoMA **57** *lohnen besonders die zeitgenössische Kunst und der Skulpturengarten*

EXTRATIPP

Preiswert ins Museum

An bestimmten Wochentagen, vor allem während der Abendöffnung, ist der Eintritt in bestimmte Museen gratis bzw. kann selbst festgelegt werden („pay what you wish/want"). Nachfolgend die wichtigsten:

Mittwoch

❭ Museum of Jewish Heritage: 16 bis 20 Uhr

Donnerstag

❭ Museum of the Chinese in the Americas: 11–21 Uhr (ganztags Eintritt frei)
❭ Museum of Arts & Design: 18 bis 21 Uhr beliebiger Eintritt
❭ New Museum of Contemporary Art: 19–21 Uhr Eintritt frei
❭ Jewish Museum: bis 20 Uhr ($ 12)

Freitag

❭ Morgan Library & Museum: 19–21 Uhr Eintritt frei (McKim Rooms auch Di. 15–17 und So. 16–18 Uhr)
❭ Museum of Modern Art: 16–20 Uhr Eintritt frei
❭ International Center of Photography: 17–20 Uhr freiwillige Spende
❭ Museum of Arts & Design: bis 21 Uhr (18–21 Uhr beliebiger Eintritt)

❭ Museum of the Moving Image: 16–20 Uhr freier Eintritt
❭ Neue Galerie: 1. Fr. im Monat 18–20 Uhr freier Eintritt.
❭ New-York Historical Society: 18–20 Uhr „pay what you wish"
❭ The Morgan Library & Museum: 19–21 Uhr Eintritt frei
❭ Whitney Museum of American Art: 18–21 Uhr freiwilliger Eintritt, gelegentlich Konzerte
❭ Rubin Museum of Art: 18–22 Uhr Eintritt frei

Samstag

❭ Guggenheim Museum: 17.45–19.45 Uhr beliebiger Eintritt
❭ The Jewish Museum: ganztags (11–17.45 Uhr) freier Eintritt
❭ Brooklyn Museum of Art: jeden 1. Sa. im Monat bis 23 Uhr (17–23 Uhr Eintritt frei)
❭ El Museo el Barrio: 3. Sa. im Monat Eintritt frei

Sonntag

❭ Frick Collection **60**: 11–13 Uhr „pay what you wish"
❭ Studio Museum in Harlem: ganztags (12–18 Uhr) Eintritt frei

---

270 [D17] **National Museum of Mathematics (MOMATH),** 11 E 26th St., http://momath.org, tgl. 10–17 Uhr, $ 15 (Kinder $ 9). Museum mit interaktiven Ausstellungsstücken und Zahlenspielereien für alle Altersstufen.

2 [D23] **National Museum of the American Indian (NMAI).** Filiale der Smithsonian Institution (Washington). Interessante Wechselausstellungen über und von Indianern.

64 [D10] **Neue Galerie, Museum for German and Austrian Art.** Ausstellung zur Kunst und zum Design des frühen 20. Jahrhunderts aus Deutschland und Österreich, präsentiert in einem edlen Villenambiente, mit Shop und Café.

19 [E20] **New Museum.** Wegweisendes Museum für zeitgenössische Kunst in der Bowery. Café und Laden sowie Dachterrasse (an Wochenenden).

🏛271 [D23] **New York City Police Museum,** derzeit wegen Renovierung: 45 Wall St., sonst 100 Old Slip/South St., Mo.–Sa. 10–17 Uhr, $ 5, www.nycpm.org. Polizeigeschichte und Infos zu den Ereignissen am „9/11".

🏛272 [B11] **New-York Historical Society,** 170 Central Park W (76th–77th St.), Di.–Sa. 10–18, Fr. 10–20, So. 11–17 Uhr, $ 15, www.nyhistory.org. Interessante Ausstellungen zur Geschichte New Yorks. Mit Bibliothek, Veranstaltungen und dem Caffè Storico.

🏛273 [D15] **New York Transit Museum Gallery Annex,** im Grand Central Terminal, 87 E 42nd St., Mo.–Fr. 8–20, Sa./So. 10–18 Uhr, http://web.mta.info/mta/museum, Eintritt frei. Wechselausstellungen zum Nahverkehr, mit Shop.

🏛274 [D14] **Onassis Cultural Center,** Olympic Tower, 645 5th Ave., Eingänge 51st/52nd St., www.onassisusa.org, **derzeit wegen Renovierung geschlossen,** aber Veranstaltungsprogramm an anderen Orten.

🏛275 [C18] **Rubin Museum of Art,** 150 W 17th St./7th Ave. (Chelsea), www.rmanyc.org, Mo./Do. 11–17 Uhr, Mi. 11–21 Uhr, Fr. 11–22 Uhr, Sa./So. 11–18 Uhr, $ 15. Museum zur Kunst und Kultur des Himalaya, Sammlung von Gemälden, Skulpturen, Textilien und Drucken vom 2. bis 19. Jh.

🔴 [C5] **Schomburg Center for Research in Black Culture.** Afroamerikanische Kultur und Leben in ihren verschiedensten Aspekten.

🏛276 [C23] **Skyscraper Museum,** 39 Battery Place, www.skyscraper.org, Mi.–So. 12–18 Uhr, $ 5. Architekturmuseum, in dem interessante Wechselausstellungen zu aktuellen Architekturthemen weltweit gezeigt werden.

🏛277 [E22] **South Street Seaport Museum,** 12 Fulton St., http://southstreetseaportmuseum.org. Ausstellungsräume zur Geschich-

te des Hafens, zum Handel und zur Seefahrt, außerdem Wechselausstellungen. Mit Shop und kleinem Café. **Wegen Renovierung** nach Sturmschäden von 2012 ist das Museum noch **geschlossen.**

4️⃣ [B27] **Statue of Liberty (Museum).** Das legendäre Wahrzeichen der Stadt bietet im Sockel ein kleines Museum zur Statue.

🏛278 [C6] **Studio Museum of Harlem,** 144 W 125th, www.studiomuseum.org, Do.–Fr. 12–21, Sa. 10–18, So. 12–18 Uhr, $ 7 (So. Eintritt frei). Wechselausstellungen zu afroamerikanischer Geschichte, Kultur und Kunst, Laden, Café und Official-NYC-Informationsstand.

85️⃣ [ad] **The Cloisters.** Sehenswerte Filiale des Metropolitan Museum 62️⃣ in Gestalt eines Klosters. Ausstellungen zu Kunst und Architektur des Mittelalters.

35️⃣ [D16] **The Morgan Library & Museum.** Palazzo des Finanziers Pierpont Morgan von 1906 mit modernem Anbau. Einmalige Sammlung seltener Bücher und alter Manuskripte, Gemälde und Zeichnungen. Mit Theater und Café.

🏛279 [D17] **Theodore Roosevelt Birthplace,** 28 E 20th St., www.nps.gov/thrb, Di.–Sa. 9–17 Uhr, derzeit nur stündliche Touren durch fünf Räume. Geburtshaus des einzigen aus New York stammenden Präsidenten der USA.

🏛280 [C14] **The Paley Center for Media (Museum of Television & Radio),** 25 W 52nd St., www.paleycenter.org, Mi.–So. 12–18 Uhr, Do. bis 20 Uhr, $ 10. 100 Jahre Radio- und TV-Geschichte mit über 100.000 archivierten Programmen. Mit Shop.

🏛281 [D22] **Tribute WTC Visitor Center,** 120 Liberty St., www.tributewtc.org, Mo.–Sa. 10–18, So. 10–17 Uhr, $ 17 (mit Tour $ 22). Tickets für die angebotenen Touren (tgl. 11–15 Uhr) gibt es hier im Center. Ausstellung zu den Anschlägen auf das World Trade Center, zu den Hilfs- und Rettungskräften und zu den Opfern, dazu Wechselausstellungen und Touren.

61 [D12] **Whitney Museum of American Art.** Zentrum für moderne Kunst, alle zwei Jahre große zeitgenössische Kunstschau „Whitney Biennial". Mit Restaurant und Laden. Neue Filiale im Meatpacking District geplant.

Museen in der Bronx

282 [D2] **Bronx Museum of the Arts (BxMA),** 1040 Grand Concourse/165th St., Subway (4): 167th St., www.bronxmuseum.org, Do.–So. 11–18 Uhr, Fr. bis 20 Uhr, Eintritt frei. Interessante Wechselausstellungen zeitgenössischer, meist lokaler Künstler.

283 **Van Cortlandt House Museum,** Broadway/W 246th St., im Cortlandt Park, Subway-Endstation Linien 1 und 9, www. vancortlandthouse.org, Di.–Fr. 10–15, Sa./So. 11–16 Uhr, $ 5 (Mi 10–15 Uhr frei). Villa von 1748, mit Möblierung des 18./19. Jh. und Ausstellung zur frühen Geschichte New Yorks.

Museen in Brooklyn

284 [cj] **Brooklyn Children's Museum,** 145 Brooklyn/St. Mark's Ave., Subway (A/C): Kingston Ave., www.brooklynkids.org, Di.–So. 10–17 Uhr, $ 9. Ältestes Kindermuseum der Welt mit vielen multimedialen Ausstellungsstücken zum Ausprobieren.

285 [F23] **Brooklyn Historical Society,** 128 Pierrepont/Clinton St., Subway: Borough Hall, www.brooklynhistory.org, Mi.–So. 12–17, $ 10. Kleines Stadtmuseum zur Geschichte Brooklyns.

95 [ck] **Brooklyn Museum.** Zweitgrößtes und eines der besten Kunstmuseen der Stadt, mit Café und Shop.

286 **Coney Island Museum,** 1208 Surf Ave./W 12th St., Subway: Coney Island-Stillwell Ave., http://coneyisland.com/pro

grams/coney-island-museum, im Sommer Mi.–So. 13–18 Uhr, sonst nur an Wochenenden, $ 5. Kleines Privatmuseum mit Memorabilien, Fotos und Kuriositäten zum „wilden Strandleben" von einst, auch Shows. **Derzeit noch wegen Renovierung geschlossen.**

287 [G24] **New York Transit Museum,** 130 Livingston St., Boerum Pl.–Schemerhorn St., Subway: Hoyt-Schemerhorn St. oder Borough Hall, www.mta.info/museum, Di.–Fr. 10–16 Uhr, Sa./So. 11–17 Uhr, $ 7. Informatives zur Entwicklung der U-Bahn in einer stillgelegten Subway-Station von 1930. Filiale in Grand Central Terminal **45**.

288 [E27] **Waterfront Museum,** 290 Conover St./Pier 44, Do. 16–20, Sa. 13–17 Uhr, frei, http://waterfrontmuseum.org, Bus B 61 ab Borough Hall. Historischer Schlepper mit Infos über den Hafen, im Sommer auch Hafenrundfahrten.

Museen in Queens

289 [G11] **Isamu Noguchi Museum,** Vernon Blvd., 10th St.–33rd Rd., Subway (N): Broadway (So. Shuttle ab Park Ave./70th St.), www.noguchi.org, Mi.–Fr. 10–17, Sa./So. 11–18 Uhr, $ 10 (1. Fr. im Monat beliebiger Eintritt). Studio und Museum des bekannten japanischen Künstlers.

290 **Louis Armstrong House,** 34–56 107th St., Corona, Subway (7): 103rd St.–Corona Plaza, www.louisarmstronghouse.org, Di.–Fr. 10–17, Sa./So. 12–17 Uhr, $ 10, stündlich Führungen (die letzte um 16 Uhr) durch das ehemalige Wohnhaus des berühmten Jazzmusikers.

291 [G14] **MoMA P.S.1,** 22–25 Jackson St./46th Ave., Subway: 23rd St.–Ely Ave., http://momaps1.org, Do.–Mo. 12–18 Uhr, $ 10. Zweigstelle des MoMA **57** für zeitgenössische Kunst in einem alten Schulhaus, mit Café, Shops und hippen Veranstaltungen.

New York für Kunst- und Museumsfreunde

🏛**292** [bg] **Museum of the Moving Image**, 35th Ave./37th St., Subway: 36th St. (N) oder Steinway St. (R/V), Mi./Do. 10.30–17, Fr. bis 20, Sa./So. 11.30–19 Uhr, $ 12 (Fr. 16–20 Uhr frei). www.movingimage.us. Alles über die Geschichte von Film und TV, mehrere Filmvorführräume, Ausstellungen, Café und Shop.

🏛**293** **New York Hall of Science**, Flushing Meadows Corona Park, 47–01 111th St., Subway (7): 111th St., www.nysci.org, variable Zeiten, Mo.–Fr. 9.30–17, Sa./So. 10–18 Uhr, $ 11 (Kombiticket mit Minigolf und Playground $ 19). Wissenschaftsmuseum für die ganze Familie mit Minigolf und Spielplatz.

🔟🔟 **Queens Museum.** Kunstmuseum mit dem Stadtmodell, das als weltgrößtes Architekturmodell gilt.

Museen auf Staten Island

🏛**294** **Alice Austen House Museum & Garden**, 2 Hylan Blvd./Bay St., Bus S51 ab Fährhafen bis Hylan Blvd., www.aliceausten.org, Di.–So. 11–17 Uhr (außer Jan./Feb.), $ 3. Sehenswertes historisches Haus von 1690, in dem die Fotografin Austen lebte und arbeitete.

🏛**295** **Historic Richmond Town**, 441 Clark Ave., Bus S74 ab Fährhafen bis Richmond Rd. bzw. St. Patrick's Pl., Mi.–So. 13–17 Uhr, $ 8 (Fr. 13–17 Uhr frei), www.historicrichmondtown.org, Führungen Mi.–Fr. 14.30, Sa./So. 14 und 15.30 Uhr. Ein historisches Museumsdorf

🏛**296** **Jacques Marchais Museum of Tibetan Art**, 338 Lighthouse Ave., Bus S74 ab Fährhafen bis Lighthouse Ave., www.tibetanmuseum.org, Mi.–So. 13–17 Uhr, $ 6. Die größte Sammlung tibetanischer Kunst außerhalb Tibets, schöner Garten!

🏛**297** **Snug Harbor Cultural Center & Botanical Garden**, 1000 Richmond Terrace/Tysen St.–Snug Harbor Rd., Bus S40 ab Fährhafen zum Snug Harbor Gate, www.snug-harbor.org, Di.–So. 10–17 Uhr. Kulturzentrum, u. a. bestehend aus Botanical Garden (Eintritt frei), Newhouse Center for Contemporary Art (Bldg. G, $ 5), Noble Maritime Collection (Bldg. D, $ 5) und Chinese Scholar's Garden ($ 5), Kombiticket $ 8. In Bldg. M: Staten Island Children's Museum.

Museen auf Long Island

Zu den folgenden Museen auf Long Island kommt man nicht mit der Subway, sondern man muss auf den Regionalverkehr ausweichen (s. S. 343).

🏛**298** **Custom House**, Main/Garden St., Sag Harbor, http://splia.org/custom-house, Mai–Okt. Sa./So., im Sommer tgl. 10–17 Uhr, $ 6. Führungen durch ein historisches Siedlerhaus.

🏛**299** **Montauk Point Lighthouse Museum**, 2000 Montauk Hwy., Montauk, www.montauklighthouse.com, Mai–Sept. tgl. 10.30 bis mind. 16.30 Uhr, im Winter nur am Wochenende, $ 9. New Yorks ältester Leuchtturm mit Besucherzentrum.

🏛**300** **Sag Harbor Whaling & Historical Museum**, 200 Main St., Sag Harbor, Mai–Okt. Fr.–Mo. 10–17, So. ab 13 Uhr, sonst nur an Wochenenden, $ 6, www.sagharborwhalingmuseum.org. Interessante Ausstellung zur Geschichte Long Islands und zum Walfang.

🏛**301** **Southampton Historical Museum**, 17 Meeting House Lane, Southampton, www.southamptonhistoricalmuseum.org, Mi.–Sa. 11–16 Uhr (außer Jan.), Mai–Sept. auch So 11–16 Uhr., $ 5. Hauptteil ist die Rogers Mansion, die Villa eines Walfangkapitäns von 1843. Weitere Bauten im Umkreis erläutern die frühe Geschichte der Ortschaft.

com. Werke bedeutender Künstler wie Lichtenstein, Oldenburg, Warhol, Beuys oder Richter.

☎**306** [D13] **Mary Boone Gallery,** 745 5th Ave., www.maryboonegallery.com. Verhalf Julian Schnabel, Eric Fischer u. a. zum Durchbruch.

☎**307** [D13] **Pace Gallery,** 32 E 57th St., www.pacegallery.com/newyork. Schwerpunkt Drucke.

Lower East Side, Chelsea

Hier findet man vor allem die Werke junger, progressiver Künstler:

☎**308** [A17] **Gladstone Gallery,** 515 W 24th St./10th Ave., Di.–Sa. 10–18 Uhr, www.gladstonegallery.com. Zeitgenössische Kunst, auch Installationen und Skulpturen.

☎**309** [A17] **Joshua Liner Gallery,** 540 W 28th St., 10–11th Ave., www.joshualinergallery.com. Jung-dynamische Galerie in Chelsea.

☎**310** [A17] **Paula Cooper Gallery,** 534 W 21st St., 10th–11th Ave., www.paulacoopergallery.com Schwerpunkt zeitgenössische, v. a. konzeptuelle und minimalistische Kunst.

☎**311** [A17] **Prince Street Gallery,** 530 West 25th St., www.princestreetgallery.com. Zeitgenössische figürliche und abstrakte Kunst.

☎**312** [A17] **Sonnabend Gallery,** 536 W 22nd St., www.sonnabendgallery.com. Alteingesessene Galerie.

Kunstgalerien

In New York gibt es mehr als 400 Galerien, die sich in bestimmten Stadtteilen konzentrieren. Im Mai und November finden außerdem die **Großauktionen bei Sotheby's** (1334 York Ave./72nd St.) und **Christie's** (502 Park Ave./59th St.) statt und auch „Art Shows", Festivals oder Kunstmärkte ziehen Kunstliebhaber an.

❯ Unter http://art-collecting.com/galleries_ny.htm finden sich komplette Listen von New Yorker Galerien, nachfolgend eine Auswahl:

Upper East Side

☎**302** [D11] **Acquavella Galleries,** 18 E 79th St., www.acquavellagalleries.com/gallery. Kunst des 19./20. Jh.

☎**303** [D11] **Gagosian Gallery,** 980 Madison Ave. Filiale: 555 W 24th St. (Chelsea), www.gagosian.com. Moderne, v. a. amerikanische Kunst.

☎**304** [D11] **Leo Castelli Gallery,** 4 E 77th St., www.castelligallery.com. Entdeckte u. a. Jasper Johns oder Roy Lichtenstein.

☎**305** [D13] **Marian Goodman Gallery,** 24 W 57th St., www.mariangoodman.

Kunstkaufhäuser

☎**313** [C14] **An American Craftsman,** 790 7th Ave./52nd St., www.anamericancraftsman.com. Antiquitäten, Kunsthandwerk aller Art.

☎**314** [E14] **The Manhattan Art & Antiques Center,** 1050 2nd Ave./55th St., http://the-maac.com. Kunst aus aller Welt.

⌂ *Open-Air-Galerie New York – hier ein Wandbild aus Long Island City* 98

New York für Architekturinteressierte

„Diejenigen, die New York hässlich finden, sind lediglich Opfer einer Wahrnehmungstäuschung ...“, schrieb Claude Lévi-Strauss in „Traurige Tropen“. New York ist die wahre Architekturmetropole des 20. und 21. Jahrhunderts, eine hypermoderne Großstadt mit altmodischen Seiten und voller Kontraste, eine Stadt, in der Alt und Neu direkt nebeneinander existieren und zu einem grandiosen Stadtbild verschmelzen. Philip Johnson „der“ New Yorker Architekt schlechthin, fasste es einmal so zusammen: „Wir bauen nicht, um der Ehre Gottes willen, sondern um Geld zu machen.“

Schon 1625 hatte die Dutch West India Company erste detaillierte Pläne für „Nieuw Amsterdam“ vorliegen, doch abgesehen von einem kleinen Fort entwickelte sich die Stadt weitgehend planlos. Straßen entstanden nach Bedarf – Broadway und Bowerie als Hauptachsen – und **holländische Baustile** prägten das Bild.

Die Engländer machten sich rund 40 Jahre später daran, eine Stadt nach ihren Vorstellungen zu formen, und mit der amerikanischen Unabhängigkeit kam es auch in der Architektur zu einem Neuanfang: Unter Präsident Thomas Jefferson erlebte der **Klassizismus** v.a. im öffentlichen Bereich in der jungen Nation eine Blüte. Einschneidend war für New York das Jahr 1811: Damals legte Stadtbaumeister John Randall einen neuen **Stadtplan nach einem Rastersystem** vor. Die Straßen nördlich der Houston Street wurden durchnummeriert und bildeten einzelne Planquadrate. Nur der Broadway durchschnitt als „Fremdkörper“ das regelmäßige Gitternetz der Avenues und Streets.

Es entstanden mehr und mehr Stadthäuser aus dunkelrotem Backstein – deswegen auch **Brownstones** genannt – im Colonial bzw. Federal Style, z.B. in Greenwich Village. Doch das architektonische Bild war weniger einheitlich als vielmehr **eklektizistisch:** Alle möglichen Baustile wurden nachgeahmt und zu einem neuen Ganzen zusammengetragen. So entstanden in den ersten Jahrzehnten des 19. Jh. viele repräsentative Bauten im Greek-Revival-Stil – z.B. 1811 die City Hall 15 – und bei Kirchen wie Trinity Church 10 oder St. Patrick's 51 wurde der neogotische Stil bevorzugt.

Mitte des 19. Jh. kam erstmals **Gusseisen** zum Einsatz, das später das unbegrenzte Bauen in die Höhe ermöglichen sollte. Als Vorläufer gilt das Cooper Union Building am Cooper Square (1859). Mit der Vereinigung der fünf Stadtteile 1898 kam die **„City-Beautiful“-Bewegung** auf und die New York City Improvement Commission (1904–1907) forcierte eine Neugestaltung der Stadt mit repräsentativen Baukomplexen im klassizistischen Stil, den beispielsweise die Columbia University 81 (1893–1913), die Penn Station (1910, McKim, Mead & White) oder die Public Library 43 (1911, Carrère & Hastings) demonstrieren.

Ebenfalls Ende des 19. Jh. entstand das erste Hochhaus, das die Trinity Church überragte: das 1955 abgerissene Pulitzer Building. Der Einsatz von Gusseisenträgern – William Le Baron Jenney hatte damit in Chicago 1884 das erste Hochhaus erbaut – ermöglichte einerseits die **Cast Iron Buildings** in SoHo, andererseits immer höheres Bauen: 1902 entstand **das erste Hochhaus** mit 22 Stockwerken, das aufsehenerregende Flatiron Building 28 von Daniel H. Burnham aus Chicago, oder 1905 bis 1908 das Singer Building (561–563 Broadway), das als erster „echter“ Wolkenkratzer galt. Das Woolworth Building 14, 1910 bis 1913 von Cass & Gilbert erbaut, ist ein Beispiel für das herrschende bunte Stilkonglomerat aus Klassizismus, Renaissance- und Barock-Revivalstilen, zu einer Zeit, als in Europa der Jugendstil dominierte.

In den 1920er-Jahren brach das **Zeitalter der Wolkenkratzer** mit aller Gewalt an. Doch das Höhenwachstum war nicht unbegrenzt: Das 1915 fertiggestellte Equitable Building hatte im Folgejahr *zoning laws* zur Folge, die u. a. terrassenförmige Bauweise mit Rücksprüngen vorschrieben und den „Wildwuchs“ in die Höhe eindämmten. Ende der 1920er-Jahre begann dann der Wettlauf um Höhenmeter zwischen Empire State Building 34 und Chrysler Building 46. Besonders Letzteres ist ein Musterbeispiel für den Stil, der das Stadtbild New Yorks beeinflussen sollte: **Art déco.** Dass Wolkenkratzer wie das Empire State überhaupt entstehen konnten, ist in erster Linie Indianern, speziell den **Mohawk** (Irokesen), zu verdanken. Die Mohawk Iron Workers wurden durch eine Fotoserie von Lewis Hine berühmt. Sie kennen angeblich keine Höhenangst und stellen noch heute die meisten Stahlbaumonteure im Baugewerbe.

Das 1932 anschließend an eine Ausstellung im Museum of Modern Art er-

033ny Abb.: mb

Ein Meilenstein der modernen Architektur: das Lipstick Building (53rd St./3rd Ave.) von Philip Johnson und John Burgee

schienene Manifest „**The International Style**" von Hitchcock & Johnson und während des Nationalsozialismus in die USA geflohene Bauhaus-Architekten wie Walter Gropius, Le Corbusier, Ludwig Mies van der Rohe oder Marcel Breuer sorgten dafür, dass nach all den Revival-Stilen des 19. Jh. der erste eigenständige Stil in den USA der Nachkriegszeit seinen Siegeszug antrat. Besonders Philip Johnson stieg mit dem Seagram Building (375 Park Ave./53rd St., 1958 in Kooperation mit Mies van der Rohe erbaut) zur Zentralfigur auf. Er predigte die **Nützlichkeit der Architektur** und den Vorrang der Funktion vor der architektonischen Form („Form follows function").

152ny Abb.: mb

SOM (Lever House, 1952, s. S. 212), Eero Saarinen (TWA Building/JFK Airport, 1962; CBS Building, 1965) sowie Le Corbusier (UNO-Hauptquartier, 1952) und Gropius (Pan Am Building/heute MetLife Building, 1963) trugen zur Verbreitung des neuen Stils bei. Gleichzeitig entstanden Kultureinrichtungen wie Lincoln Center **72**, Museum of Modern Art (MoMA) **57** oder das spektakuläre Guggenheim Museum **63** (1943–1959) von Frank Lloyd Wright.

Entlang der Park Avenue und der Wall Street, vor allem aber entlang der 6th Avenue entstanden in den 1950er- und 1960er-Jahren schlicht-funktionale, **monotone Hochhauskästen** über unbelebten Plätzen, die Norman Mailer einmal „leere Landschaft der Psychose" nannte. Erst der „Midtown Zoning Code" von 1961 legte Gebäudehöhe, Rücksprünge, Kontinuität der Straßenzüge und **Integration öffentlicher Plätze** verbindlich fest. Ein 1967 ins Leben gerufenes Programm „Sculpture in Environment" sorgte für die Aufstellung von Großplastiken zeitgenössischer Künstler auf Freiplätzen und allmählich wurden auch öffentliche Räume wie Foyers mit Kunst geschmückt.

In den 1980er-Jahren entstanden **„spätmoderne" Bauten** ohne Zierrat, wie das Javits Convention Center **38** (Pei), das World Financial Center **8** (Pelli), das Metropolitan Museum of Art **62**, der Carnegie Hall Tower (s. S. 214), J. P. Morgan Headquarters, UN Plaza I und II von Roche, Dinkeloo & Ass. sowie das Citigroup Center (s. S. 212) von Stubbins Associates.

Gleichzeitig setzte Robert Venturi in mehreren Traktaten wie „Learning from Las Vegas" (1972) zur Kritik an. Er begann einen Feldzug gegen die kommerzielle Architektur, wetterte gegen den Funktionalismus, bezeichnete die „Absichten der Moderne als gescheitert" und erklärte „Alles ist erlaubt". Der ornamentlosen, minimalistischen Architektur ohne historische Zitate setzten Venturi und die „New York Five" – Peter Eisenman, Michael Graves, John Hejdrik, Richard Meier, Charles Gwathmey – einen **zitathaften Eklektizismus** – die freie Auswahl aus einem historischen Architekturrepertoire – entgegen. Charles Jencks zog mit „The Language of Post-Modern Architecture" nach und Architekten wie Michael Graves oder Charles Moore, später sogar Phillip Johnson selbst, nahmen die Gedanken auf, integrierten historische Details und prägten so den **postmodernen Stil**, auch „Pop Architecture" genannt. Als erster postmoderner Bau der Welt entstand das AT&T (heute SONY) Building (1984, Johnson, s. S. 210), gefolgt vom Lipstick Building (1987, Burgee und Johnson, s. S. 212).

Wegweisende architektonische **Projekte jüngerer Zeit** sind die Battery Park City ❼ (Pelli, 1989) mit dem World Financial Center ❽ und das Areal um den Times Square ❸❾ mit Renzo Pianos New York Times Building ❹⓿. Derselbe berühmte Architekt hatte bereits vor einigen Jahren die Morgan Library ❸❺ spektakulär erweitert.

Das seit 2001 andauernde, mittlerweile nicht mehr unbedingt spannendste Kapitel der Architekturgeschichte wird auf der **World Trade Center Site** ❾ geschrieben. Dort, wo einst das Wahrzeichen New Yorks stand, befindet sich derzeit die wohl größte und meistdiskutierte Baustelle der Stadt. Große Architekten aus aller Welt sind involviert – Santiago

Calatrava, David Childs, Norman Foster, Frank Gehry, Fumihiko Maki und Richard Rogers –, um den Gesamtkomplex doch noch interessant zu gestalten.

Neue bemerkenswerte **Einzelbauten aus jüngster Zeit** sind beispielsweise Frank Gehrys IAC/InterActiveCorp am West Side Highway (555 W 18th St.), sein erster Bau in New York City, oder sein Pershing Square Signature Center mit dem Signature Theatre (s. S. 53) von 2012. Bernard Tschumis Blue Building (105 Norfolk St.) in der Lower East Side fällt auf und Jean Nouvel sorgte mit einem Luxuswohnblock in SoHo (40 Mercer St.) für Aufsehen und könnte mit dem geplanten Anbau des MoMA (Tower Verre) noch mehr von sich Reden machen. Sehenswert sind auch der HL23 Tower (515–517 W 23rd St.) in Chelsea von Neil Denari, ein luxuriöser Apartmentkomplex nahe der High Line, entlang der überhaupt viel sehenswerte Architektur entstanden ist und noch entsteht, und Neubauten wie der New York by Gehry (8 Bruce St.) von Frank Gehry nahe der Brooklyn Bridge und der City Hall. 41 Cooper Square ist ein Anbau der Cooper-Union-Schule von Thom Mayne/Morphosis (2009). Ebenfalls in letzter Zeit entstanden sind ein Wohnturm von Herzog & de Meuron in TriBeCa (56 Leonard St.) oder Mercedes-Benz Manhattan (555 W 53rd St.). Die Central-Park-Skyline prägt **One57** (157 W 57th St.), das höchste in Stahlbetonbauweise errichtete Gebäude der Stadt (306 m) vom französischen Architekturbüro Christian de Portzamparc.

◁ *Im Bereich um den Times Square* ❸❾ *entstand in den letzten Jahren wegweisende Architektur*

Ebenfalls am Central Park entsteht mit **432 Park Avenue** (www.432parkavenue.com) gerade das höchste Wohngebäude in der westlichen Hemisphäre. Von Stararchitekt Rafael Vinoly geplant, wurde 2012 mit dem rund 426 m hohen, schlanken Turm begonnen. Er soll Ende 2015 fertig sein. Zwei Drittel der Apartments wurden bereits zu utopischen Preisen verkauft.

New York hat inzwischen (wie Chicago lange zuvor) auch das „**grüne Bauen**" (s. S. 96) entdeckt. Neben dem prämierten Hearst Magazine Building von Sir Norman Foster gelten auch der Bank-of-America-Bau am Bryant Park [C15] oder 41 Cooper Square als ausgezeichnete Repräsentanten dieser Idee.

New York zum Träumen und Entspannen

Hochhausschluchten und Wolkenkratzer prägen das Bild, das man von New York im Kopf hat, doch dazwischen gibt es überraschend viel Grün – Parks und „community gardens" (Gemeinschaftsgärten), Strände und Wintergärten, Promenaden und Freizeitareale. Sie geben New York einen wenig bekannten „grünen Touch" und bieten genügend Gelegenheit zum Erholen.

Der **Central Park** ⑦ ist New Yorks bekanntestes und größtes Beispiel für eine grüne Ruheoase auf Stadtgebiet. Zudem

▷ *Seit 2009 präsentiert sich der High Line Park* ㉛ *als grünes Idyll in luftiger Höhe*

EXTRAINFO

Fußgängerzonen in New York

Im Zuge der Verwandlung New Yorks in eine „grüne Stadt" hat die Stadtverwaltung 2009 die Einrichtung von verkehrsberuhigten Zonen, kleinen „**Fußgängerzonen**", durchgesetzt. Anfang 2010 erklärte Ex-Bürgermeister Bloomberg das Pilotprojekt „Fußgängerzone Times Square" aufgrund seines Erfolges zum Dauerzustand, der weiter verbessert werden soll. So wurden entlang dem Broadway vom Columbus Circle (59th St.) bis hinunter zum Madison Square Park (23rd St.) bzw. Union Square (14th St.) eine Reihe teilweise verkehrsberuhigter und mit Radwegen versehener Areale eingerichtet. Markiert durch roten, blauen oder grünen Bitumenboden und ausgestattet mit Stühlen, Tischen und Liegen sowie Pflanzkübeln sind so Ruhezonen im tosenden Verkehr und außerdem Radwege entstanden. Die zentralen Bereiche liegen zwischen Times und Duffy Square (42nd–47th St.), am Herald Square (33rd–35th St.) und am Madison Square Park vor dem Flat Iron Building (25th–23rd St.).

erinnerte man sich in den letzten Jahren verstärkt daran, dass die Stadt am Wasser liegt, an der Mündung des Hudson River in den Atlantik, und es entstanden neue bzw. renaturierte Ufer- und Strandpromenaden. Alte Piers wurden reaktiviert und vormals wenig attraktive Parks und Plätze wie Washington Square oder Union Square ㉖ umgestaltet und wiederbelebt.

Mitten in Manhattan gibt es inzwischen nicht nur **Fußgängerzonen**, sondern schon viel länger **Parks und Plätze**, die zum einen als grüne Oasen im hektischen Alltagstreiben dienen, zum anderen während der Sommermonate zahlreiche kostenlose Veranstaltungen wie Konzerte, Lesungen, Entspannungskurse, Kino oder Schachturniere anbieten. Vor allem der **Bryant Park** [C15] ist diesbezüglich attraktiv, doch auch Washington Square [C/D19], Union Square **26**, Tompkins Square [E19] oder der Columbus Park [D21] in Chinatown sind Erholungsidylle. Vom Battery Park **3** und der sich nördlich anschließenden Esplanade bietet sich ein Blick auf Statue of Liberty **4**, Ellis Island **5**, New Jersey und Hudson River. Hier, wie auch an der **East River Waterfront Esplanade** (s. S. 70), sitzt man schön im Grünen und kann die Geschäftsleute bei der Mittagspause beobachten.

Der **High Line Park 31**, eine umgestaltete alte Hochbahntrasse, derzeit von der Gansevoort Street im Meatpacking District durch Chelsea bis zur 30th Street reichend, präsentiert sich als begrünte Promenade mit Sitzgelegenheiten und ist prädestiniert zum Flanieren, um den Ausblick auf Skyline und Fluss zu genießen oder um sich auf einer der bequemen Sonnenliegen auszuruhen.

Ein Zukunftsprojekt ist die **Lowline**, wo in einem historischen Trolley-Bahnhof unter der Delancey Street ein „Untergrund-Park" entstehen soll (http://thelowline.org).

Ein ähnlich einladendes „grünes Projekt" ist der **Hudson River Park**, eine Promenade, die sich einmal von der Battery Park City **7** bis etwa zur 60th Street hinaufziehen soll. Teil davon ist der **Greenway**, ein Fuß- und Radweg, der fast rings um Manhattan führt. Zur begrünten Promenade des Hudson River Park gehören

035ny Abb.: mb

Promenaden, Piers und Parks

Im Juni 2011 wurde der zweite Abschnitt des **High Line Park** ③① eröffnet. Die Promenade auf der alten Hochbahntrasse reicht zurzeit von der Gansevoort bis zur W 30th Street (3. Phase bis W 34th St. in Bau) und verbindet Meatpacking District, West Chelsea und Hell's Kitchen.

Ebenfalls seit Sommer 2011 steht die **East River Waterfront Esplanade** nicht nur erschöpften Wall-Street-Bankern zur Verfügung. Der erste, 1,5 km lange Bauabschnitt zwischen Wall Street und Maiden Lane [E23] bietet „Look-Outs", Aussichtspunkte, am Ende der Wall Street eine Stufenkonstruktion zum Wasser, bequeme Liegen, Bänke und Barstühle mit Ausblick für den Mittagslunch sowie einen beliebten Hundepark. Eine Verbindung zum Manhattan Greenway (Fahrrad-/Fußweg) ist ebenso geplant wie die Einbeziehung der Piers 15 und 35. **East River Blueway** (www.eastriverblueway.org) heißt die Fortsetzung der East River Esplanade vom South Street Seaport/Brooklyn Bridge bis hinauf zur E 38th St., die derzeit im Bau ist.

Viel tut sich auch am **Hudson River Park** (s. S. 69). Einer neuen Funktion zugeführt wurde z. B. Pier 25 – mit Minigolf, Beachvolleyball, Skateboard-Anlage und dem US Lighthouse Tender Liliac von 1933, dem ältesten Dampfschiff der Stadt. Nordwärts wurden weitere Piers zu Orten für Freizeitvergnügungen umfunktioniert. Das Areal nördlich vom Battery Park ③ ist mittlerweile eine durchgehende Grünanlage, ein Freizeit- und Erholungsareal mit Vorbildcharakter.

Tipps zum Relaxen

> **Brooklyn Heights Promenade** ⑧⑥ oder **Brooklyn Bridge Park** ⑧⑦ schön zum Betrachten der Skyline von Manhattan, besonders bei Sonnenuntergang

> **Esplanade (Battery Park City** ⑦**)**: Vor allem vom Wagner Park exzellenter Blick auf Hudson River, Statue of Liberty, Ellis Island und New Jersey

> **Jefferson Market Garden**: kleines grünes Idyll im geschäftigen Village

alte **Hafenpiers**, von denen viele zu Parkanlagen, Sportflächen, Naturschutzgebieten oder Arealen mit Unterhaltungswert umgewandelt wurden bzw. werden sollen.

Auch innerhalb der Häuserschluchten verwandeln Bewohner – vermehrt unter Duldung bzw. sogar unterstützt von der Stadtverwaltung – aufgelassene Grundstücke in idyllische Gartenanlagen, die öffentlich zugänglichen **community gar**dens: z. B. Jefferson Market Garden (Ave. of the Americas/W 8th St., Greenwich Village) oder Clinton Community Garden (W 48th St., 9th–10th Ave., Hell's Kitchen). Begonnen hat diese Bewegung in Harlem, mit Projekten wie „Project Harmony" (www.projectharmony.com).

Eine weitere Ruheoase haben bislang vor allem die New Yorker selbst für sich entdeckt: **Governors Island** (s. S. 110). Die der Südspitze Manhattans vorgelagerte Insel, die lange als Militärstützpunkt unzugänglich war, steht zur Erholung „fernab" im Grünen und doch so nah, mit Blick auf Freiheitsstatue und Manhattans Skyline, zur Verfügung und soll nach und nach noch attraktiver gemacht werden.

▷ *Kinder können sich im Build-a-Bear Workshop (s. S. 72) eigene Bären basteln*

New York für den Nachwuchs

New York ist nicht unbedingt die ideale Stadt für Babies und Kleinkinder, doch generell sind auch hier, wie überall in den USA, Kinder gerne gesehen. Zudem gibt es auch für die „Kleinen" einiges zu sehen und zu erleben.

Kinder und Familien kommen selbst im teuren New York in den Genuss vielerlei Vergünstigungen. Im Flugzeug oder mit Amtrak (Eisenbahn) reisen Kinder ermäßigt und in den **öffentlichen Verkehrsmitteln** New Yorks dürfen Kinder bis 1,12 m Größe in Erwachsenenbegleitung sogar gratis fahren. In **Hotels** übernachten sie bis zu einem bestimmten Alter kostenlos im Zimmer ihrer Eltern, **Restaurants** bieten vielfach Kindermenüs und -sitze, in **Museen** gelten Sondertarife.

Interessant für Kinder sind Museen wie das American Museum of Natural History , wo auch spezielle Programme und Workshops für Kinder zwischen 7 und 13 Jahren angeboten werden. Daneben bieten sich beispielsweise das Children's Museum of Manhattan (s. S. 56), das Brooklyn Children's Museum (s. S. 61), die New York Hall of Science (s. S. 62) oder der eine oder andere Zoo, z. B. im Central Park oder in der Bronx, an. Im Central Park gibt es nicht nur Spielplätze und Karussells, Discovery Center und Zoo, sondern auch Fahrradrikschas, einen Bootsverleih und das Marionette Theater At The Swedish Cottage (s. S. 72). **Kinder-Matineen am Broadway** finden z. B. im New Victory Theater (s. S. 51) statt. Ebenfalls unterhaltsam sind ein Ausflug nach Coney Island mit seinen Vergnügungsparks, eine Bootsfahrt (s. S. 330) oder eine Familien-

Radtour auf dem Manhattan Waterfront Greenway (s. S. 95). Anschließend böte sich im Brooklyn Bridge Park zu Füßen der Brooklyn Bridge (Empire Fulton Ferry Park) das historische Jane's Carousel an. An Pier 2 gibt es außerdem einen Badepool.

Auch Sportveranstaltungen sind etwas für die ganze Familie, besonders Baseball (s. S. 325) ist zu empfehlen, da auch abseits des Spielfelds immer etwas los ist.

NYC & Co. hat Tipps für Familien zusammengestellt, die im Internet abgerufen werden können:

❯ www.nycgo.com/waldo – Vorschläge und Veranstaltungen für Kinder und Teenager

204ny Abb.: mb

Schlemmen mit Kids

Leckeres Eis gibt es in **Eisdielen** wie popbar (5 Carmine St./6th Ave.), Cold Stone Creamery (u. a. 253 W 42nd) oder Serendipity 3 (225 E 60th St./2nd–3rd Ave.). Süßes in Hülle und Fülle wird in Dylan's Candy Bar (1011 3rd Ave./60th St.), bei Economy Candy (108 Rivington/LES) oder bei Hershey's (Times Sq.) angeboten.

Kultur für Kids

> **Children's Museum of Manhattan** (s. S. 56). Interaktives Museum mit vielen Dingen zum Berühren und Betätigen, Spielegalerie, nachgebautes TV-Studio und vielerlei Workshops und Veranstaltungen.

315 [C14] **FDNY Fire Zone,** 34 W 51st St., gegenüber Radio City Music Hall, www.fdny firezone.org, Mo.–Sa. 9–19 Uhr, So. 11–17 Uhr, Eintritt frei (außer bei Vorführungen)

316 [C20] **New York City Fire Museum,** 278 Spring, Varick-Hudson St., tgl. 10–17 Uhr, $ 8/5, www.nycfiremuseum.org. Sammlung von Feuerwehrzubehör vom 18. Jh. bis heute, mit Souvenirshop.

317 [D14] **Sony Wonder Technology Lab,** 550 Madison Ave. /56th St., http://wondertechlab.sony.com, Di.–Sa. 9.30–17.30 Uhr, kostenloser Eintritt, einige Vorführungen $ 5. Eine Reservierung ist sinnvoll, da zeitgebundene Tickets in limitierter Zahl verteilt werden: Reservierung (mind. 7 Tage, max. 3 Monate im Voraus) unter Tel. 212 8338100 (Di.–Fr. 9–14 Uhr). Dieses Museum bietet auf vier Etagen multimedialen Spaß für Kinder von 8–14 Jahren. Roboter, ein Filmstudio, eine medizinische Abteilung, Filmvorführungen u. a.

318 [C11] **Swedish Cottage Marionette Theatre,** W 79th St. (Central Park), Tel. 212 9889093, www.cityparksfoundation.org/arts/swedish-cottage-marionette-theatre, $ 10/7. Seit 1947 werden im Cottage wechselnde Theaterstücke für Kinder und Familien aufgeführt.

Läden für Kids

319 [C14] **American Girl Place,** 609 5th Ave./49th St., www.americangirl.com. Puppen und Zubehör, Spielzeug und Kleidung, außerdem Café, Musicalbühne, Puppensalon.

320 [D15] **Build-A-Bear Workshop,** 565 5th Ave./46th St. Weltgrößter „Bärenladen", in dem man seinen persönlichen Teddy „bauen" kann.

321 [C15] **Disney Store,** 1540 Broadway/Times Sq. Großer Shop des Disney-Imperiums.

322 [D13] **FAO Schwarz,** 767 5th Ave./58th St. Ein riesiger Spielzeugladen, den auch Erwachsene gesehen haben sollten. Seit 2009 im Besitz von Toys „R" Us.

323 [C14] **LEGO Rockefeller Center,** 620 5th Ave. Enorme Auswahl an Legosteinen und -bausätzen direkt am Rockefeller Center.

324 [C15] **Toys „R" Us,** 1514 Broadway/44th St. Unübersehbare Filiale des Spielzeugimperiums am Times Square

Am Puls der Stadt

003ny Abb.: mb

In New York ist der Wandel die einzige Konstante und das Extreme ein Markenzeichen. New York ist bunt und schrill, vielgestaltig und pulsierend und zugleich treffen hier die verschiedensten Ethnien auf engstem Raum zusammen. Nach Frank Sinatras Motto „If I can make it there, I'll make it anywhere" zieht der „Big Apple" seit Generationen Menschen aus aller Welt an. Selbst „9/11" konnte die Stadt nur kurzzeitig aus dem Gleichgewicht bringen und hatte zur Folge, dass bei den New Yorkern plötzlich neue Qualitäten zum Vorschein kamen.

Das Antlitz der Metropole

New York ist nicht „Amerika" im landläufigen Sinne – New York ist ein Unikum, ein Faszinosum, ein „Labyrinth von endlosen Schritten", wie es der New Yorker Autor Paul Auster in seiner „New York Trilogie" einmal nannte.

Spricht man von New York, meint man **Manhattan**, die 21,5 km lange und 1,3 bis 3,7 km breite Insel, die durch Hudson und East River vom Festland bzw. Long Island abgeschnitten ist. Dabei ist Manhattan nur einer von **fünf Stadtteilen** – die anderen sind Brooklyn, Queens, die Bronx und Staten Island – die mit insgesamt 785 km² Fläche New York City ausmachen.

Die Besucher drängeln sich vor allem auf Manhattan und dort wiederum zwischen Südspitze und Midtown, wobei sich die meisten Unterkünfte in Midtown befinden. Grundsätzlich gliedert sich Manhattan in **Downtown** (was nicht, wie sonst üblich, das Zentrum bzw. die Innenstadt meint, sondern den Südteil der Insel meint), **Midtown** und **Uptown. Upper Manhattan**, u. a. Harlem, umfasst das Areal nördlich des Central Park. Der Südspitze der Insel vorgelagert sind kleine Inseln, wie Governors,

Ellis oder Liberty Island und auch im East River verteilen sich etliche Inseln und Inselchen. Beachtliche 30 % von Manhattan stehen auf künstlich **aufgeschüttetem Grund** (z. B. Battery Park City ❼).

New York City ist Teil von **New York State**, einem der 13 Gründerstaaten der USA, mit 19,65 Mio. Einwohnern und flächenmäßig in den USA an 30. Stelle stehend. Er reicht im Nordwesten an die Großen Seen heran, wo sich an der Grenze zu Ontario (Kanada) zugleich eine Hauptattraktion Nordamerikas befindet: die Niagara Falls. Nicht New York City sondern **Albany** ist die Hauptstadt des Staates. New York City wird im Westen durch den Bundesstaat New Jersey begrenzt, während weiter nordöstlich, an der Küste, als nächster Bundesstaat Connecticut folgt.

Zyniker meinen, es gäbe nur zwei **klimatische Zustände** in New York City: Einerseits tropisch-feucht und heiß, andererseits nasskalt bis eiskalt, bei zu vernachlässigenden Übergangszeiten. Und tatsächlich, das **Wetter** in New York verhält sich wie seine Bewohner: wechselhaft, extrem und unvorhersehbar. Obwohl nahe dem 41. nördlichen Breitengrad, in ungefähr gleicher Höhe wie Madrid oder Neapel gelegen, darf man kein Mittelmeerklima erwarten.

◁ *Vorseite: Blick über den Central Park ❿, die grüne Lunge der Stadt*

In New York herrscht insgesamt ein etwas **extremeres Klima** als in unseren Breiten: Es gibt im Jahresdurchschnitt rund 710 mm Schnee und 1200 mm Regen. Feucht-heiße **Sommertemperaturen** von über 27 °C tagsüber (Schnitt im Juli: 25 °C) und mindestens 15 °C nachts sind die Regel, im **Winter** können die Temperaturen dagegen auf 0–5 °C tagsüber und auf Minusgrade nachts (Januar-Durchschnitt: 0 °C) abfallen. Es gibt viel Schnee (Schwerpunkt Jan.–März) und längere Frostperioden und sogar heftige Blizzards kommen vor. Als kältester Monat gilt der Februar mit durchschnittlich -3 °C. Das **Frühjahr** ist wechselhaft, angenehm warm und sonnig bis kalt mit (Schnee-) Regen. Schönste Reisezeit ist der **Herbst**, denn da schlägt das Wetter kaum Kapriolen, es kann zwar abends und morgens kühl werden, aber meist ist es klar und sonnig, oft bis in den November hinein.

Von den Anfängen bis zur Gegenwart

New York scheint vom Himmel gefallen zu sein. Wie Las Vegas oder Orlando hat auch die Ostküsten-Metropole mit anderen amerikanischen Großstädten wenig gemeinsam. Der Literat Henry James, 1843 in New York geboren, brachte es auf den Punkt: „New York ist keiner anderen Stadt ähnlich. Es ist eine hässliche Stadt und sie ist schmutzig. Das Klima ist ein Skandal. Aber wer einmal in New York gelebt hat, für den ist kein anderer Ort gut genug!"

⌂ *Blick vom Brooklyn Bridge Park* **87** *über den East River auf die Skyline Manhattans mit One WTC*

New York gilt zu Recht als einzige wahre Weltmetropole. Wie rasant der Aufstieg verlief, macht ein historischer Überblick deutlich. Er zeigt auch, dass der Weg von den Wigwams der einst hier lebenden Lenape-Indianer über die Handelsstation der Holländer und die englische Kleinstadt bis hin zur größten und bedeutendsten Stadt Amerikas zwar nicht reibungslos, aber zielstrebig und geradlinig verlief.

1524: Eine Handvoll Indianer lebt auf der dicht bewaldeten Insel Manhattan. Selbst als Giovanni da Verrazano, Florentiner in Diensten des französischen Königs, als erster Europäer vor der Insel auftaucht, ändert sich zunächst nichts an dem Idyll.

1609: Der Brite Henry Hudson, der für die niederländische Ostindische Handelsgesellschaft einen schnellen Seeweg nach Asien sucht, erforscht die Insel Manhattan und den später nach ihm benannten Fluss. Im Logbuch eines seiner Offiziere taucht erstmals der Name „Manna-hata" auf. Hudson nimmt wertvolle Pelze und euphorische Berichte vom „Paradies" mit nach Europa. Folge ist **1621** die Gründung der Westindischen Gesellschaft in den Niederlanden, die die „Neue Welt" erschließen soll.

1624 lassen sich die ersten europäischen Siedler auf Governors Island bzw. an der Südspitze Manhattans nieder.

1626 glaubt Peter Minnewit im Namen der Niederländer den lokalen Indianern die Insel Manhattan für ein paar Glasperlen und Werkzeug im Wert von 60 Gulden abgekauft zu haben; Indianer kennen jedoch keinen Landbesitz. Die sich ansiedelnden Holländer nennen den Ort „Nieuw Amsterdam".

1643 verschlechtert sich das Verhältnis zwischen Indianern und Siedlern zusehends, als man versucht von den Ureinwohnern Steuern einzutreiben und Landansprüche gewaltsam durchzusetzen. In einer Februarnacht massakrieren die Holländer 120 unschuldige Ureinwohner. Der Kriegszustand dauert bis **1655** an und zum Schutz gegen die Ureinwohner, aber auch gegen die sich vermehrt hier niederlassenden Briten, wird 1644 eine Steinmauer errichtet, deren Verlauf der heutigen Wall Street entspricht.

1646 entsteht gegenüber Neu-Amsterdam auf Long Island eine zweite niederländische Siedlung: „Breukelen", das heutige Brooklyn. Auch auf Manhattan formieren sich weitere Dörfer, z. B. Harlem.

1664 muss sich Peter Stuyvesant, der 1647 zum Verwalter ernannt worden war, dem zunehmenden Durck der britischen Kolonialmacht beugen. Neu-Amsterdam gerät kampflos in die Hände der Briten und wird zu „New York".

Um **1700** leben bereits rund 10.000 Menschen in New York, dessen Zentrum mit dem heutigen Lower Manhattan, der Südspitze der Insel, gleichzusetzen ist.

1725 und **1733** entstehen mit der „New York Gazette" und dem „New York Weekly Journal" die ersten beiden Zeitungen, **1732** gründet Rip van Dam, ein holländischer Geschäftsmann, das erste Theater und **1756** entsteht mit dem King's College (heute Columbia University) die erste Hochschule.

Ab etwa **1764** widersetzen sich die „Sons of Liberty", die nach Unabhängigkeit strebenden Kolonisten, verstärkt der englischen Steuerpolitik. New York, mittlerweile auf 18.000 Bewohner angewachsen und nach Philadelphia die zweitgrößte Stadt Amerikas, wird neben Neuengland zu einem Widerstandsnest.

Am **4. Juli 1776** verabschiedet der Kontinentalkongress die Unabhängigkeitserklärung. Nach der Schlacht von Long Island halten die Briten die wichtige Hafenstadt besetzt. Erst am **25. November 1783** ziehen sie wieder ab.

Am 4. März 1789 versammelt sich nach dem Unabhängigkeitskrieg der erste Kongress in New York und ernennt George Washington im Rathaus, der heutigen Federal Hall, zum 1. US-Präsidenten.

1790 übernimmt Philadelphia von New York die Rolle als Bundeshauptstadt.

1792 manifestiert sich der Aufstieg der Stadt zum Wirtschafts- und Handelszentrum in der Gründung der Börse an der Wall Street.

1797 löst Albany New York als Hauptstadt des Bundesstaats ab.

1811 nimmt der Stadtrat den Entwurf von Stadtbaumeister John Randall an – mit weitreichenden Folgen: Die Straßen nördlich der Houston Street wurden nach dem Prinzip eines Gitternetzes angelegt und durchnummeriert. Nur der Broadway, der alte Indianerpfad, der inzwischen zur wichtigen Postkutschenroute ausgebaut worden war, blieb als Diagonale im Raster der Avenues und Streets erhalten. 1850 war die Stadt bereits bis zur 34th Street gewachsen, in den nächsten zehn Jahren bis zur 42nd Street.

1817 wird jegliche Sklaverei in New York verboten, zehn Jahre später werden alle Sklaven freigelassen.

1825 wird mit der Eröffnung des Erie-Kanals zwischen Buffalo und Albany New York direkt mit den Großen Seen verbunden.

1830 entsteht das erste Nahverkehrssystem, eine Pferdebahn, **1836** folgte die Long Island Railroad.

1851 wird die New York Times gegründet.

1857 beginnt die Anlage des Central Park durch Frederick Law Olmsted und Calvert Vaux. Er wird **1869** eröffnet.

1865: Die Industrialisierung nach Ende des Bürgerkriegs lässt New Yorks Einwohnerzahlen explodieren. Mit über einer halben Million Menschen und konstantem Immigrantenzustrom wird die Stadt zum „Tor zur Neuen Welt".

1871 beginnt der Bau der Hochbahn, die bis 1954 in Betrieb ist – New Yorks erstes Massentransportmittel.

1880 wird das Metropolitan Museum of Art eröffnet und **1882** installiert Thomas Alva Edison die erste elektrische Lichtanlage.

1883 wird die Brooklyn Bridge eingeweiht und die Metropolitan Opera eröffnet, **1886** folgt mit der Freiheitsstatue ein New Yorker Wahrzeichen und **1891** eröffnet die Carnegie Hall.

1898 entsteht „New York City" aus dem Zusammenschluss der vormals unabhängigen Städte bzw. Landkreise Manhattan, Brooklyn, Bronx, Queens und Staten Island. New York wird auf einen Schlag mit gut 3,5 Mio. Einwohnern zur größten Stadt der Welt.

1904: Aufbau eines Subwaysystems, das mit dem Zusammenschluss der drei ursprünglichen Unternehmen in den **1930er-Jahren** zum größten Subwaynetz weltweit wird

1913 eröffnet mit dem Grand Central Terminal New Yorks größter Bahnhof und leitet das „Goldene Zeitalter" der Eisenbahn ein.

29. Oktober 1929: Der „Schwarze Freitag" an der New Yorker Börse beendet die „Roaring Twenties" und löst eine Weltwirtschaftskrise aus.

1932 tritt Bürgermeister Fiorello H. La Guardia (1882–1947) sein Amt an und dank seiner Maßnahmen beginnt der langsame Wiederaufstieg der Stadt.

1929 startet der Bau des Empire State Building, **1931** folgt das Rockefeller Center und **1932** wird die berühmte Radio City Music Hall eröffnet.

Am 28. Juli 1945 kollidiert eine US-Militärmaschine im dichten Nebel mit dem Empire State Building.

1949 wird New York zur Heimat der Vereinten Nationen (UN), die **1952** den Komplex am East River beziehen.

Von den Anfängen bis zur Gegenwart

1978–1987: Unter dem populären Bürgermeister Ed Koch erlebt die Stadt einen neuen Boom, der am „Black Monday", dem **19. Oktober 1987**, aber jäh unterbrochen wird.

1990 tritt mit David Dinkins erstmals ein Afroamerikaner das Bürgermeisteramt an. Er wird bereits nach einer Amtsperiode von dem Republikaner Rudolph Giuliani abgelöst, der **1997** wiedergewählt wird.

11. September 2001: Terroranschlag auf das World Trade Center, der Tausenden das Leben kostet und die Stadt in Schock versetzt.

2002 folgt Michael Bloomberg Giuliani im Amt des Bürgermeisters.

2009 Als Zeichen fortdauernden Aufschwungs werden im April zwei neue Baseballstadien eröffnet – das Yankee Stadium und das Citi Field –, ein Hightech-Besucherzentrum in Midtown, eine Fußgängerzone am Broadway und der High Line Park. Auch der Broadway boomt.

3. November 2009: Der als „parteiunabhängig" angetretene Bloomberg wird nach 2005 für eine dritte Amtszeit – ermöglicht durch eine Änderung des Wahlgesetzes – wiedergewählt.

11. September 2011: Eröffnung des National September 11 Memorial

April 2012: Das One WTC übertrumpft das Empire State Building als höchster Bau der Stadt.

29. Oktober 2012: Hurricane Sandy fegt durch New York und hinterlässt eine Spur der Verwüstung.

2013 kamen 54,3 Mio. Besucher nach NYC, die 55-Mio.-Marke rückt näher.

1. Januar 2014: Der Demokrat Bill De Blasio übernimmt das Bürgermeisteramt vom nicht mehr kandidierenden Michael Bloomberg. In Brooklyn wird Marty Markowitz als Borough-Präsident durch Eric L. Adams ersetzt.

2014: Das One World Trade Center und das 9/11 Memorial Museum eröffnen.

205ny Abb.: pm

Kulturmetropole New York

Über 100 Museen, unzählige Kunstgalerien und Kinos, mehr als 100 Universitäten und Hochschulen, zwei Opernhäuser, Theater in Hülle und Fülle, mehrere Orchester, Ballett- und Tanzensembles, zahlreiche Bibliotheken und Verlage – New York ist nicht nur das kulturelle Zentrum der USA, sondern der Welt. Frank Sinatra hat mit seinem Evergreen „New York, New York" die Anziehungskraft der Stadt auf einen Nenner gebracht: „If I can make it there, I'll make it everywhere!" Literaten, Musiker und Künstler aus aller Welt fanden sich schon immer in New York ein, denn hier ist alles möglich.

Bildende Kunst

Von den fast 1500 Kunstwerken, die 1913 bei der „Armory Show", offiziell „International Exhibition of Modern Art", in New York ausgestellt waren, stammte rund ein Drittel von europäischen Künstlern. Während sie eine Diskussion um die Kunst der Moderne auslösten, blieben die wenigen vertretenen amerikanischen Maler wie Edward Hopper, Marsden Hartley oder Joseph Stella weitgehend unbeachtet. Das sollte sich jedoch bald ändern. Drei maßgebliche Kunstrichtungen spielten in New York bei der Loslösung von Europa eine wichtige Rolle: **Realismus** („American Scene Painting"), **Abstrakter Expressionismus** und **Pop Art.**

◁ *Ein ganz besonderer Ort: das „9/11 Memorial" auf der World Trade Center Site* **9**

Realismus und Abstraktion

Die frühe Malerei war von der **Hudson River School**, einem Zusammenschluss von Landschaftsmalern im Hudson River Valley (u. a. Thomas Cole und Asher B. Durand), geprägt, die zwischen 1825 und 1875 romantisch-atmosphärische Naturbilder schufen. Am Übergang vom 19. zum 20. Jh. stellte sich dann die Gruppe „The Eight" gegen alle Konventionen und 1908 schlossen sich fünf der Mitglieder (großteils Zeitungsillustratoren) unter Robert Henri – ab 1900 in New York und Lehrer an der New York School of Art – zur „Ashcan School" zusammen. Diese machte sich die Realität des Stadtlebens zum Thema und beeinflusste die Entstehung des **amerikanischen Realismus** maßgeblich.

Ebenfalls „Städtischen Sozialrealismus" praktizierte eine Gruppe von New Yorker Künstlern, die sich zur „14th Street Group" zusammenschloss. Sie stellten die gesellschaftlichen Probleme der Stadt unverblümt dar. Kenneth Hayes Miller (1876–1952) beeinflusste mit seinen ausdruckslosen Kleinbürgern in Alltagsszenen zahlreiche Künstler, darunter Reginald Marsh (1898–1954). Er schilderte den Alltag gewöhnlicher New Yorker akribisch genau und in oft greller Jahrmarktsatmosphäre (z. B. in dem Bild „Strand von Coney Island").

Die eigentliche Identifikationsfigur des **amerikanischen Regionalismus** war jedoch Thomas Hart Benton (1889–1975), ab 1911 in New York tätig und ursprünglich Kulissenmaler. Seine Wandbildserie „Epos der amerikanischen Geschichte" und seine Wandbilder für die Whitney Library stießen aufgrund ihrer plakativ-ehr-

Edward Hopper – Visionen des modernen und alltäglichen Amerika

Edward Hopper gilt als der größte amerikanische Realist des 20. Jh. und lässt sich keiner Schule oder Gruppe zuordnen, denn er überdauerte alle und sprengte ihr Spektrum. Man bezeichnet ihn als **Begründer des American Scene Painting** *und seine Bilder von Häusern und Menschen in Hotelzimmern, „diners" oder Büros prägen das Amerikabild von Generationen. Auch wenn seine Lebensdevise „I don't know" lautete, kannte er sein Ziel genau, nämlich Visionen des modernen und alltäglichen Amerika zu schaffen: nostalgisch, emotionslos-distanziert, melancholisch-trostlos. So sind seine vermeintlich realistischen Bilder in Wahrheit Rekonstruktionen, Verfremdungen oder Überzeichnungen der Realität.*

Hoppers **Lebenslauf** *war „stinknormal", ruhig und geordnet sein Privatleben und auch seine künstlerische Karriere verlief unspektakulär, jedoch stetig nach oben: vom Werbezeichner und Illustrator zum geschätzten und hochdotierten Maler. Hopper ist ein* **New Yorker Eigengewächs,** *wurde in Nyack als Sohn eines Textilkaufmanns am 22. Juli 1882 geboren, absolvierte eine Ausbildung zum Werbegrafiker und studierte anschließend an der New York School of Art erst Illustration, dann Malerei. Mehr als sein damaliger Lehrer Robert Henri, Begründer der „Ashcan School", beeinflussten ihn jedoch zu Anfang seine* **Europareisen,** *die erste 1906. Besonders Paris und der Impressionismus (später auch Matisse), prägten sein Frühwerk.*

1910 ließ sich der menschenscheue Künstler dauerhaft in New York nieder, arbeitete als **Werbezeichner, Illustrator und Zeichenlehrer** *und bezog 1913 ein eigenes Atelier am Washington Square. Seine ab 1915 entstehenden* **Radierungen** *erhöhten seinen Bekanntheitsgrad und seine erste Einzelausstellung 1920 im Whitney Studio Club verhalf ihm zum Durchbruch. Mitte der 1920er-Jahre fand Hopper zu dem ihm eigenen* **realistischen Stil** *und wandte sich mehr und mehr Themen der Neuen Welt und der Zivilisation zu: Häusern, Eisenbahnen, Autos sowie Küstenlandschaften - Bilder, geprägt von stark geometrischer Komposition mit begrenztem Ausblick, um eine* **Distanz** *zwischen Betrachter und Objekt zu schaffen.*

1924 heiratete Hopper die Malerin **Josephine,** *die ihm ab und zu als Modell diente. Die Sommer verbrachten beide an der Küste von Cape Cod (Massachusetts), ab 1933 im eigenen Sommerhaus. Im gleichen Jahr fand Hoppers erste* **Retrospektive** *im Museum of Modern Art statt. In den 1930er- und 1940er-Jahren bereiste Hopper mehrfach Amerika, fuhr an die Westküste und erkundete Mexiko. In den folgenden beiden Jahrzehnten häuften sich Ausstellungen und Auszeichnungen. Noch 1967 nahm er an der Biennale in São Paulo teil, doch nach einem mehrwöchigen Krankenhausaufenthalt starb er am 15.5. desselben Jahres in seinem Studio am Washington Square.*

Hoppers Werke sind dank der gleich bleibenden Merkmale unverwechselbar.

*Thematisch wandte er sich von Land-schaften und unbelebten Objekte (vor allem Häusern) mehr und mehr dem **Groß-stadtleben** zu. Schiffe und Meer, Eisen-bahnen und Bahnhöfe, Straßen und Autos sind Ausdruck seines eigenen **Mobilitäts-bedürfnisses**. Das alles beherrschende Thema ist für Hopper jedoch der Mensch, eingebunden in die Zivilisation, aber dennoch isoliert, in sich versunken und einsam, umgeben von einer Atmosphäre läh-mender Stille, mit ausdruckslosen, fast er-starrten Gesichtern. Darüber hinaus ist Hopper ein Meister der Psychologie. Sind mehrere Personen im Raum, scheint die Spannung entweder unerträglich oder aber es gibt überhaupt keine Beziehung.*

*Die Wahl des **Ausschnitts**, die **Pers-pektive** und **ungewöhnliche Blickwin-kel** spielen bei Hopper eine ebenso wich-tige Rolle wie das **Licht**. Er verfremdet es, schafft doppelte Lichtquellen, von innen und außen, spielt mit Schlagschatten und Hell-Dunkel-Kontrasten oder lässt seine Fi-guren bei Nacht agieren. Hoppers Farb-wahl ist kühl, im Spätwerk zunehmend kräftiger, aufgetragen in großen, unge-brochenen Farbflächen.*

Die umfangreichste Sammlung von Hopper-Kunstwerken mit über 3000 Aus-stellungstücken beherbergt das Whitney Museum of American Art **61**.

Literaturtipp:

> *Modern Life. Edward Hopper und seine Zeit, Ausstellungskatalog, Hirmer Verlag München, 2009*

lichen Wirkung seitens der Allgemeinheit allerdings auf wenig Verständnis.

In den 1920er- und 1930er-Jahren hat-te sich in New York ein Kunstmarkt her-ausgebildet, Galerien und Museen wa-ren gegründet worden und die Nachfra-ge gewachsen. Bereits 1917 hatte sich um Man Ray, Marcel Duchamp und Fran-cis Picabia eine Gruppe formiert, die den **New Yorker Dada** ins Leben rief. **Edward Hopper** (1882–1967) hingegen war ein Einzelgänger, der den Stil der Neuen Ge-genständlichkeit ins Leben rief. Hoppers „stille" Bilder wurden prägend für das Amerikabild und sind zeitlos universal.

1936 hatten sich die **„American Ab-stract Artists"** zusammengeschlossen, doch erst Ende der 1940er-Jahre konnte sich der Abstrakte Expressionismus als erster eigenständiger nationaler Stil kon-solidieren und New York zu internationa-lem Ruf als neues Kunstzentrum nach Paris verhelfen. Den Begriff des Abstrak-ten Expressionismus prägte der New Yor-ker Jackson Pollock (1912–56). Andere abstrakte Künstler wie Willem de Koo-ning, Ad Reinhardt, Robert Motherwell, Barnett Newman, Mark Rothko oder Clyf-ford Still sahen sich als „Missionare", als Erneuerer und Provokateure in der bil-denden Kunst.

Pop Art und moderne Kunst

In den 1960er-Jahren verschmolzen die Grenzen zwischen Malerei und Bild-hauerei, zwischen Realität und Kunst und eine neue Stilrichtung bildete sich heraus: die **Pop Art**. Diese der Großstadt-kultur angepasste Kunstrichtung wehrte sich gegen althergebrachte Vorstellun-gen und verschaffte sich auf humorvol-le Weise in der Öffentlichkeit Gehör. Pop Art galt als jugendlich und optimistisch, als weltzugewandt und witzig: Profanes und typisch Amerikanisches, Fast-Food-Restaurants, Reklametafeln, Geldscheine, Comics und Star-Fotografien wurden zum Bildthema und die Grenzen zwischen Kunst, Kommerz und Kitsch verschwammen. Fundmaterial fand Verwendung in Collagen (Wesselman) und Assemblagen (dreidimensionale Collagen, z. B. bei Segal, Kienholz). Massenmedien (Lichtenstein, Warhol), Reklame (Rosenquist) oder z. B. Lebensmittel (Oldenburg) fanden Eingang in die Kunst.

Als **Jasper Johns** (geb. 1930), ab 1952 als Dekorateur in New York tätig, 1958 in seiner ersten Einzelausstellung in der Leo Castelli Gallery wirklichkeitsgetreue Abbildungen von Flaggen, Schießschei-

ben und Zahlen zeigte, hielt sich die Begeisterung in Grenzen. Er war eng befreundet mit **Robert Rauschenberg**, dessen „Combine Paintings" – Assemblagen mit Fundstücken – im selben Jahr bei Castelli zu sehen waren, der aber auch Happenings veranstaltete, Bühnenbilder und Kostüme entwarf. Auch **Jim Dine** hatte sich auf Objets trouvés, Assemblagen und Collagen spezialisiert und inszenierte Happenings wie „Car Crash".

Einen ersten umfassenderen Überblick über die Pop Art boten 1961 das Guggenheim Museum („Six Painters and the Object" – Dine, Johns, Lichtenstein, Rauschenberg, Rosenquist und Warhol) und die gemeinsame Ausstellung der „New Realists", 1962 in der New Yorker Sidney Janis Gallery. Dort wurden Werke von Dine, Lichtenstein, Oldenburg, Rosenquist, Segal, Warhol, Wesselman, Christo, Tinguely u. a. gezeigt.

Neben **Andy Warhol** war **Roy Lichtenstein** (1923–1997), ein New Yorker Eigengewächs, eine prägende Figur der Pop Art. Er konzentrierte sich auf Cartoonfiguren in kräftigen Umrissen und Farben und mit Sprechblasen versehen (z. B. „Look Mickey" oder „Popeye"). **James Rosenquist** (geb. 1933) blieb seinem gelernten Metier, der Reklamemalerei, auch als Pop-Art-Künstler treu. Durch seine „American Nudes" wurde hingegen **Tom Wesselmann** (1931–2004) bekannt – oft Kombinationen aus Collage und Assemblage, Bild und Plastik. 1924

◁ *Die „Group of Four Trees" (1969–72) von Jean Dubuffet vor der Chase Manhattan Bank (Williams/Liberty St.)*

039ny Abb.: mb

Andy Warhol

Andy Warhol gilt als der Hauptvertreter der amerikanischen **Pop Art,** als der „Papst des Pop". Andrew Warhola (1928–1987) wurde als Sohn tschechischer Einwanderer in ärmlichen Verhältnissen geboren und wurde als kränkelndes, nervöses Kind beschrieben. Er lernte den Beruf des Gebrauchsgrafikers in Pittsburgh und war dann in den 1950er-Jahren als Werbegrafiker und Schaufensterdekorateur in New York tätig, wo er mit seiner Mutter an der Lexington Avenue wohnte.

Seine frühen Werke basierten auf **Schaufensterdekorationen** und **Comics.** Als er merkte, dass auch Roy Lichtenstein Comic-Strip-Figuren verwendete, wandte er sich **Konsumartikeln** zu. 1962 gelang ihm der künstlerische Durchbruch mit den „**Campbell Soup Cans**" (Suppendosen). Noch im selben Jahr gründete er sein Atelier The Factory (erst 47th St., dann Union Square), in dem er sich auf die **Fließbandproduktion** von Kunstwerken oder „**Readymades**", meist im Siebdruckverfahren, verlegte. Neben „Reproduktionen des Alltäglichen" wie Geldscheinen oder Pappkartons wählte er sogar Autounfälle als Bildmotiv. Er setzte z. B. Pressefotos für seine Zwecke ein, verfremdete Prominentenbilder und reihte Marilyn Monroes oder Liz Taylors Porträt 25-fach nebeneinander.

Mit dem Niedergang der Pop Art verlegte sich Warhol Ende der 1960er-Jahre aufs **Filmemachen** und veranstaltete **Performances** zur Unterstützung der Rockgruppe Velvet Underground. 1968 wurde er bei einem Attentat schwer verletzt. In den 1970er-Jahren war er dann vor allem als **Porträtist** tätig.

---

in der Bronx geboren, studierte der Jude **George Segal** Kunst. Berühmt wurde er ab 1961 durch seine Gipsfiguren, die lebendigen Modellen nachempfunden und in verschiedene Alltagsszenen eingegliedert wurden (Environments).

Claes Oldenburg (geb. 1929), gebürtiger Schwede, lebte seit 1956 in New York und war vielseitig: Happenings, Kostümentwürfe, Requisiten, Environments aus Müll, vor allem aber Nachbildungen von Massenprodukten und Alltagsgegenständen in meist überdimensionierter Größe – wie Brot, Kuchen oder Kleidung – und seine „Soft Sculptures", überdimensionale Alltagskunst (z. B. Knöpfe oder eine Zahnbürste), meist im Freien aufgestellt, wurden berühmt.

Der **Fotorealismus** wurzelt zwar im Westen der USA, doch in New York sorgte **Richard Estes** (geb. 1932) Anfang der 1960er-Jahre für die Rückkehr zur Gegenständlichkeit in der amerikanischen Kunst. Seine New Yorker Stadtansichten und Schaufenster sind nur scheinbar fotografisch genaue Wiedergaben.

Pop Art und Realismus verschmolzen zum Ausdrucksmittel eines neuen Lebensstils, den auch **Happenings** (z. B. an der New York University), **Free Art, Street Work** und **Performance Art** verkörperten. **John Cage** (1912–1992) galt als Prototyp des experimentellen modernen Künstlers. Als „Organisator" führte er verschiedene Kunstgenres und Kulturkreise zu intermedialen Veranstaltungen

O4Ony Abb.: mb

im Grenzbereich zwischen Collage, Musik und Theater zusammen. Als „triviale Form" der Happenings entstand **Fluxus**, kurze ausgefallene Darbietungen, flüchtige Gesten und profane Gegenstände in bestimmten Aktionen zur „Kunst" erhoben.

Die Pop Art mit all ihren Ablegern und Nachfolgern löste einen weitreichenden **Kunstboom** aus. Ob Minimal Art oder Konzeptionskunst, Neo-Dada, Neo-Abstraktion oder Anti-Form, New Image Painting und Performances – seither ist in New York alles erlaubt.

⌂ Kunst zum Anfassen und Kaufen direkt vom Straßenkünstler

Fotografie

Obwohl die Fotografie bereits 1839 „erfunden" worden war, erlebte sie ihren ersten künstlerischen Höhepunkt in den USA erst zwischen den beiden Weltkriegen, initiiert durch große Fotografen wie Alfred Stieglitz und Ereignisse wie die „Armory Show" von 1913. **Alfred Stieglitz** (1864–1946), Sohn deutscher Auswanderer, brachte erstmals Kunst und Fotografie unter einen Hut. Nach Schulabschluss und Fotochemiestudium in Deutschland begann er 1890 in New York die Fotografie zur Kunstform zu entwickeln. Stieglitz' Erfindung des Gelatineverfahrens ermöglichte es, ohne Manipulation und Retuschen zu arbeiten. Ab Anfang des 20. Jh. entstanden seine berühmten New-York-Fotos, die Immigranten-Schiffe, Eisenbahnen, Pferde und Wolkenkratzerkulissen zeigten, aber auch seine Wolkenbilder wurden berühmt.

Wegweisend war 1902 die Gründung der Gruppe „**Photo-Secession**" durch Stieglitz sowie seine Zeitschrift „Camera Work". In seiner 1905 eröffneten 291 Gallery fanden bis 1917 rund 80 Ausstellungen von Fotografenkollegen und modernen Malern statt. Auch Stieglitz' Frau, die Malerin Georgia O'Keeffe stellte hier aus.

Kurz vor dem Ersten Weltkrieg hatte sich die Fotografie zur unabhängigen Kunstform entwickelt und die sogenannten **Piktorialisten** – darunter **Man Ray** – schöpften die Möglichkeiten von Überarbeitung und Retusche voll aus. Stieglitz selbst, dessen Frühwerk eher malerische Züge trug, wandte sich später der **Straight Photography**, der unmittelbaren Realitätswiedergabe, zu und wurde zum Wegbereiter der Dokumentarfotografie. Die Verwendung rein fotografischer Mittel, kompromisslose Frontalperspektive und der Verzicht auf malerische Elemente und atmosphärische Stimmungen stellte die kreativste fotografische Bewegung vor dem Zweiten Weltkrieg dar. Stieglitz war Vorbild für Fotografen wie v. a. **Paul Strand** (1890– 1976), aber auch für die 1933 an der Westküste gegründete Gruppe „f.64" (Blende 64), zu der Imogen Cunningham, Ansel Adams und Edward Weston gehörten.

Die neue Fotografierweise wirkte sich auch in der **Mode- und Porträtfotografie** aus, wo Diskretion gefragt war. Das Genre blühte in den „Roaring Twenties" auf, als die Nachfrage seitens großer Glamour-Magazine wie Vogue, Look oder Vanity Fair wuchs. **Edward (Eduard) Stei-**

chen (1879–1973), gebürtiger Luxemburger, übte enormen Einfluss auf spätere Modefotografen aus. Er arbeitete mit Stieglitz zusammen und der Durchbruch gelang ihm 1923 mit seinen Modefotos im Hochglanzmagazin Vogue. Er lichtete im Laufe seiner Karriere Hollywoodstars wie Walt Disney, Charlie Chaplin oder Gloria Swanson ab.

Die Wurzeln der **Dokumentarfotografie** reichen ins 19. Jh. zurück. **Jacob Riis** hatte bereits 1890 mit seiner Fotodokumentation „How the Other Half Lives" ein eindrucksvolles Zeugnis der sozialen Umstände geliefert, mit denen die Immigranten New Yorks Ende des vergangenen Jahrhunderts konfrontiert waren. In dieselbe Kerbe schlug **Lewis W. Hine** (1874–1940) mit seinen Fotoserien aus den Elendsvierteln von New York („Human Documents"). Er fotografierte auf Ellis Island, in Fabriken, zeigte Ausgebeutete und arbeitende Kinder. Weltberühmt machte ihn aber schließlich seine Fotoreportage von 1930 zum Bau des Empire State Buildings, „Men at Work".

Walker Evans (1903–1975) war ab 1928 fotografisch tätig, u. a. für Time Magazine und Fortune Magazine. Seine New Yorker Studien über Menschen und Milieu, z. B. eine Reportage über die New Yorker Subway (1939–41) oder „Many Are Called" (Porträts), haben eine starke Aussagekraft, lassen aber auch innere Distanz erkennen.

In den 1930er-Jahren entwickelte sich die **Pressefotografie** und der Bildjournalismus zu einem eigenständigen Medium und blühte im Zusammenhang mit der Gründung von zahlreichen Illustrierten auf. Der Schritt zur Sensationsfotografie war ein kurzer und „Weegee" – korrekt

Harlem Renaissance

Die „Wiedergeburt Harlems" war eine Bewegung, die in den 1920er- und 1930er-Jahren die kulturelle Szene beherrschte. Ein Pamphlet von Alain Locke mit dem Titel „The New Negro" (1925) forcierte maßgeblich das afroamerikanische Selbstbewusstsein. Die Harlem Renaissance umfasste mehrere Genres, wirkte in Tanz, Musik, Theater und bildender Kunst gleichermaßen. Vor allem handelte es sich aber um ein **literarisches Phänomen,** das vor dem Hintergrund der in den 1920er-/1930er-Jahren entstandenen NAACP (National Association for the Advancement of Colored People) und dem „New Negro Movement" gesehen werden muss.

Nachdem im Zuge des Ersten Weltkriegs viele Afroamerikaner aus dem Süden und Mittleren Westen nach Harlem geströmt waren, entwickelte sich der Stadtteil mehr und mehr zum **„Negro Capital of the World".** Der Schriftsteller Langston Hughes berichtet in „The Big Sea" über Harlems Blütezeit in den „Roaring Twenties" mit Jazzmusikern wie Duke Ellington, dem Tänzer Bill „Bojangles" Robinson und wegweisenden Literaten.

Als Antriebsfeder für ein neues „schwarzes Selbstbewusstsein" fungierten in der Literatur **W. E. B. Du Bois,** Herausgeber der Zeitschrift The Crisis (1910-1934), und **James Weldon Johnson** („Negro Spirituals", 2 Bde. 1925/26). Ebenfalls am Anfang der Harlem Renaissance steht **Jean Toomer** (1894-1967), der mit seinem Werk „Cane" (1923, dt.: „Zuckerrohr", 1985) berühmt wurde. **Zora Neal Hurston** (1891-1960) ist heute weniger als Autorin denn als Volkskundlerin und

Anthropologin („Mules and men", 1935) mit feministischen Ansätzen bekannt.

Mit den existenziellen Problemen der Farbigen befasste sich hingegen **Langston Hughes** (1902-1967). Im Harlemer Dialekt verfasste er vor allem Kurzgeschichten und Gedichte, wie „The Weary Blues" (1926), „Not without Laughter" (1930) und „The Blues I'm Playing" (1934). Festus Claudius McKay, kurz **Claude McKay,** (1890-1948) aus Jamaica, galt als das „enfant terrible" der Szene und war radikal-politisch eingestellt. Sein Roman „Harlem Shadows" von 1922 brachte ihm Ruhm ein und in „Home to Harlem" (1928) schilderte er die Geschichte eines heimkehrenden schwarzen Soldaten.

Wallace Henry Thurman (1902-1934) schilderte, obwohl nicht direkt der Gruppe verbunden, eindrucksvoll das Leben in Harlem, z. B. in „The Blacker the Berry" (posthum 1939). Bereits 1928 hatte Thurman in „Harlem. A Forum for Negro Life", ein Jahr später zusammen mit W. J. Rapp in „Harlem. A Melodrama of Negro Life in Harlem" sowie in Essays unter dem Titel „The Negro Life in New York's Harlem" (1928) eindringlich die Situation der Schwarzen dargestellt.

In den 1930er- und 1940er-Jahren begann, auch bedingt durch die **Depression,** der Niedergang der Harlem Renaissance und damit des gesamten Stadtviertels. Literarisch führten Künstler wie William S. Braithwaite, Georgia Douglas Johnson oder Alice Nelson-Dunbar die Tradition fort und Toni Morrison lässt in „Jazz" (1992) das Harlem der 1920er-Jahre wieder aufleben.

Arthur Felling (1899–1968) – die logische Konsequenz. Der erste Paparazzo der Geschichte agierte nämlich auch als Polizeireporter.

Ebenfalls für Life arbeitete **Andreas Feininger** (1907–1999), 1939 nach einem Bauhaus-Studium in die USA ausgewandert. Er wurde in den 1940er-Jahren mit seinen New-York-Aufnahmen wie „Brooklyn Bridge im Nebel" oder „Sunday at Coney Island" als „Meister des Lichts" berühmt.

Berenice Abbott (1898–1991) machte sich 19-jährig von Ohio auf nach Greenwich Village, lernte bei Man Ray in Paris und begann 1935 im Auftrag des von Roosevelt initiierten Federal Art Project (FAP) den städtebaulichen Wandel in New York zu dokumentieren. Das Ergebnis war der Fotoband „Changing New York" (1939). Außer ihren berühmten Stadtansichten schuf sie Porträts berühmter Zeitgenossen, lehrte und schrieb über Fotografie.

Robert Mapplethorpe (1946–1989) studierte am Pratt Institute in Brooklyn, war Filmemacher und Bildhauer und wandte sich in den späten 1970er-Jahren der Mode- und Porträtfotografie zu. Was für Aufsehen sorgte, waren seine homoerotischen männlichen Akte. Er starb im Alter von 42 Jahren an Aids, nachdem er eine Reihe von Selbstporträts zur Dokumentation der Phasen seiner Krankheit geschaffen hatte.

Cindy Sherman (geb. 1954) ist eine der wegweisenden modernen Fotografinnen, die sich nach dem Kunststudium in New York niederließ und erste Schwarz-Weiß-Selbstporträts schuf. Ihre Spezialität war und ist, sich selbst in verschiedene Rollen zu versetzen und abzulichten.

Jüdische Kultur

Neben der Harlem Renaissance spielte ab der ersten Einwanderungsphase um die Wende vom 19. zum 20. Jh. die **jüdisch-amerikanische Literatur** in New York eine wichtige Rolle. Des Jiddischen als Sprache der polnischen und russischen Juden bediente sich **Isaac Bashevis Singer** (1904–1991), 1935 nach New York eingewandert. Seine Romane beschäftigen sich vor allem mit dem Leidensweg des jüdischen Volkes, mit der Auflösung von Familientraditionen und dem Getto-Leben.

J(erome) D(avid) Salinger (1919–2010), der wie John Updike oder Truman Capote für den 1925 gegründeten New Yorker arbeitete, gelang 1951 mit „The Catcher in the Rye" („Der Fänger im Roggen") sein größter Erfolg. Er schildert darin die seelischen Nöte und die Einsamkeit eines Jugendlichen an der Schwelle zum Erwachsenenleben, der, nachdem er bereits in der vierten Schule gescheitert ist, die letzten drei Tage vor den Weihnachtsferien allein in New York verbringt, um sich nicht seinen Eltern stellen zu müssen.

Zur zweiten jüdischen Schriftstellergeneration (nach den 1920er-Jahren) gehört **Henry Roth** (1906–1995), der in „Call it sleep" (1934) die ärmlichen Lebensbedingungen einer jüdischen Einwandererfamilie schildert. **Elie Wiesel** (geb. 1928) führte die jüdische Tradition in den 1950er-Jahren fort, ebenso **E. L. Doctorow** (geb. 1931), der eine Rückbesinnung auf die jüdische Identität und Werte fordert. Zur modernen Generation jüdischer Literaten gehört **Tony Kushner** (geb. 1956), berühmt geworden mit „Undoing World", „Angels in America"

(Pulitzer-Preis) oder „A Dybbuk: Between two Worlds", das die bekannte Band The Klezmatics vertont hat (CD „Possessed", 1997). Zu den jüngsten New Yorker Autoren mit jüdischem Hintergrund gehören **Michael Chabon, Gary Shteyngart, Jonathan Safran Foer, Nathan Englander** und **Shalom Auslander.** Ihre Werke sind nicht nur geistreich, sondern auch mit Witz und etwas Melancholie geschrieben.

Die **jüdische Klezmermusik** hat in New York ebenfalls besondere Bedeutung. Ihre Wurzeln liegen in der Volksmusik der Ostjuden zwischen Baltikum und Schwarzem Meer. Klezmer leitet sich vom hebräischen „kley zemer" (Liedersammlung) ab und wurde von Immigranten wie dem legendären Musiker Leon Schwartz aus der Ukraine nach Amerika und speziell nach New York gebracht. In den 1980er-Jahren erlebte die Klezmermusik zunächst in New York einen Boom. Bands und Musiker wie Kapelye oder Klezmorim, Max Epstein, Andy Statman oder Zev Feldman sorgten für ein Aufblühen der Klezmermusik. Auch die jüdische Jugend begann sich plötzlich für ihre Herkunft und Kultur zu interessieren und überall in der westlichen Welt entstanden und entstehen Klezmerbands und die Fangemeinden wachsen.

Einen bedeutenden Anteil am weltweiten Boom hat die New Yorker Band **The Klezmatics.** Sie versteht sich wie kaum eine andere Band auf traditionelle Klezmermusik, auf deren osteuropäische Einflüsse von Polka bis zu Sinti/Roma-Musik, sie verschmilzt sie mit Elementen des amerikanischen Jazz, Rock und Pop, mit afrikanischen Rhythmen oder arabischen Elementen und lässt so eine neue, mitreißende Mischung entstehen. Dabei interpretieren sie nicht nur traditionelle Lieder neu, sondern vertonen auch Gedichte,

Prosa und Theaterstücke bekannter jüdischer Autoren wie Kushner und treten mit anderen jüdischen Künstlern wie Ray Musiker oder Chava Alberstein auf.

New Yorks Musikszene

Musicals sind das Erste, was man mit der New Yorker Musikszene in Verbindung bringt – dann vielleicht **Jazz.** Auch wenn New Orleans dessen Wiege ist und sich Chicago nach dem ersten Weltkrieg zum Zentrum entwickelte, tat sich auch im New York der 1920er-Jahre im Jazz enorm viel. Harlem, speziell die 125th Street, war in den „Roaring Twenties" das Mekka dieser Musikrichtung. Im Apollo Theater **76** traten Louis Armstrong, Count Basie und Billie Holiday auf. Duke Ellington war ab 1927 im Cotton Club (s. S. 47) in Harlem für die Tanzmusik zuständig, die dem Geschmack der weißen Gäste angepasst war. Dieses *streamlining* führte letztendlich auch zur Entwicklung des **Swing** und machte Bandleader wie Count Basie oder Benny Goodman in aller Welt populär.

In den 1940er-Jahren erreichte der Big Band Swing seinen Höhepunkt, wurde abgelöst von **Progressive Jazz** (Stan Kenton) und vor allem vom **Bebop.** Letzterer galt als „something they (= die Weißen) can't play". Legendär wurden die Auftritte in Minton's Playhouse und im Birdland (s. S. 47) und für besonderes Aufsehen sorgten der technisch brillante Trompeter Dizzie Gillespie, der Saxofonist Charlie „Bird" Parker oder Miles Davis (ebenfalls Trompete), die grandiose Ella Fitzgerald (Gesang) oder Thelonious Monk (Klavier).

In der modernen Musik- und Literaturszene sorgten und sorgen afroamerika-

der Worte oft wichtiger ist als der Inhalt – Hip-Hop in Literatur umgesetzt.

Für Furore sorgten zuletzt auch junge Bands aus New York in der **alternativen Folk- und Indie-Szene.** Namen wie TV on the Radio, Yeah Yeah Yeahs, MGMT, Hercules & Love Affair oder Vampire Weekend sind mittlerweile auch in Europa ein Begriff. Inzwischen vergeht kein Jahr, ohne dass eine neue Band aus New York bekannt wird – wie zuletzt Grizzly Bear, Dirty Projectors, Restless People, Yeasayer oder die Drums. Besonders das Brooklyner Viertel **Williamsburg** gilt als Hochburg der Indie-Szene. Viele angesagte und innovative Musiker und Bands kommen von hier oder aus dem nahe gelegenen Bushwick, das derzeit ebenfalls als „up and coming" gilt.

Leben in der Stadt

New York, „The Big Apple", ist das Symbol für eine ethnisch vielgestaltige und demokratische Welt und die einzige wirkliche Weltmetropole. New York gleicht einer „Arche Noah", auf der sich verschiedenste Ethnien versammelt haben, und das Leben in der Stadt ähnelt einem wimmelnden Ameisenhaufen, der von außen chaotisch wirkt, im Kern jedoch genauen Regeln folgt. Hier kann jeder nach seiner Vorstellung glücklich werden, solange er den anderen respektiert.

nische New Yorker für wichtige und entscheidende Impulse. Gerade **Hip-Hop** und **Rap** entstanden in den schwarzen Gettos der US-Metropolen. Besonders die Bronx spielte dabei in den 1960er-Jahren eine entscheidende Rolle. Als Pionier galt der 1959 in Harlem geborene Kurtis Blow (bürgerlich Kurtis Walker), der den Rap in seiner Anfangszeit stark prägte. Von ihm stammt der Klassiker des Hip-Hop „The Breaks" aus dem Jahre 1980. Jenseits des Mainstream eines Jay-Z (aus Brooklyn) findet man auch heute mit Bands und Musikern wie den Arsonists, Brand Nubian, dem jungen und innovativen Jesse Boykins III oder Hi Tech *black music* in Reinform.

Ein weiteres Ausdrucksmittel der afroamerikanischen Szene sind seit den späten 1980er-Jahren **Poetry Slams,** die von New York ihren Siegeszug um den Globus antraten. Dabei tragen mehrere Künstler – vermehrt auch Amateure – dem Publikum aus dem Stehgreif Gedichte und Kurzgeschichten vor, wobei der „Sound"

◪ *Musik gibt es in New York an jeder Ecke, in vielen Parks und auf Plätzen*

New Yorks berühmte Bürgermeister

Seit Januar 2014 ist der mit der afroamerikanischen Aktivistin und Dichterin Chirlane McCray verheiratete **Bill DeBlasio** *(*1961) aus Brooklyn der 109. Bürgermeister New Yorks. Der linksliberale Demokrat wurde mit überwältigender Mehrheit (73 %) gewählt und löste* **Michael R. Bloomberg** *ab, der das Amt zwischen 2002 und 2013 innehatte. Der parteilose Bloomberg (*1942), Millionär und einstiger Republikaner, hatte die Stadt nach „9/11" wieder auf die Bahn gebracht und vor allem wegweisende stadtplanerische Projekte sowie den Tourismus angekurbelt.*

Bloombergs Vorgänger war von 1994 bis 2001 der Republikaner **Rudolph Giuliani.** *Er eroberte sich durch sein beherztes Auftreten unmittelbar nach dem 11. September 2001 einen festen Platz im Herzen der New Yorker. Ansonsten wäre er vor allem als „Law and Order Mayor" in die Geschichte eingegangen, denn sein Hauptziel, die „Säuberung" der Stadt und die Bekämpfung der Kriminalität, brachten dem gebürtigen New Yorker auch viel Kritik ein. Als ehrgeiziger junger Staatsanwalt hatte Giuliani einst den Auftrag gehabt, das Korruptionsgeflecht zu entwirren, das sein Vor-Vorgänger* **Edward I. Koch** *verursacht hatte. Dieser volksnahe, hemdsärmelige Demokrat war (wie Bloomberg) gleich zweimal wiedergewählt worden und amtierte von 1978 bis 1989. Auf Koch war im November 1989* **David Dinkins,** *der erste Afroamerikaner im Amt, gefolgt. Allerdings sorgte speziell seine Erfolglosigkeit in Sachen Kriminalitätsbekämpfung bereits 1994 für seine Abwahl.*

Verwaltung und Politik

New York City ist Teil von **New York State,** einem der 13 Gründerstaaten der USA, dessen Hauptstadt **Albany** ist. **New York City** mit seinen über 8,3 Mio. Einwohnern setzt sich aus fünf **boroughs** (Stadtbezirken) zusammen, die verwaltungstechnisch zusammengefasst, aber eigentlich Städte für sich sind: Im Norden ist das die **Bronx** (ca. 109 km²), gefolgt vom kleinsten Teil der Stadt, **Manhattan** (60 km²). **Brooklyn** (183 km²), flächenmäßig an zweiter Stelle, schließt sich abgetrennt durch den East River im Südosten an. Im Nordosten von Brooklyn befindet sich der größte Stadtteil, **Queens** (283 km²). Sowohl Brooklyn als auch Queens liegen auf Long Island, der etwa 190 km langen Atlantikinsel. Im Südwesten schließlich, jenseits des Hudson River und angrenzend an den Bundesstaat New Jersey, liegt **Staten Island** (152 km²).

An der Spitze der New Yorker Stadtverwaltung steht der **Mayor** (Bürgermeister), der zweimal für jeweils vier Jahre gewählt wird. Zuletzt änderte Bloomberg für seine eigene Wiederwahl 2009 das Gesetz kurzerhand. Der Bürgermeister arbeitet in der City Hall und residiert üblicherweise in der Gracie Mansion (s. S. 227). In seinem Amt unterstützen ihn fünf **Borough Presidents** (Vertreter der fünf Stadtteile) und der 51-köpfige **City Council** (Stadtrat), ebenfalls jeweils vier Jahre lang amtierend; zusätzlich gibt es ein siebenköpfiges **Board of Education** (Bildungsausschuss).

Wirtschaft und Bildung

New York steht synonym für Wall Street, Banken, Börsen und „Big Money" und gilt als **Finanzhauptstadt** der Welt. Neben der New York Stock Exchange (NYSE), über die die Geldgeschäfte der Welt laufen, gibt es die amerikanische Aktienbörse und zahlreiche Produktbörsen. „9/11", der Zusammenbruch des „Neuen Marktes" sowie die jüngste Weltwirtschaftskrise sorgten auch in New York für Probleme und trieben die Arbeitslosenzahlen auf gut 9 %. Längst hat sich die Stadt aber erholt und die Rate liegt unter 8 %.

Die Stadt gilt vor allem dank des eisfreien Containerhafens, der unter der Ägide der Port Authority of New York and

⌂ Der Hafen ist noch heute für die Frachtschifffahrt bedeutend

New Jersey steht und sich großteils im benachbarten New Jersey befindet als wichtigster Umschlagplatz für Getreide und sonstige Agrarprodukte. Als Arbeitgeber an erster Stelle steht jedoch das **Dienstleistungsgewerbe:** Stadtverwaltung, Universitäten, Krankenhäuser, Banken und Versicherungen, UN und vor allem der Einzelhandel. Ebenso stellt die **Filmindustrie** einen wichtigen Wirtschaftsfaktor dar. 40.000 *location shots* und über 250 Filme pro Jahr werden hier gedreht und zudem gilt New York von jeher als Sitz von TV- und Radiosendern: Die drei großen TV-Anstalten CBS, ABC und NBC sind hier zu Hause.

Mit der New York Times, zu der u. a. der frühere International Herald Tribune (jetzt: „International New York Times") gehört, dem Wall Street Journal und der Daily News gibt es drei **Zeitungen** mit Auflagen von mehr als einer Million Exemplare und auch viele bedeutende Wochen- und Monatszeitschriften wie Time Magazine oder Sports Illustrated werden in New York produziert.

Auch die **Weinindustrie** des Staates New York hat zugelegt: Auf der Beliebtheitsskala der Weine aus den USA stehen die hier angebauten Weine nach Kalifornien und Oregon an dritter Stelle.

Im Staat New York sind zwei staatliche Universitäten mit jeweils mehreren „Filialen" vertreten: **CUNY** (City University of New York) und **SUNY** (State University of New York). Während erstere insgesamt 23 Colleges (Fakultäten) in Manhattan, Brooklyn, Queens und der Bronx unterhält, verteilen sich die Niederlassungen der SUNY großteils auf den restlichen Bundesstaat. Ausnahmen sind das Health Science Center in Brooklyn, das New York Maritime College und das Bronx Fashion Institute of New York City, die in New York City liegen.

Die 1849 gegründete CUNY war die erste amerikanische Hochschule, die keine Studiengebühren erhob, und sie ist die größte in New York. Darüber hinaus gibt es insgesamt rund 100 weitere Hochschulen, darunter etliche **Privatuniversitäten,** z. B. die Columbia University **81** von 1754 als die älteste, die New York University (gegründet 1831) als größte Privatuni in den USA, die Fordham University, 1841 von Jesuiten gegründet, oder die auf Wirtschaft spezialisierte Pace University.

„Welcome to NY!" – Bedeutung des Tourismus

Der Tourismus spielt die erste Geige in New York City. Er sorgt für über 370.000 Jobs und jährliche Einkünfte in Höhe von rund 39,4 Milliarden Dollar. New York ist nicht nur das beliebteste US-Ziel für internationale Gäste, sondern ist auch das beliebteste Städteziel für Besucher aus den USA, weit vor Las Vegas, Orlando, San Francisco und Los Angeles.

Für die Deutschen steht New York unter den Reisezielen in den USA seit Langem konstant an erster Stelle auf der Beliebtheitsskala, hinzu kommt, dass gut drei Viertel aller deutschen Besucher sogar wiederholt nach New York kommen. Angeblich sind rund drei Viertel der Überseereisenden „Reisende in Sachen Kultur". Sie kommen zum Vergnügen nach New York, wobei Einkaufen und Broadway-Besuche auf der Beliebtheitsskala ganz weit oben stehen.

Trotz Wirtschaftsflaute ist New York noch immer ein Renner: 2011 wurde die Rekordmarke von 50 Mio. überschritten und 2013 wurden schon 54,3 Mio. Besucher gezählt.

2013 waren 11,4 Mio. der Gesamtzahl der Touristen **internationale Besucher,** was einen deutlichen Anstieg bedeutet. 2012 wurden rund 605.000 Deutsche in New York gezählt. Die Deutschen, die als Lieblingsbeschäftigung „Shopping" angeben, positionierten sich damit nach den Kanadiern, Briten, Brasilianern und Franzosen an 5. Stelle. Die internationalen Gäste sind dafür bekannt, im Durchschnitt während ihres New-York-Aufenthalts fünfmal so viel Geld auszugeben wie Urlauber aus den USA bei durchschnittlichen 6 Nächten Aufenthaltsdauer.

Die immer noch preisgünstigen Flüge nach New York, spektakuläre Aktionen und die Eröffnung neuer Museen und Attraktionen, vor allem aber die Orientierung zum Wasser und die Entstehung neuer Parks, Promenaden und

Fußgängerzonen sowie ein wachsendes kulturelles Angebot sorgten und sorgen für anhaltende Attraktivität. Am Broadway liegen die Besucherzahlen bei knapp 12 Mio. New York umwirbt Besucher intensiver als früher und lockt mit Sonderangeboten und Rabattaktionen in Restaurants, Hotels und Sehenswürdigkeiten, mit Gratisevents und Schnäppchenangeboten.

„Grünes" New York

„Going Green" ist angesagt: Städte wie San Francisco, Portland oder Chicago haben den Anfang gemacht und New York zieht nach. Parkanlagen, Promenaden, Gemeinschaftsgärten, energiesparende, umweltfreundliche Bauten und Projekte wie Fußgängerzonen, begrünte Pieranlagen, Stadtstrände oder der High Line Park zeigen New York von einer neuen, „grünen" Seite. Natürlich bringen Größe und Bevölkerungsdichte der Stadt ihre spezifischen Probleme mit sich. Obwohl der Nahverkehr in New York besser ausgebaut ist als in jeder anderen US-Stadt, ist die **Luftverschmutzung** noch immer sehr hoch, die Treibhausgasemissionen sind jedoch im Vergleich zur Bevölkerungsdichte relativ gering, der Stromverbrauch niedriger als in anderen Großstädten. Die meisten Busse und auch schon viele Taxis sind Hybridfahrzeuge, mit Gas oder elektrisch betrieben und auch dem **Fahrradfahren** wurde in letzter Zeit höherer Stellenwert zugemessen. Neue Radwege sind entstanden und Fahrradverleih an Selfservice-Stationen wird angeboten.

Viele staatliche und städtische Bauten werden heute von Windkraft versorgt, außerdem sorgen Unterwasserturbinen im East River für **Stromerzeugung.** Die **Wasserversorgung** wird u. a. aus den Catskill Mountains gewährleistet. Dort gibt es an die 20 Reservoirs, die reines Wasser ohne Zusätze liefern. Im Rahmen der Water Conservation Challenge haben sich zudem etliche große New Yorker Hotels verpflichtet, den Wasserverbrauch um 5 % zu senken.

Die **Müllentsorgung** ist ein weiteres großes Problem. In der Vergangenheit und teils noch heute wird er als *landfill,* d. h. zur Aufschüttung von Land, genutzt.

043/ny Abb.: mb

▷ *Recycling wird großgeschrieben und der Fantasie in Sachen Müllbehältern sind keine Grenzen gesetzt*

044ny Abb.: mb

Angesichts von Giftstoffen im Müll gibt es auch hier zunehmend Probleme.

„PlaNYC" heißt eine 2007 von Ex-Bürgermeister Bloomberg ins Leben gerufene Initiative, die bis 2030 die Senkung von Emissionen und Verringerung von Müllbergen sowie die Förderung von Recycling u. a. umweltschützenden und energiesparenden Programmen vorsieht. In diesem Zusammenhang hatte die Stadtverwaltung 2009 die Einrichtung **verkehrsberuhigter Zonen** – kleiner Fußgängerzonen – durchgesetzt. Bislang wurden entlang dem Broadway vom Columbus Circle bis hinunter zum Union Square eine Reihe teilweise verkehrsbe-

⌃ Eine grüne Oase im hektischen Großstadttrubel: der High Line Park ③⓵

ruhigter und mit Radwegen versehener Areale eingerichtet.

Für Schlagzeilen sorgte der **High Line Park** ③⓵ nahe dem Hudson River. Von der Gansevoort Street im Meatpacking District durch Chelsea bis hinauf zur 34th Street am Javits Convention Center ③⓼ entstand bzw. entsteht auf der Trasse einer ehemaligen Eisenbahnlinie zum Schlachthofviertel eine ungewöhnliche grüne Freizeitoase.

Dass sich New York verstärkt dem Wasser zuwendet, zeigt das Projekt „Vision 2020". Promenaden am Wasser – wie die **East River Waterfront Esplanade** (s. S. 70) oder der Brooklyn Bridge Park – und die Einführung einer Pendlerfähre (East River Ferry) machten den Anfang. Der **Battery Park** ❸ bzw. Battery Park City gehen inzwischen lückenlos ins Grün des Hudson River Park mit neu gestalteten Piers und Grünanlagen, Spielwiesen und Sportflächen über. Der **Manhattan Waterfront Greenway**, eine knapp 50 km lange Route, umrundet als begrünter Geh- und Radweg direkt am Ufer von East und Harlem River fast die gesamte Insel.

Teil davon ist die **Hudson River Park Promenade**, die sich einmal von Battery Park City ❼ bis zur 60th Street hinaufziehen soll. Zu Freizeit- und Erholungszwecken genutzt werden heute alte Pieranlagen wie Pier 25, 45, 66 oder 84 am Hudson River. Auch in Brooklyn begann man, die alten Piers umzugestalten: Zwischen DUMBO ❽❽ und Red Hook ❾❶ ist der **Brooklyn Bridge Park** ❽❼ entstanden – Grünanlagen, Veranstaltungsplätze und sogar Biotope (Marschland) auf ehemaligen Piers.

Community gardens – Gemeinschaftsgärten auf brachliegenden Grundstücken oder Parkplätzen – kamen bereits in den 1970er-Jahren auf, anfangs vor allem in Harlem und großteils illegal. Mittlerweile sind die meisten Gärten sanktioniert und zugleich in dicht bebauten und besiedelten Vierteln wie Harlem, Hell's Kitchen, dem Village oder der Lower East Side zu wichtigen grünen Lungen geworden.

„Grün" ist New York bereits seit Langem in Sachen **Ernährung**. Allein in Manhattan finden regelmäßig über 50 *farmers'* bzw. *green markets* (s. S. 30) statt und Biosupermärkte wie Whole Foods (s. S. 31) oder Garden of Eden (s. S. 31) erfreuen sich wachsender Beliebtheit. Dazu hat Ex-Bürgermeister Bloomberg 2013 durchgesetzt, dass in New York zuckerhaltige Getränke nicht in Größen von über 16 oz. (0,47 l) verkauft werden dürfen.

EXTRATIPP

Green New York
> **Community Gardens:** www.green thumbnyc.org, www.greenguerillas. org, www.moregardens.org, www.projectharmonynyc.org
> **High Line Park:** www.thehighline.org
> **Manhattan Waterfront Greenway:** www.nyc.gov/html/dcp/html/mwg/ mwghome.shtml
> **Farmers'/Greenmarkets:** www.nyfarmersmarket.com, www.grownyc.org, www.cenyc.org
> **Vision 2020:** www.nyc.gov/html/dcp/ html/cwp/index.shtml
> **„Grüne Events" in Downtown:** www.downtownny.com/greenaround
> **PlaNYC:** http://www.nyc.gov/html/ planyc/html/home/home.shtml

Die New Yorker und ihr Alltag

„Who's the native New Yorker? No one can tell!", meinte einmal der Kunstkritiker Robert Stern. In der Tat ist ein buntes Völkergemisch charakteristisch für die Stadt, aber dennoch trifft der abgedroschene Begriff des „melting pot" nicht zu. Von „Verschmelzung" kann nämlich nicht die Rede sein, die Devise heißt „Einheit in der Vielheit" oder, mit den Worten von Ex- Bürgermeister David Dinkins, „New York ist kein Schmelztiegel, sondern ein prächtiges Mosaik."

New Yorker pflegen ihre Neurosen – wie Woody Allen eindringlich in seinen Filmen schildert – und sind stolz auf ihre skurrile Hassliebe zu dieser maßlosen

„Grünes" Bauen

LEED (Leadership in Energy and Environmental Design) ist ein von der US-Regierung – genauer, dem U.S. Green Building Council – ins Leben gerufenes Zertifizierungssystem für **„grünes" Bauen.** Umweltfreundliches Design und ebensolcher Betrieb sind Voraussetzungen, um diese Auszeichnung zu erhalten, die es in verschiedenen Kategorien und in Silber, Gold und Platin gibt.

Stolz auf eine goldene LEED-Umweltschutzauszeichnung ist der **Hearst Tower** von Sir Norman Foster, ein 46-stöckiges Gebäude (300 W 57th St./8th Ave., nahe Columbus Circle), bei dem der ursprüngliche Sockel von 1928 gelungen mit einem Neubau kombiniert wurde. Es zählt zu den umweltfreundlichsten und ersten „grünen" Gebäuden in New York, bei dem ökologische und energiesparende Technologien zur Anwendung kamen.

Beim **New York Times Building** 🔟 (www.newyorktimesbuilding.com) steht das LEED-Zertifikat derzeit noch aus. Das Besondere an dem von Renzo Piano geplanten, rund 228 m hohen Wolkenkratzer sind weder das sechsstöckige Atrium noch Lobby Garden und Lobby Auditorium, sondern die umweltschutztechnischen Details, z. B. die Außenhaut, eine neuartige „Glass Curtain Wall" mit keramischen Sonnenschutzelementen, die sich automatisch an Lichteinfall und Sonneneinstrahlung anpassen und damit für energiesparende Klimatisierung und Beleuchtung sorgen. Ein eigenes kleines Gaswerk liefert rund 40 % der benötigten Energie, es wird eine neuartige Fußbodenluftzirkulation zur Kühlung benutzt und der meiste Stahl der Außenkonstruktion besteht aus Recyclingmaterial.

Inzwischen buhlen weitere Bauten um Auszeichnungen als **umweltfreundliche Gebäude:** So die **Goldman Sachs Headquarters** (West St./Vesey) in Battery Park City. Dieser 43-stöckige Glas- und Stahl-Turm von Henry Cobb (Pei Cobb Freed & Partners) verfügt ebenfalls über modernste Technologien zu Energieeinsparung und zum Umweltschutz.

Auf dem flächenmäßig größten Bauplatz in Midtown entstand **One Bryant Park** (Bank of America Tower, 42nd/Avenue of the Americas/One Bryant Park), ein Musterbeispiel für Ökoarchitektur, Nachhaltigkeit und Wirtschaftlichkeit. Wasserfilter für Brauchwasser auf dem Dach und ein eigenes Gaskraftwerk zeichnen dieses nach dem Empire State Building – das nach aufwendiger Sanierung ebenfalls eine LEED-Gold-Zertifizierung erhielt – zweithöchste Gebäude in Manhattan u. a. aus.

New York by Gehry (s. S. 133) setzt auf eine energie- und kostensparende Glas-Stahl-Konstruktion und auf Wasserfiltersysteme, Spezialverglasung und viel Grün im Zugangsbereich, strebt jedoch, anders als One WTC kein LEED-Zertifikat an. Bereits ausgezeichnet sind schon das **Cooper Union New Academic Building,** die **JP Morgan Chase Headquarters** und **The Solaire,** ein „grüner" Wohnblock in Battery City von Pelli Clarke Pelli.

❯ **Infos zu LEED-Vergabekriterien und -Bauten:** www.usgbc.org.

Stadt, die niemals schläft. „Bei all dem Reichtum und Glanz dieser Stadt finden wir doch nur sehr wenig gute Manieren", klagte schon 1774 John Adams, der zweite Präsident der USA. Und die Parole „Do your own thing" – ein Bekenntnis zur radikalen Ellbogenmentalität – war bis zum 11. September 2001 weitverbreitet. Was an jenem sonnigen Herbsttag passierte, hat die New Yorker verändert. Selbstlose Hilfsbereitschaft und das mutige Agieren von Hilfskräften und ehrenamtlichen Helfern hat sie in einem anderen Licht gezeigt: Hektik und Agressivität, Arroganz und Egoismus – Züge, die man ihnen gemeinhin zuschrieb – traten zugunsten von Disziplin, Solidarität und Hilfsbereitschaft zurück.

New York und die New Yorker sind ein „House of Everybody" und ein **Symbol für die Welt:** Nirgendwo sonst findet man eine solche Pluralität und so gravierende kulturelle, ethnische und ökonomische Unterschiede. In New York gibt es mehr Millionäre und Milliardäre als sonstwo in den USA, gleichzeitig leben hier aber auch dreimal so viele Obdachlose. New York ist einerseits die Stadt mit der größten jüdischen Gemeinde der Welt, beherbergt aber zugleich riesige lateinamerikanische, afroamerikanische und asiatische Gemeinschaften. Das Erstaunliche ist, dass das Zusammenleben der Kulturen und Völker hier weitgehend reibungslos funktioniert.

New York City zählt derzeit gut **8,3 Mio. Einwohner,** von denen grob 1,6 Mio. in Manhattan, gut 2,5 Mio. in Brooklyn, 2,3 Mio. in Queens, 1,4 Mio. in der Bronx und knapp 0,5 Mio. in Staten Island wohnen (Stand 2012). Anfang des 18. Jh. lebten nur rund 5000 Menschen in New York, um 1800 waren es knapp 70.000

und nach der Masseneinwanderung in der zweiten Hälfte des 19. Jh. und dem Zusammenschluss der fünf *boroughs* 1898 dann über 3 Mio. Bis 1924 und der Einführung von Quoten war besonders der Zustrom von Iren, Deutschen, Italienern und osteuropäischen Juden enorm, doch auch von 1933 bis 1942 und nach dem Zweiten Weltkrieg war New York **Zufluchtsort vieler Flüchtlinge.** Nach dem Krieg strömten zudem Afroamerikaner aus dem Süden und *Hispanics* aus karibischen, mittel- und südamerikanischen Staaten, v. a. aus Puerto Rico, nach New York.

„Museum der Menschheit"

Hermann Kesten bezeichnete New York einmal als „anglisierten Vorort von Europa", als „komplettes Museum der Menschheit" und „Babel mit hundert Sprachen". Obwohl Los Angeles und Miami größere Anteile an nicht-amerikanischen Einwohnern verzeichnen, ist New York die am deutlichsten **kosmopolitisch geprägte Immigrantenstadt.** Aktuell sind etwa etwa 33 % der New Yorker Gesamtbevölkerung weiß, 29 % *Hispanics/ Latinos,* 25 % afroamerikanischer und 13 % asiatischer Abstammung. Mit rund 1,75 Mio. Gläubigen (29 %) befindet sich hier zudem die größte jüdische Gemeinde außerhalb Israels. Rund 17 % aller US-Einwohner haben übrigens deutsche Wurzeln, allein eine halbe Million Deutsch-Amerikaner sollen in New York leben.

Die einzelnen Ethnien bilden eigene **Enklaven,** verfügen über eigene Infrastruktur und Kultur, pflegen ihre Sprache (Spanisch ist die zweithäufigst gesprochene), ihre Feiertage, Feste, Bräuche und Gewohnheiten – und ihre Religio-

„Play Ball!" – New York, Hauptstadt des Baseball

*New York gilt nicht zu Unrecht als „Capital of Baseball": Hier wurde 1845 der erste Baseballklub - der Knickerbocker Club of New York - und 1876 mit der **National League (NL)** die erste Profiliga gegründet. Die NL bildet heute mit der 1900 gegründeten **American League (AL)** die sogenannte **Major League Baseball (MLB)** als übergeordnete Profi-Organisation. Ihr gehören seit 1903 die **New York Yankees** an - mit 27 Meistertiteln der erfolgreichste Baseballverein weltweit. Bis in die späten 1950er-Jahre lieferten sich die Yankees aufsehenerregende Duelle mit den Lokalrivalen, den **New York Giants** und den **Brooklyn Dodgers**. Dann packten die Giants und die Dodgers 1957 ihre Koffer und zogen nach San Francisco bzw. Los Angeles um. Dass New York dennoch „Hauptstadt des Baseball" blieb, ist auch den 1962 gegründeten **New York Mets** zu verdanken, die 1969 und 1986 Meisterehren erlangten. Höhepunkt der Saison ist, wenn sich die Lokalrivalen in den **„Subway Series"** gegenüberstehen - 2000 spielten beide sogar um den Titel.*

nen: Bei etwa 53 % Katholiken – ungewöhnlich hoch für die USA, aber erklärbar durch den hohen hispano-latinischen Bevölkerungsanteil – liegen die protestantischen Religionsgemeinschaften an zweiter Stelle.

Völkerübergreifend ist die Weigerung, die eigene **kulturelle Identität** abzulegen. Kulturelle Differenzierung ist wichtiger als oberflächliche Integration. Man ist stolz darauf, **„Bindestrich-Amerikaner"** zu sein – Asian-American, Afro-American, Hispanic-American. Das „Mosaik New York" stellt vor Herausforderungen, bietet aber auch Chancen und zeigt auf, dass nicht Verschmelzung und Gleichmacherei die Lösung sind, sondern ein friedliches Nebeneinander auf der Basis einer freiheitlich-demokratischen Gesellschaftsordnung.

▷ *New York ist kein ethnischer Schmelztiegel, sondern ein Mosaik aus vielen kleinen bunten Steinchen*

Ethnische Viertel

Chinatown, Little Italy und Harlem sind die bekanntesten „fremdländischen" Enklaven New Yorks, da sie sich auf Manhattan befinden. Sie sind aber längst nicht die einzigen und bei Weitem nicht die größten. Die Italiener haben sich beispielsweise längst zuhauf nach Carroll Gardens, Bensonhurst oder Cobble Hill (Brooklyn) zurückgezogen. Der größte Anteil an „Hispano-Latinos", so der korrekte Terminus, lebt in der Bronx (741.000) und in Queens (613.000). Die „Neoyorkinos", wie sie auch genannt werden, machen etwa 29 % der New Yorker Bevölkerung aus. Sie stammen zu einem Drittel aus Puerto Rico, ein Viertel kommt aus der Dominikanischen Republik, etwa 16 % aus Südamerika und etwa 14 % aus Mexiko.

Queens gilt als die multi-ethnischste Ecke von New York und Viertel wie **Elmhurst-Corona** gelten als Musterbeispiel für ein friedliches Zusammenleben unterschiedlicher Ethnien über Generationen. In Queens bilden jedoch zugleich die **Mittel- und Südamerikaner** nach den Weißen die zweitgrößte Bevölkerungsgruppe. Gerade an der Roosevelt Avenue siedelten sich in den 1950er- und 1960er-Jahren vermehrt **Puerto Ricaner** an, mittlerweile sollen es über 1 Mio. in ganz New York sein. Nach aktuellem Stand stellen die Hispanics die größte Minderheit im Staat New York, während die Asiaten mit fast 13 % die schnellstwachsende Gruppe bilden.

Rein „schwarze" **Siedlungen** finden sich in den Brooklyner Stadtteilen Bedford Stuyvesand und East New York sowie in Far Rockaway oder Jamaica (Queens). Brooklyn weist anteilsmäßig den höchsten Schwarzenanteil auf, wird aber dennoch von Weißen dominiert. Brooklyn ist für sich eine „Vielvölkerstadt", in der sich u. a. **Araber** (Atlantic Ave), **Juden** (Crown Heights, Williamsburg), **Ukrainer** und **Russen** (Brighton Beach) eine neue Heimat geschaffen haben.

Harlem, wie die Region von Fluss zu Fluss, etwa vom nördlichen Central Park bis zur W 155th Street, genannt wird, hat längst seinen vormals schlechten Ruf als „Schwarzen-Getto" überwunden und erlebt derzeit ein Revival. Der Aufschwung bezieht sich in erster Linie auf den zentralen Teil, das „klassische" Harlem nördlich der 110th St. zwischen 5th Avenue und St. Nicholas Avenue. Hier soll sogar nach jüngsten Erhebungen die Mehrheit nicht mehr „schwarz" sein. Neben dem weißen Bevölkerungsanteil stieg vor allem der der *Hispanics.* Sie sind traditionell konzentriert in der Region östlich der 5th Avenue – in East oder Spanish Harlem („El Barrio") – zu Hause.

In Queens und in Brooklyn leben anteilsmäßig die meisten Asiaten. Das **Chi-**natown in Downtown Manhattan gliedert sich in verschiedene asiatische Ethnien mit jeweils eigenen Strukturen. Speziell die neuen, finanzkräftigen Zuwanderer aus Hongkong kaufen mehr und mehr Teile des angrenzenden, früher florierenden Italienerviertels auf. Als größtes zusammenhängendes **Italienerviertel** New Yorks gilt das Areal um die Arthur Avenue in der Bronx.

Im **East Village** hört man häufig osteuropäische Sprachen – Ukrainer, Polen und Russen konzentrieren sich hier. **Lower East Side** und **Bowery** waren einstmals die bevorzugten Wohnorte von **Juden** und **Deutschen,** doch vor allem die Nachkommen der Ende des vergangenen Jahrhunderts eingewanderten Juden sind in die Brooklyner Stadtviertel Williamsburg und Crown Heights abgewandert. Heute sind rund 40 % aller Weißen in Brooklyn Juden. **Inder** haben sich ihre eigene Enklave mit entsprechender Gastronomie im East Village (E 6th St.) und Jackson Heights (Queens) errichtet, **Korea** im Kleinformat

045ny Abb.: mb

ist in der 33rd Street zwischen Broadway und 6th Avenue zu finden.

Die 2010 erfolgte **Volkszählung** in den USA brachte neue Ergebnisse bezüglich der ethnischen Verteilung auf den Großraum New York. Wer sich für die dafür interessiert, findet hier Informationen:

› http://projects.nytimes.com/census/2010/explorer

Konfliktpotenzial

Es gibt durchaus Konflikte zwischen den einzelnen Bevölkerungsgruppen, das Gleichgewicht ist labil. Kommen neue Einwanderergruppen hinzu, wie Flüchtlinge aus asiatischen oder südamerikanischen Ländern, die Wohnungen und Arbeitsplätze beanspruchen, kann es leicht um den Frieden in einzelnen Stadtvierteln geschehen sein. Asiaten und Schwarze, Schwarze und Juden, Latinos und Weiße – zwischen diesen Gruppen bestehen soziale Spannungen, die gelegentlich in Zusammenstößen münden.

Ein Faktor ist dabei die (Jugend-)**Arbeitslosigkeit** in afroamerikanischen Wohnvierteln und die hohe Geburtenrate bei schwindender Zahl intakter Familien. Soziale Verwahrlosung in Teilen der Bronx, in Bedford Stuyvesand oder East New York – wo zugleich Bandenkriege zwischen Puerto Ricanern und Afroamerikanern an der Tagesordnung sind –, sind unausweichliche Folgen. Kriminalität, vor allem **Drogenkriminalität**, ist verbreitet und damit verbunden spielt die Beschaffungsprostitution eine Rolle.

Stürmische Zeiten

New York bringt man nicht unbedingt mit **Tropenstürmen** *in Verbindung, dabei wurden seit dem 17. Jh. mehr als 80 verzeichnet. Ein Blick auf die Karte macht deutlich, dass die Stadt mit dem vorgelagerten Long Island - auf dieser Insel liegen mit Brooklyn und Queens die größten New Yorker Bezirke - genau auf der Durchzugsroute atlantischer Tropenstürme liegt. Zuletzt sorgte 2012 Wirbelsturm Sandy für Furore. Er ging nach dem verheerenden New England Hurricane vom September 1938 - bekannt als „Long Island Express" - als zweitschwerster Tropensturm in die Statistik ein.*

Sandy hinterließ eine riesige Schneise der Verwüstung. Am Ende waren in den USA mindestens 125 Menschen - allein 48 in New York City - und 71 in der Kari-

bik dem Sturm zum Opfer gefallen. Die eigentliche Katastrophe im Großraum New York verursachte jedoch die folgende Flutwelle. Die Summe der Schäden belief sich allein in den USA auf über $ 65 Mrd. und ganze Landstriche waren zerstört.

Nach **Hurricane Katrina** *im Jahr 2005 - damals hatten der Großraum New Orleans und die angrenzende Regionen über 1800 Opfer und etwa $ 128 Mrd. an Schäden zu beklagen - entpuppte sich Sandy als einer der schwersten Stürme, die je die USA heimgesucht haben. Inzwischen ist jedoch auch in den am schwersten betroffenen Regionen wie Red Hook (Brooklyn) der Alltag wieder eingekehrt, wobei in einigen Ecken noch immer an der Schadensbehebung gearbeitet wird, zum Beispiel auf Ellis Island oder in Far Rockway (Queens).*

Made in NYC – eine kulinarische Entdeckungsreise

New York City ist nicht nur ein Mekka für Bummler, auch das kulinarische Angebot lässt jedem Besucher schnell das Wasser im Munde zusammenlaufen. In den letzten Jahren sind mehr und mehr **lokale bzw. regionale Produkte** in den Läden, Lokalen und Märkten zu finden. Besonders in **Brooklyn** schießen Kleinunternehmen, die lokale, mit Sorgfalt und in Handarbeit gefertigte Produkte von Süßem bis zu Hochprozentigem anbieten, wie Pilze aus dem Boden. NYC hat sich zu einem lohnenden Reiseziel für **Feinschmecker** und **Slow-Food-Fans** gemausert und das nicht nur wegen der 67 Michelin-Sterne, die New Yorker Lokale gegenwärtig innehaben. Erster Stopp, um die breite Palette an regionalen Produkten kennenzulernen, sind die **Wochenmärkte** (s. S. 30), allen voran der **Union Square Market** mitten in Manhattan, der Gourmetmarkt **Smorgasburg** in Williamsburg/Brooklyn oder der **New Amsterdam Market** am South Street Seaport. Doch auch bei alltäglichen Genussmitteln wie **Kaffee** kann man Außergewöhnliches entdecken: So dürfte der Kaffee der **Brooklyn Roasting Co.** (s. S. 257) zu den Besten weltweit gehören. Fast in jeder Straße findet man inzwischen kleine Cafés, die ausgezeichneten Kaffee und dazu frische Backwaren oder Snacks bieten und oft auch selbst Kaffeebohnen rösten, zum Beispiel **Stumptown Coffee** (s. S. 42), **Blue Bottle** (s. S. 41), **Porto Rico Importing Company** (s. S. 164), **La Colombe** (s. S. 153) oder **Roasting Plant** (s. S. 150).

Wer einmal die **Schokolade der Mast Brothers** (s. S. 265) aus Brooklyn probiert hat, ist süchtig nach mehr. Dabei produzieren die „Bearded Brothers" Rick and Michael Mast, erst ein paar Jahre in ihrem Geschäft – und nur zehn Sorten: fünf „single origin" (aus Kakao aus Belize, der Dominikanischen Republik, aus Madagaskar oder Papua-Neuguinea), eine selbstkomponierte „Brooklyn Blend" und vier mit Zusätzen wie Meersalz, Kakaostückchen, Ahornsirup oder Mandeln. Aber auch andernorts wird inzwischen gute Schokolade in kleinen Mengen produziert, beispielsweise bei **Jacques Torres** (s. S. 257), bei **Kee's** (s. S. 31) oder bei **Nunu** (s. S. 260), deren Schokolade so gefragt ist, dass die kleine Firma kaum genügend produzieren kann.

Und noch eine kleine „süße Sünde" ist in New York verbreitet: **Cupcakes**. In speziellen Konditoreien wie dem **Little**

▷ *Cupcakes*
von Baked by Melissa (s. S. 34)

Made in NYC – eine kulinarische Entdeckungsreise

Cupcake Bakeshop (s. S. 153) oder bei Baked By Melissa (s. S. 34) bzw. an **Food-trucks** werden unzählige Varianten angeboten. Als 2013 von Konditormeister Dominique Ansel in New York erfunden gilt der „**Cronut**", eine Mischung aus blättrigem Croissant und frittiertem Donut mit Füllung und Glasur.

Bagels sind, ein seit eh und je beliebter Imbiss und typisch für New York. Sie werden typischerweise mit *lox* (Lachs) oder *cream cheese* bestellt. An jeder Ecke kann man sie bekommen, dabei ist Bagel nicht gleich Bagel – so viel wird klar, wenn man erst einmal einen der in zahlreichen Varianten angebotenen „Hefeteigkringel" im **Bagel Store** (s. S. 265) in South Brooklyn probiert hat. Hier wird der Bagel nicht nur, wie es sich gehört, erst kurz in kochendes Wasser geworfen und dann gebacken, sondern in der zugehörigen Backstube wird alles liebevoll per Hand gemischt, geformt und viel experimentiert.

Inzwischen hat sich New York City vor allem dank der **Brooklyn Brewery** (s. S. 263) sowie weiterer **Kleinbrauereien** (oft mit eigenem Pub), deren Produkte man zum Beispiel in der **Bronx Beer Hall** (Arthur Avenue Market, s. S. 285) testen kann, wieder einen Namen in der Bierszene gemacht. Es gibt sogar richtige **Biergärten** in New York wie die Bohemian Hall (s. S. 279) oder die Radegast Hall (s. S. 264). Sogar eine der großen Münchner Brauereien hat mittlerweile eine „Filiale"mit Lokal eröffnet: das **Paulaner Brauhaus** (265/267 Bowery, derzeit wegen Renovierung geschlossen, http://www.paulaner-brauhaus.com/nyc).

Neuester Trend sind **Brennereien** *(distilleries)*: In den letzten Jahren haben etliche Aussteiger, v. a. aus der Bank- und

Hightechindustrie, ihr Hobby zum Beruf gemacht und jetzt sorgt eine ganze Reihe von Brennereien in NYC mit hochklassigen Produkten – Gin, Wodka und v. a. Whiskey – für Schlagzeilen. Während einige noch im „Verborgenen" brennen, lassen andere schon Publikum zu Touren und Proben zu.

Brennereien in NYC

- **325** [H27] **Breuckelen Distilling,** 77 19th St., Williamsburg/Brooklyn, http://brkdistilling.com. Touren geplant, spezialisiert auf Whiskey.

> **Greenhook Ginsmith,** Greenpoint/Brooklyn, http://greenhookgin.com. Gin der Extraklasse, keine Touren.

- **326** [bk] **Industry City Distillery,** 33 35th St., Sunset Park/Brooklyn, http://drinkicd.com. Beliebt ist der „beet sugar vodka", (noch) keine Touren.

- **327** [G22] **Kings County Distillery,** Sand Street Gate (Ecke Sand/Navy), Navy Yard/Brooklyn, http://kingscountydistillery.com. 2010 als erste Brennerei in NYC nach der Prohibition gegründet, Touren und Tasting: Sa. 14.30–17.30 Uhr, bekannt für Whiskey.

- **328** [bi] **New York Distilling Company,** 405 Leonard St., Williamsburg/Brooklyn, http://nydistilling.com, Touren Sa./So. 15–17 Uhr. Hier wird Gin gebrannt, mit eigene Bar nebenan: **Shanty,** 79 Richardson St.

- **329** [be] **Tirado Distillery,** 888 E 163 St., Port Morris/Bronx, Mo.–Fr. 9–17 Uhr, www.tiradorum.com. V. a. Rum und Corn Whiskey, erste Brennerei in der Bronx seit der Prohibiton.

- **330** [F27] **Van Brunt Stillhouse,** 6 Bay St., Red Hook/Brooklyn, http://vanbruntstillhouse.com, Touren Sa./So. 14 und 16 Uhr, Tasting Sa./So. 13–17 Uhr. Whiskey, aber auch Rum, Grappa und Moonshine.

New York entdecken

211ny Abb.: mb

„New York ist eine wunderbare Katastrophe", schwärmte schon der weltberühmte Schweizer Architekt Le Corbusier. Steht man zum ersten Mal in dieser Stadt, mitten in Hochhausschluchten, umgeben von tosendem Verkehr und geblendet von schriller Buntheit, um dann von wuselnden Menschenmengen durch die Straßen geschoben zu werden, kann man ihm, fasziniert und verunsichert zugleich, nur zustimmen.

Lower Manhattan

Idealer Startpunkt für die Besichtigung New Yorks ist die Südspitze Manhattans mit Wall Street und World Financial Center. Diese beiden Finanzzentren drängen sich in den Vordergrund und lassen fast vergessen, dass man sich hier zugleich im historischen Stadtkern, der Keimzelle der Weltmetropole, befindet.

In den schmalen „Wolkenkratzer-Canyons", die je nach Wetterlage entweder bedrohlich oder faszinierend wirken, fällt es schwer, sich vorzustellen, dass sich hier einst nur ein kleines Dorf umgeben von dichtem Wald befand. Doch es gibt noch Relikte aus diesen längst vergangenen Zeiten und auf dem sogenannten „Heritage Trail" ist es möglich, gezielt auf Spurensuche zu gehen. Dazu sind

▷ *Der Shrine of Mother Seton ist Wohnhaus, Kirche und Museum in einem*

◁ *Vorseite: Das Little Red Lighthouse (s. S. 136) ist ein wenig bekanntes historisches Relikt unterhalb der George Washington Bridge*

an markanten Stellen Karten von Lower Manhattan mit Infos zu den hier befindlichen Attraktionen aufgestellt. Nach dem Schock von „9/11" hat sich die Region nicht nur erholt, sie gilt mittlerweile sogar als neues Boomviertel der Stadt.

❶ „Old Town"/
Shrine of Mother Seton ★   [D23]

An der Ecke South/Whitehall Street, vor den beiden Fährhäfen **Whitehall Ferry Terminal** („South Ferry"), wo die Staten Island Ferries abfahren, und **Battery Maritime Building** (Fähre nach Governor Island), kann man die Zeitreise in New Yorks Vergangenheit beginnen. Das Maritime Building wurde 1907 mit einer

Orientierung in Manhattan

Eigentlich kann man sich in Manhattan nicht verlaufen. Die Orientierung ist einfach: Abgesehen von der Südspitze und dem West Village sind die Straßen ab der Houston Street in einem regelmäßigen Raster angelegt. Die 5th Ave. trennt Manhattan in einen Ost- und einen Westteil und entsprechend wird den Straßennummern „East" (E) bzw. „West" (W) angefügt.

*Die **Avenues** verlaufen in Nord-Süd-Richtung und beginnen nördlich der Houston Street. Der Broadway ist die einzige Straße, die an der Südspitze beginnt und schräg durch ganz Manhattan läuft. Avenues sind mit Nummern und/oder Namen versehen (z. B. Ave. of the Americas = 6th Ave.); nördlich der 110th St., in Harlem, wechseln häufig die Namen, z. B. wird aus der „Ave. of the Americas" die „Lenox Ave."*

grün gestrichen, 91 m breiten Arkadenfront aus schmiedeeisernem Stahlgitterwerk, geschmückt mit Friesen und aufwendigem Beaux-Arts-Dekor, errichtet und diente bis 1938 auch als Anlegeplatz der Fähren nach Brooklyn. Nachdem ein Feuer 1991 den Fährhafen stark in Mitleidenschaft gezogen hatte, wurde er 2005 nach einer Komplettrenovierung neu eröffnet und dient nun dem Fährverkehr nach Governors Island (s. S. 110).

Daneben steht der moderne, gläserne Neubau der Staten Island Ferry. Er umfasst einen großzügig proportionierten Wartesaal, Imbissstände und Kioske sowie zeitgemäße technische Einrichtungen (Anzeigetafeln, Fahrkartenauto-

047ny Abb.: mb

Streets sind nördlich der Houston Street ab 1 durchnummeriert, im städteplanerischen „Durcheinander" Lower Manhattans hingegen namentlich bezeichnet. Jene östlich der 5th Ave. erhalten die Bezeichnung „East" (E) vorangestellt, die anderen „West" (W).

Die meisten Streets in Manhattan sind *Einbahnstraßen,* jene mit geraden Nummern führen nach Osten, mit ungeraden nach Westen; Canal, Houston, 14th, 23rd, 34th, 42nd, 57th, 72nd, 79th und 86th Street sind in beiden Richtungen befahrbar.

Bei *Adressangaben* hilft die Nennung der beiden Querstraßen, zwischen denen der Punkt liegt (5th Ave./33rd–35th St.) oder die betreffende Ecke (5th Ave./34th St.). Aber auch die *Hausnummern* der Streets zwischen Houston St. und Central

Park folgen einem logischen System: Ausgehend von der 5th Avenue sind für jeden Block 100 Nummern reserviert. Eine Nummer zwischen 1 und 100 W liegt also zwischen 5th und 6th Avenue, eine Nummer zwischen 100 und 200 W zwischen 6th und 7th Avenue usw. Nach Osten wird ebenso verfahren.

Downtown ist nicht wie sonst das Stadtzentrum, sondern steht für den Südteil Manhattans, genauer Lower Manhattan (südlich der 14th St.). Midtown befindet sich zwischen 34th und 59th Street. Zwischen Downtown und Midtown (14th–34th St.) liegen Gramercy und Chelsea, Viertel, die hier der Einfachheit halber zu Downtown gerechnet werden. Uptown breitet sich nördlich der 59th St. aus, wobei *Upper Manhattan* das Areal nördlich des Central Park bzw. der 110th St. meint.

EXTRATIPP

Annäherung an Manhattan

Wer New York erst einmal in aller Ruhe auf sich wirken lassen möchte, dem sei eine kostenlose Schifffahrt empfohlen: Eine Möglichkeit ist, die **Staten Island Ferry** vom Staten Island Ferry Terminal zur gleichnamigen Insel ⑩ zu nehmen und mit der nächsten Fähre gleich wieder zurückzufahren (insgesamt etwa 1 Std., Aussteigen nötig). Auf der Fahrt bieten sich spektakuläre Ausblicke auf Manhattan, den Hudson River, New Jersey, die Statue of Liberty und Ellis Island. Zum anderen könnte man im Sommer mit der **Governors Island Ferry** ab Battery Maritime Building den kürzeren Weg zur gleichnamigen Insel wählen und dort von der umlaufenden Promenade die Ausblicke auf Skyline, Statue of Liberty und Ellis Island genießen.

- ●**331** [D24] **Staten Island Ferry**, Whitehall Terminal, Whitehall/South St., www. siferry.com. Abfahrt rund um die Uhr, jeweils zur vollen/halben Stunde.
- ●**332** [D24] **Governors Island Ferry**, Battery Maritime Building, neben Staten Island Ferry Terminal, www. governorsislandalliance.org/getting-there. Fährabfahrten tgl., mind. ab 10 Uhr halbstündlich, hin und zurück $ 2, samstag-/sonntagvormittags Fähren gratis.

maten usw.) und eine Verbindungen zur Subway. Kunstwerke im Inneren verschönern den 65.000 Schiffspassagieren, die täglich zum St. George Ferry Terminal auf Staten Island und zurück unterwegs sind, die Wartezeit.

Lässt man den Battery Park ❸ links liegen, stößt man bei der Suche nach dem New York des 18. und 19. Jahrhunderts auf den **Shrine of Mother Seton** (7–8 State St.), das letzte erhaltene frühe Baudenkmal Lower Manhattans. Dazu gehört das 1793 im Federal Style errichtete **Watson House**, in dem Elisabeth Seton wohnte – es war 1806 vergrößert worden. Daneben steht die Kirche von 1883, die heute „Church of Our Lady of the Rosary" heißt, mit ihrem ungewöhnlichen ellipsoiden Grundriss.

Die Pearl Street führt zu dem rund 130 m hohen, ungewöhnlichen, blau verglasten Büro-Wolkenkratzer **Broad Financial Center** mit sehenswertem Foyer mit kurioser Uhr. Beim **Fraunces Tavern Block Historic District** handelt es sich dann um den einzigen original erhaltenen Straßenblock New Yorks aus dem 18. Jh. mit hübschen alten Ziegelhäuschen. Im Zentrum des denkmalgeschützten Ensembles steht das **Fraunces Tavern Museum** (54 Pearl St.), eine exakte Replik des 1719 erbauten Wirtshauses aus Backstein. Im ersten Stock erinnert das **Fraunces Tavern Museum** an Geschichte und Kultur jener Tage, im Erdgeschoss ist die Porterhouse Brewing Company eingezogen. Wenige Schritte von der Tavern entfernt, zweigt die Stone Street zum **Stone Street Historic District** mit altem Kopfsteinpflaster und Häusern, die nach dem Feuer von 1835 entstanden sind, ab. Das Viertel erstreckt sich etwa vom Hanover Square bis zur Pearl Street und ist als Fußgängerzone ausgewiesen.

Am Nordrand dieses Historic District, am Hanover Square, steht das **India House** von 1837, in dem sich einst die New York Cotton Exchange (Baumwollbörse) befand. Heute lädt hier im Untergeschoss **Harry's** (s. S. 36) ein. Der Grie-

Elizabeth Ann Seton – Amerikas erste Heilige

Mit Blick auf den Hafen lebte Elizabeth Ann Seton (1774–1821), die erste 1975 vom Papst heiliggesprochene Amerikanerin. Sie hatte den ersten Nonnenorden der USA, die **American Sisters of Charity,** *gegründet und sich als Begründerin des* **„Parochial School Systems",** *der Organisation kirchlicher Schulen, hervorgetan.*

Die Tochter des Arztes und Professors Richard Bayley stammte aus prominenter New Yorker Familie und heiratete 1794 William Magee Seton, Sprössling einer Familie, der eine Schifffahrtsgesellschaft gehörte. William starb früh, Elizabeth wurde mit 29 Jahren Witwe. Sie hatte zuvor noch ihren kränkelnden Mann nach Italien begleitet und blieb nach seinem Tod

dort. In Rom wandte sich die Protestantin dann dem **Katholizismus** *zu.*

Als sie nach New York zurückkehrte, wandten sich Familie und Freunde von der „Konvertitin" ab und als dann noch das Unternehmen ihres Mannes bankrott ging, lebte sie mit ihren fünf Kindern in Armut. 1808 nahm Elizabeth Seton daher dankbar das Angebot an, in Baltimore eine Schule zu eröffnen. Sie zog dorthin um, gründete eine kirchliche Schule und zugleich den ersten amerikanischen katholischen Frauenorden. 1817 entsandte „Mother Seton" drei ihrer Mitschwestern nach New York. Heute noch arbeiten und leben Nonnen dieses Ordens in der damals gegründeten Saint Patrick School (Prince Street).

---

che Harry Poulakakos hat dieses Lokal mit Bar 1972 gegründet und es ist noch heute eine New Yorker Institution.

❯ **Shrine of Mother Seton,** 7–8 State St., www.setonshrine.com, Visitor Center und Kirche tgl. 10–16.30 Uhr, Haustouren: Di.–So. stündl. 10–15 Uhr. Eintritt frei, Subway: South Ferry

❷ Bowling Green/ National Museum of the American Indian ★ [D23]

Am Beginn des Broadway, dem alten „Highway 9", der Manhattan mit Albany, der Hauptstadt des Staates New York, verband, liegt mit **Bowling Green** die älteste Parkanlage der Stadt. Hier soll 1626 Peter Minuit den Indianern die Insel Manhattan abgekauft haben. Der

bronzene Bulle an der Nordspitze des Platzes ist ein Geschenk des Bildhauers Arturo Di Modica an die Börse und steht als Symbol für steigende Kurse an der Wall Street. Den Platz dominiert das **US Custom House** (1 Bowling Green St.) mit dem **George Gustav Heye Center,** einer Filiale des **National Museum of the American Indian (NMAI).** Der prachtvolle Beaux-Arts-Bau wurde 1907 von Cass Gilbert (dem Architekten des Woolworth Building ⓮) erbaut und sollte die große Hafentradition der Stadt symbolisieren. Daher wurde er reich dekoriert und prächtig ausgestattet, z.B. mit 44 ionischen Säulen mit Figuralkapitellen sowie monumentalen weiblichen Personifikationen der Kontinente, geschaffen von dem Bildhauer Daniel Chester French (1850–1931). Die runde Marmorhalle im Inneren wurde im Rahmen des WPA-(Arbeitsbeschaffungs-)Projekts unter Roosevelt 1937 von dem Maler Reginald Marsh mit Wandgemälden ausgestattet. Bei genauer Betrachtung der Hafenszenen sieht man rechts vom Eingang Greta Garbo, die vor einem Schiff ein Interview gibt.

1973 war die Zollbehörde aus dem Alexander Hamilton gewidmeten US Custom House ausgezogen, 1994 zog das besuchenswerte NMAI mit interessantem Laden und Bibliothek ein. Benannt ist die NMAI-Filiale nach George Gustav Heye (1874–1957), dessen Privatsammlung von etwa 800.000 indianischen Kunstwerken und Kunsthandwerk die Basis des National Museum of the American Indian in Washington D.C., einem 2004 eröffneten Teil der Smithsonian Institution, bildet. Im George Gustav Heye Center in New York werden seither interessante Wechselausstellungen zur Geschichte und Kunst der Indianer gezeigt und es gibt ein Filmarchiv sowie ein vielseitiges Veranstaltungsprogramm.

An die prächtige Architektur, die einst das Customs-Gebäude und den kleinen Park umgab, erinnert noch das **Cunard Building** (25 Broadway). 1921 ließ die

048ny Abb.: mb

Cunard-Reederei, die damals größte Passagierlinie der Welt, dieses Hochhaus errichten. In der Halle wurden damals die Tickets für die großen Übersee-Luxusliner der Gesellschaft verkauft. Sehenswert sind die Wandmalereien und die reich ornamentierte Decke sowie Barry Faulkners Weltkarten an den Wänden und Schiffe berühmter Seefahrer wie Kolumbus, Drake oder Erikson an den Gewölbestützen.

Wer weiter auf dem Broadway läuft, stößt immer wieder auf in den Teer eingelassene Granitplatten: 164 sind es zwischen Bowling Green ❷ und Woolworth Building ⓮. Sie erinnern an bedeutende Paraden auf dem Broadway, beginnend mit jener zur Einweihung der Statue of Liberty im Oktober 1886.

Gegenüber des Cunard Building befindet sich der Neorenaissancebau von **Standard Oil Trust** (26 Broadway) von 1922 mit einem weithin sichtbaren markanten Turm in Form einer Öllampe. Zum historischen Anspruch der beiden Gebäude passt auch der Subway-Zugang der „Bowling Green Station" im Beaux-Arts-Stil. Hier angelangt, steht man schon am Rand des Battery Park ❸.

> **National Museum of the American Indian (NMAI),** George Gustav Heye Center – US Custom House, 1 Bowling Green, http://nmai.si.edu/home, tgl. 10–17, Do. bis 20 Uhr, Eintritt frei, Subway: Bowling Green

◁ *Der bronzene Bulle am Bowling Green gilt als Symbol für den Aufschwung an der Börse*

❸ Castle Clinton National Monument/Battery Park ★ [D23]

Der **Battery Park** – die grüne Insel zwischen Fluss und Hochhäusern – wirkt allein schon wegen des gebotenen Ausblicks auf Freiheitsstatue ❹, Ellis Island und New Jersey, aber auch wegen der von hier ablegenden Fähren nach Liberty und Ellis Island ❺ als Besuchermagnet. Er ist wie der Times Square ein Ort, an dem scheinbar alle Touristen zusammenkommen. Benannt ist der Park am Zusammenfluss von East und Hudson River nach einer Geschützreihe, die zur Sicherung des Hafens einmal hier stand.

Zahlreiche **Statuen und Monumente**, z. B. für jüdische Immigranten, wallonische Siedler, die Heilsarmee, berühmte New Yorker (wie Giovanni da Verrazano oder die Dichterin Emma Lazarus) oder in Erinnerung an besondere Ereignisse, wie das East Coast War Memorial (ein Bronzeadler von Albino Manca), schmücken den Park, der derzeit umgestaltet wird. Noch steht die Skulptur „**The Sphere**" („Große Kugelkaryatide") als Mahnmal für „9/11" im Park, der zukünftige Aufstellungsort ist noch unklar. Das Stahl-Bronze-Kunstwerk von 5 m Durchmesser und über 20 t Gewicht war von dem bayerischen Künstler Fritz Koenig 1971 als Symbol für freien Handel und Ideenaustausch geschaffen und zwischen den beiden Türmen des World Trade Center aufgestellt worden. Dort überstand es den Einsturz der Gebäude ohne größere Beschädigungen.

Das **Castle Clinton National Monument** war Teil einer alten Hafenbefestigung und wurde nach De Witt Clinton, einem früheren Bürgermeister und Gou-

Governors Island –
Ruheoase mit spektakulärem Ausblick

*Neben dem modernen Gebäude der Staten Island Ferry (Whitehall Ferry Terminal) fällt das alte **Battery Maritime Building** von 1905 ins Auge, das nach einem Feuer renoviert wurde und als Anlegestelle für die Fähre nach Governors Island fungiert. Innerhalb weniger Minuten gelangt man auf die alte Festungsinsel (Soissons Landing) - und lässt alle Hektik der Stadt zurück. Von der **Uferpromenade** der Insel bietet sich ein ungewöhnlicher Ausblick auf Stadt, Freiheitsstatue, Ellis Island, den Hafen und den East River mit all seinen Brücken bis hinüber nach Brooklyn.*

*Während der Kolonialzeit im 18. Jh. Privatbesitz des britischen Gouverneurs, diente die Insel seit der Unabhängigkeit der USA als **Festung zum Schutz der Hafeneinfahrt.** Zuletzt war hier die **Küstenwache** stationiert, die noch immer eine Station auf der Insel unterhält. Der alte Teil um die beiden Anfang des 19. Jh. entstandenen Festungen Fort Jay und Castle Williams, Colonel's Rowe und Parade Grounds sind inzwischen als National Park ausgewiesen. 2014 neu dazugekommen sind die Liggett Terrace mit Grün, Wasser und Kunst, Hammock Grove (Bäume, Spielplätze und 50 Hängematten) sowie der Play Lawn mit zwei Ballspielfeldern. Auf dem Südteil der Insel wurde am Strand ein Picknickplatz eingerichtet und neue Grünflächen mit renaturierten Ufer- und Marschlandschaften sind entstanden. Weitere Erholungs-, Spiel- und Naturflächen sowie Trails wie The Hills (Aussichtshügel), South Prow (eine weitere Promenade) und Liberty Terrace (Aussichtsterrasse) sind hier in Planung bzw. Bau.*

*Bisher war die Insel nur an Wochenenden zugänglich, 2014 verkehren erstmals auch werktags Fähren. Längst nämlich haben die New Yorker Governors Island als neues **Kurzerholungsziel** entdeckt. Man kann auf der Insel an Führungen der Park Ranger teilnehmen, Räder ausleihen, Ausstellungen und historische Bauten ansehen oder bei einem Picknick die grandiose Aussicht genießen.*

🏛 *333 [D25] **Historic Governors Island**, www.nps.gov/gois bzw. www.govisland.com, Ende Mai bis Ende September tägl. Fähren (s. S. 106) zur frei zugänglichen Insel. Radverleih, Shuttlebus und Picknickplatz, Veranstaltungen, Festivals, Konzerte u. a., außerdem Shop und Imbissstände.*

verneur, benannt. Im Vorfeld der Auseinandersetzungen mit den Briten zu Beginn des 19. Jahrhunderts, die im „War of 1812" gipfelten und die erste Bewährungsprobe für die junge Nation darstellten, entstanden zusätzlich zum existierenden Fort Jay auf **Governors Island**, das bisher den Hafen sicherte, **fünf Be**festigungsanlagen: Fort Wood (Bedloe's Island), Fort Gibson (Ellis Island), Castle Williams (Governors Island), South-West Battery (das spätere Castle Clinton) und die North Battery (Hubert St.).

Die **South-West Battery** wurde 1811 als Artilleriestellung fertiggestellt, lag 61 m vom Ufer entfernt und war nur durch eine Zugbrücke mit Manhattan bzw. dem Battery Park verbunden. Nach dem Ende der Auseinandersetzungen mit den Briten wurde die Festung zum Hauptquartier des 3rd Military Districts. 1821 zog das Militär ab, zwei Jahre später gelangte die South-West Battery in den Besitz der Stadt. 1824 wurde es als als Vergnügungs- und Veranstaltungszentrum **Castle Garden** mit Parkanlage, Brunnen und Konzertbühne in Betrieb genommen. Auf der Mauer entstand eine Promenade, in die Offiziersquartiere zog eine Bar ein und es gab immer wieder große Empfänge für berühmte Besucher wie den Marquis de Lafayette oder Andrew Jackson. In den 1840er-Jahren

wurde das Fort überdacht und von da an konnten auch Opern und große Konzerte wie 1845 „Der Barbier von Sevilla" oder 1850 der Auftritt von Jenny Lind vor mehr als 6000 Leuten stattfinden.

Per Aufschüttungen war Castle Garden mit dem Festland verbunden worden, ehe es 1855 zur **Immigrationsstation** umgebaut wurde. Bis 1889 sollen hier mehr als 8 Mio. Einwanderer „durchgeschleust" worden sein, ehe 1892 Ellis Island diese Funktion übernahm. Sechs

⊡ *Castle Clinton ist u. a. Ausgangspunkt der Fähren zur Freiheitsstatue* ❹

049ny Abb.: mb

Jahre später erlebte die Festung einen neuen Wandel: Ein **Aquarium** zog ein und blieb bis 1941, dann wurden die Fische erst in den Bronx Zoo ⑩ und später nach Coney Island ❾ umgesiedelt. Gleichzeitig schien das letzte Stündchen für die Festung geschlagen zu haben, die dem Brooklyn-Tunnel weichen sollte. Die Abrissbirnen standen bereits und Bürgerprotesten ist es zu verdanken, dass schließlich 1946 die Erhebung zum **National Monument** erfolgte.

Es sollte aber noch bis 1975 dauern, ehe die Festung wieder der Öffentlichkeit zugänglich gemacht wurde. Heute dient sie als Museum, Informationszentrum und Fährhafen. Informiert wird auch über die **New Yorker National Parks, Monuments, Memorials und Historic Sites.** Neben Castle Clinton, Ellis Island ❺ und Statue of Liberty ❹ gehören dazu: Federal Hall ⓫, Theodore Roosevelt Birthplace (s. S. 60), Governors Island (s. S. 110), Grant's Tomb ㊷, Hamilton Grange National Memorial ㊽, LES Tenement Museum ⓲, African Burial Ground (s. S. 56), die vierteilige Gateway National Recreation Area (s. S. 278) und die außerhalb des Stadtgebiets liegende St. Paul's Church.

> **Infos** zu allen National Sites in NY: www.nps.gov/npnh/index.htm; zum Battery Park: www.bpcparks.org
> **Castle Clinton NM,** Battery Park, www.nps. gov/cacl, tgl. 7.45–17 Uhr, Eintritt frei, Subway: Bowling Green oder South Ferry

▷ *Seit 1886 New Yorks Wahrzeichen: die Freiheitsstatue*

❹ Statue of Liberty ★★★ [B27]

„Gebt mir eure Müden, eure Armen, eure niedergedrückten Massen, die sich danach sehnen, frei zu atmen." Diese Inschrift am Sockel der Freiheitsstatue untermauert die Bedeutung des Monuments als Symbol für Freiheit und Demokratie. Die fast 34 m hohe Statue vor der Hafeneinfahrt New Yorks war ein Geschenk der französischen Nation an die USA in Anerkennung der Vorreiterrolle Amerikas beim Aufbau eines modernen demokratischen Systems.

Die **Sockelinschrift** der New Yorker Dichterin Emma Lazarus (1849–1887) bringt die Bedeutung der Statue of Liberty für die Amerikaner und Menschen in aller Welt auf den Punkt. Längst ist die Freiheitsstatue zum **Wahrzeichen New Yorks,** wenn nicht sogar von ganz Amerika geworden. Sie ist ein Geschenk der französischen Nation an die USA als Zeichen der Freundschaft und aus Dankbarkeit für die Schaffung des ersten modernen demokratischen Systems. 1865 waren **in Frankreich erste Pläne** bekannt geworden, in den USA eine derartige Figur aufzustellen. Die Idee stammte von dem französischen Republikaner **Lefebvre de Laboulaye** (1811–1883), der unter Kaiser Napoleon III. für das „Modell Amerika" schwärmte. Ein derartiges Monument sollte die republikanischen Ideale in Frankreich stärken und zugleich die Freundschaft fördern. Laboulaye konnte den Künstler **Frédéric-Auguste Bartholdi** (1834–1904) für seine Pläne gewinnen. Nach dem Sieg Preußens im Deutsch-Französischen Krieg von 1871 sah Laboulaye die Zeit gekommen, seiner Idee Gestalt zu verleihen. Bartholdi reiste in die USA, um dort Bericht zu erstatten, ei-

EXTRAINFO

Die Statue of Liberty in Zahlen

Gesamthöhe: 92,99 m	
Statuenhöhe (Sockel bis Fackel):	46,50 m
Figurenhöhe (Ferse bis Scheitel):	33,86 m
Länge der Hand:	5 m
Länge rechter Arm:	12,80 m
Kopfhöhe:	5,26 m
Kopfbreite (von Ohr zu Ohr):	3,05 m
Nasenlänge:	1,48 m
Höhe der Basis/ des Fundaments:	19,81 m
Höhe des Granitsockels:	27,13 m

248ny Abb.: mb

nen Aufstellungsort ausfindig zu machen und Präsident Ulysses S. Grant und andere Persönlichkeiten um finanzielle Unterstützung zu bitten.

Dass die Statue in New York, dem damaligen Tor zur Neuen Welt stehen musste, war klar, und bereits beim Einlaufen in den Hafen entschied sich Bartholdi für die kleine Insel **Bedloe's Island** (1956 in „Liberty Island" umbenannt) als passenden Standort. Laboulaye präsentierte 1874, kurz bevor in Frankreich wieder die Republik ausgerufen wurde, die Pläne und ein erstes **Modell** wurde ausgestellt. **Fehlende Gelder** verhinderten zunächst, dass die Statue den USA wie geplant zur Einhundertjahrfeier übergeben werden konnte. Während in Frankreich und den Staaten mühsam Spenden für das Projekt gesammelt wurden – besonders Zeitungsmagnat Joseph Pulitzer und sein Boulevardblatt New York World machten sich dafür stark –, arbeitete Bartholdi bereits an der Umsetzung seiner Kolossalstatue. Vorbilder waren antike Monumentalfiguren, wie

der legendäre Koloss von Rhodos, doch Anekdoten zufolge soll Bartholdi seine Mutter als Muster für die weibliche Gewandfigur verwendet haben. Zudem hatte der Künstler bereits Erfahrungen mit einem ähnlichen, jedoch nicht realisierten Projekt, einer Kolossalstatue am Zugang des Suez-Kanal, gesammelt.

Zunächst formte Bartholdi ein Tonmodell, bei der **Umsetzung in den riesigen Maßstab** benötigte er jedoch technische Hilfe und zwar die des Tüftlers **Gustave Eiffel** (1832–1923), der 1889 durch den gleichnamigen Turm in Paris berühmt werden sollte. Eiffel konstruierte ein Gerüst aus Eisenträgern, über des-

Statue of Liberty und Ellis Island – Ticket-Know-how

Ab Castle Clinton/Battery Park ➌ verkehren je nach Jahreszeit unterschiedlich häufig (mind. 9.30–17 Uhr und mind. alle 30 Min.) **Fähren von Statue Cruises** für derzeit $ 18 (4–12 Jahre $ 9) nach Liberty und Ellis Island. Um Wartezeit zu vermeiden, sollte man Tickets online vorbestellen (Reserve Tickets, kürzere Wartezeiten, eigener Zugang), es bilden sich nämlich oft schon um 8 Uhr lange Schlangen vor den Ticketschaltern. Ellis Island ist im „Fähr-Paket" immer enthalten, doch nach 14 Uhr lohnt es sich nicht mehr, an beiden Inseln auszusteigen. Da Besucher, ehe sie an Bord gehen dürfen, eine Sicherheitskontrolle durchlaufen, sollte in der Hauptsaison genügend Zeit eingeplant werden. Für die Gesamttour mit Besichtigungen sind mindestens vier Stunden einzuplanen. Für die Besichtigung gibt es **drei Ticketvarianten,** wobei Liberty und Ellis Island und das Museum auf Ellis Island in jeder enthalten sind:

> **Basis-Ticket** („Grounds only", kostenlos, automatisch im Fährticket enthalten): Zugang zu beiden Inseln, Ranger-Touren

> **Pedestal Ticket** (kostenlos), für Museum und Aussichtsplattform im Sockel, ausgegeben nach „first-come, first-served"-System bzw. auf Reservierung

> **Crown Ticket** ($ 3, Reservierung obligatorisch), Zugang zur Krone nur ohne Gepäck, namens- und zeitgebundene Tickets

> **Infos/Reservierung:** Tel. 18775239849 oder www.statuecruises.com

> Im **CityPASS** ist zwar die Überfahrt inkl., nicht aber der Zugang zum Monument.

sen Außenhaut die Kupferhülle aus 300 gegossenen, vernieteten Platten drapiert wurde. 1884 wurde die riesige Statue **in Paris anlässlich der Weltausstellung** fertig- und aufgestellt. Danach zerlegte man sie und schickte sie 1885 per Schiff nach Amerika.

Unterdessen hatte der Architekt Richard M. Hunt (1827–1895) auf der kleinen Insel den **Sockel** – damals der weltgrößte aus einem Stück gegossene Betonblock – in die Fundamente eines ehemaligen Forts eingelassen. So konnte Präsident Grover Cleveland an einem nebligen Tag – dem 28. Oktober 1886, zehn Jahre nach der geplanten Aufstellung – nach einer Parade durch die Stadt die Statue of Liberty vor unzähligen Schaulustigen endlich offiziell enthüllen.

Anlässlich des **100-jährigen Jubiläums** wurde 1986 eine $ 86 Mio. teure Restaurierung durch das Architekturbüro Swanke Hayden Connell abgeschlossen, bei der u. a. die alte Goldfackel (jetzt im Museum) durch eine neue ersetzt und ein Museum im Sockel eingerichtet wurde. Eine Wendeltreppe führt über 337 Stufen zur Aussichtsplattform in der Krone der Figur, ihre sieben Strahlen sollen die sieben Meere symbolisieren. Ursprünglich war sogar die Fackel der höchste begehbare Punkt.

Im Inneren des Sockels informiert das **Statue of Liberty Museum** über Hintergrund und Bau der Freiheitsstatue, die für alle Amerikaner zum nationalen Heiligtum und zu einer viel besuchten Pilgerstätte geworden ist.

> **Statue of Liberty & Statue of Liberty Museum,** Liberty Island, Fähren ab Castle Clinton/ Battery Park, Tel. 212 3633200, www.nps. gov/stli, Eintritt frei, Fähre $ 17 (inkl. Audiotour), kostenlose Ranger-Touren

❺ Ellis Island ★★ [B25]

Als „Nation of Immigrants" sind sich die Amerikaner ihrer Herkunft durchaus bewusst, und daher ist Ellis Island für sie von besonderer Bedeutung. Rund 12 Mio. Menschen betraten auf dieser Insel zwischen 1892 und 1954 erstmals nordamerikanischen Boden und begannen ein neues Leben.

Ellis Island war als Nachfolger von Castle Clinton ❸ am 1. Januar 1892 als **Immigrationsstation** eröffnet worden. Bis zur Schließung 1954 sollten sie mehr als 70 % aller USA-Einwanderer passieren, denn in jenen Jahren war das Schiff das wichtigste Transportmittel und New York der größte Hafen im Land. Zu Spitzenzeiten wurden bis zu 5000 Leute am Tag abgefertigt, teils stundenlang überprüft und in 2 % der Fälle wurden „Unerwünschte" abgewiesen.

Auf der Insel befanden sich ursprünglich 35 Gebäude, dennoch waren die Kapazitäten bald erschöpft. Erst als 1924 strengere Einwanderungsquoten in Kraft traten, entspannte sich die Lage. In den 1940er-Jahren wurde die Insel zu einem **Deportationszentrum** für unerwünschte Fremde, außerdem entstand ein Hospital für Soldaten und eine Trainingsstation der US Coast Guard (Küstenwache).

1954 geschlossen, unterstellte Präsident Lyndon B. Johnson die Insel 1965 dem National Park Service und anlässlich der Einhundertjahrfeier 1992 fanden Umbauten für über $ 170 Mio. statt. Leider sind bis dato nur wenige der Gebäude zu besichtigen, etwa ein Viertel der Insel ist zugänglich. Sehenswert ist der Hauptbau mit der beispielhaft renovierten **Great Hall**, der Ankunftshalle. Zu-

sammen mit Verwaltungsräumen, Fährbüro, Gepäckraum, Schlafsälen, Krankenstation und Speisesaal bildet sie das sehenswerte **Immigration Museum** mit interessanten Ausstellungen.

Es geht um vier Jahrhunderte Einwanderungsgeschichte, die Geschichte von Ellis Island und einzelne Immigrantenschicksale. Erinnerungsstücke, Fotos, Karten, Briefe, Tagebuchaufzeichnungen und Originalinterviews mit Ankömmlingen berichten anschaulich über die Zugewanderten. Beeindruckend ist v. a. die Abteilung „Treasures from Home", eine Sammlung von Dingen, die die Immigranten von zu Hause mitbrachten. Die zentrale Ausstellung „Peopling of America" informiert in sechs Teilen umfassend und multimedial über alle Aspekte der Immigration („Leaving", „Making the Trip", „Arrival", „Struggle & Survival", „Building a Nation" und „New Era of Immigration" – zur Immigration von 1945 bis heute).

Es gibt ein interaktives Lernzentrum für Kinder sowie eine Forschungsbibliothek, Filmvorführungen und im zugehörigen **American Family Immigration History Center** Computer zur Ahnenforschung. Hinter der Great Hall steht die **American Immigrant Wall of Honor** mit den Namen unzähliger hier eingetroffener Zuwanderer (www.wallofhonor.org). Von der vorgelagerten Terrasse bietet sich ein hervorragender Ausblick auf Manhattan.

Trotz der Bedeutung des Denkmals für die USA und der hohen Besucherzahlen gibt es Ecken auf Ellis Island, die langsam verfallen und dringend der Zuwendung bedürfen, z. B. der nicht öffentlich zugängliche Teil mit den Krankenstationen. Aber es hat schon lange genug gedauert, bis überhaupt die Besitzver-

051.ny Abb.: mb

hältnisse geklärt waren: Die ursprünglich gut einen Hektar große Insel gehörte laut einem Vertrag von 1808 New York, das nachträglich aufgeschüttete Land (knapp 10 ha) jedoch dem näher gelegenen New Jersey.

Ende Oktober 2012 wurde das Museum durch **Hurricane Sandy** schwer beschädigt und Teile der Ausstellung mussten geschlossen werden. Heute sind die Schäden zwar weitestgehend beseitigt, es kann jedoch noch zu kleineren Einschränkungen kommen.

❭ **Ellis Island Immigration Museum,**
Ellis Island, kombinierbar mit Liberty Island (s. S. 114), www.nps.gov/elis, www.ellisisland.org, http://saveellisisland.org, Öffnungszeiten je nach Jahreszeit, meist tgl. 9–17 Uhr, Eintritt frei, Fähre $ 17. Shops und Restaurant mit Freiterrasse.

❻ Museum of Jewish Heritage ★   [C23]

Im Wagner Park, direkt am Hudson River, fällt ein **sechseckiger pyramidenförmiger Bau** ins Auge: das 1997 eröffnete Museum of Jewish Heritage. Die sechs Ecken des Gebäudes sollen an die sechs Millionen ermordeter Juden erinnern, aber auch an den Davidstern. Geplant wurde das Museum vom weltberühmten Architekturbüro Kevin Roche, John Dinkeloo & Associates, 2003 kam noch der Robert M. Morgenthau Wing mit Veranstaltungshalle (Edmond J. Safra Hall), neuem Zugangsbereich und Garden Of Stones dazu. In

⌂ *Ellis Island wurde 1892 als Einwandererstation eröffnet*

diesem immer frei zugänglichen kleinen Park scheinen Bäume aus skulpturalen Steinen herauszuwachsen.

Ziel des sehenswerten Museums ist es, Besucher über die **Geschichte der Juden** von etwa 1880 bis in die Gegenwart zu informieren. Drei Hauptthemen stehen im Mittelpunkt der Dauerausstellung: das jüdische Leben im späten 19. Jh., die Judenverfolgung, insbesondere durch die Nationalsozialisten, und das jüdische Revival. Neben Fotos und Dokumenten illustrieren Ausstellungsstücke und v. a. 24 Dokumentarfilme auf eindrucksvolle Weise und in ungewöhnlicher Atmosphäre diese Themenkomplexe. Zum Museum gehören ein hervorragend sortierter Laden (v. a. Literatur und Musik) und ein Café.

> **Museum of Jewish Heritage – A Living Memorial to the Holocaust**, 36 Battery Pl./ Battery Park City, www.mjhnyc.org, So.–Di./ Do. 10–17.45, Mi. 10–20 Uhr, Fr. 10–15 Uhr, März–Okt. Fr. 10–17, vor jüd. Feiertagen nur bis 15 Uhr, $ 12 (Mi. 16–20 Uhr Eintritt frei), Subway: Bowling Green

❼ Battery Park City ★ [C23]

Entlang der Esplanade geht es nordwärts zur Battery Park City. Zunächst schließt sich an den Battery Park der **Robert F. Wagner Park** an. Pier A, der beide Parkanlagen trennt, soll nach langjähriger Renovierung im Sommer 2014 mit Austernbar, Biergarten, Restaurant, Klub und Ausstellungshalle neu eröffnen.

Vor dem Museum of Jewish Heritage ❻ beginnt die **Battery Park City**, eines der wegweisenden Großbauprojekte der Stadt, das zudem durch Grünflächen und Öffentliche Kunst von sich Reden macht. (www.bpcparks.org). Neu-

este Errungenschaft ist das **SeaGlass Carousel** (www.thebattery.org/projects/ seaglass). Auf dem großteils künstlich aufgeschütteten Gelände von etwa 37 ha – hauptsächlich handelt es sich um Aushub vom Bau des WTC – entstand 1967 bis 1976 eine „Stadt in der Stadt", mit Büros, Wohnungen (ca. 25.000 Eigentumswohnungen), Parkanlagen und Versorgungseinrichtungen.

Von der Esplanade fällt der Blick auf Ellis Island und die Statue of Liberty, den Hudson River und auf das jenseits gelegene New Jersey mit seinen Hafenanlagen. Anschließend an Word Financial Center/ Brookfield Place soll das Viertel nordwärts bis zur Chambers St. zu einer Kleinstadt mit etwa 60.000 Einwohnern anwachsen.

Mehrere Platz- und Parkanlagen gliedern die Wohn- und Büroblöcke, geschmückt durch teils monumentale Plastiken berühmter Künstler, so der **Säulengarten „Upper Room"** von Ned Smyth (Esplanade/Albany St.), das **Irish Hunger Memorial** (Terrasse am Ende der Vesey St.), North Meadow (Spielwiese) oder der Nelson A. Rockefeller Park mit dem **Skulpturengarten und Kinderspielplatz „Real World"** von Tom Otterness (Nordecke Chambers St.).

> Subway: Bowling Green

❽ World Financial Center/ Brookfield Place ★ [C22]

Das 1988 fertiggestellte World Financial Center, ab 1981 in Battery Park City ❼ gebaut und schon drei Jahre später komplett vermietet, geht auf Pläne des Argentiniers Cesar Pelli zurück, der ein architektonisches Meisterwerk schuf. Es grenzt an die World Trade Center Site ❾ an und wurde bei den Anschlägen vom 11. September 2001 schwer beschädigt. 2011 erwarb **Brookfield Office Properties** den Komplex und seither laufen Renovierungsarbeiten. 2015 sollen Shops, Lokale und ein Eisplatz zur Verfügung stehen und es soll ein vielseitiges Kulturprogramm geben (http://brookfieldplaceny.com).

Der „intelligente Baukomplex" besteht aus vier unterschiedlich bekrönten und zwischen 152 und 225 m hohen Bürotürmen aus Granit und Glas. Nach oben hin wächst der Anteil an Glas, um dadurch Leichtigkeit vorzutäuschen. Der Bau besticht zudem durch perfekte Infrastruktur, z. B. durch den in den Untergrund verlegten Verkehr und die Fußgängerbrücken zur Verbindung der Gebäudeteile, die die Zentralen von einigen der **weltwichtigsten Finanzhäuser**, z. B. Merrill Lynch (Aktienhändler) oder Bank of America, beherbergen.

Der 36 m hohe **Winter Garden**, eine Glas-Stahl-Konstruktion, verbindet die einzelnen Türme miteinander. Im Erdgeschoss befindet sich eine kleine Ausstellung zu den Ereignissen des „11. September" und zum Neubauprojekt des WTC. Der Bau ist mit seinen tropischen Pflanzen, darunter 14 m hohe Palmen, ein beliebter Erholungsort und Treffpunkt. Der Wintergarten öffnet sich zu einer **Piazza am Fluss**, wo sich ein Jacht- und ein Fährhafen (Schiffe nach New Jersey, Water Taxi) befinden.

Ende Oktober 2013 wurde die Verbindung zur World Trade Center Site **9** durch einen sehenswerten unterirdischen **Fußgängertunnel** realisiert. Startpunkt der Unterführung ist ein neuer Glasbau von Rafael Pelli, dem Sohn des ursprünglichen Architekten César Pelli. Von diesem **Brookfield Place Pavilion** an der West Street geht es vorbei an Shops u. a. Serviceeinrichtungen (derzeit noch geschlossen) unterirdisch zur PATH Station.

❯ Subway: Rector St.

314ny Abb.: mb

❾ World Trade Center Site ★★ [C22]

Allmählich nimmt die **World Trade Center Site (WTCS)** Form an. Das **1 WTC** hat Ende April 2013 die endgültige Höhe von 417 m (mit Antenne 541 m oder symbolträchtige 1776 feet) bereits erreicht und damit das Empire State Building als New Yorks höchster Bau überholt. Der 104-stöckige Turm an der Nordwest-Ecke des Grundstückes soll nach aktuellem Stand Ende 2014 eröffnen, die zugehörige Aussichtsplattform „One World Observatory" im Frühjahr 2015. Der Bau wird u. a. Sitz des Verlags Conde Nast sein.

Im September 2011 wurde das **National September 11 Memorial** eingeweiht. Bei dem zugehörigen Museum kam es immer wieder zu Verzögerungen, es eröffnete endlich im Mai 2014.

Am Nordrand des Geländes fällt das bereits im Mai 2006 eröffnete **7 WTC** (Vesey St./Greenwich St.) ins Auge. Der von David Childs (SOM) gestaltete Turm auf einem von Metallpaneelen verkleideten Betonsockel und mit verspiegeltem Glas ist 52 Stockwerke hoch. In der Lobby ist ein Leuchtschriftband der Konzeptkünstlerin Jenny Holzer mit Texten über New York von Walt Whitman, Allen Ginsberg, Langston Hughes u. a. zu sehen. Außerdem befindet sich vor dem Eingang an der Greenwich Street ein kleiner Park mit einer Stahlskulptur von Jeff Koons, die den Titel „Balloon Flower" tägt.

Das **World Trade Center**, das unvergessene Wahrzeichen New Yorks, war zwischen 1966 und 1977 errichtet worden. Es galt als größter Bürokomplex der Welt, hatte $ 1,5 Milliarden an Kosten verschlungen und seine zwei markanten 417 bzw. 415 m hohen Türme machten es bei der Einweihung am 4. April 1973 zum höchsten Bau der Welt. Nach „9/11" blieb nur ein gigantisches Trümmerfeld, **„Ground Zero"**. Sieben Gebäude wurden komplett zerstört und obwohl die Aufräumarbeiten im Mai 2003 offiziell für beendet erklärt wurden und aus „Ground Zero" die „World Trade Center Site" geworden war, schritten die Bauarbeiten zu Anfang nur langsam voran. Die Bebauung des Areals löste so viele Kontroversen und Diskussionen aus, dass es immer wieder zu Verzögerungen und Unterbrechungen kam.

Als Resultat eines **Architekturwettbewerbs** war der spektakuläre Entwurf von Daniel Libeskind, dem Erbauer des Jüdischen Museums in Berlin, ausgewählt worden. Doch es sollte nicht lange dauern, bis Pächter Silverstein und die Architekturfirma Skidmore, Owings & Merrill (SOM) mehr und mehr das Projekt und seine Ausführung an sich rissen und abänderten. 2005 legte David Childs von SOM einen komplett neuen Entwurf für das Kernstück – damals **Freedom Tower** und jetzt **1 WTC** genannt – vor: Für $ 3,8 Mrd. ist ein plumper und festungsartiger Bau entstanden – ein „Bau der Angst" wie Kritiker bemängeln –, bei dem von der von Libeskinds ursprünglich geplanten Leichtigkeit und Spiralform und von der Interaktion mit der Statue of Liberty nichts mehr übrig blieb als die Höhe von 1776 Fuß – als Erinnerung an die Verabschiedung der Unabhängigkeitserklärung im Jahr 1776.

◁ *Blick vom Brookfield Place Pavilion auf die WTC Site.*

315ny Abb.: mb

Auch bei zwei anderen Bestandteilen des Gesamtkomplexes wurde viel diskutiert, modifiziert und eingespart: Zum einen handelt es sich um das **National September 11 Memorial & Museum,** für das 2004 der Entwurf „Reflecting Absence" von Arad, Walker und Bond mit Inschriftenmauer und Wasserfällen um zwei Becken in den *footprints* ausgewählt wurde.

Das Memorial mit Eichenhain und **Wasserbecken** wurde quasi mitten auf der Baustelle **zum 10. Jahrestag des Attentats eingeweiht.** Rund um die Becken in den **footprints,** den Fundamenten der Türme, sind die Namen der 2982 Opfer, nicht nur aus New York, sondern auch aus dem Pentagon und aus Pennsylvania sowie die Namen der sechs Toten des Bombenanschlags von 1993 aufgelistet.

Das Museum im Untergrund wurde von Davis Brody Bonds geplant, der Zugangspavillon mit Auditorium und Café stammt von dem norwegischen Architekturbüro Snøhetta (Craig Dykers). Vom **9/11 Museum** mit seinen 4500 m² ist nur ein Teil sichtbar, die Ausstellung selbst liegt unterhalb der beiden Wasserbecken des Memorials. Kernstück in der Foundation Hall sind die Dichtwand, die dem Wasser des Hudson River glücklicherweise standhielt, und die „Last Last Column", der letzte Stahlträger. Eine umfängliche historische Ausstellung befasst sich chronologisch mit dem Attentat, die „Wall of Faces" widmet sich den Opfern.

Der **WTC Transportation Hub,** ein großartiger Entwurf von Santiago Calatrava an der Nordostecke der WTC Site, geriet schon des Öfteren in die Schlagzeilen, auch wegen der enormen Baukosten von fast $ 4 Mrd. Anfang 2015 wird momentan als Eröffnungsjahr für den Bahnhof mit dem flügelartig zu öffnenden Dach

◹ *One WTC – so gut wie fertig, aber noch nicht eröffnet*

über einer mehrstöckigen Halle und mit Tunneln als Verbindung zu den WTC Towers, zum Memorial und zum ebenfalls neu erbauten Fulton Street Transit Center angegeben. Ende Oktober 2013 wurde bereits das World Financial Center **8** (jetzt: Brookfield Place) durch einen unterirdischen Fußgängertunnel mit der PATH Station verbunden. Der WTC Transportation Hub kann 200.000 Pendler fassen. Hier halten dann nicht nur elf Subway-Linien, sondern auch Nahverkehrs-Pendlerzüge.

Außer dem vollendeten **7 WTC** wurde im November 2013 **4 WTC** (Fumihiko Maki & Ass.), ein niedriger Bau, von der Port Authority in Betrieb genommen. In der hohen Glaslobby, die an die Greenwich Street grenzt, befindet sich eine Installation namens „Sky Memory", ein großer, aufgehängter Titanbogen. Nördlich davon wächst langsam **3 WTC** (Richard Rogers). Der Bau soll einmal 80 Stockwerke bzw. 350 m hoch werden, doch Bauherr Larry Silverstein sucht wohl erst noch nach Pächtern. Auch **2 WTC** (Norman Foster & Partners) an der Nordost-Ecke ist noch nicht weit gediehen und die Arbeiten an **5 WTC** (Kohn Pederson Fox) stagnieren derzeit.

Ende 2013 begann die Arbeit am **Liberty Park** am Südende des Grundstücks südlich der Liberty Street. An der Ecke zur Greenwich St. im Osten wird die neu erbaute, orthodoxe **Church of St. Nicholas** nach Plänen von Santiago Calatrava stehen. Erhöht angelegt, wird sich vom Kirchenvorplatz ein guter Blick auf das Memorial bieten.

Einen Überblick über den Baufortschritt gibt es in der 9/11 Memorial Preview Site und auf www.panynj.gov/wtcprogress.

› **National 9/11 Memorial & Museum,**
www.911memorial.org, Memorial ohne Vi-

sitor Pass gratis an drei Stellen zugänglich: Liberty/Greenwich St. (SO), Liberty/West St. (SW) und West/Fulton St. (NW), Subway: Rector St., Memorial tgl. 8.30–20.30 Uhr, Museum tgl. 9–20 Uhr (letzter Einlass 19 Uhr), ab Ende Sept. bis 19 Uhr (letzter Einlass 18 Uhr), $ 24 (Di. 17–20 Uhr frei, 2 Wochen vorher ab 9 Uhr Online-Ticketreservierung möglich). Eine Vorab-Reservierung im Internet ist empfehlenswert.

› **Infos:** www.911memorial.org (Memorial und Museum), siehe auch www.renewnyc.com und www.wtc.com

Ausstellungen über das World Trade Center

› Im Herbst 2009 wurde die **9/11 Memorial Preview Site** (s. S. 56) eröffnet. In der Ausstellung wird anhand von Modellen, Filmen, Fotos und Plänen erklärt, was am 11. September 2001 geschah und was vor Ort geplant ist. Die Zukunft dieses Besucherzentrums ist derzeit ungewiss.

› Ein weiterer Anlaufpunkt für an „9/11" und der WTCS Interessierte ist das kleine, liebevoll ausgestattete **Tribute WTC Visitor Center (s. S. 60)**. Hinterbliebene und Betroffene von „9/11" haben dieses Museum in Eigeninitiative eingerichtet. Im Untergeschoss sind wechselnde Ausstellungen zu sehen. Besonders zu empfehlen sind die einstündigen Touren, bei denen Betroffene von damals – Angehörige, Feuerwehrleute oder Polizisten – Besucher um das Gelände führen und emotional von ihren Erlebnissen berichten.

★**334** [B18] **Ground Zero Museum Workshop,** 420 W. 14th St., 9th Ave.–Washington St., www.groundzeromuseumworkshop.com. Mo. 12/14, Di./Do./Fr. 11/13, Mi. 11, Sa. 11/13/15, So. 12/14 Uhr, $ 25. Fotos von Ground Zero von Gary Marlon Suson, Erinnerungsstücke und Videos. Interaktive zweistündige Touren mit 3-D-Installationen.

Spaziergang 1: Unterwegs in Lower Manhattan

Das Herz von NYC schlägt nicht nur wegen der sich hier befindenden Wall Street in Lower Manhattan, hier wurde die Stadt auch 1624 von niederländischen Händlern gegründet und hier befindet sich seit dem 9. September 2001 das emotionale Zentrum der Stadt. Das **National 9/11-Memorial & Museum** (s. S. 120) ist deshalb der ideale Ausgangspunkt für einen Spaziergang. Hat man das Memorial auf sich wirken lassen, sollte man sich einen Moment Zeit lassen, bevor man wieder in das pulsierende Leben im Areal um die neuen Hochhäuser der **WTC Site** ❾ und den dominierenden Hauptbau, **1 WTC (Freedom Tower)**, eintaucht.

Über die Vesey Street und vorbei am **World Financial Center/Brookfield Place** ❽, erreicht man den Hudson River und erkennt während des Spaziergangs nach Süden zum Battery Park Grün- und Spielflächen, Wege und Piers des sich hier nordwärts erstreckenden **Hudson River Park** (s. S. 69) die in den letzten Jahren re-

alisierte Hinwendung der Stadt zum Wasser. Den Anfang des Parks markiert die **Battery Park City** ❼ , eines der wegweisenden Großbauprojekte der Stadt, das zudem durch Grünflächen und Öffentliche Kunst von sich Reden macht. Das ca. 37 ha große Gelände wurde größtenteils künstlich aufgeschüttet von - hauptsächlich handelt es sich um Aushub vom Bau des WTC - und zwischen 1967 und 1976 entstand hier eine „Stadt in der Stadt" mit Büros, Wohnungen, Parkanlagen und Versorgungseinrichtungen.

Kurz bevor man nun den Battery Park erreicht, fällt einem im Wagner Park, direkt am Hudson River, ein sechseckiger pyramidenförmiger Bau ins Auge: Das 1997 eröffnete **Museum of Jewish Heritage** ❻ informiert hier über die Geschichte der Juden von etwa 1880 bis in die Gegenwart.

Der **Battery Park** ❸ mit dem historischen **Castle Clinton,** Teil einer alten Hafenbefestigung, bietet nicht nur einen traumhaften Ausblick, von hier gehen auch die Fähren zur **Statue of Liberty** ❹ und nach **Ellis Island** ❺ ab. Die 1886 in der Hafenzufahrt aufgestellte Freiheitsstatue, die nicht nur zum Wahrzeichen New Yorks bzw. der USA, sondern der Demokratie im Allgemeinen geworden ist, war einst ein Geschenk der französischen Nation - als Zeichen der Freundschaft und aus Dankbarkeit für die Schaffung des ersten modernen demokratischen Systems. Um die Freiheitsstatue und das benachbarte Ellis Island, wo zwischen 1892 und 1954 rund 12 Millionen Einwanderer erstmals nordamerikanischen Boden betraten, zu

besuchen, muss man Zeit und Geduld mitbringen, denn die Warteschlangen vor der Fähre sind oft sehr lang. Zudem sollte man sich die Tickets vorher besorgen.

Wer einen anderen Blick auf Manhattan und die Upper New York Bay werfen möchte, sollte eine (kostenlose) Fahrt mit der orangefarbenen **Staten Island Ferry** (s. S. 106) einplanen. Während der etwa 20-minütigen Fahrt bieten sich ein spektakulärer Ausblick auf die Freiheitsstatue und Ellis Island - auch eine gute Alternative, wenn man den Besuch der beiden Sehenswürdigkeiten aus Zeitgründen nicht schafft. Vom historischen Fährhafen gleich nebenan im Sommer für $ 2 nach **Govenors Island** (s. S. 110), und dort lohnt sich nicht nur der Ausblick von der Promenade ringsum, sondern auch die Insel selbst. Im 18. Jh. in Privatbesitz des britischen Gouverneurs, diente die Insel seit der Unabhängigkeit der USA zunächst als Festung zum Schutz der Hafeneinfahrt. Heute unterhält die Küstenwache eine Station, Teile der Insel - mit historischen Bauten - wurden als Nationalpark unter Schutz gestellt und andere Areale zum Naherholungsgebiet umgestaltet.

Gegenüber dem Fährhafen trifft man auf der Suche nach dem New York des 18. und 19. Jahrhunderts auf den **Shrine of Mother Seton** ❶ (7-8 State St.), das letzte erhaltene frühe Baudenkmal Lower Manhattans. An der Nordspitze des Battery Park, dort wo sich das **US Custom House** mit dem **National Museum of the American Indian** ❷ erhebt, beginnt mit dem Broadway New Yorks berühmteste Straße.

Hier duckt sich die ***Trinity Church*** ⑩*, eine der ältesten anglikanischen Kirchen Nordamerikas, zwischen die Hochhäuser und behält zugleich die weltberühmte* ***Wall Street*** *(s. S. 127) im Auge.*

Vorbei an der (für Besucher geschlossenen) Börse – ***New York Stock Exchange*** *– und der* ***Federal Hall*** ⑪ *führt die Wall Street auf die Ostseite der Insel Manhattan zum East River. Auch hier wurde der Uferstreifen begrünt und zur* ***East River Esplanade*** *umgestaltet. Zudem fungiert* ***Pier 11*** *als Fährhafen für Water Taxis und East River Ferries. Das nahe gelegene ehemalige Hafenviertel um den* ***South Street Seaport*** ⑫ *und die* ***Fulton Street*** *[D/E22] präsentiert sich als pulsierendes Touristenzentrum. Die Fulton Street führt den Spaziergänger – mit Blick auf den 1 WTC – wieder zurück zum Broadway. Wie so häufig in NYC treffen auch hier Alt und Neu aufeinander: Historische Bauten wie die* ***St. Paul's Chapel*** ⑬*, das* ***Woolworth Building*** ⑭ *oder die* ***City Hall*** ⑮ *bilden dabei einen spannenden Kontrast zu modernen „skyscrapern" und vor allem zum architektonisch auffälligen Apartmenthochhaus* ***New York by Gehry*** *(s. S. 133).*

Zu den Highlights jedes New York-Besuchs gehört ein Spaziergang über die ***Brooklyn Bridge*** ⑯ *(Zugang an der Ostseite des Rathauses) – „die beste und wirkungsvollste Medizin, die meine Seele bisher genossen hat", wie einst Amerikas Nationaldichter Walt Whitman über die 1883 eingeweihte Brücke schwärmte. Am anderen Ende der Brooklyn Bridge befindet man sich nicht nur in New Yorks neben Manhattan bedeutendstem Stadtbezirk Brooklyn, sondern zugleich im einem der vielen derzeit angesagten Stadtviertel,* ***DUMBO*** (88) *(die Abkürzung für „****D****own* ***u****nder the* ***M****anhattan* ***B****ridge* ***O****verpass"). Hier lohnt ein Bummel über die Front und die Jay Street mit ihren Läden und Cafés zum* ***Brooklyn Bridge Park*** (87)*. Die Parkanlage erstreckt sich am Ostufer des East River von der Manhattan Bridge südwärts unter der Brooklyn Bridge hindurch, die alten Hafenpiers mit einschließend. Diese wurden bzw. werden ebenfalls in Grünanlagen mit Freizeitwert umgestaltet und geben dem Stadtbezirk ein neues Gesicht. Von dem Park (Fulton Ferry) geht es über die neue Squipp Pedestrian Bridge hinauf ins berühmte historische Stadtviertel* ***Brooklyn Heights*** (86)*. Höhepunkt im Brooklyn Heights Historic Districts ist die* ***Brooklyn Heights Promenade,*** *die sich oberhalb der ehemaligen Piers und des BQE (Brooklyn-Queens-Expressway) erhebt und einen kaum noch zu steigernden Blick auf die spektakuläre Hochhauskulisse Manhattans zulässt.*

Endpunkt des Spaziergangs – von der Promenade geht es über die Montague St. [F/G23] – ist die nahe ***Borough Hall*** *(mit Visitor Center), das Rathaus von Brooklyn an der Cadman Plaza. Von hier fahren zahlreiche Subway-Linien zurück nach Manhattan. Wer möchte, kann aber auch mit der East River Ferry oder dem Water Taxi vom Brooklyn Bridge Park (Fulton Ferry Landing) nach Manhattan zurückkehren.*

❿ **Trinity Church** ★ ★ [D23]

Von der WTC Site ➒ sind es nur wenige Schritte bis zur altehrwürdigen Trinity Church. Dabei passiert man den am 11. September 2001 schwer beschädigten **Liberty Place**, der als **Zuccotti Park** neu gestaltet und mit Kunstwerken wie „Joie de Vivre" aus rotem Stahl von Mark di Suvero oder „Double Check" von J. Seward Johnson (Bronzefigur eines sitzenden Mannes mit Aktentasche) versehen wurde. In die Schlagzeilen geriet der Platz erneut im Herbst 2011 als Basis der „Occupy Wall Street"-Bewegung.

An der Ostseite des Platzes führt der Broadway vorbei. Hier befindet sich das **Chamber of Commerce Building** in einem Beaux-Arts-Bau von 1901 und gegenüber der gotisierende **Liberty Tower** von 1910 mit weißer Terrakottaverkleidung. Dominantester Bau an der Liberty Street ist jedoch die **Chase Manhattan**

Bank, auf deren Vorplatz die Dubuffet-Skulptur „Four Trees" (1972) die Blicke anzieht. Die **Federal Reserve Bank** (33 Liberty St.) ist eine von zwölf Bundesnotenbanken (sie druckt die Banknoten mit dem Buchstaben B). In ihrem fünfgeschossigen Tresorsystem ist das größte Goldreservenlager der Welt eingebaut. Hier lagern die Schätze verschiedener Nationen jeweils in eigenen Panzerräumen.

Im Schatten der Hochhäuser am Broadway wie dem **Trinity Building** (um 1900 im neogotischen Stil erbaut) oder dem Gebäude der **Irving Trust Company** mit schönem Art-déco-Mosaik in der Lobby (Wall St./Broadway/New St.) steht die **Trinity Church**. Es handelt sich um eine der ältesten anglikanischen Kirchen Nordamerikas. 1697 wurde sie vom englischen König William III. gestiftet und bereits ein Jahr später geweiht. 1776 wurde der erste Bau durch ein Feuer zerstört und 1790 entstand ein Neubau. Heute steht hier die dritte Kirche, 1846 nach Plänen von Richard Upjohn aus rötlichem Sandstein im neogotischen Stil errichtet. Die Bronzetüren mit biblischen Szenen entwarf Richard Morris Hunt nach Lorenzo Ghibertis Florentiner Paradiestür. Dank ihrem etwa 86 m hohen Turm war die Kirche bis etwa 1860 das höchste Gebäude New Yorks – man kann sich das heute kaum mehr vorstellen!

◁ *Die Trinity Church im Schatten der Hochhäuser am Broadway hat eine bewegte Geschichte hinter sich*

Wall Street und Museum of American Finance

Die Trinity Church liegt direkt auf der Achse der Wall Street - gerade so, als würde Gott das Machtzentrum des Mammon genau beobachten. Seit dem 11. September 2001 ist das Areal um die Börse für den Verkehr geschlossen und auch Fußgänger kommen wegen Polizeisperren nicht mehr nah an den Komplex heran. Man kann das Treiben lediglich von den Stufen der Federal Hall aus beobachten. Die Wall Street wurde übrigens nach der Stadtmauer benannt, die die ersten Siedler hier einst zum Schutz vor den Indianern errichteten.

Die **New York Stock Exchange** *(NYSE, 11 Wall/20 Broad St.) gilt als die bedeutendste Börse der Welt und befindet sich in einem 16-geschossigen Bau von 1903. Seit „9/11" ist die Besuchergalerie in der Börsenhalle, wo Aktien in Millionenhöhe gehandelt werden, geschlossen. Der Grundstein für die Börse wurde 1792 mit dem Zusammentreffen von 24 Maklern in der Wall Street Nr. 68 gelegt, die offizielle Gründung als „New York Stock & Exchange Board" erfolgte 1817. Ihren heutigen Namen erhielt die Börse 1863 und der erste Handelsort wurde zwei Jahre später an der Ecke Wall St./Broad St. eröffnet. Das bisher einschneidendste Ereignis war der große* **Börsenkrach am 29. Oktober 1929**, *der eine Weltwirtschaftskrise einleitete. Aber auch der „Schwarze Montag" am 19. Oktober 1987 sorgte für Chaos, ebenso die Finanzkrise im Herbst 2008.*

In der nahe gelegenen ehemaligen Bank of New York, einem Bau aus dem Jahr 1927, sorgt das **Museum of American Finance** *(s. S. 57) gewissermaßen für Ersatz für die nicht mehr zu besichtigen-*

de NYSE, von der es jedoch Souvenirs im Museumsladen zu kaufen gibt. In der alten, riesigen Schalterhalle erhält der Besucher Einblick in die Welt des Geldes und des Börsenhandels. Die größte Abteilung nennt sich „The Financial Markets" und befasst sich mit der Funktionsweise der Finanzmärkte, mit der legendären Wall Street und der New York Stock Exchange sowie anderen Börsen. In der Abteilung „Banking in America" geht es um die Geschichte von Banken und Kreditinstituten, um Sparformen, Banküberfälle, Kreditkarten und Krisen. „Entrepreneurs" stellt verschiedene Firmenchefs und Wirtschaftsexperten in Videointerviews vor. Aktueller Bezug wird in der Abteilung „Tracking the Credit Crisis: A Timeline" vorgestellt; hier geht es um die gegenwärtige Finanzkrise. Kleinere Galerien beschäftigen sich mit der Geschichte des Geldes in New York, mit Münzen und der Währung im Allgemeinen, Geldscheinen und Fälschungssicherheit. Der Alexander Hamilton Room schließlich zollt dem gleichnamigen ersten Schatzmeister der USA Tribut. Er begründete die Bank of New York als erste Bank der Stadt.

Neben dem Museum gibt es im Atrium des Trump Building einen netten Platz zum Ausruhen, einen **„open public space"**. *Zeichen des Aufschwungs ist auch das neue Shoppingcenter* **The Corner at Wall Street** *(Wall/Broad St.) in den JP Morgan Headquarters von 1914, die mit dem Equitable Trust Building verbunden wurden und jetzt Läden wie Hermes, Tiffany & Co., BMW, Tumi, Cipriani oder True Religion Jeans beherbergen.*

1976 besuchte Queen Elizabeth II. die Kirche und zeigte sich ähnlich beeindruckt vom **Innenraum** wie der „normale" Besucher. Buntglasfenster über den ganzen Kirchenraum verteilt zeigen religiöse Szenen, besonders schön ist jenes mit Jesus und den Aposteln über dem Altar. Es soll aus Deutschland stammen. In der angrenzenden **All Saints' Chapel** befindet sich ein Kenotaph (leeres Grabmal) für Reverend Dix, weitere Grabmäler befinden sich in den angrenzenden Räumen. Rechts vom Eingang hängt im **Baptisterium** ein italienisches Triptychon aus dem 15. Jh. Berühmt ist auch die Orgel mit fast 9000 Pfeifen, die 1961 nach alten Vorlagen rekonstruiert wurde.

Umgeben ist die Kirche vom **Trinity Churchyard**, auf dem etliche Prominente bestattet liegen, z. B. der erste US-Finanzminister, Alexander Hamilton (1757–1804), oder der in Genf geborene Albert Gallatin (1761–1849), Diplomat und US-Finanzminster unter Thomas Jefferson. Dazu gibt es Denkmäler wie das Firemen's Memorial Monument oder das Soldiers'/Martyrs' Memorial Monument.

❯ **Trinity Church**, Broadway/Wall St., Subway: Wall St., Mo.–Fr. 7–18, Sa. 8–16, So. 7–16 Uhr, Gottesdienst: So. 8/9/10/11.15 Uhr, Ausstellung im Südflügel und Mo./Mi./Do. 13 Uhr kostenlose Konzerte. Auch verschiedene andere Konzerte, u. a. dargeboten vom Trinity Choir (www.trinitywallstreet.org/music).

▣ *Das Herz des Finanzviertels ist die Wall Street mit der NYSE (s. S. 127)*

⓫ Federal Hall National Monument ★★ **[D23]**

Steht die Börse für die Wirtschaftsmacht der USA, erinnert das gegenüberliegende Federal Hall National Monument an die **Geburtsstunde der Nation.** Der Bau gilt als schönstes klassizistisches Bauwerk New Yorks. Lediglich seine Lage erinnert noch an den Vorgängerbau von 1703, der als Rathaus und kurzzeitig auch als US-Parlamentssitz diente. Am 30. April 1789 wurde George Washington, dessen Bronzestatue über den Stufen aufragt, in der Federal Hall als erster US-Präsident vereidigt. Das alte Rathaus diente bis zum Umzug nach Philadelphia im Jahr 1790 als erstes Kapitol der jungen Nation, in dem Senat und Repräsentantenhaus ihre Sitzungen abhielten. Als 1812 ein neues Rathaus errichtet wurde, geriet die Federal Hall in Vergessenheit und wurde später abgerissen.

Das heute hier befindliche **klassizistische Bauwerk** wurde zwischen 1834 und 1842 als US Custom House (Zollhaus) im damals modernen Greek-Revival-Stil entworfen. Bei der Front mit seinen 16 dorischen Säulen orientierten sich die Architekten am Parthenon auf der Athener Akropolis, während der Innenraum mit seinen 16 korinthischen Säulen an das Pantheon in Rom erinnert. 1862 siedelte die Zollbehörde in die Wall Street Nr. 55 um und verschiedene andere Behörden zogen ein. 1939 wurde der tempelartige Bau **zum Denkmal erklärt** und erinnert seither an die Unabhängigkeit und an die ersten Jahre der neuen Nation. Der Park Service informiert im Inneren anhand von Videos und Modellen, Fotos und Dokumenten über den geschichtsträchtigen Ort, den Bau, die frühe Geschichte der

EXTRATIPP

Downtown Connection
Die Kleinbusse von **Downtown Connection** erlauben es Besuchern, die Beine zu schonen. Zwischen Rathaus, WTC Site, Battery Park und South Street Seaport pendeln sie **kostenlos** etwa alle 10–20 Min. (tgl. 10–19.30 Uhr).
> Infos und Route: www.downtownny. com/getting-around/downtown-connection

USA, die US-Verfassung und die Bill of Rights. Zudem gibt es interessante Sonderausstellungen und Informationen zu anderen historischen Bauten in Lower Manhattan, außerdem Ranger-Touren.
> **Federal Hall,** 26 Wall St. bzw. 15 Pine St. (Hintereingang), Tel. 212 4841222, www. nps.gov/feha, mit Discover New York Harbor Visitor Information Center, Mo.–Fr. 9–17 Uhr, Eintritt frei, Subway: Wall St.

055ny Abb.: mb

⑫ South Street Seaport ★ **[E22]**

Der South Street Seaport markiert den Kern des alten Hafenviertels aus dem 19. Jh. zwischen Pier 15 und Pier 17/18, dort, wo die **Fulton Street** auf den East River trifft. Hafenflair ist nicht mehr viel zu spüren, speziell seit 2005 der **Fulton Fish Market,** der hier seit 1821 existierte, in die Bronx (Hunters Point) umgezogen ist.

Dank einer **Revitalisierungsaktion** in den 1970er- und 1980er-Jahren konnte der Verfall des Hafenareals verhindert werden. Derzeit befindet sich hier eine große Baustelle und Pier 17 ist gesperrt. Als Bauherr plant die Howard Hughes Corporation das Areal um Pier 17/South Street Seaport und Fulton Market bis 2015 attraktiv umzugestalten. Einige Läden und Lokale von Pier 17 sind an der Schermerhorn Row in Containern untergebracht. Ebenfalls geplant sind eine neue Marina, die Restaurierung von Tin und New Market Building sowie die Wiedereröffnung des Seaport Museums, das seit Hurricane Sandy geschlossen ist. Im Gespräch ist auch, dass in Teile des Fulton Fish Markets der **New Amsterdam Market** (s. S. 30) einziehen soll. Angebunden ist das Areal an die neue begrünte Uferpromenade – die **East River Waterfront Esplanade** – zwischen Pier 11 (Wall St.) und Peck Slip. Sie soll einmal vom Battery Maritime Building (Broad St.) im Süden bis Pier 35 im Norden reichen und als „East River Blueway" dann bis zur E 38th St. geführt hinauf werden. An **Pier 11** legen die East River Ferries (und derzeit auch die Water Taxis) an, die Manhattan mit Brooklyn und Queens verbinden. **Pier 17,** ein touristischer Magnet mit Schiffsanlegern, Läden, Lokalen und Veranstaltungen, wird derzeit renoviert.

Es gibt außerdem einige sehenswerte historische Bauten und maritime Attraktionen, wie das alte **Pilot House** auf Pier 16 (hinter dem Infozentrum), die Schiffsbrücke eines Schleppers aus den 1920er-Jahren, und – besonders interessant – verschiedene **historische Schiffe**.

Die historischen Attraktionen und Schiffe stehen unter der Ägide des **South Street Seaport Museum** (s. S. 60), das außer dem eigentlichen Museum das **Maritime Crafts Center** (Pier 15, Kunsthandwerk) und einen eigenen Ausstellungsbereich in der Schermerhorn Row unterhält, die 1983 zusammen mit dem Areal westlich der Piers (an South und Fulton Street) als weiterer Teil des alten Hafenviertels restauriert wurde. Die sogenannte **Schermerhorn Row**, eine Reihe von 1811 bis 1813 errichteten Lagerhäusern und Kontoren (2–18 Fulton), die mit Inbetriebnahme der Brooklyn-Fähre 1813 und des Fulton Markets 1821 zu den Topgeschäftsadressen gehörten, ist eine der Hauptattraktionen. Wenn man durch die alten Gassen schlendert, entdeckt man immer wieder Interessantes wie **Meyer's Hotel** von 1873 (heute eine Bar) am Peck Slip, den **Cannon's Walk** oder am anderen Ende der Gasse die **Consolidated Edison Electrical Substation** (1975) mit einem Wandbild der Brooklyn Bridge von Richard Haas. Das South Street Seaport Museum zeigt auf drei Stockwerken im ehemaligen Rogers Hotel – einer Seefahrerherberge – auf unterhaltsame Weise viel Informatives zur Geschichte des Hafens, zum Handel und zur Seefahrt (auch Sonderausstellungen).

Vom Museum betreut wird auch das seit dem Kinohit „Titanic" wiederentdeckte **Titanic Memorial Lighthouse** (Fulton/Water St.), das an die vielen im Jahr 1912 ertrunkenen Passagiere des Luxusliners erinnert und gerade durch die Anlage eines Parks mehr Attraktivität erhält. Von hier führt die Fulton Street als Einkaufsstraße mit zahlreichen Schnäppchenläden zurück zum Broadway.

> **South Street Seaport,** Fulton/South St. (Pier 17), www.southstreetseaport.com, Subway: Fulton St. TKTS-Ticketverkauf (s. S. 51). U. a. Open-Air-Kino und Gratiskonzerte (Seaport Music Festival).

⓭ St. Paul's Chapel ★   [D22]

Die St. Paul's Chapel aus dem 18. Jh. bildet einen **ruhenden Pol am brodelnden Broadway,** gerahmt von einem Friedhof. Die Kirche wurde 1766 fertiggestellt, der Ostteil sowie der Westturm folgten erst um 1794. St. Paul's ist die einzige Kirche New Yorks aus der Zeit vor der Unabhängigkeit. Außer dem prächtigen Kronleuchter (aus Irland) ist die Kirche innen eher schlicht, aber hell und luftig, in Pastelltönen gehalten und mit korinthischen (Holz-)Säulen. Im Nordflügel befindet sich „Washington's Pew", die **Gebetsbank George Washingtons,** an der er am Inauguration Day, dem 30. April 1789, nach seiner Vereidigung beim Gottesdienst saß. Nach der Ermordung John F. Kennedys im Jahr 1963 wurde in dieser Kirche ein Requiem für den Präsidenten abgehalten. Beim Einsturz des World Trade Center blieb die Kapelle wundersamerweise fast unbeschädigt und bildete während der Aufräumarbeiten einen Ort der Zuflucht, der Trauer, der Ruhe und Versorgung. Inzwischen wurde ein Teil der alten Bänke entfernt, es gibt eine Ausstellung zu 9/11 und es finden Konzerte statt.

Nur einen Steinwurf entfernt liegt die **St. Peter's Church** von 1785, ebenfalls ein

Ort der Stille im Geschäftsrummel (Barclay/Church St.). Es ist die älteste katholische Kirche und wurde 1836 im Greek-Revival-Stil komplett umgebaut. Der Innenraum präsentiert sich barockisierend.

> St. Paul's, Broadway/Fulton St., Subway: Fulton St., Mo.–Sa. 10–18, So. 7–18, Friedhof nur bis 16 bzw. So. 15.30 Uhr

⑭ Woolworth Building ★ [D22]

Das Woolworth Building war einst die Hauptzentrale des gleichnamigen Handelsimperiums. 1879 hatte **Frank W. Woolworth** seine Idee, Waren für fünf Cent in Geschäften anzubieten, in die Tat umgesetzt und damit einen Riesenboom im Einzelhandel ausgelöst. 1913 konnte das $ 13,5 Mio. teure Hauptquartier des mittlerweile insolventen Konzerns, geplant vom Architekt Cass Gilbert, im Beisein von Präsident Woodrow Wilson eröffnet werden.

Bis in die 1930er-Jahre, als das Chrysler Building ㊻ fertiggestellt wurde, war das Woolworth Building mit 242 m das höchste Gebäude New Yorks, heute verschwindet es fast zwischen den es umgebenden Bauten. **Kuriose Fassadendetails** wie Fledermäuse und anderes Getier, ein **pyramidales Dach, Strebepfeiler, Zinnen** und **vier Türme** lohnen ein genaues Hinsehen. Die **üppige Ausstattung** mit Reliefs, Wandbildern und Mosaikdecken aus Glaskacheln und anderen erlesenen Materialien setzt sich auch im Innern fort. Die prächtige Lobby des Baus, in dessen oberen Etagen Luxusapartments entstehen sollen, kann während Touren verschiedener Länge besichtigt werden.

> 233 Broadway/Barclay St., Subway: Park Pl., Touren ab $ 15, http://woolworthtours.com

⑮ City Hall und Umgebung ★ [D22]

Der **Civic Center District**, in dessen Zentrum das Rathaus steht, war in den 1890er-Jahren das „Zeitungsviertel", heute konzentrieren sich hier Stadt-, Staats-, Bundesverwaltungen und -gerichte sowie das Polizeipräsidium. Das Viertel protzt mit imposanter Architektur aus drei Jahrhunderten.

Der **City Hall Park** ist ein Platz mit Tradition und mit all seinen Bänken um einen Brunnen und gelegentlichen Kunstinstallationen besonders zur Mittagspause beliebt. Die Region um das heutige Rathaus war zu Zeiten der Holländer nur ein offenes Feld, genannt „De Vlackte", die Viehweide. Seit britischer Zeit, im späten 17. Jh., begann die Stadt sich auszudehnen und das Areal wurde zu „The Commons" bzw. „The Fields", einer Art Park und Versammlungsplatz. Auf dem Dorfplatz, auf dem sich auch der Schandpfahl befand,

△ *Die Zentrale des 1879 gegründeten Handelsimperiums Woolworth*

trafen sich ab 1760 die **Sons of Liberty**, die nach Unabhängigkeit strebenden Kolonisten, und errichteten die „Flagpole of Liberty". Diese Fahnenstange ließen die britischen Behörden immer wieder umsägen, bis der Streit im Jahr 1770 in der „Schlacht am Golden Hill", der ersten blutigen Konfrontation zwischen amerikanischen Siedlern und britischer Kolonialmacht, eskalierte.

„The Fields" blieb Treffpunkt der freiheitsliebenden Siedler und 1776 las General George Washington hier den versammelten amerikanischen Truppen die **Declaration of Independence**, die Unabhängigkeitserklärung, vor. Nach der Eroberung New Yorks durch britisches Militär wurde auf dem Platz der 20-jährige

City Hall Park

Den Sommer über finden im City Hall Park Konzerte im Freien statt, dazu gibt es von Juni bis Dezember einen Wochenmarkt (Di./Fr. 8–16 Uhr) und am Infokiosk am Parkrand (Broadway/Park Row) Informationen (auch über Touren).

US-Offizier Nathan Hale, der als Spion gefangen worden war, erhängt – eine Statue an der Platzecke nahe dem Broadway erinnert an ihn. Auch nach der Unabhängigkeit standen hier keine Wohnhäuser, sondern nur ein paar Hütten und ein Gefängnis (erbaut 1759). Alles änderte sich zwischen 1802 und 1812, als hier das **neue Rathaus** entstand, seither heißt das Areal City Hall Park.

Der Broadway führt im Westen am Park vorbei und jenseits davon breitet sich das Viertel **TriBeCa** 23 aus. An der Park Row reihten sich früher die Redaktionen verschiedener Zeitungen, u. a. die der New Yorker Tageszeitungen Sun, World und Tribune, aneinander und bildeten die sogannte „Newspaper Row". 1893 gab es in New York allein 19 Tageszeitungen, geblieben sind nur wenige. Am Printing House Square erinnert die Statue Benjamin Franklins mit der Pennsylvania Gazette in der Hand an jene Zeiten.

Die **City Hall**, die nur während reservierungspflichtiger Touren (www.nyc.gov/html/artcom/html/tours/city_hall.shtml) zugänglich ist, ist ein ideales Beispiel für amerikanische Architektur des frühen 19. Jh. Entworfen wurde das Gebäude im Georgian Style von John McComb Jr. und dem französischen Einwanderer Joseph Mangin. Ursprünglich war aus Sparsamkeit nur die Schauseite marmorver-

057/ny Abb.: mb

kleidet, schließlich stand das Rathaus zu seiner Erbauungszeit noch an der Nordgrenze der Stadt. Im Inneren beeindruckt eine große überkuppelte Rotunde mit zehn Säulen, in der 1865 Abraham Lincoln aufgebahrt war. Eine geschwungene Doppeltreppe führt zum City Council und zum Governor's Room.

Hinter Park und Rathaus liegt ein ganzer Komplex von Gebäuden, die mit dem **Gerichtswesen** zu tun haben: das United States Courthouse (40 Centre St.), 1933 vom Erbauer des Woolworth Building **⓮**, Cass Gilbert, begonnen und von seinen Söhnen vollendet, das New York County Courthouse (60 Centre St.), 1926 im Greek-Revival-Stil mit tempelartiger Front, korinthischen Säulen und Freitreppe erbaut, sowie das Criminal Courts Building (100 Centre St.) von 1939. Direkt hinter dem Rathaus liegt das **Old New York County Court House** (52 Chambers), auch „Tweed Courthouse" genannt, nach dem korrupten Politiker William M. Tweed, der sich am Bau eine goldene Nase verdiente. Tweed wurde 1871 gestürzt und starb im Gefängnis. Der nördlich vom Old New York County Court House gelegene **Surrogate's Court** (Hall of Records, 31 Chambers St.) diente einst als Stadtarchiv. Er wurde 1899 bis 1911 in Anlehnung an die Pariser Oper im Beaux-Arts-Stil erbaut. Unübersehbar ist das **Municipal Building** gegenüber (1 Centre St.), der 1914 von McKim, Mead & White erbaute Sitz der Stadtverwaltung , in dessen Nordteil sich ein CityStore (Mo.–Fr. 10–17 Uhr, http://a856-citystore.nyc.gov) mit NYC-Souvenirs befindet.

◁ *Park mit Tradition: der City Hall Park vor dem Rathaus der Stadt*

Zwischen diesen Bauten geht der kleine Foly Square fast unter. Hier fand man bei Bauarbeiten 1991 einen alten Friedhof. Wie sich herausstellte, handelt es sich um den Friedhof der afroamerikanischen Bevölkerung der Stadt. Zwischen den 1690er- und 1790er-Jahren war der **African Burial Ground** „benutzt" worden – heute informiert ein Visitor Center mit Ausstellungen (s. S. 56) Besucher über die afroamerikanische Gemeinde der Frühzeit und ihren Friedhof. Dazu gibt es ein Memorial im Freien.

❯ **African Burial Ground NM,** 290 Broadway, Subway: Park Pl. bzw. Brooklyn Bridge-City Hall, www.nps.gov/afbg/index.htm

---

EXTRATIPP

New York by Gehry

Der weltberühmte kanadische Architekt Frank Gehry plante im Auftrag des New Yorker Immobilienmoguls Bruce Ratner einen 2011 fertiggestellten, auffälligen 76-stöckigen Wolkenkratzer an der Ostseite der City Hall und am Anfang der Brooklyn Bridge (8 Spruce St.). Um die Bau- und Instandhaltungskosten des „New York by Gehry" gering zu halten, setzte Gehry eine spezielle Software ein, die von seinem Büro für die Fisch-Skulptur in Barcelona 1992 entwickelt wurde und auch am Guggenheim Museum in Bilbao zum Einsatz kam. Sie hilft z. B. Flächen besonders energiesparend zu gestalten und die Lichteinwirkung, die daraus resultierende Beleuchtung und Materialkosten zu berechnen. Die energiesparende Glas-Stahl-Konstruktion, die Luxusapartments beherbergt, ist mit ihrer bewegten Fassade ein neues architektonisches Wahrzeichen Lower Manhattans geworden.

❯ **Infos:** www.newyorkbygehry.com

⑯ Brooklyn Bridge ★ ★ ★ [E22]

Ein Muss für jeden New-York-Besucher ist der Sonnenuntergang an der Brooklyn Heights Promenade und ein Spaziergang über die Brooklyn Bridge. Als Letztere im Jahr 1883 eröffnet wurde, war sie die erste Hängebrücke aus Stahl und galt als technisches Wunderwerk. Schriftsteller, Künstler und Fotografen lobten die Brücke in höchsten Tönen und der aus Brooklyn stammende Dichter Walt Whitman meinte sogar, ein Gang über die Brücke sei die „beste und wirkungsvollste Medizin, die meine Seele bisher genossen hat."

Das technische Wunderwerk mit seinen 1725 m Länge ist dem aus Thüringen stammenden Ingenieur und Erfinder des Drahtseils Johann August Röbling zu verdanken. Er hatte 1855 den Vorschlag gemacht, die unzuverlässige Fähre, die über den East River verkehrte, durch eine Brücke zu ersetzen. 1867 erging der Auftrag und Röbling sollte $8000 dafür erhalten.

1869 startete die Konstruktion, die am Ende 18 Millionen Dollar verschlingen sollte. Röbling selbst erlebte die Vollendung seines Werkes nicht mit, er war bereits drei Wochen nach Baubeginn an Wundstarrkrampf, die Folge einer Quetschung seines Fußes bei einer Fährschiffhavarie, gestorben. Er war eines von 27 Opfern, die der Bau, an dem insgesamt rund 600 Arbeiter beteiligt waren, forderte. Nach Röblings Tod leitete sein Sohn Washington die Bauarbeiten, doch er wurde 1872 bei der Besichtigung der Pfeilerfundamente im Senkkasten von der sogenannten Taucherkrankheit (Dekompressionskrankheit) heimgesucht und war

seither an den Rollstuhl gefesselt. Fortan war seine Frau Emily vor Ort tätig – und sie überquerte auch bei der Eröffnung als erste Person die Brücke.

Tragseile aus Stahl für die Brückenaufhängung zwischen den beiden Türmen und Senkkästen, die ein Ausheben der Pfeilerfundamente unter Wasser, aber im Trockenen ermöglichten, waren **revolutionäre technische Verfahren**. In den beiden hohen Granithauptpfeilern, die als 84 m hohe gotische Doppelbögen im Stil von Stadttoren erbaut wurden – der sogenannte Brooklyn Tower war bereits 1875 fertig –, befinden sich je vier gusseiserne Ankerplatten. An deren Enden sind vier Stahlseile befestigt, die aus je 19 ummantelten Strängen von insgesamt 5657 km zink-galvanisiertem Draht bestehen. Zur Verstrebung wurden weitere diagonale und vertikale Seile, die oben am Hauptseil und unten an Stahl-Bodenträgern befestigt wurden, angebracht.

Bei der **Eröffnung am 24. Mai 1883** fuhren 1800 Fahrzeuge und liefen über 150.000 Menschen über die Brücke. Pferdefuhrwerke nutzten die Außenbahn, die Straßenbahnen fuhren auf der „zweiten Spur" und die Fußgänger gingen in der um 5,50 m höhergelegten Mitte. Manchen war die Brücke jedoch suspekt und als eine Frau auf der insgesamt 40 m über dem Fluss verlaufenden

213ny Abb.: mb

Brücke stolperte, brach eine Panik aus. Andererseits lobten Künstler und Fotografen die Brücke in höchsten Tönen, zu diesem Zeitpunkt waren Brücken noch etwas Ungewöhnliches in New York.

Noch heute ist der Spaziergang faszinierend, er dauert mit Fotopausen rund 30 bis 45 Minuten. Vom Endpunkt in Brooklyn, in **DUMBO** 88, beim Brooklyn Bridge Park 87, sind es weitere 10 bis 15 Minuten bis nach **Brooklyn Heights**, zur **Brooklyn Heights Promenade** 86. Besonders empfehlenswert ist es, dort zum Sonnenuntergang (oder zum spektakulären Silvesterfeuerwerk) hinzukommen.

❯ **Brooklyn Bridge**, Zugang zum Fußweg in Manhattan an der Ostseite der City Hall 15, Park Row, eine Treppe führt auch von der Drumgoogle Plaza (Gold/Frankfort St.) hi-nauf zum Fußweg, Subway: Brooklyn Bridge/City Hall

❯ **Rückfahrt** von der Brooklyn Bridge: Subway (A/C) High St., von der Promenade: Subway (2/3) Clark St. oder Fähre Fulton St./Pier 1

△ *Bei ihrer Eröffnung 1883 galt die Brooklyn Bridge als „technisches Wunderwerk" und „Medizin für die Seele"*

New Yorks Brücken

Mit dem Zusammenschluss der Städte Manhattan, Brooklyn, Queens, Bronx und Staten Island zu New York City im Jahr 1898 wuchs die infrastrukturelle Bedeutung der Brooklyn Bridge. Sie machte mit den in der Folgezeit konstruierten Brücken das Funktionieren der neuen Weltmetropole überhaupt erst möglich.

So wurde nach der Brooklyn Bridge von 1896 bis 1903 mit der **Williamsburg Bridge** weiter nördlich eine weitere Verbindung zwischen Brooklyn und Manhattan geschaffen. Mit einer Spannweite von 488 m und einer Länge von 2227 m war sie bis 1924 die weltgrößte Hängebrücke. Über sie verläuft bis heute eine U-Bahn-Trasse und diese Linie trug dazu bei, dass das Brooklyner Viertel Williamsburg zum lebhaften Wohnareal, „Brooklyn's East Village", wurde - ein buntes, multiethnisches Viertel um die Bedford Avenue. Auch zahlreiche jüdische Familien zogen damals aus den beengten Verhältnissen an der Lower East Side hierher und verhalfen der Brücke zu dem Beinamen „Jewish Highway".

Die dritte Brücke über den East River nach dem Zusammenschluss der fünf „boroughs" war die 1909 eröffnete **Manhattan Bridge**, ebenfalls mit U-Bahn-Trasse. Sie liegt mit einer Spannweite von 448 m, einer Länge von 2089 m und einer Breite von 36,5 m zwischen den beiden erstgenannten Brücken.Damit verbanden drei Brücken die beiden wichtigsten New Yorker Stadtbezirke, Manhattan und Brooklyn, 1909 folgte die erste Brücke zwischen Manhattan und Queens: Die **Queensborough Bridge**, auch als „59th Street Bridge" bekannt. Auch hier verkehrten einst Bahnen, heute sind es auf zwei Decks nur noch Autos und Busse. Die Auslegerbrücke ist fast 2500 m lang und 106 m hoch. Zur Verbindung mit der Bronx war schon 1848 die „High Bridge" entstanden (heute geschlossen), ehe die mächtige Washington Bridge (1888) eröffnet wurde. Heute überqueren den Harlem River insgesamt 15 Brücken.

Eine der beiden „modernen" Brücken New Yorks ist die **George Washington Bridge,** die 1931 eröffnet wurde. Schon Architekt Le Corbusier schwärmte von der „GWB" zwischen Upper Manhattan und New Jersey. Mit einer Länge von 1451 m überspannt sie den Hudson River und galt bei Eröffnung mit einer Spannweite von 1067 m zwischen den Pfeilern als weltlängste Hängebrücke. Da über sie die I95 verläuft, gilt sie zugleich als eine der wichtigsten Brücken der Stadt und dazu als eine der malerischsten. Letzteres wegen des direkt am Brückenpfeiler stehenden letzten Leuchtturms von Manhattan, dem **Little Red Lighthouse** (s. S. 103) von 1880, das in einem Kinderbuch von Hildegarde H. Swift 1942 verewigt wurde.

Übertroffen wurde die George Washington Bridge längenmäßig von der 1964 eröffneten **Verrazano Narrows Bridge,** wo alljährlich der berühmte New York Marathon startet. Die Hängebrücke mit einer Spannweite von 1298 m zwischen den Pfeilern galt von 1964 bis 1981 als weltgrößte, heute befindet sich unter den Hängebrücken auf Platz 8. Sie führt auf 4 km über „The Narrows", die Mündung des Hudson River in den Atlantik, und verbindet Brooklyn und Staten Island.

Gastronomie und Shopping in Lower Manhattan

> Vielerlei Hinweise gibt es bei der **Alliance of Downtown NY,** die in Downtown auch Info-kioske betreibt: www.downtownny.com.

❼**335** [D23] **Champs Gourmet Deli,** Exchange Pl./30 Broad St. Neben Gebäck gibt es leckere Sandwiches, Suppen und Salate.

❷**336** [D23] **Financier Patisserie,** 62 Stone St., Mill Lane–Hanover Sq. Gute, frische Backwaren, ideal zum Frühstück, aber auch zum Lunch.

❼**337** [D23] **Smörgås Chef** $$-$$$, 53 Stone St. Ausgefallenes skandinavisches Lokal im Stone Street Historic District, besonders im Sommer beliebt, wenn man draußen auf der alten Kopfsteinpflasterstraße sitzen kann.

> **Century 21 Department Store** (s. S. 25). Kaufhaus mit sehr günstigen Preisen

> **Wochenmärkte** (s. S. 30): Bowling Green und City Hall Park.

> **Stone Street Oyster Festival,** Mitte/ Ende Sept. Großes Austernfest mit Liveunterhaltung.

Lower East Side

Nordöstlich von Lower Manhattan breitet sich eine Region aus, die aus ganz unterschiedlichen Vierteln mit jeweils eigenem Charakter besteht, deren Grenzen allerdings fließend sind. Little Italy, Chinatown und die Bowery sind streng genommen Teile der Lower East Side zwischen Broadway und East River sowie Canal und 14th Street. Hier lebt ein buntes Völkergemisch und eine lebhafte Szene ist charakteristisch. Kontrastierend finden sich hier aber auch sehr heruntergekommene und sanierungsbe-dürftige Ecken, die man nachts besser meiden sollte.

Ein Zentrum der Lower East Side und des ehemaligen Judenviertels sind die **Delancey Street** und ihr Umfeld mit zahl-reichen Schnäppchenläden und Restau-rants. Hier offenbart sich der Wandel der LES vom einstigen Armen- zum neuen In-Viertel der Stadt am deutlichsten. Alte Häuser wurden und werden renoviert, neue Apartmentbauten wie das auffällige **Blue Building** – unübersehbar an der Ecke Delancey/Norfolk in blau-weißem Schach-brettmuster von dem Schweizer Architek-ten Bernard Tschumi – schießen aus dem Boden. Beherrschende Achsen sind je-doch der **Broadway** und die **Canal Street,** die Durchgangsstraße zwischen Brooklyn (Manhattan Bridge) und New Jersey (Hol-land Tunnel). Beide Routen gleichen bun-ten Straßenmärkten mit viel Ramsch und gelegentlichen Schnäppchen.

Im **Lower East Side Tenement Muse-um** ⓲ erfährt man alles über den einst armen Stadtteil, in dem schlechte hygie-nische Zustände und drückende Enge in den „Mietskasernen" herrschten. Schon **um die Jahrhundertwende** machte sich hier die Überbevölkerung besonders krass bemerkbar. Im Mittelpunkt stan-den eine halbe Million **Juden,** zumeist arme Einwanderer aus dem Osten Eu-ropas, die hart arbeiteten, meist in den Textilfabriken, den *sweat shops*. Heu-te leben nur noch wenige Tausend Ju-den hier, denn nach Einweihung der Wil-liamsburg Bridge im Jahr 1903 zogen die meisten über den „Jewish Highway" nach Brooklyn, in die Stadtviertel Williamsburg oder Crown Heights, wo heute große, ak-tive chassidisch-jüdische Gemeinden existieren. In der Lower East Side sind nur noch wenige jüdische Läden übrig,

„Shalom" – das jüdische New York

Was wäre New York ohne seine jüdischen Bewohner? Ihr Einfluss beschränkt sich nicht nur auf Diamanten- und anderen **Handel** *- ihre* **Klezmermusik** *klingt weit über New Yorks Grenzen, ihre* **kulinarischen Spezialitäten** *gehören zum Alltag (s. S. 34) und die* **jiddische Sprache** *hat das „Noo Yawkese" mitgeprägt. So „schleppt" ein New Yorker seinen Koffer und isst sein Bagel nie ohne „schmier" (Frischkäse) ...*

Mit zwischen 1,6 und 1,8 Mio. Mitgliedern (je nach Quelle) lebt in New York die **größte jüdische Gemeinschaft außerhalb Israels.** Man weiß sogar genau, wann die ersten Juden New Yorker Boden betraten: Im September 1654 landeten 23 Männer aus Brasilien mit ihren Familien im damals noch holländischen Neu-Amsterdam. Sie waren Nachfahren jener sephardischen Juden, die im späten 15. Jh. vor den Verfolgungen in Spanien und Portugal in die liberalen Niederlande geflohen und

von dort in die holländischen Kolonien in die Neue Welt gekommen waren. Nachdem die holländischen Niederlassungen in Brasilien an Portugal gefallen waren, blieb nur mehr die Flucht nach Nordamerika. Im aufgeschlossenen, wirtschaftlich orientierten und liberalen Neu-Amsterdam blühte die jüdische Gemeinde schnell auf.

Einen ungeahnten Boom erlebte New Yorks jüdische Gesellschaft um 1880, als eine riesige **Einwanderungswelle osteuropäischer Juden** (Aschkenasim) die Stadt erreichte. Auf der Flucht vor Hunger, Arbeitslosigkeit und Verfolgung im zaristischen Russland und in den umliegenden Ländern versuchten Tausende in der Lower East Side, damals noch kaum entwickelt, einen Neuanfang. Sie brachten nicht nur die jiddische Sprache mit, sondern auch ihren teils sehr strengen Glauben und ihr soziales Engagement. Die in der Ukraine und Polen entstandene Bewegung der „From-

men" (hebr. „Chassidim") war es auch, die marxistische Ideen in Amerika einführte.

Der nächste große Zustrom aus dem Osten Europas folgte nach dem **Ersten Weltkrieg** bzw. nach der **Oktoberrevolution** in Russland. Dabei spaltete sich die Bevölkerung schnell auf: einerseits das Gros der einfachen Arbeiter, die v. a. in der Textilindustrie tätig oder als „fliegende Händler" unterwegs waren, andererseits die Großhändler, Diamanthändler und Bankiers. Allen gemein war dabei der Fleiß und das Streben, sozial aufzusteigen. So gelang es vielen, den elenden Lebensbedingungen der überbevölkerten Lower East Side zu entkommen und sich, z. B. in Brooklyn, ein besseres Leben aufzubauen. Weitere Juden kamen nach der **nationalsozialistischen Machtergreifung** in Deutschland 1933. Damals entstand ein neues jüdisches Zentrum im Norden Manhattans, in Washington Heights. Dort fanden besonders viele Münchner und süddeutsche Flüchtlinge eine neue Heimat.

Heute gibt es in New York **mehrere chassidische Gemeinden**, die sich ständig über die richtige Form der Religionsausübung streiten. Dazu gehören als bekannteste Gruppen die Lubawitscher (Crown Heights/Brooklyn), deren Gemeinde in der weißrussischen Stadt Lubawitsch gegründet wurde, und die Satmar (Williamsburg/Brooklyn), die aus einer Region an der ungarisch-rumänischen Grenze kommen. Chassidim leben zu über 90% in Brooklyn, v. a. in Williamsburg und Borough Park, mit steigender Tendenz, denn kinderreiche Familien sind die Regel. Auch wenn die „Gottergebenen" sich streng an Traditionen, an Thora und Talmud halten und mit ihren langen schwarzen Mänteln, Hüten, Schläfenlocken und Bärten im bunten Stadtbild etwas archaisch wirken, sind sie es, die die Unterhaltungselektronikbranche und v. a. den Diamantenhandel beherrschen.

❭ *Chassidic Discovery Walking Tours* (s. S. 265)

deren Spezialitäten man sich allerdings nicht entgehen lassen sollte.

Bevor die Juden ab dem späten 19. Jh. die Lower East Side dominierten, war das Viertel zweigeteilt. Da existierte um die Jahrhundertmitte „**Klein Deutschland**" (um die Bowery), in dem rund 1 Mio. Deutsche eine Heimat gefunden hatten. 1858 beschrieb Karl Theodor Griesinger das Deutschenviertel: „Lebensmittelhändler sind stets Deutsche (...). Dicht bei dicht sitzen sie vor vollen Humpen, mampfen Brot und Käse und tun ihren Seelen Gutes an" (aus: „Lebende Bilder aus Amerika"). Von ihnen, ihren Kindergärten, Turnvereinen, Bierhallen (wie die

Germania-Tanzhalle an der Ecke Broome St.) oder dem Deutschen Wintergarten (45 Bowery), ist kaum etwas geblieben. Viele Deutsche verließen bald die Lower East Side und ließen sich in Yorkville in der Upper East Side nieder. Ein Schiffsunglück im Jahr 1904, als bei einem Gemeindeausflug der Dampfer General Slocum Feuer fing und über 1000 Menschen umkamen, trug ebenfalls zum Nie-

◁ *Erst Klein-Deutschland, dann jüdisch und heute schick und in Yuppie-Kreisen angesagt: die Lower East Side*

dergang des deutschen Viertels bei. Die 1934 gegründete deutsch-jüdische Zeitung Der Aufbau wurde 2004 eingestellt.

Der Bereich westlich der Bowery war das **Zentrum der irischen Einwanderer** mit der St. Mary's Church (1833) in der Grand St. als Mittelpunkt. Gerade das irische Viertel genoss einen üblen Ruf: Die Iren hatten hier so etwas wie eine eigene Mafia aufgebaut und terrorisierten ganze Stadtviertel. Gefördert wurde das schlechte Ansehen aber auch durch die Abneigung der meist puritanischen Amerikaner gegenüber den lebenslustigen und trinkfreudigen katholischen Iren.

Dieser irische Teil der Bowery galt als Vergnügungsviertel der Stadt, mit Tanzhallen, Schießbuden, Lotterieständen und der „Säufermeile" Skid Row. Inzwischen ist daraus eine respektable Flanierstraße geworden, mit empfehlenswerten Lokalen wie Phebe's Tavern & Grill (361 Bowery) oder Katra (217 Bowery) sowie einer ganzen Reihe Ateliers. Leider hat das Amato Opera House (319 Bowery) 2009 den Betrieb aufgegeben, doch im ehemaligen Bouwerie Lane Theater (heute Jean Cocteau Repertory Theatre, 330 Bowery) wird wieder gespielt. Mittlerweile hat ein **Revival** die ganze Lower East Side erfasst: Neue Shops, Boutiquehotels, Lokale und Bars (zunehmend lateinamerikanisch-mexikanisch ausgerichtet) sorgen für ein reges Nachtleben – besonders an Wochenenden – und v. a. junge New Yorker ziehen in die alten, renovierten Wohnblöcke und neuen Apartmentbauten. Auch die wenigen verbliebenen alteingesessenen jüdischen Läden und *delis* profitieren von dem Boom, da sie nicht nur Qualität bieten, sondern unter den Rückkehrern ins Viertel auch jüdische Familien sind.

⑰ Chinatown ★★ **[D21]**

Chinatown ist der beherrschende Teil der Lower East Side, denn die Asiaten haben hier nach Deutschen, Iren und Juden die Hauptrolle übernommen. Im Unterschied zu den größeren Chinesenvierteln in San Francisco oder Vancouver präsentiert sich der Stadtteil in New York kaum touristisch. Der Kern des zu Beginn des 20. Jh. entstandenen Viertels befindet sich im **Südzipfel der Lower East Side** zwischen Canal Street, Broadway und Bowery, mit Mott und Grand Street als Lebensadern.

Läuft man durch die Straßen, fühlt man sich nach China versetzt, man hört hauptsächlich asiatische Dialekte und ebensolche Schriftzeichen weisen auf die Angebote der Läden und Spezialitäten der Lokale hin. Das Geschehen kontrollierten und kontrollieren wohl noch immer die „Tongs", Handelsgesellschaften und Verbrechersyndikate in einem, und Banden sollen hier noch immer ihr Unwesen treiben. Brutale Bandenkriege wie im Areal um Doyers und Pell St. – nicht ohne Grund „Bloody Angle" genannt – sind heute allerdings zum Glück passé.

In letzter Zeit nehmen durch **Zuwanderung aus Hongkong** die Einwohnerzahlen in Chinatown zu und damit wächst das sowieso schon überbevölkerte Wohnviertel – mit geschätzten 100.000 Menschen, v. a. aus China, Taiwan und Hongkong – weiter. Die Textilfabriken *(sweat shops)* sind auch hier der älteste Wirtschaftszweig und es rackern sich nach wie vor die (zumeist weiblichen) Arbeiter 10 bis 14 Stunden täglich und sechs Tage in der Woche für einen Hungerlohn, ohne Sozialleistungen und unter elenden Bedingungen ab. Mit den Hong-

kong-Chinesen gelangte allerdings auch Kapital nach New York, viele investierten hier und in anderen Stadtteilen in Immobilien.

Idealer Ausgangspunkt für einen Bummel durch Chinatown ist die geschäftige Subway-Station Canal/Lafayette Street. Sehenswert ist das Gebäude der ehemaligen **Engine Company No. 31** (87 Lafayette St.), ein Feuerwehrhaus, das 1895 im Stil eines französischen Châteaus erbaut wurde. Nach Überqueren der Centre Street, dank Straßenbuden und Imbissständen bereits mit „chinesischem Flair", erreicht man die Baxter Street mit asiatischen Restaurants, Imbissbuden und Läden. Am südlichen Ende dieser Straße befindet sich der **Columbus Park,** Treff der chinesischen New Yor-

ker. Hier hängen die alten Männer ihre Holzkäfige mit Nachtigallen in die Bäume, es wird gespielt und diskutiert, Yoga und Qigong praktiziert und musiziert. Im 19. Jh. gehörte das Areal zur „Mulberry Bend", einem verrufenen Rotlichtviertel und Teil des Five-Points-Slums; es wurde 1882 abgerissen. Südlich des Parks beginnt das Civic Center, südöstlich befinden sich große Wohnblöcke.

△ *Im Südzipfel der Lower East Side erstreckt sich Chinatown mit Mott und Grand Street als Hauptachsen*

Chinesische Leckereien

Im Columbus Park lässt sich nicht nur New Yorks chinesische Gemeinde live erleben, der Park ist zudem ideal für eine kleine Pause, z. B. mit Leckereien von:

338 [D21] **Aji Ichiban,** 37 Mott St. Riesige Auswahl an asiatischen Snacks aller Art, süß und salzig, jeweils mit kleinen Schälchen im Laden zum Vorherprobieren.

339 [E21] **Chinatown Icecream Factory,** 65 Bayard St. Leckere, teils ungewöhnliche Eissorten wie Black Sesame oder Green Tea.

340 [D21] **Dragonland Bakery,** 125 Walker St. Kuchen, v.a. aber gute *buns* (Hefeteilchen) mit verschiedenen Füllungen und *toppings.*

341 [D21] **Excellent Dumpling House,** 111 Lafayette St. Das Excellent Dumpling House ist ähnlich wie Tasty Dumpling, aber hier gibt es auch volle Gerichte wie Thai Chicken, Beef oder Fisch.

342 [E20] **Lucky King Bakery,** 280 Grand St. Typisch asiatische Backwaren wie frische *buns* (süße gedämpfte Hefeteigsemmelchen mit verschiedenen Füllungen) oder *dumplings* (Nudeltaschen mit Füllung, abgekocht oder frittiert).

343 [D21] **Lung Moon Bakery,** 83 Mulberry St. Vielerlei süßes Gebäck wie *lotus seed cookies* oder *lemon rolls,* aber auch Salziges.

344 [D21] **New Beef King,** 89 Bayard St. Leckeres *jerky* (getrocknete Fleischstreifen, Schwein oder Rind, trocken oder „feucht", d. h. in Soße) als Snack, auch gut als Notration auf dem Flug!

345 [D21] **Tasty Dumpling,** 54 Mulberry St. Hier gibt es heiße chinesische Teigtaschen (ähnlich wie Ravioli) mit unterschiedlichen Füllungen, gut und preiswert.

061ny Abb.: mb

Jüdische Spezialitäten

In der LES sind noch einige traditionsreiche Lebensmittelgeschäfte und *delis* erhalten geblieben, in denen man unverfälschte jüdische Spezialitäten (s. S. 34) kosten kann.

> **Katz's Delicatessen** (s. S. 42). Berühmter *deli* von 1888.

⊕**346** [E20] **Kossar's Bialys,** 367 Grand St. Jüdische Bäckerei, spezialisiert auf Bagels und *Bialys* – eine polnische Spezialität aus Hefeteig mit Zwiebelfüllung in der Mitte.

⊕**347** [E20] **Pickle Guys,** 49 Essex St. Eingelegte Gemüse, Sauerkraut und v. a. leckere Gurken („new", „half sauer", „full sauer").

> **Russ & Daughters** (s. S. 31). Legendärer *appetizer store* von 1914, große Auswahl an Fisch und jüdischen Spezialitäten.

⊕**348** [E20] **Streit's Matzo Bakery,** 150 Rivington St. Hersteller des jüdischen Fastenbrots (*Matzen* oder *Cracker*).

⊕**349** [E19] **Yonah Schimmel's,** 137 E Houston St. Hier gibt es die besten *Knishes* („Kartoffelkrapfen") der Stadt. Sie wurden ab 1890 an *push carts* verkauft, seit 1910 gibt es den Laden.

△ *Jüdische Spezialitäten gibt es zum Beispiel bei Russ & Daughters*

Nur wenige Schritte sind es vom Columbus Square zum verkehrsumtosten **Chatham Square** mit einem Gefallenendenkmal und der nördlich anschließenden **Confucius Plaza,** auf der die Statue des chinesischen Philosophen Liu Shih steht. „Bloody Angle" (Doyers/Pell St.) war einst der Ort erbitterter Bandenkämpfe und ist heute fest in chinesischer Hand mit Restaurants und Läden, die sich in der

◁ *Fisch und Meeresfrüchte in einem Laden in Chinatown*

Mott Street fortsetzen. Dort befindet sich auch der **Eastern States Buddhist Temple** (64b Mott St.), von außen klein und unscheinbar, im Inneren jedoch strahlend durch mehr als hundert goldene Buddhas.

Im Osten führt die **Canal Street,** gesäumt von Läden mit Heimwerker- und Haushaltswaren, Elektro- und Elektroniksachen und Ramsch aller Art, in den Kern der Lower East Side. Im Bereich von Canal Street und Bowery befand sich früher das Zentrum der jüdischen Juweliere und Goldhändler, sie zogen jedoch während des Zweiten Weltkriegs nordwärts, nach Midtown.

Spaziergang 2: Chinatown, Lower East Side, SoHo und das Village

Zwar erinnert der nördlich der City Hall gelegene **Columbus Park** *[D21] an den „Entdecker" Amerikas, doch längst hat sich der kleine Park zum Zentrum des umtriebigen* **Chinatown** 🟠 *gemausert. Die nahe Mott Street sowie die querende Canal Street sind die pulsierenden Lebensadern von Chinatown - einen interessanten Einblick in diese fremde Welt gibt das* **Museum of the Chinese in the Americas** 🟠 *-, während sich in der parallel zur Mott verlaufenden Mulberry Street noch Überbleibsel von* **Little Italy** 🟠 *erhalten haben.*

Über eine weitere Hauptachse von Chinatown/Little Italy, die Grant Street, geht es ostwärts zur Bowery und damit in die **Lower East Side (LES).** *Die liebevoll renovierte* **Eldridge Street Synagogue** *(s. S. 56) und ganz besonders die Touren, die vom* **Lower East Side Tenement Museum** 🟠 *durch eines der restaurierten historischen Apartmentblöcke und durch das Viertel veranstaltet werden, geben eindrucksvoll Einblick in das Leben der frühen Zuwanderer, zumeist Juden aus Osteuropa, Deutsche, Iren und Italiener. Man spürt beim Bummel durch die*

Hauptstraßen wie Orchard [E20] oder Delancey Street [E20] aber angesichts der schicken Läden und Lokale auch, dass die LES inzwischen zu einem angesagten Viertel geworden ist.

Vor Jahren wäre in der LES eine Institution wie das **New Museum** 🟠 *mit seiner ungewöhnlichen Architektur und den Ausstellungen zur zeitgenössischen Kunst noch unvorstellbar gewesen. Gegenüber dem Museum beginnt die Prince Street und sie führt zunächst durch* **Nolita** *(„North of Little Italy") und schließlich mitten hinein nach SoHo* 🟠 *(„South of Houston"). Abgesehen von bestaunenswerten historischen Häusern laden hier besonders zahllose kleine und größere Läden, Boutiquen, Galerien, Lokale und Cafés zur Unterbrechung des Bummels ein.*

Egal, ob man die Prince oder die Spring Street wählt, im Westen stößt man unweigerlich auf die Avenue of the Americas, wie die 6th Avenue auch genannt wird. Jenseits dieser Nord-Süd-Achse durch Manhattan breitet sich das **West Village,** *Teil des* **Greenwich Village** 🟠 *, aus. Zu den für Besuchern interessantesten Straßen im Village gehört die Bleeker Street*

Alle weiteren Karteneinträge s. S. 396.

[C19] mit ihrer Fülle an kleinen Läden, Boutiquen, Cafés und Lokalen. An der Christopher Street gilt es rechts abzubiegen, um zum geschichtsträchtigen **Sheridan Square** [C19], dem Zentrum des West Village, zu gelangen.

Das eigentliche Herz des „Village" schlägt jedoch auf dem nur wenige Schritte östlich gelegenen **Washington Square** [C/D19]. Gerade an Wochenenden scheint sich hier das ganze Viertel zu treffen. Der Platz ist ideal für ein Päuschen, da hier auch immer wieder Konzerte oder sonstige Vorführungen stattfinden. Vorbei an Bauten der New York University passiert der Spaziergänger dann wieder den Broadway und erreicht am Astor Place den Zugang zum **East Village** ㉕ und dessen Hauptachse **St. Marks Place**. Ringsum sind viele Restaurants, Cafés und Shops sowie einige Avantgardebühnen zu Hause und im Theatre 80 befindet sich zugleich das Museum of the **American Gangster** (s. S. 58).

Ist für Greenwich Village der Washington Square das Zentrum, so ist es im East Village der **Tompkins Square** [E19], in dessen Umfeld sich neben Läden und Lokalen auch zahllose Bars befinden. **St. Mark's-in-the-Bowery** (131 E 10th St.), die zentrale Kirche des Viertels, ist immerhin das zweitälteste Gotteshaus der Stadt und auf ihrem Friedhof liegt Peter Stuyvesant begraben.

Schlendert man von St. Mark's wieder westwärts zum Broadway, empfiehlt es sich, gleich einer weiteren bekannten Kirche einen Besuch abzustatten: der **Grace Church** (802 Broadway). 1843 bis 1846 im neogotischen Stil errichtet, gilt die Kirche als Meisterwerk von James Renwick, der auch die berühmte St. Patrick's Cathedral ㉛ erbaut hat, und war einst die Lieblingskirche der New Yorker High Society.

Für Buchfreunde wartet einen Block nördlich am Broadway, Ecke E 12th St., mit **Strand Books** (s. S. 27) ein Highlight. Der 1927 gegründete und noch immer unabhängige Buchladen birgt auf mehreren Stockwerken prall gefüllte Bücherregale - und das Besondere ist, dass es fast jedes Buch, auch Neuerscheinungen, hier zu Sonderpreisen gibt!

Es ist dann nicht mehr weit zum **Union Square** ㉖, einem der umtriebigsten Plätze der Stadt, mit historischer Bedeutung. 1839 angelegt, gilt der Platz schon immer als beliebter Demonstrationsort und wird von einem Reiterstandbild George Washingtons dominiert. Weitere Statuen auf bzw. um den Platz erinnern an Mahatma Gandhi und den Künstler Andy Warhol, der einst in der Nähe sein Atelier eingerichtet hatte.

Auch heute trifft man sich immer noch wie früher auf dem Union Square und strömt von hier in die umliegenden Stadtviertel **Chelsea** ㉚ und **Gramercy** ㉗ zum Einkaufen oder zum Essen gehen aus. Zudem findet an der Westseite des Platzes der wohl beste **Wochenmarkt** der Stadt statt (s. S. 30), sodass man den Spaziergang bei einem Picknick mit den Spezialitäten des Marktes (oder vom nahen Whole Foods, s. S. 31) ausklingen lassen könnte.

06znv Abb.: mb

18 Lower East Side
Tenement Museum ★★ [E20]

In der Canal Street prägen bunte chinesische Billigläden das Bild. Kaum mehr etwas erinnert an die früheren Bewohner
des Viertels, die Juden. Ausnahme ist die
Eldridge Street Synagogue (s. S. 56), die
bezeichnenderweise neben einem kleinen Buddhistentempel steht und Zeugnis von der jüdischen Vergangenheit der
Lower East Side ablegt. Die unter Denkmalschutz stehende, aktive Synagoge
mit ihren etwa 700 Plätzen wurde 1887
von orthodoxen Aschkenasim erbaut.
Sie ist einer der prächtigsten jüdischen
Bauten, mit romanischen, gotischen und
maurischen architektonischen Details,
sehenswerten Buntglasfenstern, Mes-
singleuchtern und Schnitzarbeiten, vorwiegend aus den 1930er-Jahren. Der eigentliche Kirchenraum steht Besuchern

ebenso offen wie Ausstellungen und ein
kleiner Laden im Untergeschoss. Messen finden in einem kleinen Gebetsraum
statt.

Die Region um die Orchard Street erinnert an die Wirtschaftsgeschichte des
Viertels und zieht heute wegen seiner Läden mit Textilien, Leder- und Haushaltswaren v. a. sonntags Besucher an. Am
Sabbat (samstags) sind hingegen viele Betriebe geschlossen. Die Orchard
Street wurde nach den Obstgärten des
Politikers James De Lancey benannt, der
hier in der Kolonialzeit ein Landgut unter-
hielt. Im 19. Jh. ließen sich bevorzugt jüdische Kleiderhändler nieder, die inzwi-

*△ An die Zeiten der Lower East Side
als Zuwandererviertel erinnert
das Lower East Side Tenement Museum*

schen jedoch eine Minderheit darstellen. Die Zahl der jüdischen Läden und Lokale verringert sich zunnehmend, stattdessen schießen im Umfeld der Delancey Street mehr und mehr Szeneboutiquen, Cafés und schicke Shops aus dem Boden.

In einem restaurierten Apartmenthaus der Jahrhundertwende in der Orchard Street Nr. 97 befindet sich das sehenswerte **Lower East Side Tenement Museum**, in dem insgesamt sechs Wohnungen von deutschen und osteuropäischen Juden sowie italienischen und irischen Zuwanderern, die zwischen 1863 und 1935 hier lebten, besichtigt werden können. Sie vermitteln einen Eindruck von der Wohnsituation im späten 19. Jh., von den schrecklichen hygienischen Zuständen und der drückenden Enge, die einst in diesem armen Stadtteil herrschten. Es gibt unterschiedliche Führungen durch das Museum, die im nahe gelegenen Visitor Center beginnen, wo es zudem vielerlei Informationen, einen Film und einen gut sortierten Shop gibt.

> **Lower East Side Tenement Museum,** Visitor Center: 103 Orchard/Delancey St., www. tenement.org, Fr.–Mi. 10–18.30, Do. 10–20.30 Uhr. Tickets für verschiedene Hausführungen, „Shop Life" (eine Ausstellung zum Handel im Haus 97 Orchard St.) und eine Walking-Tour durch das Viertel (ab $ 25), Subway: Essex St./Delancey St.

🔟 New Museum ⭐ [E20]

Neuestes Zeichen des Wandels in der LES ist das New Museum (of Contemporary Art). Zum 30-jährigen Jubiläum zog das Museum Ende 2007 aus SoHo an die **Bowery** um. Der Ortswechsel erfolgte wie bei der nahen Zweigstelle des Goetheinstituts mit Galerie „**Ludlow 38**"

316/ny Abb.: mb

(38 Ludlow St.) nicht ohne Hintergedanken. Es sollte ein Anstoß für weiteren Aufschwung gegeben werden und nicht nicht zuletzt möchte sich das Museum als eines der führenden in Sachen zeitgenössische Kunst etablieren.

Die einstige Skid Row (das „Penner-Quartier") mit Obdachlosenheimen und Suppenküchen sowie Restaurant-Ausstattern und Gebrauchtwarenhändlern weicht zunehmend Boutiquen, neuen Hotels (wie The Bowery Hotel, www. theboweryhotel.com) und Restaurants. Der Wandel in der LES ist unüberseh-

▢ *Trug zur Revitalisierung der Bowery bei: das New Museum*

bar. Allein der **ungewöhnliche Bau des New Museum** ragt optisch aus dem Umfeld der alten Backsteinbauten heraus: Es ist ein fensterloser, kubischer weißer Bau vom Reißbrett der japanischen Architekten Sejima/Nishizawa (SANAA), die 2010 den Pritzker-Preis erhielten. Der Bau wirkt wie ein umstürzender Kistenstapel. An der Fassade gibt es wechselnde Kunstwerke zu sehen, zurzeit ist es Chris Burdens „Ghost Ship" (2005). Wenn auch im Inneren architektonisch weniger spektakulär, sind die wechselnden Ausstellungen ebenso sehenswert wie der Blick von der Dachterrasse, dem „Sky Room" (nur an Wochenenden!).

An der Ecke E Houston/Bowery gibt es mehr Kunst zu sehen: An der **Bowery Graffiti Wall** verewigen sich in regelmäßigen Abständen große Straßenkünstler, z. B. Keith Haring, REVOK and POSE, Swoon Nekst oder Dondi (www.bowery boogie.com/tag/graffiti-wall).

❭ **New Museum (of Contemporary Art),** 235 Bowery, www.newmuseum.org, Mi.–So. 11–18, Do. bis 21 Uhr, $ 16, Do. 19–21 Uhr beliebiger Eintritt, mit Café, Laden und Programm, Subway: Bowery.

⑳ Little Italy ☆ [D20]

Schlendert man vom New Museum of Contemporary Art ⑲ auf der Bowery in Richtung Grand Street, geht es vorbei am Bau der **Home Savings of America** (130 Bowery/Grand), 1894 als Bowery Savings Bank von Stanford White erbaut. Die **Grand Street**, von chinesischen Läden, Bäckereien und Imbisslokalen geprägt, geht kaum merklich in **Little Italy** (www. littleitalynyc.com) über. Diese kleinste Enklave der Lower East Side ist heute nur noch ein schwacher Abglanz früherer Zei-

ten. Das kleine italienische Zentrum mit dem **Italian-American Museum** (155 Mulberry St., www.italianamericanmuseum. org) befindet sich heute um die touristische Mulberry Street (Canal–Broome St.).

Ab dem späten 19. Jh. hatten sich hier v. a. Süditaliener niedergelassen, sodass sich zu Blütezeiten rund 40.000 Menschen in nur 17 Straßenblocks drängelten. Heute sind nur noch ein paar Tausend italienischstämmige Bürger übrig geblieben, längst haben die Asiaten das Sagen. Lediglich während des Hauptfestes, der **Festa di San Gennaro** Mitte September, erstrahlt die Mulberry Street kurzzeitig in altem italienischen Glanz. Größere italienische Viertel als dieses befinden sich heute in der Bronx (Arthur Ave.) und in Brooklyn (Bensonhurst).

Augenfällig ist das **Police Headquarters Building** (240 Centre St.), 1909 mit dominanter Barockkuppel, zwei Pavillons und korinthischen Säulen um das Portal erbaut. In den „wilden Jahren" des Viertels, während der Prohibition, versuchte die Polizei von hier aus die „Bootleggers' Row", die Schmugglergasse, von der Grand Street bis zur Bowery zu kontrollieren. Seit 1985 haben im alten Polizeipräsidium Privatleute die neu hergerichteten Apartments bezogen.

KLEINE PAUSE

Italienische Snacks

Legendäre *alimentari* wie **Di Palo** (200 Grand St.), die **Alleva Dairy** (188 Grand St.) – die älteste italienische Käserei der USA – oder **Ferrara Bakery & Café** (s. S. 42) laden zum Imbiss bzw. zum Kauf einer Brotzeit ein. Wer möchte, kann auch bei **Piemonte Ravioli** (190 Grand St.) für zu Hause einkaufen.

Am Ende des Rundgangs lohnt ein Blick auf das **Puck Building** (295–309 Lafayette St.). Das Gebäude wurde 1885 erbaut und war zwischen 1887 und 1916 Sitz des Satiremagazins Puck und damals das größte Druck- und Verlagshaus der Welt. Heute finden hier Veranstaltungen, Konzerte und Bankette statt.

㉑ Museum of the Chinese in the Americas ★ [D20]

Mitten im früheren Little Italy hat das Museum of the Chinese in the Americas neues Quartier bezogen. Maya Lin, die auch das Vietnam Memorial in Washington geplant hat, hat mit ihrem Entwurf für „The New MOCA" umweltfreundliche Gegebenheiten in einem bereits vorhandenen Gebäude geschaffen. Um einen Innenhof reihen sich die Ausstellungssäle aneinander, wobei der Schwerpunkt auf 160 Jahren **chinesisch-amerikanischer Geschichte** sowie **Kunst und Kultur** der in Nordamerika lebenden Chinesen liegt, illustriert durch über 60.000 Briefe und Dokumente, Tonaufnahmen, Kleidung und Textilien, Fotos und andere Artefakte sowie interaktive Stücke.

> **Museum of the Chinese in the Americas,** 211–215 Centre St., www.mocanyc.org, Di.–So. 11–18, Do bis 21 Uhr, $ 10 (Do. Eintritt frei), Subway: Canal St.

Gastronomie und Shopping in der Lower East Side

> **An Choi** (s. S. 39). Schmackhafte vietnamesische Sandwiches. Im selben Haus befindet sich **Dudley's** (s. S. 41) – ideal zum Frühstück!

> **350** [E21] **Dim Sum Go Go,** 5 E Broadway/ Chatham Sq. Über 20 Sorten *dumplings*

(gefüllte Teigtaschen), preiswert und gute Portionen, auch für Vegetarier ideal.

> **351** [D20] **Jacks Wife Freda** $-$$, 224 Lafayette St. (Little Italy), Mo.–Sa. 10–24, So. bis 22 Uhr. Speisekarte mit preiswerten amerikanischen, mediterranen und vegetarischen Gerichten. Ideal zum Frühstück.

> **352** [E21] **Jing Fong** $-$$, 20 Elizabeth/Canal St. Bekannt für *Dim Sum* und andere authentisch-asiatische Gerichte, immer lebhaft und voll.

> **353** [E20] **Kuma Inn** $-$$, 113 Ludlow/ Delancey St. Kleines und gemütliches Lokal, schmackhafte südostasiatische „Tapas", dazu 20 verschiedene Sake-Sorten.

> **354** [D20] **Lombardi's** $-$$, 32 Spring/Mott-Mulberry St. Für viele die beste Pizza in New York. Seit 1905 knusprig aus dem offenen Holzofen, beliebt mit gehackten Muscheln. Es gibt oft lange Wartezeiten.

> **355** [E19] **Macondo** $$, 157 E Houston St., Mo.–Do. 17–24, Fr./Sa. 17–2, So. 11–16 Uhr. Latin Street Food wie Arepas aus Venezuela, Empanadas aus Kolumbien, Tacos aus Mexiko etc.

> **356** [D21] **Mandarin Court,** 61 Mott St. Tolle *Dim Sum* aller Art in schlichtem Ambiente.

> **357** [E20] **Roasting Plant,** 81 Orchard St. Winzige Rösterei mit Ausschank von erstklassigem Kaffee.

> **358** [E20] **Economy Candy,** 108 Rivington St. Kleiner Laden vollgestopft mit Süßigkeiten.

> **Essex Street Market** (s. S. 31). Lebensmittel preiswert.

> **359** [E20] **Hester Street Fair,** im Seward Park (Ecke Hester/Essex St.). Kleiner Markt mit Kunsthandwerk und Imbiss, Sa 10–18 Uhr.

> **Kam Man Food** (s. S. 28). Asia-Kaufhaus.

> **Yunghong Chopsticks Shop** (s. S. 29). Essstäbchen und sonst nichts!

> **360** [D19] **Whole Foods,** 95 E Houston St. Hervorragender Biosupermarkt mit riesiger Getränkeabteilung und Imbiss.

SoHo und TriBeCa

SoHo und TriBeCa breiten sich westlich der Lower East Side und des Broadway aus. Und sie zeigen die Vorliebe der Amerikaner, lange Wörter abzukürzen: So bedeutet SoHo nichts anderes als „**So**uth of **Ho**uston" und bezeichnet damit die geografische Ausdehnung des Viertels zwischen West Houston – „Hauston" gesprochen – und Canal Street. TriBeCa steht für „**Tri**angle **Be**low **Ca**nal", also für das Areal südlich der Canal bis zur Chambers Street (North Battery Park City). Der Broadway begrenzt beide Viertel im Osten, der Hudson River im Westen. Als neueste Viertel hat sich **Nolita** („**No**rth of **Li**ttle **Ita**ly") herausgebildet, das sich nördlich des Italienerviertels um Lafayette, Prince und Spring Street, östlich des Broadway erstreckt. Hierher „schwappt" die Infrastruktur von SoHo über und „erobert" sich mit kleinen Läden, Cafés und Lokalen ein neues Areal. Besonders lohnt sich ein Bummel entlang der Prince oder der Spring Street, etwa vom Broadway ostwärts bis zum New Museum **19**.

Als die Vergnügungsindustrie im 19. Jh. nordwärts ins Village gezogen war, verfiel SoHo zusehends. Erst als die expandierende Textilindustrie in der zweiten Hälfte des 19. Jh. auf den billigen Grundstücken Einzug hielt und *sweat shops,* große Nähsäle, entstanden, ging es wieder bergauf. Für diese Zweckbauten eignete sich besonders die um 1850 entwickelte Eisenbauweise und es entstanden die SoHo bis heute prägenden **Cast Iron Buildings.** In den 1960er-Jahren drohte zwar der Abriss der teils aufgelassenen, teils als Lager und Werkstätten umgenutzten Hallen, doch aktive Denkmalschützer konnten die Tabula rasa abwehren.

Das alte Lagerhausviertel SoHo mit dem denkmalgeschützten Cast Iron District machte einen dramatischen Wandel vom hässlichen Fabriken-Niemandsland zum **Vorzeigeviertel** durch. Ateliers, Werkstätten und Galerien zogen in die Hallen ein und das Loft als neue Form des Wohnens ohne Raumgrenzen war geboren. Die ganze Region avancierte zum **Stadtteil der Künstler und Aussteiger** und gehört inzwischen zu den In-Vierteln New Yorks mit ausgefallenen Shops und teuren Lokalen in den alten renovierten Lagerhäusern. Gerade der Abschnitt zwischen Broadway und West Broadway sowie Broome und Prince Street ist ideal zum Bummel. Sehenswerte Architektur, ausgefallene Läden, darunter solche mit ungewöhnlicher Avantgarde-Kleidung, und Lokale aller Art laden ein. Zunehmend veranlassen die steigenden **Wohnungspreise** in SoHo allerdings mehr und mehr Bewohner, sich im südlichen Teil von TriBeCa anzusiedeln, das auf dem besten Wege ist, zum neuen Trendviertel aufzusteigen.

In den späten 1970er-Jahren hat sich SoHo zur Konkurrenz für das feine **Kunst- und Galerienviertel** in Uptown entwickelt. Die meisten Galerien befinden sich zwischen Grand und Houston Street, Broadway und West Broadway.

22 SoHo (Cast Iron District) ★★ [D20]

Als Ausgangs- und Endpunkt eines Rundgangs durch SoHo empfiehlt sich die **Subway-Station Prince Street** (Ecke Broadway, Linien N, R). Berühmt ist SoHo für seine alten Hochhausbauten. Eines davon ist das **Singer Building** (561–63 Broadway), 1904 von Ernest Flagg als

065ny Abb.: mb

Büro- und Lagerhaus der gleichnamigen Nähmaschinenfabrik erbaut – der Namenszug „Singer" befindet sich noch über dem Eingang an der Prince Street. Es handelt sich dabei jedoch nur um das „kleine" Singer Building, der 40-stöckige Hauptbau stand am unteren Broadway und wurde 1967 abgerissen. Schmiedeeiserne Balkone und Bögen gliedern die elfstöckige Fassade aus Terrakotta, Glas und Stahl.

Am Broadway locken Läden (v.a. Kleidung) wie eine **Bloomingdale's-Filiale** (Hausnr. 504), das japanische Kaufhaus **Muji** (Nr. 455) oder **Uniqlo** (Nr. 546), ein japanisches Bekleidungsgeschäft. Das **St. Nicholas Hotel** (509 Broadway) zählte im 19. Jh. zu den erlesenen Luxushotels der Stadt. Im Bürgerkrieg diente es als Hauptquartier der Unionsarmee und 1875 wurde es geschlossen. Neben dem **New Era Building** (495 Broadway) mit Café erhebt sich die Neorenaissancefassade des **Haughwout Building**, das 1857 wegen des ersten dampfbetriebenen Fahrstuhls Schlagzeilen machte.

Das Herz von SoHo schlägt zwischen West Houston Street und Canal Street um die Hauptachse **Greene Street.** Hier befinden sich sehenswerte Bauten aus der Zeit zwischen 1869 und 1895, sogenannte **Cast Iron Buildings,** deren Hauptmerkmal ein Skelett aus Eisenträgern ist. Zwischen dieses Gerüst wurden vorfabrizierte dünne Fassadenteile aus Gusseisen – verschiedenster Formen und Dekors – platziert. Rund 50 solcher historischer Denkmäler sind auf fünf Blocks noch erhalten. Sie konzentrieren sich in

KLEINE PAUSE

Snackpause in SoHo

An der Ecke Broadway/Prince St. lockt der „Gourmettempel" **Dean & DeLuca** (s. S. 31). Hier, wie auch etwas preiswerter in der **Gourmet Garage** (s. S. 31), kann man Spezialitäten aus aller Welt kaufen oder sich einen Imbiss an den heißen oder kalten Theken gönnen. Bei der Gourmet Garage kann man auch auf einer Bank sitzend vor dem Laden essen und dabei dem Trubel ringsum zusehen.

◹ *Der Cast Iron District wird wegen der speziellen Bauweise so genannt*

066ny Abb.: mb

hier – besonders zwischen Astor Place und Canal Street – in einen Kaufrausch zu fallen.

Gastronomie und Shopping in SoHo

361 [D19] **La Colombe,** 400 Lafayette St. (NoHo), weitere Filiale 270 Lafayette (Nolita). Ausgezeicheneter Kaffee und Snacks.

362 [D20] **Little Cupcake Bakeshop,** 9102 3rd Ave. (Nolita), Mo.–Fr. 7.30–23, Sa./So. 8–23 Uhr. Konditorei und gemütliches kleines Café mit exzellenten Cupcakes.

363 [D20] **MacBar,** 54 Prince St. In diesem Imbisslokal bekommt man alles, was mit Makkaroni und Käse zu tun hat.

364 [D20] **Olive's,** 120 Prince St. Sandwiches, Salate, kleine Gerichte zum Mitnehmen, nett, familiär, erschwinglich und immer voll (abends geschlossen).

365 [C19] **Peanut Butter & Co.,** 240 Sullivan St. *Peanut butter sandwiches* aller Art, wie das legendäre „The Elvis" mit Banane, dazu Milchshakes.

366 [D20] **Rice to Riches,** 37 Spring St. Reispudding (Milchreis) in verschiedenen ausgefallenen Variationen.

367 [C20] **Snack** [$], 105 Thompson St. Kleines, einfaches und preiswertes Lokal, in dem griechisch-mediterrane Gerichte auf der Karte stehen.

368 [D20] **Freitag Store New York,** 1 Prince St./Bowery. Laden der berühmten Schweizer Taschen-Firma.

❯ Pearl River (s. S. 29). Günstiger Asialaden.

369 [D20] **Space Cowboy,** 234 Mulberry St. V. a. Boots, aber auch andere Cowboy-Accessoires.

der Greene Street zwischen Broome und Spring Street, z. B. der **„King" of Greene St.** (Nr. 72–76) oder die **„Queen"** (Nr. 28–30) beide von Issac F. Duckworth erbaut. Vielfach residieren heute im Erdgeschoss nette Galerien, ausgefallene Boutiquen, gemütliche Kneipen und Cafés, in den oberen Stockwerken befinden sich hingegen begehrte Lofts.

Der **West Broadway** hat sich zu einer Topadresse in SoHo gemausert. Exklusive Läden, edle Boutiquen, Cafés und gehobene Restaurants reihen sich an Kunstgalerien. Der West Broadway stellt eine direkte Verbindung zum Greenwich Village **24** und zur New York University am Washington Square her.

Die **Prince Street** führt zum Ausgangspunkt zurück und ist wegen der zahlreichen Cafés, *delis* und Kneipen hervorragend zum Lunch oder für einen Snack geeignet. Abschließend lohnt es sich, den Broadway entlangzuschlendern, um

▱ *Einkaufen in SoHo: ausgefallene Shops sind hier keine Seltenheit*

Für Krimifreunde

Der **Mysterious Bookshop** (s. S. 27) in der Warren Street gilt als einer der ältesten Krimibuchläden der USA. Er ist zwar nicht groß, doch Krimifreunde werden hier so schnell nicht mehr herauskommen. Der Besitzer Otto Penzler ist selbst Autor und Verleger und kennt sich in der Szene bestens aus.

㉓ TriBeCa ★   [C21]

Das kleine, südlich an SoHo anschließende Viertel TriBeCa kann man entweder als Abstecher vom Broadway aus erkunden oder per Subway erreichen (Station Franklin St., Linie 1). TriBeCa ist von **schmalen hohen Backsteinhäusern** und **Lagerhallen** geprägt, sodass hier das vormalige Industrieviertel noch stärker zum Vorschein kommt als in SoHo. Vermehrt befinden sich in diesen Häusern Wohnungen (Lofts) und mehr und mehr kleine Boutiquen, Galerien und Restaurants ziehen in die Untergeschosse ein. Moderne Architektur ist ebenfalls ein Thema: Nach Plänen des Schweizer Architekturbüros Herzog & de Meuron entsteht derzeit an der Leonard Street 56 ein 57-stöckiges, spektakuläres Wohnhochhaus aus einzelnen verglasten „Wohnscheiben" (http://56leonardtribeca.com). Nicht weit vom Subway-Bahnhof entfernt reihen sich an der **Franklin Street** (Greenwich–Hudson St.) sehenswerte ehemalige Lagerbauten mit Neorenaissancedekor an den Fassaden auf. Einen guten architektonischen Überblick erhält man besonders in der **Harrison Street**, in der eine Reihe von acht Stadthäusern im

Federal Style, entstanden um die Wende vom 18. zum 19. Jh., zu Lagerhäusern umgebaut wurde. In den 1970er-Jahren restauriert, stellen sie heute begehrte Wohnadressen dar. Die **White Street** ist die dritte Hauptachse von TriBeCa und auch sie bietet sehenswerte Architektur, wie die Nr. 2 im Federal Style oder die Nr. 49, die Hebrew School, in ausgefallener Wellenform.

Gastronomie und Shopping in TriBeCa

⬤370 [D21] **Landmarc** $$, 179 W Broadway/ Leonard St. Preiswertes nettes französisches Bistro mit italienisch inspirierten Gerichten.

⬤371 [C21] **Tribeca Grill** $$$, 375 Greenwich Ave. Restaurant mit Bar, elegant und bekannt für seine Martini-Auswahl.

❯ **TriBeCa Greenmarket**, Greenwich St./ Chambers–Duane St., Apr.–Dez. Mi. 8–15 Uhr , Sa. 8–15 Uhr ganzjährig

The Village

The Village, wie das Areal zwischen Houston und 14th Street von seinen Bewohnern kurz genannt wird, war zu **Beginn des 19. Jh.** tatsächlich noch ein Dorf. Hier lebten neben einigen englischen Farmern, die sich im 18. Jh. Gutshöfe errichtet hatten, besser gestellte New Yorker, die dem Trubel der wachsenden Metropole entfliehen wollten. **Im Laufe des 19. Jh.** siedelten sich mehr und mehr Immigranten an und das Village wurde Teil der Stadt. Berühmtheit erlangte es im 20. Jh. als **Viertel der Boheme**, der Künstler und Aussteiger, der jungen Leute, der Studenten und Nonkonformisten, der Homosexuellen und der Avantgarde. Der frühere Glanz ist mittlerweile zwar verblasst, aber immer noch leben hier viele Künstler und Schauspieler, v. a. solche, die sich die inzwischen teuer gewordenen Wohnungen leisten können.

Greenwich – gesprochen „Grännitsch" – **Village** umfasst das Areal westlich des Broadway bis zum Hudson River, zwischen W 14th Street und W Houston Street, dabei wird ein kleiner Teil davon (westlich der 6th Ave.) auch als **West Village** bezeichnet. Die Hauptachsen heißen Bleecker und Christopher Street, letztere gilt zugleich als Zentrum der New Yorker Homosexuellenszene. Die Hauptattraktionen des Viertels gruppieren sich rund um den **Washington Square**, im West Village um den **Sheridan Square**.

Östlich des Broadway schließt sich bis hin zum East River das **East Village** an. In den 1960er-Jahren noch galt das East Village um die 3rd Avenue als etwas heruntergekommenes Armeleuteviertel. Dann zogen aufgrund der steigenden Mieten in Greenwich Village die Hippies hierher. Sie wohnten Tür an Tür mit den Zuwanderern aus osteuropäischen Ländern und prägten allmählich den Charakter des East Village als **Treff der Musiker, Künstler und Bohemiens** sowie der Beat Generation. In den 1980er-Jahren folgten die Punks und mit ihnen entstand ein bunt-chaotisches Bevölkerungsgemisch aus Alteingesessenen, Ausreißern, Drogensüchtigen und Möchtegern-Künstlern. Secondhandläden wurden allmäh-

▷ *Im Village - bestehend aus Greenwich und East Village - lebt ein buntes Völkchen*

Kinky Friedman – Jüdischer Cowboy, Countrysänger, Krimiautor und Politiker

Mit 50 „fett, fabelhaft und finanziell versorgt" zu sein, hatte der Musiker und Krimiautor Kinky Friedman einmal als sein Lebensziel angegeben. Berühmt und vermögend dürfte der 1945 geborene Texaner mit Zweitwohnsitz Greenwich Village inzwischen sein. Auch wenn der Name (noch) nicht in Bestsellerlisten auftaucht, hat der „Zwitter aus Groucho Marx und Sam Spade" (so die Chicago Tribune) längst auch in Deutschland eine eingeschworene Fangemeinde. Er ist der Prototyp des ausgeflippten Village-Bohemien und in seinen Krimis persifliert er sich in der Hauptperson selbst, als wenig erfolgreichen Musiker, regelmäßigen Kneipengeher und „Hobby-Detektiv".

Seine eigenwilligen, streitbaren Krimis sind v. a. wegen der flapsigen, überschäumenden Sprache und der Beschreibung New Yorks lesenswert. Über die Storys gehen die Meinungen auseinander: Für die einen ist Kinky genial, die anderen schütteln über den Sonderling nur den Kopf. Seine „New York Mysteries" kennzeichnet nicht nur Witz und schwarzer Humor, sondern eine Authentizität, die so weit führt, dass man seine Bü-

cher auch als Bar- und Restaurantführer verwenden kann.

Die meiste Zeit verbringt der Texaner Friedman jedoch auf seiner Ranch im heimatlichen Texas, inmitten allerlei Getiers und unzähliger Kinder. Bevor er sich als Krimiautor einen Namen machte, war er mit dem Friedenskorps auf Borneo, arbeitete als Cowboy und als Countrysänger. Seine Band hieß „Texas Jewboys" und Ringo Starr und Eric Clapton gaben kurze Gastspiele. Der Bandname deutet es an: Kinky ist jüdischer Herkunft. Er bezeichnet sich als „berühmtesten Juden neben Jesus Christus" und zu den aussagekräftigen „Hits" seiner Musikerlaufbahn gehören Titel wie „They ain't makin' Jews like Jesus anymore", „I'm proud to be an asshole from El Paso" oder „Drop kick me Jesus through the goal posts of life" …

Kurzzeitig widmete sich der schreibende und singende Cowboy auch der Politik. 2006 bewarb er sich vergeblich für das Amt des Gouverneurs von Texas und 2010 unterlag er bei der Wahl zum Agrarbeauftragten. Ende 2014 will er es erneut versuchen …

lich von Boutiquen und Modeläden abgelöst und alteingesessene Restaurants wie Veselka's (144 2nd Ave./9th St.) bekamen internationale Konkurrenz. Langsam ist ein **Aufschwung** unübersehbar, das East Village liegt voll im Trend und tritt in Konkurrenz zu SoHo. Die skurrilen, dubiosen und kuriosen Figuren von

früher sind weitgehend verschwunden – sie würden auch nicht mehr zu den aufgeputzten Designershops und Boutiquen, den schicken Cafés, Bars und Restaurants v. a. rund um den Tompkins Square Park passen. Selbst in der Region der vormals geschmähten **Alphabet Avenues** – den Avenues A, B, C und D –

ist es inzwischen ruhiger und sicherer geworden und es wurden Revitalisierungsprojekte in Angriff genommen.

In letzter Zeit verlagert sich die **East-Village-Szene** nach Süden, Richtung Houston Street. Das Areal, das sich hier zwischen Broadway, Lafayette und Bowery zum neuen In-Viertel entwickelt, heißt **NoHo** (**No**rth of **Ho**uston). In NoHo befindet sich die neue Avantgarde-Meile mit Off- und Off-off-Broadway-Bühnen, Cafés und Kneipen, Boutiquen und Billigshops. Wie die sich südlich anschließende Bowery war NoHo einst optisch kein Aushängeschild, doch auch hier wandelt sich das Viertel zum Positiven.

Das Village, Ost- wie Westteil, lädt mit abwechslungsreicher Kneipen- und Klubszene und architektonisch kontrastreichen Bauten vorwiegend aus der Zeit zwischen 1871 und 1890, v. a. im **St. Mark's Historic District**, zum Erkunden ein. Vor den Wolkenkratzern Manhattans als Hintergrundkulisse hat sich hier die Atmosphäre einer Kleinstadt, allerdings mit Weltstadtflair, erhalten.

㉔ Greenwich Village ★★★ [C19]

„Greenwich Village ist wie Schwabing plus Montmartre im Quadrat", meinte einmal der deutschstämmige Schriftsteller Hermann Kesten (1900–1996), der 1940 bis 1953 in New York lebte. In der Tat hat sich das Village vom Dorf über ein Künstler- und Aussteiger- zum Trendviertel entwickelt. Es steht synonym für die „Nouveaux Riches" und die Boheme, für Künstler, aber auch für junge Leute, Studenten und Nonkonformisten aller Art.

Der **Astor Place**, an der Subway-Station 8th Street (Broadway, Linien N, R),

bildet den perfekten Ausgangspunkt für eine Tour durch das Village (http://villagealliance.org). Am Platz verschmelzen Greenwich und East Village miteinander, hier ballen sich Läden, Cafés, *delis* und Lokale jeglicher Couleur.

Zunächst geht es entlang der 8th Street Richtung Westen. An der Ecke zur 5th Avenue befinden sich die **Washington Mews**, einst die Ställe und Kutschenstellplätze von Gertrude Vanderbilt Whitney (s. S. 219), die hier auch wohnte. Mitten im **Univiertel** der New York University gelegen, ist die Infrastruktur entsprechend: Buch- und Bioläden, Cafés und zahlreiche Kneipen. Derzeit gibt es heftige Debatten über die umfangreichen Neubaupläne der Uni im Village, die auch die Gerichte beschäftigen.

Entlang der 5th Avenue reihen sich große, wenig attraktive Apartmenthäuser aneinander, in den Seitenstraßen dagegen bilden die typischen New Yorker Reihenhäuser beliebte Fotomotive. Zu den Sehenswürdigkeiten an der 5th Avenue gehören die 1840 erbaute neogotische **Church of the Ascension** (36–38 5th Ave.) und die **First Presbyterian Church** von 1846 (5th/12th St.), ebenfalls neogotisch. Das **Forbes Building** (62 5th Ave., Di.–Sa. 10–16 Uhr, Eintritt frei, www.forbesgalleries.com), 1925 vom Toparchitekturbüro der Stadt, Carrère & Hastings, als Verlagssitz des Wirtschaftsmagazins Forbes erbaut, beherbergt heute neben der Redaktion auch eine Kunst- und Kunsthandwerksausstellung. Der **Salmagundi Club** (47 5th Ave.) ist Sitz verschiedener Kunstorganisationen und der Greenwich Village Society. Er erhielt seinen Namen nach Washington Irvings Satiremagazin The Salmagundi Papers, das ab 1871 erschien.

Vorbei am **Patchin Place** (W 10th St./6th Ave.), einem ruhigen Wohnblock mit Alleebäumen, in dem Mitte des 19. Jh. die Kellner des Brevoort Hotels (5th Ave.) wohnten und später Schriftsteller wie John Reed einzogen, erreicht man den Westteil des Greenwich Village. Besonders hier offenbart sich der Kleinstadtcharme des Viertels, seine vitale Künstlerszene und der verbliebene Hauch von Boheme. Am **Freitagabend** ist hier die Hölle los, denn dann kommen die „B&Ts", die „Bridge and Tunnel People" aus New Jersey, Brooklyn, Queens, Staten Island oder den Vororten auf Long Island und bevölkern Klubs und Lokale.

Die „Ureinwohner" des Village lernt man besser bei lokalen Veranstaltungen kennen, z. B. während **NYC Pride**, dem LGBT-Festival mit großer Parade (s. S. 16) oder bei der **Village Halloween Parade** Ende Oktober entlang der 6th Avenue (Spring–16th St.).

Das **Jefferson Market Courthouse** am Sheridan Square ist ein Wahrzeichen des Village. 1833 ließ hier Präsident Thomas Jefferson eine Markthalle einrichten, daneben entstanden 1877 das Jefferson Market Courthouse und eine Feuerwache. 1945 zogen sowohl das Gericht als auch der Markt aus und der Abbruch drohte. Nach Protesten der Bewohner entschied man sich in den 1960er-Jahren für eine Renovierung und seit 1967 nutzt eine Filiale der New York Public Library den Bau.

Vom „Old Jeff" lohnt ein kurzer Rundgang durch den **Greenwich Village Historic District.** Eine der Hauptachsen ist die **Christopher Street**, Treff der Homosexuellenszene und gespickt mit Shops und Bars sowie dem 1955 eröffneten **Lu-**

068ny Abb.: mb

cille Lortel Theatre (Nr. 121). Am **Sheridan Square**, benannt nach General Philip Sheridan, der hier auch in einer Statue verewigt ist, schlägt das Herz des West Village. Er markiert zugleich den Kreuzungspunkt von sieben Straßen.

Das Village wurde berühmt-berüchtigt durch mehrere Aufstände und Zwischenfälle, wie 1969 die **Stonewall Riots.** Damals verteidigten sich Gäste der Homosexuellenbar Stonewall Inn gegen die schon seit Längerem brutal gegen die Homo-Szene vorgehende Polizei. Diese musste sich während der Unruhen in der Bar verschanzen. In der Folge gab es zahlreiche Demonstrationen, die die Position der Schwulen in New York und damit in ganz Amerika stärkten und aus denen sich im Laufe der folgenden Jahre die weltweit gefeierte **Christopher Street Day Parade** entwickelte.

Ringsum den **Sheridan Square** haben sich Kneipen, Restaurants und *nightspots* in Hülle und Fülle angesiedelt, so das älteste Kabarett New Yorks, das Duplex (s. S. 48), in dem schon Barbra Streisand und Dick Cavett auftraten. Etwas weiter nördlich befindet sich ein weiterer „Klassiker": der Keller-Jazzklub Village Vanguard (s. S. 47). In dieser „Carnegie Hall des Jazz" waren schon Charlie Parker, Miles Davis, Thelonius Monk,

Wynton Marsalis, aber auch Woody Guthrie und Harry Belafonte zu hören. Ebenfalls einen Besuch wert sind das Jekyll and Hyde (91 7th Ave.), eine Bar, in der es spuken soll, das historische Stonewall Inn (s. S. 320), die 55 Bar (s. S. 47) oder Klub und Kabarett The Monster (s. S. 320).

Die Christopher Street führt in das Wohnviertel um die Grove Street zum **Grove Court** (Christopher St./Sheridan Sq.), einer Reihe von sechs Stadthäusern aus der Mitte des 19. Jh. Das einst exklusive Gässchen, die sogenannte „Mixed Ale Alley", beschreibt O. Henry 1902 in „The Last Leaf". Weitere historische Häuser finden sich in der **Bedford Street,** so z. B. das Isaacs-Hendricks House (Nr. 77) von 1799 oder das 1893 erbaute, schmalste Haus der Stadt (Nr. 751/752, nur 2,90 m breit). 1923/1924 lebte hier Edna St. Vincent Millay, die Gründerin des Cherry Lane Theatre (s. S. 52). In Nr. 88 (Ecke Grove St.) wohnten die „Friends" der gleichnamigen TV-Serie und Nr. 86 beherbergte **Chumley's Speakeasy.** Das Haus mit der Adresse 102 Bedford St. nennt man **„Twin Peaks".** Es handelt sich um ein eindrucksvolles Künstlerhaus von 1830 im hier ungewöhnlichen Tudor-Stil.

Am Hudson Park liegt **St. Luke's Place** mit 15 Reihenhäusern aus den 1850er-Jahren. Berühmt ist Haus 10 St. Luke's Place, das für die Außenaufnahmen der „Cosby Show" Modell stand. Auch in den Nachbarhäusern wurde gefilmt, so in Nr. 4 der Streifen „Warte, bis es dunkel ist" mit Audrey Hepburn.

In der **Bleecker Street** finden sich unzählige Shops, Cafés und (v. a. italienische) Lokale. Über **La Guardia Place**, die Fortsetzung des West Broadway (SoHo),

◁ *Im Viertel der Nonkonformisten und Aussteiger gibt es „schräge" Läden wie diesen*

erreicht man den zentralen Washington Square. Einen Blick sollten Architektur-Interessierte ins **Center for Architecture** (s. S. 56) werfen, wo das American Institute of Architecture wechselnde Ausstellungen zeigt – gegenüber lohnt ein Blick in einen idyllischen **community garden**, einen Gemeinschaftsgarten.

Zu den geschichtsträchtigen Plätzen im Village zählt der **Washington Square**. Im 18. Jh. befand sich hier ein Friedhof, danach diente der Platz als Duellier- und Hinrichtungsstätte – die „Galgen-Ulme" steht noch an der Nordwestecke. Heute ist hier ein beliebter Treff der Studenten der New York University (NYU) und am Wochenende ist für vielerlei Unterhaltung gesorgt, von Jazz über Breakdance und Rap bis hin zu Zauberern, Jongleuren und Feuerschluckern. In den 1950er-Jahren avancierte der Park zum Amüsierplatz der Boheme und in den Nebenstraßen entstanden viele kleine Theater wie das Sullivan Street Playhouse (Nr. 169).

Wahrzeichen des Platzes ist der **Washington Arch**, entworfen von Stanford White und 1893 an jener Stelle erbaut, an der einst General George Washington gegen die anrückenden Briten kämpfte. 1916 riefen Marcel Duchamp und John Sloan auf dem Platz die „Freie und Unabhängige Republik

◁ *Zu den geschichtsträchtigen und beliebtesten Plätzen im Village zählt der Washington Square [C/D19]*

EXTRATIPP

Ex-Baseballspieler kocht auf

Es gibt „Bites", „Small Plates", „Eggs & Grains" und „Large Plates", daneben Dinner zum Festpreis. Chefkoch David Santos hat vom Baseballspieler zum Koch umgesattelt. Seine Spezialität sind ungewöhnliche Zutaten und Kombinationen, Gewürze und Soßen bzw. (Selbst-) Eingelegtes. Er räuchert – u. a. Speck *(lardo)* – und stellt Käse und Würste, Essig, Kimchi, Chutneys und Marmeladen her. Ein Zungenschmeichler besonderer Art ist die Smoked Tomato Soup, doch auch Octopus Bolognese oder der Garneleneintopf lohnen. Dazu unbedingt ein Cocktail!

🍴372 [C19] **Louro** $$$, 142 W 10th St., Tel. 212 206 0606, www.LouroNYC. com, Di.–So. Dinner, So. 11–16 Uhr Brunch

Washington Square" aus. Viel ist von der damaligen Atmosphäre nicht übrig geblieben, sind es doch mittlerweile weniger die Aussteiger als vielmehr die Reichen, die das Viertel für sich beanspruchen. Die Häuserzeile **The Row** (1832–1833) am Nordrand ist der Beweis dafür: Einst wohnten hier Künstler und Dichter wie John Dos Passos, Edward Hopper oder Henry James, heute ist es die Prominenz.

Neben den beiden hier ansässigen Kirchen, der **Washington Square United Methodist Church** mit auffällig roten Türen und der **Judson Memorial Church** (55 Washington Place) von 1892, deren Leitung stets aktiv Stellung zu Problemen wie Aufrüstung und AIDS bezog, dominieren die Bauten der **New York University (NYU)** den Platz. Vom Originalbau der 1831 als Gegenpart zur Columbia University **81** gegründeten Privatuniversität ist nur mehr der Turmsockel erhalten. Anlaufpunkte sind der Book Store (18 Washington Pl.) oder das Infocenter in der modernen Stern Hall (Südost-Ecke Washington Sq.).

Das nahe **Brown Building** (29 Washington Sq./Greene St.) gehörte ehemals der Shirtwaist Company und sorgte 1911 durch einen großen Brand, der zu Toten und Verletzten führte, für Aufsehen. Nach der Katastrophe wurden neue Feuerschutz- und Arbeitsgesetze erlassen.

> **Möglicher Ausgangspunkt** für einen Besuch von Greenwich Village: Astor Place, Subway-Station 8th Street (Linien N, R)

Gastronomie und Shopping im Greenwich Village

○**373** [C19] **McNulty's Tea & Coffee Company**, 107 Christopher St., www.mcnultys.com. Riesenauswahl an Tees und Kaffees aus aller Welt.

○**374** [C19] **Milk & Cookies**, 19 Commerce St. Winziges verstecktes Keks-Lädchen mit ein paar Tischen, an denen man Kakao trinken und Kekse essen kann. Tipp: Bacon Smack (würzig).

○**375** [C19] **Porto Rico Importing Company**, 201 Bleecker St. Kaffeerösterei mit Riesenauswahl an Kaffee und Tee, auch Ausschank.

○**376** [C19] **popbar**, 5 Carmine St./6th Ave.–Bleecker St. Eis am Stil mit verschiedenen *toppings* und *dippings*, handgemacht mit lokalen und frischen Produkten.

❶**377** [D19] **Quartino Bottega Organica**, 11 Bleecker St. Diner mit kleinem Garten und Gerichten aus Bio-Produkten.

■**378** [C18] **Partners & Crime Mystery Bookseller**, 44 Greenwich Ave. Große Auswahl an neuen und gebrauchten Krimis.

25 East Village ★★ [D19]

Am besten ist es, sich im **East Village** einfach treiben zu lassen, die unzähligen, teils kuriosen Shops zu bestaunen oder in einem der Straßencafés sitzend die „Szene" aufzusaugen. Auf den ersten Blick erscheint das East weniger attraktiv als das Greenwich Village, doch das mag an dem teilweise schlechteren Erhaltungszustand der Bauten liegen. Gerade die Überbleibsel der Hippieszene, konzentriert zwischen 6th/7th St. und 2nd/3rd Ave., machen das Viertel interessant. Immer noch ist das East Village die beste Adresse für Nachtleben, avantgardistisches Theater und Konzerte.

Zwischen Astor Place und Tompkins Square, entlang der Flaniermeile St. Marks Place, herrscht permanent **Flohmarktstimmung**, doch außer an den Ständen lassen sich auch Schnäppchen in den Boutiquen, Secondhandläden und kuriosen Shops machen.

Idealer Ausgangspunkt für einen Spaziergang durch das Viertel ist der **Cooper Square**, der von der **Cooper Union** (41 Cooper Sq.) mit sehenswertem modernem Neubau von Thom Mayne/Metamorphosis (2009, 41 Cooper Sq.) dominiert wird, 1859 vom Erbauer der ersten amerikanischen Dampflok errichtet und bis heute eine kostenlose Ausbildungsstätte. Der fünfstöckige Ursprungsbau besteht aus Stahlträgern, die aus Eisenbahnschienen gefertigt wurden. Große Veranstaltungen, die hier stattfanden, waren 1859 die Einweihung der Great Hall durch Mark Twain oder 1860 Präsident Lincolns Rede „Right makes Might".

An der 428–434 Lafayette Street liegt die **Colonnade Row**, eine kuriose Reihe von Stadthäusern mit ungewöhnlicher, gemeinsamer Fassade in Form eines griechischen Tempels mit korinthischen Säulen. 1833 wurde der Bau, benannt nach dem Architekten, als „Geer's Folly" eröffnet und berühmte Leute wie Astor, Vanderbilt, Washington Irving oder Charles Dickens zogen ein. Heute sind von den ursprünglich neun Häusern noch vier übrig.

Das gegenüberliegende **Public Theater** wurde 1849 im neoromanischen Stil als erste freie Bibliothek der Stadt erbaut. 1965 war die Astor Library zum Theater umgebaut worden und ist heute Sitz des New York Shakespeare Festivals. Gleichzeitig veranstaltet man „Shakespeare in the Park" (s. S. 52). An der Kreuzung Lafayette/Bleecker Street steht das sehenswerte **Bayard Condict Building** (65 Bleecker St.). Der einzige Bau des wegweisenden Chicagoer Architekten Louis Sullivan in der Stadt wurde 1898 mit filigraner Terrakottafassade erbaut.

Über die Bowery geht es zurück, vorbei am **Old Merchant's House** (29 E 4th St., www.merchantshouse.org, Do.–Mo. 12– 17 Uhr, $ 10), einem klassizistischen Backsteinbau von 1832. Hier ist die Originalausstattung aus der Zeit erhalten, als das Haus noch im Besitz der reichen Kaufmannsfamilie Tredwell war. Vorbei am Gebäude der berühmten Stadtteilzei-

tung **Village Voice** (Cooper Sq./5th Ave), betritt man beim Einbiegen in die E 6th Street eine andere Welt. Hier, v. a. zwischen 2nd und 1st Avenue, befindet sich **Little India**, mit zahllosen indischen Lokalen und Imbissständen.

Aber auch von **Little Ukraine** mit dem Wahrzeichen **St. George's Ukrainian Catholic Church** (von 1976) sind Spuren erhalten. In und um die 2nd und 1st Avenue finden sich noch etliche ukrainische, polnische und jüdische Coffeeshops und Traditionslokale wie Veselka (144 2nd Ave./9th St.). Um die Jahrhundertwende galt diese Region nicht nur als die Heimat der Osteuropäer, sondern ihre Hauptachse, die 2nd Avenue zwischen Houston und 14th Street, war auch als „Broadway des jiddischen Theaters" berühmt.

Auf den **St. Marks Place** stößt man bei Spaziergängen durch das East Village des Öfteren. Einstmals Hippiezentrum, fungiert er heute als Treff der Anwohner, mit einer ganzen Reihe kurioser Geschäfte in den Untergeschossen der Häuser. Zudem sind einige Avantgardebühnen eingezogen und im Obergeschoss des **Theatre 80** (80 St. Marks Pl.) hat das **Museum of the American Gangster** (s. S. 58) seine Heimat gefunden.

Auf dem nahen **Tompkins Square** fanden früher Demonstrationen und Zusammenkünfte der Flower-Power-Bewegung statt, heute an Sonntagen ein Wochenmarkt. Auf dem Platz erinnert ein Standbild an die mehr als 1000 Menschen, die 1904 auf einer Vergnügungsfahrt auf dem East River beim Brand des Dampfers „General Slocum" ums Leben kamen. Diese Katastrophe bedeutete das endgültige Aus von „Little Germany". Allerdings waren schon vorher viele deutsche New Yorker in bessere Viertel (wie

EXTRATIPP

Nightlife im East Village

Ein idealer Ort, um das New Yorker Nachtleben kennenzulernen, ist das East Village. Hier drängeln sich die Bars und Klubs, etliche davon an der 6th Street, z. B. **Death & Co** (s. S. 45), **Mayahuel** (s. S. 45) oder **Crif Dogs/PDT** (s. S. 45). Lohnend ist auch der ehemalige Rockklub **Continental** (s. S. 45) im Retro-Look.

KLEINE PAUSE

Für Kaffeefans

Am Astor Place [D19], direkt neben der Subway-Station, steht tagsüber der orangefarbene **Mudtruck**. Für viele New Yorker wird an diesem Kleinbus der beste Kaffee der Stadt ausgeschenkt.

Yorktown in der Upper West Side) gezogen. In der Umgebung des Platzes, speziell entlang St. Marks Place und E 7th Street, befinden sich zahlreiche kleine Cafés und multiethnische Lokale, die v. a. von Einheimischen frequentiert werden und ideal für eine kleine Pause sind.

Die nahe gelegene Kirche **St. Mark's-in-the-Bowery** (131 E 10th St.) von 1799 ist die zweitälteste der Stadt. Auf dem Friedhof des Gotteshauses befindet sich neben Gräbern prominenter New Yorker auch die Begräbnisstätte des ersten Gouverneurs Neu-Amsterdams, Peter Stuyvesant. Angeblich soll die Kirche an der Stelle seiner Hauskapelle errichtet worden sein. An der Kreuzung Stuyvesant Street/E 10th Street befindet sich außerdem die Stuyvesant Polyclinic, 1857 als Armenklinik gegründet. Hier soll sich früher Stuyvesants Landhaus befunden haben.

In nächster Nähe liegt noch das **Stuyvesant-Fish House** von 1803/1804, inzwischen Teil des **Renwick Triangle**, eines historischen Häuserblocks von 1861. Am Ende der Stuyvesant Street, kurz vor dem Cooper Union Building, laden die **George Hecht Viewing Gardens** zum Ausruhen ein. Wer noch nicht müde ist, kann einen kleinen Umweg in die 4th Avenue zur **Grace Church** (802 Broadway) unternehmen. Die Kirche wurde vom Baumeister der St. Patrick's Cathedral **㊿**, James Renwick,

errichtet. Sie zeigt präraffaelitische Buntglasfenster, einen sehenswerten Mosaikboden und einen „schiefen Turm" – so benannt, weil der 1888 angefügte Marmorkirchturm sich angeblich langsam neigen soll. Zudem finden hier des Öfteren Konzerte statt (http://music.gracechurchnyc.org).

Gastronomie und Shopping im East Village

❯ **Café Mogador** (s. S. 40). Brunch und toller Kaffee.

🍴**379** [D18] **Feast** $^{$$}$, 102 3rd Ave., Tel. 212 5298880. Tagsüber (10–14 Uhr) Lunch, Kaffee und Kuchen, ab 18 Uhr Szenelokal mit kreativem Speiseangebot in gemütlich-rustikalem Ambiente. Sa/So. Brunch.

🛒**380** [E19] **Porto Rico Importing Company**, 40 St. Marks Pl. Kleine Filiale der Village-Kaffeerösterei, auch Ausschank.

🍴**381** [D19] **Ramen Setagaya**, 34 1/2 St. Marks Place. Eher japanischer Imbiss als Lokal, spezialisiert auf Nudeln bzw. Nudelsuppen.

❯ **Supreme** (s. S. 27), daneben **G-Star Raw** (270 Lafayette St., innovativ Kleidung, Schuhe und Accessoires im „Raw Denim"-Stil).

❯ **Wochenmarkt** (s. S. 30) am Tompkins Sq.

🔲 *Das Areal um das New Yorker Flatiron Building* **㉘** *ist als verkehrsberuhigte Zone mit Sitzplätzen ausgewiesen*

Gramercy, Chelsea und Meatpacking District

Downtown reicht bis zur 14th Street, während Midtown erst an der 34th beginnt – dazwischen liegt ein großer **Übergangsbereich**, dessen Entstehung auf das Jahr 1811 zurückgeht, als man begann, nach strengem Rasterprinzip weiter nordwärts zu bauen. Lediglich der Broadway, der die unterschiedlichsten New Yorker Viertel quer durchschneidet, unterbricht die Regelmäßigkeit. Die **14th Street** trennt das hippe Greenwich Village von Chelsea, dem Wohnviertel der weißen Mittelschicht, sowie das East Village vom noblen Gramercy. Die **5th Avenue** wiederum bildet die Grenzlinie zwischen Gramercy im Osten und Chelsea im Westen.

Gramercy galt zu Beginn des 19. Jh. als städteplanerisch wegweisendes Projekt mit vier Plätzen und exklusiven Häusern prominenter Bürger. Auch wenn im Lauf der Zeit v.a. das Areal südlich des Flatiron Building  vernachlässigt wurde, kehrte inzwischen etwas von dem Schick der Gründungszeit zurück. Teure Boutiquen und In-Cafés ließen den **Flatiron District** wieder zum Flanierviertel werden.

Der Abschnitt der 14th Street zwischen **6th Avenue** und **Union Square** gleicht dagegen einem lateinamerikanisch-orientalisch-amerikanischen Straßenbasar mit *sales, discount shops,* Kitsch und Ramsch, Elektronikgeschäften und Straßenhändlern, die nach dem Motto „take the money and run" allerlei – wohl teilweise auch illegale Ware – auf die Schnelle an den Mann oder die Frau bringen.

Chelsea war wie Gramercy um 1750 usprünglich Farmland. Nach der Entste-

hung von Gramercy begann dann auch hier die Verstädterung in rechtwinklig geordneten Bahnen, allerdings stand von Anfang an der wirtschaftliche Aspekt im Vordergrund. So entstand an der 23rd Street die **Fashion Row** mit Läden, Varietés und Theatern und in den umliegenden Blöcken ein Mittelklasse-Wohnviertel. Dieses wandelte sich mit der Verlagerung der Geschäfte in Richtung Midtown zum Lagerhausbezirk; der Madison Square wurde zum zwielichtigen

071ny Abb.: mb

Japanische Spitzenküche

Betritt man den schlicht-modern möblierten, lang gestreckten Speiseraum mit Sushi-Bar des **15 EAST** (s. S. 39), in dem rund 50 Leute Platz finden, taucht man in eine kulinarische Wunderwelt japanischer Delikatessen ein. Dabei erweisen sich die Besitzer, Jo-Ann Makovitzky und der Brasilianer Marco A. Moreira, die auch Inhaber des in nächster Nähe zum Union Square gelegenen **Tocqueville** (s. S. 37) sind, als höchst kreativ: Neben japanisch-amerikanischen Gerichten, darunter ein täglich wechselndes dreigängiges Mittagsmenü für $ 32, kommen aus der Küche „Colorado Wagyu Ribeye" und Oktopus („Tako Yawarakani"), Tintenfischrisotto und Ente, Lachs und Soba-Nudeln – für die es einen eigenen Koch gibt –, doch die Show bestreitet eindeutig Sushi-Chef Masato Shimizu. Seine diversen **Sushi** und **Sashimi** sind Delikatessen der besonderen Art und man erfährt, wie unterschiedlich vier verschiedene Stücke Thunfisch schmecken können. Alles ist aus frischesten Zutaten und wird vom Meister selbst unmittelbar vor dem Servieren zubereitet und als optisches Kunstwerk mit verschiedenen Soßen, Würzpasten und Kräutern serviert. Es gibt außerdem einen Sake-Sommelier, und den braucht man auch angesichts der mehrseitigen Sake-Karte. Wer **Sake** nur als warmen, dünnen „Wein" aus dem Asiashop kennt, wird überrascht sein von Vielfalt und Geschmack: warm oder kalt serviert, pasteurisiert oder nicht, fruchtig-frisch oder dicht und würzig.

072ny Abb.: mt

Zentrum. Erst der Bau des Kaufhauses Macy's **33** 1902 sorgte für neuerlichen Aufschwung und das alte Viertel wurde wieder „in". Dass sich sein Name einprägte, lag auch an dem legendären Chelsea Hotel, einst bevorzugter Treff und Domizil bekannter Literaten und Musiker.

26 Union Square ★ [D18]

Zentraler Punkt von Gramercy und Chelsea und damit idealer Startpunkt eines Rundgangs ist der Union Square (www.unionsquarenyc.org). Der von einem **Reiterstandbild George Washingtons** dominierte Park fungiert als Treffpunkt der Bewohner und Besucher. An der Südwestecke wurde **Mahatma Gandhi** eine Statue gewidmet.

Der Platz wurde 1839 eröffnet und gilt seither als beliebter **Demonstrationsort.** Während der Wirtschaftskrise in den 1930er-Jahren versammelten sich immer wieder demonstrierende Arbeiter, manchmal bis zu 35.000, denn hier befand sich das Zentrum der Textilindustrie, das sich mittlerweile weiter nordwärts verlagert hat. Bis Mitte der 1980er-Jahre war der Union Square als Drogenumschlagplatz verrufen. Nach erfolgreichen **Sanierungsmaßnahmen,** der Einrichtung eines *farmers' market,* inzwischen der Topmarkt der Stadt, und der Eröffnung neuer Lokale und Läden ringsum ist wieder etwas vom Glanz alter Zeiten zurückgekehrt. Hier residierte einmal die New Yorker Geschäftswelt und hier befanden sich die besten Restaurants, Theater, Kaufhäuser und Läden wie Steinway & Sons oder Lord & Taylor (Nr. 901). Auf der **Ladies' Mile** (5th Ave./Broadway), zwischen Union und Madison

EXTRATIPP

Mekka für Leseratten
Nur wenige Schritte vom Union Square entfernt befindet sich mit **Strand Books** (s. S. 27) ein noch unabhängiger Buchladen, der 1927 gegründet wurde. Über mehrere Stockwerke finden sich prall gefüllte Bücherregale und vieles wird, v. a. vor dem Laden und im Untergeschoss, zu Sonderpreisen verkauft.

Square, promenierten die Damen der Gesellschaft und um den Union Square unterhielten Künstler ihre Ateliers, so auch **Andy Warhol,** der in den 1960er-Jahren an der Nordwestecke des Platzes in seiner „Factory" arbeitete (s. S. 83) und dort ein 3 m hohes Denkmal von Rob Pruitt erhielt. Ein Zeitgenosse nannte den Platz einmal das „social center of knickerbocker society, first home of opera, theatrical Rialto, authentic Bohemia, platform of riots, rostrum of liberals and communists".

> Subway: Union Sq. – 14th St.

27 Gramercy ★ [E18]

Vom Union Square führt die E 14th Street in ein ethnisch sehr gemischtes Viertel mit Shops und Imbisslokalen bzw. Restaurants von karibisch bis chinesisch. Vorbei geht es an den **ConEdison Headquarters** (4 Irving Pl.) mit einem Uhrturm als Wahrzeichen. Das Ostende der Straße markieren die Hochhäuser der in den 1920er-Jahren entstandenen **Stuyvesant Town** (heute: Peter Cooper Village – Stuyvesant Town). Diese Ansammlung von Wohnblöcken an der 14th Street ist als eine der wegweisenden und erfolgreichsten privaten Wohnanlagen der Nachkriegszeit in die Architekturbücher eingegangen. 1943 geplant, zogen die ersten Familien im Sommer 1947 ein. Benannt wurde der Wohnkomplex nach dem ersten Gouverneur von Neu-Amsterdam, Peter Stuyvesant, dessen Farm sich hier befand. „Stuy Town" erstreckt sich zwischen der 14th und 20th Street und umfasst 35 Einzelgebäude mit über 8700 Wohnungen. Zusammen mit dem benachbarten, später entstandenen Peter Cooper Village (20th–23rd St.) besteht der Komplex heute aus 56 Bauten und 11.250 Wohnungen, in denen über 25.000 Menschen leben. Zu den berühmtesten Bewohnern gehörte neben dem Schauspieler Karl Malden der Autor Frank McCourt. Als moderne und begrünte Wohnanlage für New Yorker mittleren Einkommens wegwei-send, ist „Stuy Town" noch heute eine Oase für Durchschnittsverdiener, wird allerdings zunehmend zum Spielball der Immobiliengiganten.

Markant ist in diesem Teil von Gramercy der **Stuyvesant Square**, einst Teil der Farm Stuyvesants, die dieser für $ 5 an die Stadt verkaufte. Die Statuen von Peter Stuyvesant und Gertrude Vanderbilt Whitney (s. S. 219) schmücken den hübschen, ruhigen Park, der durch die 2nd Avenue zweigeteilt wird. An der Westseite liegt das 1861 gebaute **Rutherford Meeting House**, das Zentrum der Quäker und Mennoniten, und daneben befindet sich die **St. George's Episcopal Church**, deren Gemeinde schon 1749 gegründet wurde. Am Nordostrand des Platzes befindet sich unübersehbar das **Beth Israel Medical Center** und daran anschließend der **Gashouse District**, benannt nach den

073ny Abb.: mb

einst hier im 19. Jh. befindlichen großen Gastanks.

Sehenswert ist der „**Block Beautiful**" (E 19th St.), ein in den 1920er-Jahren entstandenes Wohnensemble mit exquisiten architektonischen Details. Auf dem Weg dorthin passiert man eine legendäre Herberge: das **Hotel 17** (s. S. 336). Es gibt nur winzige Zimmer ohne viel Luxus, es ist laut, alles scheint etwas heruntergekommen und doch haftet dem Hotel ein besonderer Mythos an. Es war zu Beginn der 1990er-Jahre zum „coolsten" Haus der Szene avanciert. Models und angehende Schauspieler, Transsexuelle, Fotografen und Videoregisseure, Sternchen und Stars gingen ein und aus. Hier drehten, posierten oder wohnten David Bowie, Madonna, Woody Allen, Bob Dylan, Dennis Rodman, Lenny Kravitz, Alice Cooper und Courtney Love. Doch nun scheint Schluss mit Verrücktheit und Glamour, es wurde renoviert, der ehemalige Besitzer zog nach Florida und die Zukunft sieht weit „normaler" aus.

Am Irving Place steht **Pete's Tavern** (s. S. 171), die älteste erhaltene Gaststätte New Yorks, seit 1864 geöffnet. Hier konnten schon etliche Berühmtheiten als Gäste begrüßt werden, so O. Henry, der hier „Das Geschenk der Weisen" geschrieben haben soll.

Den **Gramercy Park,** einen um 1840 angelegten Stadtpark für die Oberschicht, würde man eher in London ansiedeln. Der Park ist als einziger Privatpark Manhattans nur für Anwohner und Gäste des noblen Hotels Gramercy Park zugänglich. Bei den schönen Bauten an der West- und Südseite des Parks sind fast alle im späten 19. Jh. beliebten Neostile vertreten und berühmte Architekten waren tätig: Sehenswert sind z. B. die Häuser Gramercy Park West Nr. 3 und 4. In Letzterem lebte der 1844 gewählte Bürgermeister James Harper.

An der Südseite des Platzes liegt der **National Arts Club** (15 Gramercy Park South). 1898 gegründet, verzeichnet er in seinen Annalen so berühmte Mitglieder wie Woodrow Wilson oder Theodore Roosevelt. Das Haus wurde von 1881 bis 1884 von C. Vaux als Wohnsitz für Samuel Tilden, den damaligen Gouverneur von New York State, erbaut. 1906 erwarb es der Arts Club für seine hochkarätige Kunstsammlung mit Werken vieler bedeutender amerikanischer Künstler des späten 19. und frühen 20. Jh. (Zugang für Mitglieder und Gäste bzw. nur zu besonderen Anlässen, www.nationalartsclub. org). Sehenswert ist das Fassadenrelief mit Darstellungen großer Schriftsteller.

In Hausnummer 16 (Gramercy Park South) befindet sich mit **The Players** ein weiterer Klub nach englischem Vorbild, diesmal überwiegend von Schauspielern frequentiert, aber auch Mark Twain und Winston Churchill gehörten zu den Mitgliedern.

Nur wenige Schritte vom Park entfernt, steht **Theodore Roosevelts Geburtshaus** (s. S. 60), in dem eine Ausstellung zum Leben und Werk des 26. Präsidenten der USA untergebracht ist. 1858 erblickte Roosevelt das Licht der Welt und lebte bis seinem 14. Lebensjahr hier. 1916 abgerissen, wurde das Haus nach Roosevelts Tod 1919 originalgetreu als Museum nachgebaut.

◁ *Der Union Square ist ein beliebter Treff, besonders rund um die Subway-Station*

Gramercy, Chelsea und Meatpacking District

Über den Broadway, vorbei an exklusiven Läden und Boutiquen, erreicht man den **Madison Square Park,** schon immer ein mondäner Ort mit Einrichtungen wie dem Fifth Avenue Hotel, dem Madison Square Theater oder dem alten Madison Square Garden. Zugleich handelte es sich um ein populäres Vergnügungsviertel. Hier wurde auch 1884 der Arm der Freiheitsstatue aufgestellt, damit sich die New Yorker eine Vorstellung von der Monumentalität der Statue of Liberty machen konnten. Am Schnittpunkt 5th Ave./Broadway befand sich bis 1860 der Privatpark der Roosevelts und anderer Reicher, der dann als Madison Square Park der Öffentlichkeit zugänglich gemacht wurde.

Viele Bauten rund um den Madison Square erzählen von seiner einstigen Bedeutung, so die **Metropolitan Life Insurance Company** (1 Madison Ave.) von 1909 mit ihrem gewaltigen, nachts beleuchteten Uhrturm. Der Bau der **Appellate Division of the Supreme Court of the State of New York** (E 25th St./Madison Ave.) wurde 1900 für Zivil- und Strafprozessverhandlungen über Berufungsfälle errichtet, das Gebäude der **New York Life Insurance Company** (45–55 Madison Ave.) stammt von 1928 von Cass Gilbert, dem Planer des Woolworth Building **14**. An der Ecke 26th St./Madison Ave. errichtete Stanford White 1879 bis 1889 den **ersten Madison Square Garden.** Es fanden v.a. Musicals und Veranstaltungen wie Zirkus oder auch Sport statt. 1925 entstand ein Neubau an der Ecke 49th St./8th Ave., der wiederum 1968 vom jetzigen Madison Square Garden **36** an der 33rd St./8th Ave. abgelöst wurde.

Das **Worth Monument** (5th Ave./ Broadway), ein auf einer Verkehrsinsel stehender Obelisk, wurde 1857 über der Grabstätte von General William J. Worth, einem der Helden des mexikanischen Krieges, errichtet.

❯ Subway: Union Sq.–14th St.

28 **Flatiron Building** ★★ [D17]

Die Hauptattraktion der Region steht an der Südwestecke des Madison Square, im Dreieck zwischen 5th Avenue, Broadway und 23rd Street: das Flatiron Building, nach dem die Region **Flatiron District** genannt wird. Es entstand nach Plänen des Chicagoer Architekten David Burnham, einem Schüler von Louis Sullivan. Letzterer hatte mit seiner neuen Stahlgerüstkonstruktion die moderne Hochhausarchitektur entscheidend vorangebracht.

Bei seiner Erbauung 1902 zählte das „Bügeleisen" zu den höchsten Gebäuden New Yorks und galt zudem als Meilenstein für den Wolkenkratzerbau. Spaßhaft nannten es die New Yorker auch „Burnham's Folly", hielten sie den Baumeister doch anfangs für ziemlich verrückt. Dass das Gebäude mit dem Flatiron Building in Atlanta (1896) sowie dem Gooderham Building in Toronto (1892) Vorgänger (und viele Nachfolger) hat, wissen die Wenigsten. Heute kann man, auf einem kleinen verkehrsberuhigten Platz am Broadway sitzend, das Hochhaus, das als Kulisse der „Spider-Man"-Filme diente, in Ruhe betrachten.

❯ **Flatiron Building,** 175 5th Ave., Subway: 23rd St.

❯ **Discover Flatiron Walking Tour** (s. S. 328). und **Union Square Crossroads of New York Walking Tour,** ab Lincoln Statue, Union Square Park, E 16th St., www. unionsquarenyc.org, Sa.14 Uhr. Gratis-Spaziergänge.

EXTRATIPP

Sushi und Asiatisches
Bei Mira Sushi & Izakaya gibt es Gerichte, wie sie in japanischen Kneipen *(Izakaya)* serviert werden, asiatisches Streetfood und Sushi der Extraklasse – modern und kreativ und dazu erschwinglich. Dazu passen die genialen Cocktails mit japanischen Spezialitäten wie Shochu (japanischer Branntwein), Yamazaki Whiskey und Pflaumenwein.
❶386 [C17] **Mira Sushi & Izakaya** $-$$$,
46 W 22nd St. (5th–6th Ave.), Tel. 212 989 7889, www.mirasushi.com, Mo.–Sa. Lunch/Dinner, Sa. Brunch.

❯ **Big Apple BBQ Block Party**, Madison Square Park, http://bigapplebbq.org. Großes Grillfest im Juni.

Gastronomie um Union Square und in Gramercy
❶382 [C17] **Eisenberg's Sandwich Shop**, 174 5th Ave. Seit 1929 gibt es hier schon *Reuben,* Sandwiches mit *Pastrami, Liverwurst* oder auch *Bologna,* außerdem Hackbraten, Huhn, Burger und Salate wie den empfehlenswerten Eier- oder Thunfisch-Salat.
❶383 [D18] **num pang Sandwich Shop**, 21 E 12th St. Hier gibt es verschiedene, riesige, saftige Sandwiches um die $ 10. Es gibt auch Sitzplätze im Lokal nahe dem Union Square. „Num pang" heißt auf Khmer „Sandwich".
❸384 [D18] **Pete's Tavern**, 66 Irving Pl./E 18th St. Die älteste erhaltene Gaststätte New Yorks aus dem Jahr 1864 ist noch immer in Betrieb.
❶385 [D17] **Shake Shack**, Madison Square Park, Ecke Madison Ave./E 23rd St. Legendärer Burger-Stand von Danny Meyer.

㉙ Chelsea Hotel ★ [C17]
Die 23rd Street führt hinein nach Chelsea. Ein Zeichen einstiger Pracht ist das legendäre **Chelsea Hotel**, das mittlerweile wirkt, als sei es doch etwas in die Jahre gekommen. Hier wohnten einst illustre Gäste wie Mark Twain, Janis Joplin, Andy Warhol, Ernest Hemingway, Vladimir Nabokov oder Jack Kerouac. 1884 war das Gebäude, damals ein Apartmentblock, als New Yorks höchstes Gebäude (bis 1899) eröffnet worden, 1905 wurde es zum Hotel umfunktioniert.

Anlässlich der 100-Jahr-Feier erklärte der damalige Bürgermeister Ed Koch den 12-stöckigen roten Ziegelbau zum „Historischen Denkmal". 1939 hatte David Bard das Hotel übernommen und begonnen, am Mythos „Chelsea Hotel" zu feilen, der in den 1960er-Jahren seinen Höhepunkt erlebte. Bob Dylan und Leonard Cohen verewigten das Hotel in Songs, Andy Warhol drehte die „Chelsea Girls" und Arthur Miller und Marilyn Monroe nächtigten hier. Bands wie Grateful Dead oder Jefferson Airplane demolierten das Mobiliar und Künstler zahlten ihre Miete mit Bildern, die in der Lobby aufgehängt wurden. Kakerlaken, kaputte Aufzüge, gefährliche Dampfheizungen und mangelnde Klimaanlagen waren ständiger Grund für Beschwerden, aber dennoch erlagen Stars wie auch gewöhnliche Gäste dem maroden Charme des Hauses.

Nach mehrfachen Besitzerwechseln und begonnener Renovierung ging das Hotel unlängst an Ed Scheetz, Besitzer der King and Grove Hotels, und man darf auf die Zukunft gespannt sein (Infos: www.chelseahotelblog.com).
❯ **Chelsea Hotel**, 222 W 23rd St., Subway: 23rd St.

③⓪ Chelsea ★ [B17]

Im weiteren Verlauf der 23rd Street erheben sich an der Nordseite große Apartmentkomplexe, im Süden finden sich hübsche ältere Reihenhäuser und etliche Läden und Lokale, wie der Supermarkt D'Agostino. Eine Ikone alter Zeiten, der berühmte Empire Diner an der 10th Ave. W (Ecke 22nd St.), 1929 im Art-déco-Stil entstanden und z. B. in Filmen von Woody Allen verewigt, wurde im Mai 2010 unerwartet geschlossen und steht seither leer.

Vorbei am **General Theological Seminary** (9th Ave./20th–21st), einem Priesterseminar von 1817 mit der weltweit größten Bibelsammlung, hübschem Garten und Buchladen, geht es hinein in den **Chelsea Historic District** (9–10th Ave./W 20th–21st St.) um den Chelsea Square. Ab den späten 1830er-Jahren wurden hier begehrte New Yorker Reihenhäuschen erbaut, z. B. die Cushman Row (406–418 W 20th St.) oder die Nummern 446–450 (W 20th St.) im Italianate-Stil.

In der W 22nd Street haben sich im Umkreis des Museums zahlreiche Galerien und Künstlerateliers angesiedelt.

Kontrastprogramm sind die Chelsea Piers (s. S. 193). Dieses **Areal um 23rd Street und Hudson River,** wo einst Müllverbrennungsanlage, Fleischmarkt, Schlachtereien und heruntergekommene Piers ein eher hässliches Bild boten, hat sich mittlerweile zum Positiven verändert. Die Veränderung begann in den 1990er-Jahren mit der ehemaligen Anlegestelle der Ozeandampfer und trug dazu bei, dass die Region um die alten Docks durch ein 12 ha großes „Sports Village" an **Pier 60** neues Leben einge-

EXTRATIPP

Lächeln im Vorübergehen

In der Subway-Station 14th St./8th Ave. bringen cartoonhafte kleine Bronzefiguren die Passanten zum Schmunzeln. Der Künstler **Tom Otterness** (geboren 1952), der aus Wichita/Kansas stammt, aber in Gowanus/Brooklyn lebt (www.tomo studio.com), hat hier seine lustigen Figuren verteilt, die politische Anspielungen (z. B. auf Geldgier) enthalten und das New Yorker Alltagsleben persiflieren. Auch in der Battery Park City befinden sich Kunstwerke von Otterness.

242ny Abb.: mb

haucht bekam. Gegenüber den Chelsea Piers fällt das **IAC Headquarter Building** des Architekten Frank Gehry ins Auge.

Inzwischen ist in dem Streifen zwischen Battery Park City ❶ und Midtown/Clinton (59th St.) ein Projekt namens **Hudson River Park** (www.hudson riverpark.org) realisiert worden. Durch die Begrünung verschiedener Piers und die Anlage einer Promenade wurde hier

150ny Abb.: mb

für mehr Attraktivität gesorgt. Gleichzeitig finden Events wie Blues BBQ at Pier 84 im Sommer statt. Dazu zieht sich hier der **Manhattan Waterfront Greenway,** ein schmaler Grünstreifen mit Radweg entlang, der einmal ganz Manhattan umrunden soll. Im Rahmen des Hudson-River-Projektes wurden einige Piers, wie Pier 25 (Minigolf, Beach-Volleyball, Soccerfield und US Lighthouse Tender Liliac von 1933), Pier 45 (Christopher Street Pier – Grünanlage), Pier 54 (Open-Air-Konzerte), Pier 62–64 (Grünanlage, Karussell, Water Playground) und Pier 95/96 (Liegewiesen, Möglichkeiten zum Schwimmen und Bootsanleger) sind bereits fertig. Noch gebaut wird derzeit an den Piers 26 und 97 und die Umgestaltung der Piers 52, 53 und 57 im Meatpacking District, Letzterer von 1947 und aus Holz, ist projektiert.

West Chelsea hat sich zu einem lebendigen Wohnviertel mit Apartments, Lofts und Brownstone-Reihenhäusern in beschaulichen Seitenstraßen, mit Lokalen, Cafés und Läden gemausert. Besuchenswert ist besonders der **Chelsea Market** (s. S. 31), ein kulinarisches Paradies in einer renovierten alten Keksfabrik.

Während in der 14th Street zwischen der 9th und 8th Avenue hübsche Stadthäuser an bessere Zeiten erinnern, pulsiert im Abschnitt zwischen 8th und 7th Street das Leben, speziell wenn am Wochenende Straßenmärkte stattfinden.

⌐ *Gegenüber den Chelsea Piers: das IAC Headquarter Building von Frank Gehry*

Gramercy, Chelsea und Meatpacking District

Hier herrscht ein multikulturelles Gemisch mit internationalen Lokalen und Shops. Wie die Kirche **Nuestra Señora de Guadalupe** (227 W 14th) und einige Restaurants andeuten, war dies einmal ein spanischsprachiges Viertel. Gerade die 8th Avenue entwickelte sich zur abendlichen **Flanier- und Restaurantmeile**, doch auch im weiteren Verlauf der 14th Street reihen sich Läden und Lokale aneinander.

Das nahe gelegene **Rubin Museum of Art** (s. S. 60) lohnt für alle, die sich für tibetanische Kunst interessieren, einen Abstecher. Es handelt sich um eine ungewöhnliche Sammlung zur Kunst und Kultur des Himalayas mit Gemälden, Skulpturen, Textilien und Drucken.

❯ Subway-Stationen: 23rd und 14th St.

31 **High Line Park** ★★ [B17]

„Going Green" ist derzeit angesagt (s. S. 93) und eine der Errungenschaften ist der High Line Park. Im Juni 2009 wurde die 1929 bis 1934 als Stahlviadukt erbaute **High Line**, eine Hochbahntrasse der Eisenbahn, die einst das Viertel zwischen der 34th Street (Javits Convention Center 38) und der Gansevoort Street im Meatpacking District auf rund 2,5 km Länge durchschnitt, einer neuen Bestimmung zugeführt: Die seit den 1970er-Jahren nicht mehr genutzte Bahntrasse wurde und wird abschnittsweise in eine attraktive begrünte Promenade mit Bänken und Aussichtspunkten, Sonnendeck und Kunstinstallationen umgewandelt. Zudem kümmern sich Gärtner und Botaniker darum, die originale Bepflanzung mit Stauden und Gräsern wiederherzustellen.

Nachdem der Südabschnitt von der Gansevoort bis zur 20th Street 2009 eröffnet wurde, folgte im Frühjahr 2011 der Abschnitt nordwärts bis zur 30th Street. Der Ausbau des letzten Teils bis zur 34th Street (Javits Convention Center) bzw. zwischen 10th und 12th Ave. befindet in Arbeit.

Dieser **High Line at the Rail Yards** genannte Abschnitt soll in Teilen ab 2014 eröffnen. Bei Fertigstellung des Projekts werden durch die Trasse W 34rd St., Javits Center und Hudson Yards Project (s. S. 176) mit dem Meatpacking District

◁ *Kuriose Läden und ungewöhnliche Lokale sind in Chelsea keine Seltenheit*

und West Chelsea verbunden sein. Der Entwurf stammt von den Landschaftsarchitekten Field Operations in Zusammenarbeit mit dem Architekturbüro Diller Scofidio + Renfro.

Der südliche **Zugang zur begrünten Promenade** neun Meter über dem Straßenniveau erfolgt über die Gansevoort Plaza im Meatpacking District, wo gegenwärtig das neue Whitney Museum of American Art ❺ entsteht. Weitere Aufgänge befinden sich an 14th, 16th, 18th, 20th , 23th, 26th, 28th und 30th Street. Schön ist der Ausblick vom gegenwärtigen Ende der Promenade an der 30th St. auf Uptown mit dem Time Warner Center.

Als öffentliches Grün- und Parkareal soll der High Line Park der **West Side** zwischen den ehemaligen Industrie- und Hafenregionen Hell's Kitchen, Hudson Yards, West Chelsea und dem Gansevoort Market Historic District neue Attraktivität verleihen. Zeichen dieses Wandels sind auch neu entstandene Bauten im Umkreis der High Line wie der **HL23 Tower** (W 23rd St.) von Neil Denari, ein luxuriöser Apartmentkomplex, Frank Gehrys erster und architektonisch auffälliger Bau in New York City, die **IAC Headquarters** (West Side Hwy./18th St.) oder das **Standard Hotel** (s. S. 334) von Polshek Partnership direkt über der High Line.

❭ **High Line Park**, www.thehighline.org, Subway: 14th St./8th Ave., mehrere Zugänge, 7.30–17 Uhr, Events und Verkaufsstände

△ *Der High Line Park ist ein Projekt mit Vorbildcharakter*

❸❷ Meatpacking District ★ [B18]

Zwischen West Chelsea und Greenwich Village (12th bis 14th St.), Hudson Street und Hudson River liegt der **Meatpacking District**. Wenige operierende Schlachtereien, Fleischlagerhallen und Kühlhäuser erinnern noch an die vormalige Zweckbestimmung des Areals, das zudem bis in die 1990er-Jahre als Rotlichtviertel verrufen war. Seit jedoch Restaurantbesitzer, Immobilienmakler und Hoteliers das ehemalige „Bermuda Triangle" für sich entdeckt haben, hat ein Revitalisierungsprozess begonnen.

Der Meatpacking District gilt inzwischen als eines der In-Viertel Manhattans und wer gut essen oder ausgehen will, ist hier richtig. Eine Hauptachse des Viertels ist die **Gansevoort Street**, dort befindet sich auch das schicke Gansevoort Hotel. Zum neuen Zentrum des Viertels entwickelt sich das Areal um den hier beginnenden High Line Park **31** (Washington St.) – Boutiquen und Galerien sowie ausgefallene Lokale deuten den Wandel bereits an.

Auch das **Whitney Museum 61** eröffnet voraussichtlich 2015 einen Neubau an der High Line. Dieser soll einmal sechs Ebenen umfassen und stammt vom Stararchitekten Renzo Piano (http://whitney.org/About/NewBuilding#mmi_82232).

❯ Infos: www.meatpacking-district.com
❯ Subway-Station: 14th St./8th Ave.

Gastronomie und Shopping in Chelsea und im Meatpacking District

- **387** [B17] **Bergamot Café**, 169 9th Ave. Eine kleine Konditorei mit angeschlossenem Café.
- **388** [B17] **El Quinto Pino**, 401 W 24th St. Tapas-Bar, in der es abends eng wird, tolle Sandwiches und Tapas, mit großer Bar.
- **389** [B18] **Old Homestead Steakhouse** $$$, 9th Ave./14th St. 1866 gegründet und damit das älteste, erhaltene Steakhouse New Yorks.
- **390** [B18] **The Standard Grill** $$$, 848 Washington/13th St. Unter der High Line gelegenes Lokal mit saisonaler Küche.
- **391** [B17] **192 Books**, 192 10th Ave. Unabhängiger, kleiner Buchladen mit Veranstaltungsprogramm.

▷ Die „New 42nd Street" ist sichtbares Zeichen der gelungenen Wiederbelebung des Areals um den Times Square **39**

- **392** [B18] **Diane von Furstenberg**, 874 Washington St. Teure Boutique der angesagten Modedesignerin.
- **393** [B18] **Scoop NYC**, 861 Washington St. Ausgefallene Designermode, nach Trend, Form und Farbe sortiert, daneben zwei weitere Scoop-Läden, einer für Männer (Nr. 873) und einer mit Streetwear sowie Kinderabteilung (Nr. 875).
- ❯ Entlang den High-Line-Aufgängen, v. a. an der W 15th St., stehen den Sommer über **Food Trucks** oder **Imbissstände** wie Blue Bottle Coffee, La Newyorkina, Melt Bakery, The Taco Truck oder People's Pops.

Midtown

Der offiziellen Einteilung nach reicht Midtown **von der 34th bis zur 59th Street**, wobei die 5th Avenue das Areal in West und East Midtown unterteilt. Innerhalb von Midtown unterscheidet man **einzelne Viertel**, wie den berühmten Theater District, den Garment District, Murray Hill oder Hell's Kitchen – alles Teile von **Lower Midtown**. Der für den Besucher interessanteste Teil liegt um den Theater District und um die **5th Avenue**, hier befindet sich sozusagen das „Kerngehäuse" des Big Apple mit einer unübertroffenen Konzentration an Sehenswürdigkeiten, architektonischen Highlights, hochklassigen Museen, Shops und Boutiquen.

Im westlichen Teil von Lower Midtown, zwischen 33rd und 42nd Street, ist das jüngste Großbauprojekt auf der Fläche der ehemaligen **Hudson Yards** (www.hudsonyardsnewyork.com, www.hydc.org) im Bau. Auf dem Areal der alten Gleisanlagen an der 11th Avenue zwischen 30th und 33rd Street entstehen neue Wohn- und Büroflächen, eine Schule, ein Hotel und Parks. Zudem ist eine Verlängerung der Subway-Linie 7 bis zur Ecke W 34th St./11 Ave. projektiert – sodass hier ein drittes „Downtown" nach Lower Manhattan und Midtown/Times Square heranwachsen könnte.

2015 soll an der Nordost-Ecke 10th Ave./30th St. als erstes Gebäude der **South Tower** (Kohn Pedersen Fox) mit 47 Stockwerken eröffnen, folgen soll der **North Tower** (10th Ave./33rd St.). Beide werden durch einen Shopping-/Dining-/Entertainment-Komplex verbunden. Quasi eine Verlängerung des High Line Parks **31** soll der **Hudson Park & Boulevard** werden, ein Freizeitareal nördlich der W 33rd St. An der High Line (30th St.) ist zudem ein Kulturkomplex nach Plänen von Diller Scofidio & Renfro and David Rockwell vorgesehen, genannt **Culture Shed.**

Upper Midtown, grob gesagt der Bereich zwischen Rockefeller Center **50** und Central Park **70**, ist das **Touristenzentrum New Yorks** schlechthin. Zwischen Park Avenue und Broadway liegen die meisten und besten Geschäfte, Restaurants, Cafés und Kneipen, Museen und Theater. Upper Midtown mit 5th und Park Avenue sowie dem Rockefeller Center steht synonym für den vornehmsten Teil von New York. Besonders die **5th Avenue** präsentiert sich auf diesem Abschnitt als exklusive „Luxusmeile" und wird gern in einem Atemzug mit den Pariser Champs-Elysées, der römischen Via Veneto oder Chicagos Magnificent Mile genannt.

Immer schon residierten hier die „Reichen und Schönen" und so hatte im späten 19. Jh. der schwerreiche William Henry Vanderbilt hier sein Domizil (5th Ave./51st St.) und andere Wohlhabende siedelten sich v.a. in Nähe des Central Park **70** an. Heute stehen von den al-

078ny Abb.: mb

ten Villen kaum noch welche, dafür aber mächtige, noble Apartmenthäuser, deren Äußeres kaum erahnen lässt, wie angenehm es sich im Inneren leben lässt. Eine brillante Beschreibung der Atmosphäre liefert Tom Wolfe in „Fegefeuer der Eitelkeiten".

Die passenden Läden folgten Anfang des 20. Jh. 1917 erwarb Cartier günstig das Haus eines reichen Bankiers und eröffnete sein Geschäft, andere Luxusshops wie Tiffany's, Chanel, Bergdorf oder Rolex zogen nach. Dennoch besteht die 5th Avenue nicht nur aus „Nobelschuppen", Glitzer und Glamour. Es existieren durchaus auch „normale" Läden (teils Ketten) wie Uniqlo (Ecke 53rd St.), Buchhandlungen und renommierte kleine Fachgeschäfte.

🟠 Macy's/Herald Square ★ [C16]

Offiziell bildet die 34th Street die Grenze zwischen Chelsea/Gramercy und dem Garment District, doch in der Realität gehen die Viertel ineinander über. Im Zentrum der Region befindet sich der **Herald Square** (Subway-Station, Linien B, D, F, Q, N, R), dort wo sich die Avenue of the Americas (6th Ave.) und der Broadway kreuzen. Der Platz ist nach dem Büro der Zeitung New York Herald benannt, das sich zwischen 1894 und 1921 hier befand. Mehrere Straßenblocks am Herald Square entlang dem Broadway (35th–33rd St.) wurden wie am Times Square zur **Fußgängerzone** umgestaltet.

Gegen Ende des 19. Jh. war hier der **Tenderloin District,** ein übles Rotlichtviertel, entstanden, ihm wurde jedoch 1902 mit der Eröffnung des Kaufhauses Macy's der Garaus gemacht. Rund um Macy's und Broadway entstand die „Fashion Avenue", die von dem „Konsumtempel" dominiert wurde. Mit seiner sehenswerten Fassade an der 34th Street und markantem Eingang mit Stützfiguren, Uhr und Schriftzug nimmt er inzwischen einen ganzen Straßenblock ein.

Die **Anfänge des Kaufhauses** waren hingegen eher bescheiden: 1858 eröffnete der ehemaligen Walfänger-Kapitän Rowland Hussey Macy einen kleinen Laden an der W 14th Street. 1862 war „R. H. Macy Co." der einzige Laden mit einem Weihnachtsmann zur Vorweihnachtszeit und erstmals wurden Schaufenster festlich dekoriert. Als Macy 1877 starb, war das Unternehmen auf elf Gebäude angewachsen und seine ehemaligen Mitarbeiter, die Brüder Isidor – er kam 1912 beim Untergang der Titanic

ums Leben – und Nathan Straus übernahmen den Betrieb. Sie expandierten weiter und ab 1902 entstand der heutige Gebäudekomplex am Herald Square.

In den 1920er- und 1930er-Jahren wurden erstmals Filialen in anderen Städten eröffnet – die Kaufhauskette war geboren. Mit der Fertigstellung des letzten Bauteils an der 7th Avenue im Jahr 1924 wurde Macy's zum „World's Largest Store" und im selben Jahr wurde auf Betreiben der Angestellten – vorwiegend Einwanderer aus Europa – erstmals eine große **Thanksgiving Parade** (s. S. 18) abgehalten. Diese Tradition lebt bis heute fort und immer Ende November zieht ein bunter Umzug mit figürlichen Riesenballonen von der 77th St./Central Park West über den Columbus Circle zu Macy's am Herald Square und läutet die Vorweihnachtszeit mit der Ankunft von Santa Claus ein.

Ähnlich berühmt sind die **Fourth of July Fireworks,** die das Kaufhaus seit 1976 ebenfalls finanziert. Etwa 40.000 Raketen werden am Abend des Nationalfeiertags von sechs verschiedenen Punkten aus über dem East oder Hudson River abgefeuert und bieten ein einmaliges Spektakel.

Überquert man den Herald Square, den die Uhr des Herald Buildings als Wahrzeichen überragt, gelangt man am gegenüberliegenden südlichen Kreuzungsdreieck von Broadway und Ave. of the Americas zum **Greeley Square,** einer Verkehrsinsel mit der Statue von Horace Greeley, dem Gründer der New York Tribune. Hier befindet sich auch die **Manhattan Mall** (s. S. 25), das einzige größere Einkaufszentrum in der Innenstadt.

❯ **Macy's,** Herald Sq., 151 W 34th St. (Broadway–7th Ave.), Subway: 34th St.

34 Empire State Building ★★★ [C16]

Das Empire State Building (ESB) wurde kurz nach seiner Eröffnung scherzhaft „Empty State Building" genannt – kein Wunder, war es doch zwischen 1929 und 1931, mitten in der Weltwirtschaftskrise, erbaut worden und stand lange leer. Andere Beinamen wie „Achtes Weltwunder" oder „Cathedral of the Skies" beziehen sich auf die imposanten Ausmaße und die Eleganz des berühmten Wolkenkratzers.

Aufgrund seiner zentralen Lage bietet sich vom ESB ein herrlicher Ausblick über die Wolkenkratzerstadt. Vom offenen **Aussichtsplateau im 86th floor** (87. Stock) reicht der Blick nordwärts bis zur Bronx, im Süden zum Battery Park und nach Staten Island, im Westen nach New Jersey und im Osten nach Queens und Brooklyn, bei optimalen Bedingungen über 120 km weit. Anlässlich des 75. Geburtstags des Gebäudes wurde 2005 das zweite Observation Deck im 102nd *floor* wiedereröffnet.

Wer zum Aussichtsplateau möchte, braucht Zeit, denn das seit 1986 als *landmark* unter Denkmalschutz gestellte Wahrzeichen gehört zu den beliebtesten Punkten der Stadt. 73 Hochgeschwindigkeitsaufzüge verbinden die einzelnen Etagen, das Treppenhaus hingegen bzw. die gut 1500 Stufen von der Lobby zum ersten Aussichtsbereich auf 320 m Höhe nutzen einmal im Jahr, Anfang Februar, Langstreckenläufer anlässlich des legendären „Empire State Building Run-Up".

Das Empire State Building entstand an dem Ort, an dem zunächst die John Thompson Farm und dann das Waldorf-Astoria-Hotel standen. Zwischen 1929

079ny Abb.: mb

⌂ *„Kathedrale des Himmels" wird das Empire State Building genannt und wer auf der Aussichtsplattform steht, weiß auch, warum* und 1931 wurde der Wolkenkratzer nach Plänen des New Yorker Architekturbüros Shreve, Lamb & Harmon Ass. in den turbulenten Zeiten von Börsenkrach und Wirtschaftskrise erbaut. Die Bauweise war revolutionär: Großteils kamen vorgefertigte Teile zum Einsatz, die um ein Stahlgerüst herum zusammengefügt wurden. Zur Verankerung dienten 200 unterirdische Stahl- und Betonpfeiler, insgesamt gibt es 6500 Fenster und es wurden 60.000 Tonnen Stahl verwendet.

„Cathedral of the Skies" nannte man das Gebäude wegen seiner **Höhe:** Von 1931 bis 1973 galt der 110-stöckige Bau mit 449 m (ohne Antennen 381 m) als höchstes Gebäude der Welt. Bis Ende April war es sogar das höchste Gebäude New Yorks und das dritthöchste in den USA (nach Willis und Trump Tower, beide in Chicago), dann wurde es vom 1 WTC überholt. Der Wolkenkratzer spielte in vielen Filmen eine Rolle, z. B. im berühmten Streifen „King Kong" von 1933. Die oberen 30 Stockwerke sind **jede Nacht beleuchtet,** und zwar an Feiertagen oder während Veranstaltungen in wechselnden Farben: z. B. Grün am St. Patrick's Day oder Schwarz-Rot-Gold am 3. Oktober, dem „German Reunification Day".

Erst 1963 wurde die **Marmor-Lobby** zugefügt. In ihr stehen die „Wonders of the World", Wandbilder der sieben klassischen Weltwunder und des Empire State Building als achtem, geschaffen von Roy Sparkia und Renee Nemorov. Kürzlich wurde der Bau zum „klimafreundlichen Wolkenkratzer" und ökologisch saniert. Eine Senkung des Energieverbrauchs mittels neuer Fenster, besserer Isolation und Beleuchtung sowie neue Klimaanlagen haben ihm ein „LEED Gold"-Zertifikat eingebracht.

> **Empire State Building,** 350 5th Ave./ 34th St., www.esbnyc.com, tgl. 8–2 Uhr (letzter Aufzug 1.15 Uhr), $ 27 (Aussichtsplateau 86th floor) bzw. $ 44 (Aussichtsplateaus 86th und 102nd floor), der Kombi-Express-Pass kostet rund $ 67, spart aber das Anstehen. Er ist auch kombinierbar mit „NY Skyride" – einer virtuellen Flugtour über die Stadt – (tgl. 10–22 Uhr, www.skyride.com), Ticket-Vorbestellung unter www.esbnyc.com/buy_tickets.asp, Eintritt auch im CityPass (86th floor) enthalten. Beleuchtungsplan: ww.esbnyc.com/current_events_tower_lights.asp, Subway: 34th St./Herald Sq.

③⑤ The Morgan Library & Museum/Murray Hill ★ [D16]

Murray Hill ist ein kleines Stadtviertel zwischen Gramercy und Lower Midtown. Hier befindet sich die **Church of the Incarnation** (205 Madison Ave.), eine 1864 erbaute Episkopalkirche, in der sich sehenswerte Glasfenster von Louis C. Tiffany, William Morris und Edward Burne-Jones befinden.

Ein Muss ist die **Morgan Library & Museum** (225 Madison Ave.). Diese Bibliothek fußt auf der umfassenden Privatsammlung des Bankiers J. Pierpont Morgan (1837–1913), bestehend aus seltenen Büchern und Manuskripten, Inkunabeln, Zeichnungen, Drucken und Gemälden.

1903 war nach Plänen von Charles McKim vom New Yorker Architekturbüro McKim, Mead & White angrenzend an die Morgan'sche Privatwohnung – ein Brownstone-Bau von 1880 – an der Kreuzung Madison Ave./36th St. ein Bibliotheksbau im Stil eines Renaissancepalastes errichtet worden. Er war auch innen üppig mit Fresken, Mosaiken und

Stuckreliefs dekoriert. Der Sohn des Bauherrn, J. P. „Jack" Morgan Jr. (1867–1943), machte die Bibliothek 1924 der Öffentlichkeit zugänglich und schon vier Jahre später wurde aus Platzgründen – die Sammlung war durch Spenden und Schenkungen erheblich gewachsen – ein „Annex" an der Ecke Madison Ave./36th St. gebaut und mit dem Ursprungsbau durch eine Galerie verbunden. Dabei wurde das alte Wohnhaus der Morgans abgerissen; die Familie war bereits 1905 in ein historisches Nachbargebäude (1852) umgezogen. 1988 wurde dieses in den Museums- und Bibliothekskomplex integriert und 1991 kam ein verbindender „Garden Court" dazu.

2005/2006 erfolgte nach Plänen des bekannten italienischen Architekten Renzo Piano eine neuerliche Vergrößerung der Ausstellungsfläche um über die Hälfte. Piano fügte einen dreiteiligen Stahl-Glas-Pavillon mit Eingangslobby und luftig-hellem Foyer („Gilbert Court") mit Café, Lokal, Shop, Veranstaltungs- und Lesesaal hinzu. Durch wenig aufdringliche moderne Architektur gelang ihm eine sehenswerte Symbiose mit den drei bestehenden historischen Gebäuden.

Zu den Museumsbeständen gehören Schriften ab dem 15. Jh., darunter drei Gutenberg-Bibeln, Manuskripte aus dem Mittelalter und der Renaissance, Zeichnungen und Drucke von Blake, Degas, Dürer, Rubens und Watteau. Literarische und historische Manuskripte – u.a. Charles Dickens' „Christmas Carol", Thomas Jeffersons Briefe an seine Tochter Martha, Briefe von Jane Austen, Albert Einstein, Abraham Lincoln, John Steinbeck oder Voltaire – sind hier ebenso ausgestellt wie Notenblätter von vielen großen Komponisten.

Besonders sehenswert ist der alte Teil des Museums, die prächtig ausgestatteten McKim Rooms von 1906, die Ende 2010 nach aufwendiger Renovierung neu eröffnet wurden. Sie umfassen Morgan's Library & Study, zwei Räume, die durch die Rotunde voneinander getrennt sind und die Lieblingskunstwerke des Gründers und außerdem ein Büro enthalten. Die Wände sind zu großen Teilen von Bücherregalen bedeckt und Wandgemälde zeigen historische Persönlichkeiten und Tierkreiszeichen.

Murray Hill stellt mit seinen kleineren Wohnhäusern und dem **Sniffen Court** (150–158 E 36th) eine Ruheoase im Großstadttrubel dar. Um einen schönen Innenhof herum gruppieren sich hier zehn Kutschenhäuser, die im neoromanischen Stil um 1850 von John Sniffen erbaut wurden.

❯ **The Morgan Library & Museum,** 225 Madison Ave., www.themorgan.org, Di.–Do. 10.30–17, Fr. 10.30–21, Sa. 10–18, So. 11–18 Uhr, $ 18 (Fr. 19–21 Uhr freier Eintritt, Di. 15–17, So. 16–18 Uhr McKim Rooms frei zugänglich), Subway: 33rd St.

KLEINE PAUSE

Koreanisches Barbecue

Im Areal um die 32nd St. zwischen 6th und 5th Ave. – „Korean Way" genannt – lassen Ladenschilder und Restaurants sofort erkennen, dass man sich in einer anderen Welt befindet: in Little Korea. Hier gibt es koreanisches Barbecue (mit im Tisch eingelassenem Grill), z. B. bei **Don's Bogam** (17 32nd St.) oder **E-Mo** (2 32nd St.). Bei **Hangawi** (s. S. 41) werden asiatisch angehauchte vegetarische Gerichte angeboten.

36 Madison Square Garden ★★ [B16]

Gegenüber dem **Hotel Pennsylvania**, einem in den 1930er-Jahren durch Big-Band-Auftritte und illustre Gäste berühmt gewordenen Riesenhotel, steht der legendärste Sportpalast der Welt, der **Madison Square Garden** (MSG), durch den auch Touren angeboten werden. 1968 wurde die Halle, die aussieht wie ein verglaster Betonzylinder, über dem Bahnhof **Pennsylvania Station** errichtet. Der MSG ist bereits der vierte Bau dieses Namens in New York: 1879 war der erste „Garden" an der 26th St./Madison Ave. erbaut worden, er wurde 1890 vom MSG II an gleicher Stelle abgelöst, ehe 1925 das dritte Gebäude an der Penn Plaza (7th–8th Ave., 31st–33rd St.) entstand.

Der vierte Madison Square Garden, „World's Most Famous Arena", fasst heute 18.000 bis 20.000 Zuschauer und ist Heimat mehrerer **Profisportmannschaften**: der Rangers (Eishockey), der Knicks (Basketball) und der Liberty (Frauen-Basketball), doch finden hier auch große **Konzerte, Boxkämpfe, Zirkus** (Ringling Bros. und Barnum & Bailey Circus), **Eis-shows** und sogar **Rodeos** statt. Kürzlich wurde der legendäre Sportpalast gründlich renoviert, die Zuschauertribünen erneuert und breitere Umgänge sowie neue Logen konstruiert, alles bei laufendem Spielbetrieb.

> **Madison Square Garden,** 33rd St./7th Ave., Tel. 212 4656000, www.thegarden.com, Touren tgl. 10.30–15 Uhr, $ 34,45, Infos und Tickets unter: www.thegarden.com/tours.html bzw. im MSG Tour Shop, Subway: 34th St./Penn Station

⌂ *Wenn die Knicks Basketball spielen (oder die Rangers Eishockey), platzt der MSG aus allen Nähten*

Die Qual der Wahl – Sport im Big Apple

Was lässt das Adrenalin der Fans auf den höchsten Pegel steigen? Lokalderbys! Sie sind in jeder Sportart das Salz in der Suppe und unterliegen ihren eigenen Gesetzen. Gleichgültig, ob im Fußball die Bayern gegen die Sechziger antreten oder sich Düsseldorf und Köln im Eishockey gegenüberstehen – wenn Nachbarvereine um Tore oder Punkte kämpfen, ist für Action gesorgt. Und in New York gibt es in unterschiedlichen Sportarten gleich mehrere Major League Teams!

*So buhlen drei Klubs in der **Eishockey-Profiliga NHL** um Ruhm und Ehre (die New York Rangers, die New York Islanders und die New Jersey Devils) und zwei **Männer-Basketballklubs (NBA)** gehen auf Korbjagd: die New York Knicks und die Nets. Sie laufen seit Herbst 2012 in Brooklyns neuem Barclays Center (s. S. 259) auf.*

*Die beiden **NFL-Footballteams** New York Giants und New York Jets spielen im gemeinsam finanzierten neuen Stadion in New Jersey. Den New York Giants gelang es im Februar 2012 zum vierten Mal, den Super Bowl – den Meisterpokal im Profi-Football – nach New York zu holen. Die 1925 gegründeten Giants schlugen wie schon vier Jahre vorher die New England Patriots, dieses Mal 21:17.* ▷

☑ *Profisport wird in New York großgeschrieben*

109ny Abb.: mb

Schließlich spalten zwei **Baseballteams,** die traditionsreichen New York Yankees und die New York Mets, die Baseballanhänger der Stadt in zwei Lager. Aber auch ohne Lokalrivalen haben zwei weitere Profiteams eine treue Anhängerschaft, das **Fußballteam** Red Bulls und die New York Liberty, das **Frauen-WNBA-Team.** Die Fußballer werden 2015 einen Lokalrivalen erhalten. Wo der neue **New York City FC** endgültig Fußball spielen wird, ist noch ungeklärt, 2015 wird man vorübergehend im Yankee Stadium antreten.

Theoretisch kann man sich als New Yorker seinen Lieblingsverein frei wählen, doch tatsächlich ist man nicht einfach Fan irgendeiner Mannschaft, sondern wird als Anhänger eines bestimmten Teams geboren: Gerahmt vom Hudson und East River ist da zum einen Manhattan, die Heimat der Rangers (NHL) und der Knicks (NBA). Die Anhänger dieser beiden Klubs gelten in den USA als die „Wilden", als **rüpelhaftes Publikum.**

In der Tat kann es im Madison Square Garden passieren, dass aus scheinbar gesitteten Büroangestellten fanatische Rowdys und aus feinen Ladys Furien werden. Die Bewohner Manhattans, die der angrenzenden New Yorker Stadtteile sowie jene auf der anderen Seite des Hudson Rivers, in **New Jersey,** haben ein besonderes Verhältnis zueinander.

In letzter Zeit konkurriert auch **Brooklyn** verstärkt mit Manhattan, denn erstmals seit 1957 gibt es dort mit den Nets (Basketball) und ab 2015 mit den Islanders (Eishockey) zwei Profivereine.

Vor allem im **Eishockey** ergreift die Rivalität die ganze Stadt: In Manhattan sind die legendären Rangers, einer der sechs „alten" NHL-Klubs, zu Hause, auf Long Island sind die in den 1980er-Jahren so erfolgreichen Islanders (Nassau Coliseum, ab 2015 in Brooklyn) und dann gibt es da noch die Devils, die in Newark/New Jersey 2007 ein schmuckes neues Stadion bezogen haben.

Eishockey ist aber nur die Spitze des „Eisberges", denn auch im Basketball, Football und besonders im Baseball geht es turbulent zu: Wer in den USA schon einmal Profispiele besucht hat, dem wird die **Andersartigkeit der New Yorker Fans** aufgefallen sein. Während in anderen Sportarenen die Zuschauer ins Stadion pilgern, als würden sie eine Oper besuchen und sich auch entsprechend benehmen, werden in New York gegnerische Teams wüst beschimpft, ausgebuht und ausgepfiffen. Ausschreitungen sind jedoch trotz aller schlechten Manieren selten, Unmutsäußerungen und Auseinandersetzungen spielen sich v. a. auf verbaler Ebene ab.

Von einer anderen Seite erlebt man die New Yorker dagegen bei Spielen der **New York Liberty.** Die Fanbasis der **Profi-Basketballerinnen** rekrutiert sich überwiegend aus Mädchen und jungen Frauen, die mit ihrer Begeisterung ganze Familien anstecken, auch viele afroamerikanische. Bei den Liberty-Spielen im Madison Square Garden sind die Tickets noch erschwinglich und es wird dennoch Spitzensport geboten.

③⑦ James A. Farley General Post Office ★ [B16]

Gegenüber der Sporthalle an der 8th Ave. erhebt sich der wuchtige Bau des James A. Farley General Post Office – benannt nach dem **obersten Postchef der 1930er-Jahre**. Das Gebäude steht auf dem National Register of Historic Places und damit unter Denkmalschutz und stammt wie das alte, abgerissene Penn-Station-Bahnhofsgebäude vom Reißbrett des New Yorker Architekturbüros McKim, Mead & White.

Das Postamt eröffnete 1912 im **Beaux-Arts-Stil** und wurde 1934 vergrößert. Ins Auge fällt eine lange Säulenkolonnade mit korinthischen Kapitellen und Freitreppe an der 8th Ave. Die 85 m lange Inschrift am Architrav würdigt die Verdienste der Post mit einem Spruch aus Herodots Historien (VIII, 98), der damit die Tapferkeit der Boten des persischen Königs Xerxes I. im 5. Jh. v. Chr. rühmte: „Neither snow nor rain nor heat nor gloom of night stays these couriers from the swift completion of their appointed rounds". An beiden Schmalseiten stehen turmartige Pavillons, im nördlichen befindet sich eine kleine Ausstellung zur Post-

geschichte. Seit einigen Jahren ist immer wieder einmal die Rede davon, das alte Postamt zu renovieren.

❭ **James A. Farley General Post Office**, 421 8th Ave., 24 Std., Subway: 34th St./ Penn Station, Mo.–Fr. 7–22, Sa. 9–21, So. 11–19 Uhr

③⑧ Jacob K. Javits Convention Center ★ [A16]

Drei Blocks westlich vom Madison Square Garden ③⑥ liegt direkt am Hudson River das Jacob K. Javits Convention Center, das zwischen 1979 und 1986 von James Ingo Freed von der renommierten Architektenfirma Pei Cobb Freed & Partners erbaute, größte **Messe-, Ausstellungs- und Kongresszentrum** Amerikas. Es umfasst fünf Straßenblocks zwischen 34th und 39th Street und 11th und 12th Avenue und soll noch erweitert werden. Mehr als 85.000 Menschen können hier an Veranstaltungen und Messen teilnehmen. Den Kern bildet ein leicht wirkender Glasplattenbau, der sich formal in einzelne Bauteile untergliedert. Sehenswert ist die Lobby über 15 Stockwerke, die bezeichnenderweise „Kristallpalast" genannt wird, und eine Ladenstraße namens „Galleria".

An der Südostecke des Komplexes soll 2014 der High Line Park ③① enden, die Westseite liegt auf Höhe der Piers 76–78. An **Pier 76** befinden sich die (nicht öffentlich zugänglichen) Headquarters der **berittenen Polizei** New Yorks, während **Pier 79** (W 39th St.) als **Fährbahnhof** in Richtung New Jersey und damit als Stammsitz von New York Waterway dient.

❭ **Jacob K. Javits Convention Center**, 655 W 34th St., www.javitscenter.com, Subway: 34th St./Penn Station

---

KLEINE PAUSE

Ruheoase im Trubel

Nicht weit vom „Garden" entfernt liegt am Rande des sogenannten Fur District, des Kürschnerviertels (W 27–30th St.), die **St. John the Baptist Church** (210 W 31st St.), eine 1840 gegründete katholische Kirche. Im zugehörigen Mönchskloster mit Meditationsgarten lässt sich der Trubel rund um den MSG vergessen.

Gastronomie und Shopping im Garment District/Murray Hill

🔴**394** [E16] **Murray Hill Greenmarket,** 2nd Ave. E (32nd–E 33rd St.), Sa. 8–15 Uhr, Juli–Nov. Wochenmarkt, auf dem die Farmer der Region ihre Waren verkaufen.

🔵**395** [B16] **Skylight Diner,** 402 W 34th St./9th Ave. Fastfood der gehobenen Kategorie mit Suppen, Salaten, Burgers und Wraps, Sandwiches und vollen Gerichten.

🟥**39** Times Square und Theater District ★★★ [C15]

Als „Summe und Krönung aller Marktplätze und Tingeltangelstraßen in Amerika" beschrieb einmal Jack Kerouac, Schriftsteller und Mitbegründer der Beat Generation, den Times Square. Genau genommen handelt es sich um einen Doppel-Platz: Im Zwickel zwischen 7th Ave. und Broadway, zwischen 43rd und 47th Street, liegt eine lang gestreckte Platzanlage. Der Südteil heißt Times Square, der im Norden Duffy Square.

Mit etwa 35 Mio. Besuchern jährlich zählt der **Times Square** zu den meistbesuchten Attraktionen der Welt und ist rund um die Uhr belebt. Seinen Namen erhielt er 1904, als hier die New York Times ihr Büro eröffnete. Inzwischen ist die Tageszeitung in einen spektakulären, umwelt- und energiefreundlichen Neubau von Renzo Piano, das New York Times Building 🟥**40** an der Ecke 42nd Street/8th Avenue, umgezogen.

Der **Theater District** erstreckt sich als Teil von Midtown zwischen 7th und 8th Avenue, 41st und 53rd Street und im Zentrum zieht sich der Broadway schräg zum sonst regelmäßigen Straßenraster nach Norden. Das Herz des Theater Districts liegt am Broadway zwischen 42nd und 45th Street. Diese „**Crossroads of the World**" beschrieb Jack Kerouac in den 1960er- und 1970er-Jahren noch als das Viertel der Händler, Penner und Prostituierten. „Broadways" gibt es in beinahe jeder amerikanischen Kleinstadt, doch nur der New Yorker „Breite Weg" steht als Synonym für Glitzer und Glamour, Theater und Vergnügen. Zuge-

„Ten Feet Cops"

*Zwischen den Straßenschluchten Manhattans wirken die **berittenen Polizisten des New York Police Department (NYPD)** wie Relikte einer längst vergangenen Zeit. In der Tat ist die Mounted Unit des NYPD die älteste berittene Polizei Nordamerikas. Sie wurde **1871 gegründet,** somit zwei Jahre vor den legendären Mounties, der Royal Canadian Mounted Police. Bis heute üben etwa 80 Pferde und 112 reitende Polizisten in der Metropole New York regulären Polizeidienst aus und es ist geplant, die Einheit auf 160 Pferde auszubauen.*

Die New Yorker lieben ihre berittene Polizei und nennen sie „Ten Feet Cops", denn so hoch hinauf - etwa 3 m - ragt das Gespann aus Pferd und Reiter. Nicht nur die Pferde werden sorgfältig ausgewählt und ausgebildet, auch die Offiziere sind handverlesen. Von 300 Bewerbern werden nach einem langen und schwierigen Ausbildungsprogramm nur 20 übernommen, darunter immerhin knapp ein Drittel Frauen. Ruhig, gelassen und belastbar müssen die Pferde sein, die Reiter stets freundlich und sicher im Auftreten. „Pferd und Reiter müssen perfekt zusammenpassen", erklärt der erfahrene berittene Poli-

geben, der Glanz der „Welthauptstadt des Theaters" ist etwas verblasst, die Einmaligkeit passé, doch für Theaterfans wird immer noch genug geboten.

Im 19. Jh. war das **Areal rund um den Times Square** als Rotlicht- und kriminelles Viertel berühmt-berüchtigt. Doch bereits die Eröffnung der alten Metropolitan Opera an der Ecke Broadway/40th Street im Jahr 1883 hatte die Entstehung eines Theater- und Vergnügungsviertels mit noblen Restaurants, Theatern und Nachtklubs zur Folge, und dies blieb auch während der Prohibition in den 1920er-Jahren das kulturelle Zentrum der Stadt.

Legendäre Einrichtungen sorgten für Amüsement, so „Hubert's Museum", auch „Flea Circus" genannt, eine Show

zist Ronald Savarese. Jeder Reiter gibt seinem Pferd einen Spitznamen, denn offiziell werden die Vierbeiner nach Polizisten benannt, die im Dienst ums Leben kamen.

Zehn Dollar kostet ein Pferd die Stadt pro Tag – kein Wunder, dass man in Zeiten des Verkehrschaos und der hohen Benzinpreise vermehrt auf die „Ten Feet Cops" setzt. Polizeichef Raymond Kelly hat inzwischen sogar die Ausweitung der Patrouillenritte angeordnet: „Ein berittener Polizist sieht weit mehr als zehn Kollegen zu Fuß", erklärt Detective Richard De Pamphilis. „Wir erkennen Dinge über einige Blocks hinweg und können so schneller reagieren und Streifenwagen früher informieren. Zudem haben die Leute Respekt vor uns und unseren vierbeinigen Kollegen."

In den Straßen New Yorks, nicht nur im Central Park, stößt man immer häufiger auf berittene Polizisten. Inzwischen erhielt die Mounted Unit ein neues **Headquarter am Pier 76** *in Midtown. Doch nicht nur als Streifengänger sind die „Ten Feet Cops" nicht aus dem Stadtbild wegzudenken, sie sind inzwischen auch zu Wahrzeichen und Botschaftern der Metropole geworden.*

081.ny Abb.: mb

⌂ *Die berittene Polizei New Yorks ist die älteste in den USA und wird von den Einheimischen geschätzt und geliebt*

menschlicher Abnormitäten, Vaudeville-Spektakel und die „Ziegfeld Follies" – Vorläufer von Kabarett und Musical. 1899 öffneten das Victoria und das Republic Theater, andere Bühnen folgten v. a. zwischen 1910 und 1930. Weiter kamen Restaurants und ab den 1920er-Jahren auch Kinos dazu. Die Theater boten vor der Erfindung des Tonfilmes in den späten 1920er-Jahren Livemusikdarbietungen, danach dominierten Varieté und Film.

In jener Zeit kamen auch die überdimensionalen **Leuchtreklamen** auf, die dem Broadway den Beinamen „**The Great White Way**" einbrachten. Während des Zweiten Weltkriegs galt der Square, vor allem für die zahlreich in New York anzutreffenden Soldaten – die Stadt fungierte als eine Art Sammelpunkt –, als das Symbol für den Glamour der Stadt. Als

sich in der Nachkriegszeit zunehmend das Fernsehen durchsetzte, verblasste der Glanz, die 42nd Street fungierte in erster Linie als Hauptverkehrsachse und der Verfall des Areals um den Times Square nahm seinen Lauf, immer wieder von kurzzeitigen Revivals unterbrochen.

Als „BID" (**Business Improvement District**) ausgewiesen, hat sich die Region um den Times Square wieder zur New Yorker Topadresse gemausert. Große Firmen, Verlage und Sender wie MTV (W 45th St.), ABC (Broadway/W 44th St.), Bertelsmann (W 45th St.), Reuters (3 Times Sq.), Condé Nast (4 Times Sq.),

⊡ *Am Times Square, dem Zentrum des Theaterdistrikts, schlägt das Herz der Stadt*

die Computerbörse NASDAQ (4 Times Sq.) oder die New York Times (W 43rd St.) haben hier Quartier bezogen und Disney Store, m&m, Hershey's, Toys "R" Us, Forever 21 u. a. sind ebenfalls hier zu Hause. Walgreens hat ebenso wie Ricoh neue überdimensionale Billboards installiert. Ricohs Reklametafel misst sogar knapp 40 x 14 m und wird durch Wind- und Sonnenenergie betrieben. Höhepunkt des Revitalisierungsprogramms war im Sommer 2009 die Erklärung der Platzanlage zwischen Times und Duffy Square zur Fußgängerzone.

Auch das Theatersterben in den 1980er-Jahren, das der Stadt großen Schaden zugefügt hatte, ist überwunden. Zuletzt verzeichnete man wieder Rekordumsätze mit knapp 12 Mio. Besuchern und einer Auslastung von über 80 % bei rund 30 neuen Shows.

Times Square

Idealer Ausgangspunkt für einen **Rundgang** ist der **Times Square** im Zentrum des Theater District. Auf diesem Areal zwischen Broadway und 7th Avenue (zwischen 42nd und 47th St.), an dem eine große Subway-Station und das auffällige TKTS-Gebäude (Duffy Square) ins Auge stechen, pulsiert rund um die Uhr das Herz Manhattans, tummeln sich unzählige Menschen und versuchen einige Ausgeflippte, Aufmerksamkeit zu erregen. Einer davon ist der legendäre „Naked Cowboy", alias Robert Burck, den man am Schnittpunkt Broadway/45th St. antreffen kann (www.nakedcowboy.com). Bereits Jack Kerouac sprach in „The Town and the City" (1950) vom „Ort, der die Stromer aus dem ganzen Land anzog", (die) „nach etwas suchten, auf etwas warteten, ewig in Bewegung".

Als 1904 das Zeitungs-Hochhaus entstand, wurde der vormalige „Longacre Square" in **Times Square** umbenannt. Bekannt ist der Platz wegen des seit 1928 als großes Display um das Times-Gebäude (1 Times Square) umlaufenden Nachrichtenbandes und wegen seiner illuminierten Silvester-Kugel. 1907 zum ersten Mal von einem Flaggenmast herabgelassen, wurde die Kugel immer mehr perfektioniert. Inzwischen handelt es sich um eine knapp 486 kg schwere, im Durchmesser 1,83 m messende

⌂ Durch die Verkehrsberuhigung wurde der Times Square wesentlich attraktiver

Kugel, besetzt mit 504 Waterford-Kristallen und 30.000 LED-Lämpchen, die verschiedene Farben und Muster erzeugen. Pünktlich um Mitternacht „fällt" der Leuchtball am Drahtseil aus 23,5 m Höhe herab und läutet so das neue Jahr ein. Die Glitzerkugel ist das ganze Jahr über auf dem Gebäude One Times Square zu sehen.

Der 2008 eröffnete **TKTS-Bau** (s. S. 51) am **Duffy Square**, dem Times Square gegenüberliegend, fällt v. a. durch seine knallrote Treppe aus Fiberglas auf, die tribünenartig zum Sitzen und Schauen anregt. Am Fußende der Treppe steht die Bronzestatue des Namensgeber des Platzes, Reverent Francis P. Duffy, ein Bürgerrechtskämpfer und katholischer Priester aus der Zeit des ersten Weltkriegs. Beide Plätze und Teile des Broadway sind inzwischen zu einer **Fußgängerzone** umgestaltet worden.
❯ Subway-Station: Times Sq./42nd St.

☐ *Die lebhafte „New 42nd Street"
bietet Kinos, Shops und kuriose Museen*

New 42nd Street

Die „**New 42nd Street**" bildet die zentrale Achse des wiederbelebten Areals um den Times Square, besonders im Bereich zwischen 7th und 8th Avenue. Dort reihen sich Kino- und Entertainmentkomplexe wie Regal E-Walk Stadium 13, AMC Empire 25 oder B.B. King's Blues Club auf, dazu Läden – z. B. ein Souvenirshop der New York Yankees, Champs Sport oder Modell's (günstige Sportartikel) – sowie **Mme. Tussaud's Wachsfigurenkabinett.**

Die 42nd St. führt nach Westen über den **Busbahnhof** (Port Authority Bus Terminal) und vorbei am Pershing Square Signature Center (480 W. 42nd St.) – einem Neubau von Frank Gehry für die Signature Theatre Company – und durch Hell's Kitchen ㊶ zum Hudson River, nach Osten zum Grand Central Terminal ㊺, zum Chrysler Building ㊻, zur UNO ㊽ und schließlich zum East River.
❯ Subway-Station: Times Sq./42nd St.

Theater District

Gerade um Times Square und 42nd Street zeigt sich die **Wiederbelebung des Theaterviertels:** So hat beispielsweise die Disney Corporation das New Amsterdam Theater (42nd St.), ein Jugendstilgebäude, in dem zwischen 1913 und 1918 die Revue „Ziegfeld Follies" mit großem Erfolg lief, für $ 34 Mio. restauriert, das Foxwoods Theater (s. S. 50) ist an die Stelle der alten Lyric und Apollo Theater getreten, Second Stage (8th Ave.) und Victory Theater (42nd St.) erhielten ein Facelift und in das historische Embassy Theater (Broadway/46–47th St.) ist das **Times Square Museum & Visitor Center** (s. S. 308) eingezogen. Zwischen

42nd und 45th Street und 6th bis 9th Avenue reiht sich ein Theater ans andere. Die knapp 40 Broadway-Theater verfügen jeweils über mehr als 500 Sitze. Darüber hinaus gibt es auf die ganze Stadt verteilt, v. a. im Village, mehr als 30 „Off-Broadway-" und über 200 „Off-off-Broadway"-Bühnen. Der Begriff „off" bezieht sich dabei auf die Anzahl der Sitzplätze, nämlich weniger als 500 bzw. unter 100.

Berühmt ist die **Shubert Alley**, eine Gasse zwischen W 44th und W 45th Street. Hier befinden sich mehrere legendäre Bühnen: das Booth Theater (s. S. 50), erbaut 1913, und das namensgebende Shubert Theater (s. S. 51) ebenfalls von 1913, dessen Interieur besonders sehenswert ist – hier lief von 1975 bis 1990 „A Chorus Line". In der **W 45th Street** befinden sich z. B. das Minskoff Theatre (s. S. 51) mit 2100 Plätzen und im Geschoss darunter das Best Buy Theater, das Music Box (s. S. 51, erbaut 1920), das Bernard B. Jacobs Theater (s. S. 50, von 1927) und das John Golden Theatre (von 1927). Hier befindet sich aber auch das Nobelhotel Marriott Marquis mit The View Restaurant (s. S. 204) im drehbaren 48. Stock und dem Marquis Theatre.

Solomon Equities (1585 Broadway/47th St.) ist dagegen ein moderner Bau, geplant 1989 von Gwathmey Siegel & Associates, die auch für den Guggenheim-Museumsanbau verantwortlich zeichnen. Das Bürogebäude ist für seine Außenhaut – „Curtain Wall" – aus verschiedenen Glasarten, Aluminium und poliertem Edelstahl und für die abgestufte Basis bekannt und überragt die Nordwestecke des Duffy Square. In seinem Schatten liegt das **Historic Biltmore** –

heute **Samuel J. Friedman Theatre** (s. S. 51) –, das mit seinen 650 Plätzen für Aufführungen des Manhattan Theatre Clubs (MTC) zur Verfügung steht.

Etwas weiter Richtung Uptown fällt der Blick auf das **Equitable Center** (787 7th Ave./50th–51th St.), interessant besonders wegen des riesigen Wandbilds von Roy Lichtenstein („Mural with Blue Brushstroke", 1984–1985) und eines weiteren Bilds von Thomas Hart Benton in der Lobby. Schräg gegenüber liegt der **Winter Garden** (s. S. 51), eine Veranstaltungshalle, in der seit 1911 Revuen und Musicals gezeigt werden.

Östlich des Times Square, vorbei am **Bertelsmann Building** (1540 Broadway/45th St), gilt das **Lyceum Theatre** (s. S. 50) von 1903 als das älteste immer noch betriebene Theater New Yorks. Schräg gegenüber erhebt sich der **Feldman Tower 45** (120 W 45th St.). Er wurde 1976 bis 1988 vom selben Architekturbüro erbaut, das auch die Statue of Liberty restaurierte: Swanke Hayden Connell. Sehenswert ist der offene, 14 Etagen hohe Eingangsbereich, über dem sich der eigentliche „Turm" erhebt.

Das 1902 eröffnete **Algonquin Hotel** (59 W 44th St.) erstrahlt wieder im Glanz der 1920er-Jahre, als hier noch der „Round Table", der mittägliche Treff von Literaten und Mitarbeitern des New Yorker, stattfand. Heute ist der Treff ein Restaurant und der Oak Room, ein legendärer Supperclub mit Jazz und Kabarett, ist geschlossen. Dennoch lohnt ein Blick ins Innere des Hotels oder man geht auf einen Drink in der Blue Bar, immer noch beliebter Treffpunkt der Verlags- und Theaterleute. Auch im **New York Yacht Club** (37 W 44th St.) traf und trifft sich die Elite. Der Privatklub, geschmückt mit

Discovery Times Square Exposition

Seit Sommer 2009 bietet diese Ausstellungshalle im ehemaligen New York Times Building am Times Square interessante große Ausstellungen wie „Titanic" oder „Tutankhamun and the Golden Age of the Pharaohs".

🚇**396** [C15] Discovery Times Square Exposition, 226 W 44th St., 7th–8th Ave., Tel. 1 866 9879692, www.discoverytsx.com, So.–Di. 10–19, Mi./Do. 10–20, Fr./Sa. 10–21 Uhr. Preise je nach Ausstellung.

markanten Segelschiffhecks in den Erkerfenstern, hervorspringenden Delfinen und Wellen an den Fenstersimsen, wurde 1899 eröffnet. Er gilt als „Geburtsort" des „America's Cup", der bedeutendsten Trophäe des Hochsee-Segelsports.

⓴ New York Times Building ⭐ [B15]

Das New York Times Building, nur Schritte vom Times Square ㊷ entfernt und gegenüber dem geschäftigen Port Authority Bus Terminal gelegen, zählt zu den **ungewöhnlichen Neubauprojekten** der Stadt. Die Pläne dafür stammen von dem italienischen Stararchitekten Renzo Piano, der in New York schon für die Erweiterung der Morgan Library ㉟ und den Neubau des Whitney Museum ㊿ zuständig war und von dem u. a. auch das Centre Pompidou in Paris oder der Potsdamer Platz in Berlin entworfen wurden. Die Zeitungsredaktion nutzt den Löwenanteil des Gebäudes (2.–28. Stock), der Immobilien-Tykoon Bruce Ratner belegt

die oberen Stockwerke (29.–50. Stock). Das Dachgeschoss mit Dachgarten fungiert als Konferenzzentrum.

In Zusammenarbeit mit FXFOWLE Architects entstand ein rund 228 m hoher Wolkenkratzer mit sechsstöckigem Atrium, „Lobby Garden" und „Lobby Auditorium". Seine Besonderheit liegt aber in **umweltschutztechnischen Details** wie der Außenhaut: eine neuartige „Glass Curtain Wall" mit keramischen Sonnenschutzelementen, die sich automatisch an Lichteinfallswinkel und Stärke der Sonneneinstrahlung anpassen und damit für energiesparende Klimatisierung und Beleuchtung sorgen. Ein eigenes Gaswerk liefert rund 40 % der benötigten Energie, es kommt eine neuartige Fußboden-Luftzirkulation zur Kühlung zum Einsatz, der meiste Stahl der Außenkonstruktion besteht aus recyceltem Material und es gibt keine Auto-, dafür aber Fahrradparkplätze.

❯ **New York Times Building**, 620 8th Ave., www.newyorktimesbuilding.com, Subway: 42nd St./Times Sq.

㊶ Hell's Kitchen ⭐ [A15]

West Midtown, speziell der Bereich westlich der 8th Avenue, ist für Besucher weniger interessant, da es dort kaum Attraktionen gibt. Dennoch ist Hell's Kitchen, die „Höllenküche", ein lebendiges Viertel. Früher war es ein Zentrum der Iren (v. a. W 50–56th St.), der berüchtigten „**Westies**", benannt nach dem übergeordneten

▷ *Das nach der USS Intrepid benannte Sea, Air & Space Museum an Pier 86 hat einiges zu bieten*

Areal, der West Side, und berühmt geworden durch das Musical „West Side Story". Heute ist auch in Hell's Kitchen ein Wandel zu bemerken: Neue Apartments entstehen und eine ganz andere Gesellschaftsschicht, meist Besserverdienende, hält Einzug und macht das alte Arbeiterviertel zu einer **properen Wohngegend** mit Gemeinschaftsgärten wie dem **Clinton Community Garden** an der W 48th St. (9th–10th Ave.).

Hell's Kitchen war berüchtigt für den „Dschungel", das heruntergekommene Bahnareal unterhalb des Express Highway nahe den alten Kais, einst „Wohnsitz" vieler Obdachloser. Heute sind hier am Hudson River sowie auf den stillgelegten Gleisanlagen neue Freizeit- und Grünanlagen geplant. Dieser **Hudson River Park** (s. S. 69) soll sich einmal durchgehend von der **Battery Park City** ❼ bis hinauf zur 60th Street ziehen. Abschnitte davon, v. a. im Süden und um die Chelsea Piers, sind bereits fertiggestellt. Auf den alten Piers entstanden und entstehen Freizeit- und Sportanlagen, Parks, Strände, Bootsanleger und Lokale.

Die einzige bedeutende Attraktion der West Side befindet sich direkt am Hudson River: das Intrepid Sea, Air & Space Museum ❷. Zwei Piers weiter südlich, an Pier 83 am Ende der W 42nd Street/12th Avenue bietet Circle Line Sightseeing (s. S. 329) Gelegenheit zu **Ausflugsfahrten** und nördlich davon, ab Höhe der 52nd Street, trägt der neue Manhattan Cruise Terminal dem boomenden Kreuzfahrttourismus Rechnung.

❯ Subway-Station: 42nd St./Port Authority Bus Terminal

❷ Intrepid Sea, Air & Space Museum ★ [A15]

An Pier 86 liegt ein mächtiger, 280 m langer Flugzeugträger der sogenannten Essex-Klasse aus dem Zweiten Weltkrieg vor Anker, die **USS Intrepid**. Das Schiff stand zwischen 1943 und 1974 in Diensten und wurde dank einer Privatinitiative vor

085ny Abb.: mb

der Verschrottung bewahrt. Unter Denkmalschutz gestellt, eröffnete es 1982 als Museum und bildet heute das Kernstück des „Sea, Air & Space"-Museums. Seit unlängst nicht nur das Schiff, sondern der ganze Komplex bzw. Pier generalüberholt wurden, handelt es sich hier um das größten maritime Museum der Welt.

Neben der USS Intrepid befinden sich das U-Boot „USS Growler" und eine Concorde der British Airways. Seit 2012 kann man auch das ausrangierte **Space Shuttle „Enterprise"** im dafür erbauten Space Shuttle Pavilion besichtigen.

Im Inneren der Intrepid sowie in Ausstellungshallen erfährt man mehr über das Schiff, seine Geschichte, die dort herrschenden Lebensbedingungen und die Besatzung.

> **Intrepid Sea, Air & Space Museum,**
  Pier 86/W 46th St./12th Ave., www.
  intrepidmuseum.org, Di.–So. 10–17 Uhr,
  (1.4.–30.9. auch Mo. und Sa., So. bis 18
  Uhr), $ 24, inkl. Space Shuttle Pavilion $
  31, verschiedene Touren ($ 20) im Angebot, Subway: 42nd St. Veranstaltungsort
  der „Fleet Week" Ende Mai und im Sommer
  freitags Freiluftkino. Pier 86 kann durch das
  Welcome Center kostenlos betreten werden.

⓽ New York Public Library ⭐ [C15]

Der **Bryant Park**, an dessen östlichem Kopfende die New York Public Library steht, entstand an jener Stelle, an der anlässlich der Weltausstellung 1853 der legendäre Kristallpalast errichtet worden war. In den 1960er-Jahren erwarb sich der Park als Drogenumschlagplatz einen negativen Ruf, doch seit seiner Sanierung 1989 gehört er wieder den New Yorkern und ist im Sommer ein beliebter Treffpunkt.

Der den Platz überragende, tempelartige Repräsentationsbau, der Sitz der Zentrale der Stadtbibliothek, der **New York Public Library** ist, entstand 1911 als Beaux-Arts-Prachtbau nach Plänen des Architekturbüros Carrère & Hastings und soll damals schon rund neun Millionen Dollar gekostet haben. Seit 1965 steht das Gebäude unter Denkmalschutz. Es birgt über **50 Mio. Medien aller Art** (Bücher, CDs, Videos, Karten, Handschriften u. a.), darunter auch bedeutende Handschriften wie die von Thomas Jefferson verfasste Unabhängigkeitserklärung oder eine Ausgabe der Gutenberg-Bibel.

Die Wurzeln der Stadtbibliothek gehen auf die Sammlungen zweier bedeutender New Yorker zurück: der des deutschstämmigen Immigranten Johann Jacob Astor (1763–1848), der durch Pelzhandel und Immobilien reich geworden war, sowie jener des Philanthropen James Lenox (1800–1880), Gründer des Presbyterian Hospital. Heute unterhält die Bibliothek, die mit der Library of Congress in der US-Hauptstadt Washington, der Boston Public Library und den Universitätsbibliotheken von Havard und Yale zu **den fünf bedeutendsten Bibliotheken** der USA zählt, an die 90 Filialen im ganzen Stadtgebiet und verzeichnet an die sieben Millionen Benutzer.

Der Eingang des tempelartigen Repräsentationsbaus befindet sich an der 5th Avenue, flankiert wird die breite Freitreppe von zwei **berühmen Löwenskulpturen,** die aus der Werkstatt von Edward Clark Parker stammen und 1911 aufgestellt wurden. Zunächst nannten sie die New Yorker – obwohl beide männlich sind – nach den Hauptsponsoren „Lady Astor" und „Lord Lenox". Später taufte sie Bür-

Verschnaufen im Bryant Park

Der **Bryant Park** ist eine Ruheoase im umtriebigen Midtown, und das nicht nur für die Büroangestellten der umgebenden Wolkenkratzer. Unter Bäumen kann man hier gut sitzen (und dank WLAN-Hotspots seinen Laptop nutzen) oder sich auf der zentralen Wiese ausstrecken. Zwei Restaurantpavillons und vier Kioske im Beaux-Arts-Stil gehören dazu und in einen ist das Café 'wichcraft (42nd St./6th Ave.) eingezogen. Es gibt eine Großleinwand für Freiluftkino und eine kleine Bühne für Konzerte. Im Sommer finden zahlreiche kostenlose Veranstaltungen, auch Tischtennis-, Schach- oder Boule-Turniere sowie Kurse in Yoga und Tai Chi, statt, im Winter gibt es eine Eisfläche (Citi Pond) und einen besuchenswerten Weihnachts- und Kunsthandwerksmarkt. Kinder sind begeistert von dem historischen Karussell.

❯ **Bryant Park Summer Events:**
   www.bryantpark.org/plan-your-visit/
   calendar.html

086ny Abb.: gg

germeister Fiorello La Guardia dann in „Patience" (Geduld, die südliche der Figuren) und „Fortitude" (Tapferkeit) um.

Über die Freitreppe gelangt man in die **Astor Hall**, das Foyer mit Infostand und interessantem Library Shop. Im dritten Stock können die **Special Collections** besichtigt werden und im gigantischen Lesesaal, dem **Rose Main Reading Room**, befindet sich eine große Zeitschriftenabteilung mit über 10.000 Zeitungen aus mehr als 100 Ländern und einer riesigen Datenbank. Ausstellungsräume sowie die Abteilungen „Prints- & Photographs" und „Art & Architecture" schließen sich an.

❯ **New York Public Library,** 5th Ave./42nd St./ Bryant Park, www.nypl.org, Gratis-Führungen durch den Bau Mo.–Sa. 11/14, So. 14 Uhr, auch Wechselausstellungen (frei zugänglich) und Computerraum bzw. WLAN im Gebäude, Subway: 42nd St.

⌃ *Ein Tempel für Bücher: die New York Public Library im Bryant Park*

Spaziergang 3: Midtown entdecken

*Für Jack Kerouac war der **Times Square** ③⑨ die „Summe und Krönung aller Marktplätze und Tingeltangelstraßen in Amerika". Daran hat sich bis heute wenig geändert: Mit etwa 35 Mio. Besuchern jährlich zählt der Platz zu den meistbesuchten Attraktionen der Welt. Dank der hier eingerichteten Fußgängerzone ist das gesame Areal zwischen Times Square an der 42nd Street und seinem Pendant, dem Duffy Square an der 47th Street, bei Einheimischen und Besuchern gleichzeitig zur beliebten Ruheoase im pulsierenden Herz der Stadt geworden. Der Bereich um den Times Square – zwischen 40th und 48th St. sowie 6th und 8th Ave. – bildet als **Theater District** mit zahlreichen historischen Theatern das Zentrum der Unterhaltung und des Showbusiness.*

*Zur neuen Shopping- und Vergnügungsmeile hat sich dagegen die 42nd Street entwickelt. Folgt man ihr ostwärts, tut es gut, im **Bryant Park** [C15] wieder etwas zur Ruhe zu kommen. Obwohl er ringsum von Wolkenkratzern umgeben ist, kann man sich hier prima ausruhen oder unterhalten lassen. Zahlreiche Veranstaltungen – im Sommer Konzerte und Filme, Kurse und Wettbewerbe, im Winter ein Weihnachtsmarkt mit Eisbahn – finden hier statt. Das östliche Kopfende des Parks dominiert die **New York Public Library** ④③, ein 1911 errichteter tempelartiger Repräsentationsbau. Von hier kann man nun einen Abstecher zu einem von New Yorks berühmtesten Gebäuden machen: Über die 5th Avenue erreicht man das **Empire State Building** ③④, von dessen Aussichtsplattform sich ein grandioser Blick über die Stadt bietet.*

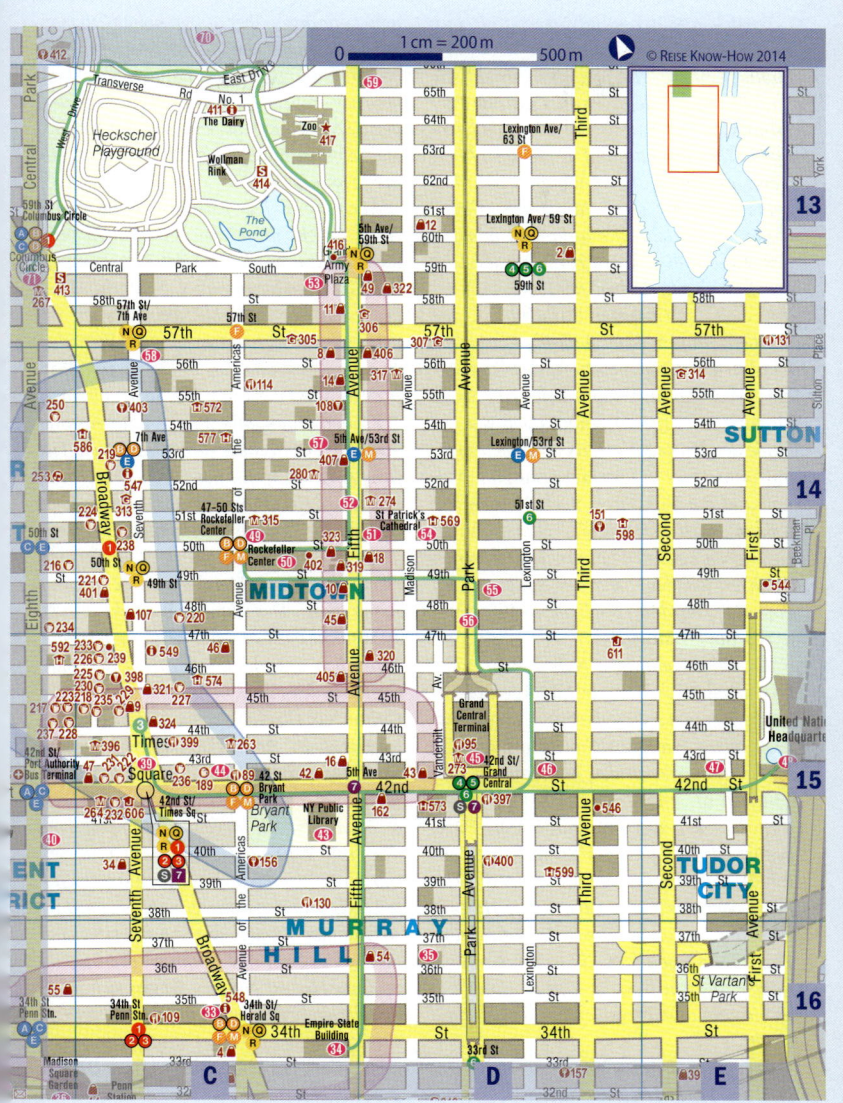

Zurück auf der 42nd Street fällt nur zwei Straßenblöcke östlich der New York Public Library ein weiterer prächtiger Bau ins Auge: der **Grand Central Terminal** 45. Der Bau wurde 1913 als wichtiger Überlandbahnhof errichtet. Auch wenn der prächtig renovierte Bahnhof heute nurmehr dem Nahverkehr dient, wimmelt es nicht nur aufgrund von Ladenstraße und Lokalen rund um die Uhr vor Besuchern. Neben dem Bahnhof erhebt sich das **Chrysler Building** 46, das mit dem Empire State Building zu den sehenswerten Wolkenkratzern der Stadt gehört. Wer Zeit hat, kann der 42nd Street bis zum East River folgen und dort das Gelände der **United Nations** 48 besichtigen, ansonsten geht es über die Lexington Avenue und die 46th Street nach Norden zur noblen **Park Avenue** 56. Hier befindet sich neben bedeutenden architektonischen Schätzen wie dem Seagram Building (375 Park Ave./53rd St.) auch das weltberühmte **Waldorf=Astoria** 55.

Vom altehrwürdigen Nobelhotel sind es nur wenige Schritte zur **5th Avenue** 52, der berühmten Einkaufsstraße New Yorks. Auch wenn die meist hochpreisigen Geschäfte Besucher in den Bann ziehen, finden sich an und um die 5th Ave. einige weitere sehenswerte Attraktionen. Dazu gehört der Komplex des **Rockefeller Center** 50. Neben der Besichtigung der Sunken Plaza oder der **Radio City Music Hall** 49 lohnt ganz besonders die Fahrt hinauf zum **Top of the Rock** (s. S. 206). Von der Aussichtsplattform in etwa 260 m Höhe bietet sich ein atemberaubender Blick auf die Stadt.

Gegenüber dem Rockefeller Center erhebt sich die **St. Patrick's Cathedral** 51. Sie wirkt mit ihren über 100 m hohen Türmen zwischen modernen Wolkenkratzern recht bescheiden und dennoch handelt es sich um eine der größten katholischen Kathedralen der USA, die 1879 geweiht werden konnte. Dahinter befinden sich die historischen **Villard Houses** 54.

Auch wenn das **Museum of Modern Art** 57 nicht direkt an der Fifth Avenue liegt, kommt am Besuch des Kunsttempels kein Spaziergänger vorbei. Immerhin handelt es sich beim MoMA um eines der bedeutendsten Kunstmuseen der Welt, das sich der Kunst von den 1880er-Jahren (Impressionismus) bis zur Gegenwart widmet.

Zu den Highlights an der Fifth Avenue gehören auch weltberühmte Läden wie **Tiffany & Co.** (727 5th Ave./57th Street) oder **Bergdorf Goodman** (s. S. 26), aber auch Bauten wie der golden strahlende **Trump Tower** (725 5th Ave./56th St.) oder das erwürdige **Plaza Hotel** 53 an der Grand Army Plaza. Der Platz liegt direkt an der Südostecke des **Central Park** 70, den man gemütlich erkunden kann. An der Südwestecke des Parks befindet sich mit dem **Columbus Circle** 71 zuvor noch ein letztes Highlight. Architektonische Meilensteine an und um diesem verkehrsumtosten Platz sind der **Trump International Hotel & Tower** und die auffälligen Doppeltürme des **Time Warner Center** - ein Komplex mit Shops wie dem Bio-Supermarkt Whole Foods und der Konzerthalle Jazz at Lincoln Center - sowie der etwas weiter südlich, an der 8th Ave. (56th–57th St.), aufragende **Hearst Tower** oder das sich nördlich davon befindende **Lincoln Center** 72. Kunstfreunde sollten den Rundgang mit einem Besuch des **Museum of Arts & Design** (s. S. 57) beenden.

44 Bank of America Tower ★ [C15]

Der Bryant Park wird von von der pulsierenden 42nd Street mit ihren Geschäften und sehenswerter Hochhausarchitektur gerahmt. Herausragend sind das **Grace Building** (42nd St./5–6th Ave.) mit markant schräger Sockelzone, v. a. aber auch der nur wenige Schritte entfernte **Bank of America Tower** (42nd St./6th Ave.), ein Musterbeispiel für das Bauen im 21. Jahrhundert, für „grüne", ökologische Architektur, für Nachhaltigkeit, Umweltschutz, Energiesparen und Wirtschaftlichkeit. Der Plan für diesen bis dato flächenmäßig größten Bauplatz in Midtown stammt von Tobias Holler, Architekt vom New Yorker Architekturbüro Cook+Fox.

Der 2009 eröffnete Bank of America Tower schraubt sich mit seinen 288 m (366 m mit Antenne) als neues Wahrzeichen von Midtown in den Himmel und ist nach Empire State Building 34 und One World Trade Center der **derzeit dritthöchste Bau der Stadt.** Öffentlich zugänglich ist der „Urban Garden Room" an der 43rd Street/6th Avenue, ein schön begrünter Innenraum.

Die Fassade des heutigen **Stephen Sondheim Theatre** (s. S. 51) von 1918, eines der Gebäude, die beim Bau des Bank of America Tower weichen mussten, wurde in die neue Front integriert und das Theater selbst als unterirdische Bühne wiedereröffnet. Zudem wurde ein neuer, gläserner Subway-Zugang geschaffen.

Trotz dekorativer Spitze und kristalliner Struktur mit viel Glas und strengen vertikalen Linien wirkt der sich nach oben verjüngende Bau architektonisch wenig originell. Dafür wurde darauf geachtet, dass den Ansprüchen **ökologischen Bauens** Genüge getan wurde. Wasserfilter auf dem Dach wandeln Regen- in Brauchwasser um, für die Stromerzeugung gibt es sogar ein eigenes kleines Gaskraftwerk, eine Boden-Klimaanlage reguliert individuell die Heizung und die Kühlung und Luftfilter sorgen für ein angenehmes Raumklima. Für die Fenster wurde ein neuartiges spezielles Isolierglas verwendet, das Infrarotstrahlen großteils filtert, aber dennoch viel Licht durchlässt.

Der Bau gilt als Art Vorreiter für „Grünes Bauen" und erhielt dafür das höchste LEED-(Leadership in Energy and Environmental Design-)Zertifikat in Platin. Diese Auszeichnung wurde 1994 von verschiedenen staatlichen Behörden, Wissenschaftlern, Architekten und Umweltgruppen als Richtlinienkompetenz für ökologisches Bauen ins Leben gerufen.

❭ **Bank of America Tower,** 6th Ave./42nd St./ Bryant Park, Subway: 42nd St.

EXTRATIPP

International Center of Photography

Nahe der Nordwestecke des Bryant Park lohnt ein Blick in das **International Center of Photography** (s. S. 57) mit einer der besten Fotosammlungen der Welt. Das Center war 1974 in Erinnerung an den Fotojournalisten Robert Capa von dessen Bruder Cornell gegründet worden.

Neben Capas Werken finden sich hier u. a. Fotos von Ansel Adams und Henri Cartier-Bresson. Zudem bietet das Center Wechselausstellungen und Veranstaltungen und verfügt über Bibliothek, Archiv und Buchladen.

Eine Kathedrale für die Eisenbahn

Wer sich im Inneren des Grand Central Terminal 45 *aufhält, fühlt sich wie in einer Kathedrale. Der Saal mit Tonnengewölbe und drei 23 m hohen Bogenfenstern zieht den Blick nach oben zum **künstlichen Sternenhimmel** mit Tierkreiszeichen und Himmelskonstellationen. Gerade die Decke, deren Sterne sogar funkeln, hat den Bahnhof berühmt gemacht und ist wie viele andere Details außergewöhnlich.*

*Nicht nur Ästhetik war bei der Planung wichtig, sondern auch die **Infrastruktur.** So wurden Fußgängerzugänge, Bahnverkehr und Pkw-Zufahrt auf verschiedene Ebenen verteilt und durch Treppen- und Rampensysteme verbunden. Die Gleise liegen „im Keller", die unterste Ebene okkupiert die Subway. Der **Außenbau** basiert auf einem Stahlgerippe mit Granit- und Marmorverkleidung und über dem Haupteingang (42nd St.) grüßt die kolossale **Skulpturengruppe** mit Merkur, Herkules und Minerva von Jules-Alexis Coutan.*

*Von der Jahrhundertwende bis in die 1940er-Jahre war die **Eisenbahn** als Transportmittel so wichtig, dass man **Bahnhöfe nicht nur als Zweckbauten** errichtete, sondern sie zu „Kathedralen" machte. In diesem Sinne plante man auch den Central Terminal, der 1913 eröffnet wurde, jedoch nicht der erste Bahnhof New Yorks war. Das Eisenbahnzeitalter hatte nämlich genau genommen schon 1831 mit der New York & Harlem Railroad begonnen, deren erster Bahnhof an der 4th Avenue/23rd Street lag. Mit der Zeit entstanden mehr und mehr Linien und mit ihnen auch Probleme: Lärm, Dreck und Unfälle sorgten dafür, dass ab 1858 Dampfloks südlich der*

42nd Street verboten wurden und der Bau eines neuen Bahnhofs notwendig wurde.

*„Commodore" **Cornelius Vanderbilt**, seit den 1860er-Jahren einer der großen Eisenbahnmagnaten und u. a. Besitzer der New York Central Railroad, erwarb daraufhin Grund und Boden zwischen 42nd und 48th Street, Lexington und Madison Avenue, um hier einen großen Bahnhof erbauen zu lassen. Der wurde im Oktober 1871 für drei verschiedene Linien – New York Central & Hudson Railroad, New York & Harlem Railroad sowie die New York, New Haven & Hartford Railroad – eröffnet. Obwohl der Bau über $6 Mio. gekostet hatte, war er von Anfang an zu klein und wenngleich die Glas- und Stahlkonstruktion neben dem Eiffelturm als eine der größten technischen Errungenschaften vor der Jahrhundertwende gefeiert wurde, musste ein Neubau her.*

*1903 erhielten nach einer Ausschreibung Reed & Stem aus St. Paul sowie Warren & Wetmore (beide dank ihrer familiären Verbindungen zu Vanderbilt) den Zuschlag für einen großen Neubau. Beide vereinigten sich 1904 zu den **„Associated Architects of the Grand Central Terminal"** und begannen noch während der Planungsphase zu bauen, ohne den Betrieb zu unterbrechen. Am 2. Februar 1913 wurde die **Eröffnung** des (noch unfertigen) Bahnhofs gefeiert. Im Umkreis entstanden Hotels, Apartments, Geschäfte, Restaurants und Lagerhallen und der Bahnhof fungierte als Kulturtreff mit Ausstellungen, Theater, Kino und Museum. Von hier verkehrten berühmte Überlandexpresszüge wie der berühmte „Twentieth Century Limited". Ein*

Nahverkehrszentrum und ein Güterum-schlagplatz waren entstanden und 1947, auf dem Höhepunkt des Eisenbahnzeitalters in den USA, frequentierten bereits über 65 Mio. Passagiere den Bahnhof. An einem einzigen Tag, dem 3. Juli 1947, wurde die Rekordzahl von 252.251 Besuchern gezählt. Mit seinen 44 Bahnsteigen galt der Grand Central Terminal damals als größter Passagierbahnhof der Welt.

In den 1950er-Jahren verfiel mit dem Niedergang der Eisenbahn auch der Grand Central Terminal, sollte abgerissen und durch Büros ersetzt werden. Der hintere Teil war bereits dem PanAm Building (heute MetLife) gewichen, als die New Yorker den vollständigen Abbruch noch verhinderten. Nachdem bereits 1967 die alte Penn Station abgerissen worden war, gründete man nun die **Landmark Preservation Commission** *und Prominente, allen voran Jacqueline Kennedy Onassis, setzten sich vehement für eine Restaurierung ein und trugen dazu bei, dass der Bahnhof 1978 unter* **Denkmalschutz** *gestellt wurde.*

1983 übernahm Metro-North den Bau und nahm die nötigsten **Renovierungen** *vor, ehe 1988 zwei Architekturbüros mit einer grundlegenden Renovierung beauftragt wurden. 1990 wurde das 425-Mio.-Dollar-Projekt publik gemacht und zwischen 1996 und 1998 der Bahnhof aufwendig renoviert und mit einer Ladenpassage versehen. Derzeit sind Umbauten im Gange, um die Infrastruktur zu verbessern. Dazu gehört ein 12 km langer Durchstich (Tunnel) nach Queens unter dem East River an der 63rd Street und damit eine Erweiterung des Bahnhofes bis 2019.*

🄴🄵 Grand Central Terminal ★★ [D15]

Auf der 42nd Street erreicht man in wenigen Schritten den Grand Central Terminal, der seit einer Renovierung 1998 wieder in altem Glanz erstrahlt und 2013 seinen 100. Geburtstag feiert. Der Bau wurde 1913 als wichtiger Überlandbahnhof errichtet, heute dient er nur noch dem **Nahverkehr** und beherbergt eine Zweigstelle des **New York Transit Museum** (s. S. 60). Er steht unter der Ägide der Metropolitan Transportation Authority, dem Zusammenschluss von Metro-North Railroad, Long Island Railroad, NYC Transit, Bridges and Tunnels sowie Long Island Bus. Der Betreiber des Schmuckstücks ist jedoch eine Abteilung von MTA, Metro-North Railroad, die täglich etwa eine halbe Million Pendler aus den Regionen nördlich der Stadt nach Manhattan bringt. Pendler, Subway-Nutzer und Passanten tragen dazu bei, dass im Bahnhof immer **hektisches Treiben** herrscht und man sich an die Blütezeit der Eisenbahn in den 1920er-/1930er-Jahren erinnert fühlt.

Direkt hinter dem Bahnhof rückt das **MetLife Building** (200 Park Ave.) ins Blickfeld. Bekannt wurde es als „PanAm Building", denn es diente von 1963 an der 1927 gegründeten Fluggesellschaft PanAm, die 1936 den transatlantischen Linienverkehr eingeführt hatte, als Zentrale. Auf dem Dach des Baus befand sich ein Helikopterlandeplatz für Passagiere vom/zum JFK Airport. Seit 1981 ist der Bau im Besitz der Metropolitan-Life-Versicherungsgesellschaft und 1991 ging PanAm in Konkurs. An der Planung des Wolkenkratzers beteiligt war der große Bauhaus-Architekt Walter Gropius (1883–1969). Seinem Engagement ist

087/ny Abb.: mb

es zu verdanken, dass hier an der 200 Park Avenue ein Musterbeispiel für den „International Style" entstand.

Das nahe **Helmsley Building** (230 Park Ave.) wurde 1929 als Niederlassung der New York Central Railroad Company errichtet und ist im Besitz des Immobilienmagnaten Harry Helmsley, der eine typische „Tellerwäscherkarriere" absolvierte. Sehenswert ist der üppig dekorierte Eingangsbereich mit Schriftzug der Eisenbahngesellschaft, viel Gold und extravaganten Details wie die seitlich der Uhr sitzenden römischen Götterfiguren oder das goldverzierte Dach mit Laterne. Zwei große Torbögen im Sockel garantierten den Verkehrsfluss auf der Park Avenue.

Das **Fred French Building** (521 5th Ave.) ist dagegen ein kurioses und überwältigendes Stilgemisch aus antiken, ägyptischen, orientalischen und Art-déco-Elementen in verschiedenen Farben.

1927 wurde es als Hauptsitz der gleichnamigen Immobilienfirma errichtet. Dazu heuerte man erstmals kanadische Indianer als Bauarbeiter an, da diese als absolut schwindelfrei gelten.

› **Grand Central Terminal,** 42nd St./Park Ave., Subway: Grand Central/42nd St. Mit Filiale des NY Transit Museum, Ladenpassage, Grand Central Market und Lokalen wie Oyster Bar oder Campbell Apartment Cocktail Lounge. Audiotouren ($ 8, auch auf Deutsch) tgl. 9–19.30 Uhr am Infoschalter im Main Concourse („GCT TOUR"-Schild), App zum Herunterladen und Touren der Municipal Art Society (tgl. 12.30 Uhr, $ 20). Infos: www. grandcentralterminal.com/info/tours.

⌃ *Prächtig mit Skulpturen geschmückt: der Grand Central Terminal*

› *Das Chrysler Building*

🔴46 Chrysler Building ★★ [D15]

Das Chrysler Building wird als einer der schönsten Wolkenkratzer New Yorks gerühmt und ist mit seinem auffällig bogenförmig gestalteten Stahldach ein Musterbeispiel für den Art-déco-Stil. Bei genauerer Betrachtung fallen zahlreiche Details ins Auge, die mit Autos zu tun haben – kein Wunder, war doch der Auftraggeber kein Geringerer als Walter P. Chrysler (1875–1940). Er hatte 1928 William van Alen den Auftrag erteilt, ein Gebäude zu planen, das das „**Golden Age" des Autos** symbolisieren sollte. Deshalb wurde der Turm aus dem gleichen rostfreien Stahl wie ein Autokühler gebaut, die Mauervorsprünge als Kühlerhauben konzipiert und stilisierte Autos und Räder sowie Wasserspeier in Gestalt von Kühlerfiguren an den Wänden angebracht. Auch die Lobby hat Stil, mit Intarsien an den Aufzugstüren, Marmorverkleidung an den Wänden und Deckengemälden zum Transportwesen.

Bei der Eröffnung 1930 war das Chrysler Building mit seinen 76 Stockwerken und 319 m kurzzeitig das höchste Gebäude der Welt, ein Jahr später wurde es vom Empire State Building 🔴34 überholt. Chrysler zog hier übrigens nie ein und auch der Architekt erhielt wegen Betrugsverdachts sein Honorar nie.

> ❯ **Chrysler Building**, 405 Lexington Ave., Subway: Grand Central/42nd St., Blick in die Lobby möglich

🔴47 Tudor City ★ [E15]

Der Gebäudekomplex, der hufeisenförmig um die 42nd Street angelegt wurde, ist ein höchst ungewöhnlicher Bau. Mitte des 19. Jh. hieß dieses Viertel noch „Prospect Hill" oder „Corcoran's Roost", nach dem Schlafplatz eines der ersten Bewohner. In den 1920er-Jahren erwarb Immobilienmakler Fred F. French das heruntergekommene Areal und begann seine Vision von einer „**Musterstadt**" umzusetzen.

Tudor City – im damals beliebten historisierenden englischen Tudor-Stil entstanden – konnte bei seiner Eröffnung 1932 rund 4500 Bewohner aufnehmen. Auf zwölf Gebäude verteilten sich fast 3000 Wohnungen „vom Fließband" und sie wurden von Menschen der Mittelklasse bewohnt – ein damals revolutionärer Schritt. Der Komplex gilt als frühes **Beispiel für sozialen Wohnbau** und für Stadterneuerung in den 1920er-Jahren. Eine grüne Oase in der Betonwüste stellt der Tudor City Park dar. Er bietet Besuchern heute von einer erhöhten Terrasse einen Blick auf Queens und den East River.

> ❯ **Tudor City**, 42nd St./1st Ave., http://tudor citygreens.org, Subway: Grand Central/ 42nd St.

317ny Abb.: mb

48 United Nations Complex ★[E15]

Der Komplex der Vereinten Nationen setzt sich aus mehreren Gebäuden, Straßen und Plätzen zusammen und ist eigentlich eine Stadt für sich, die formal nicht zu New York gehört, sondern sich **im Besitz der Staatengemeinschaft** befindet. Er bildet eine „internationale Zone" mit eigener Post und Feuerwehr, Briefmarken und Flagge.

1945 war die UNO in San Francisco gegründet worden, vier Jahre später begannen hier am East River auf einem von John D. Rockefeller gestifteten Gelände unter Leitung der Architekten Oscar Niemeyer aus Brasilien und Le Corbusier aus der Schweiz die Bauarbeiten. Der 1951 fertiggestellte Komplex besteht aus **mehreren Bauten** wie dem hohen, verspiegelten Sekretariatsgebäude, einem Konferenzgebäude mit drei großen Tagungssälen für Sicherheitsrat, Treuhand-Verwaltungsrat sowie Wirtschafts- und Sozialrat. Die Gebäude werden von rund 10.000 Beschäftigten frequentiert und jährlich finden etwa 8000 Sitzungen statt. Vor allem im September, wenn die Generalversammlung zusammentritt, geht es sehr lebhaft zu.

Das **General Assembly Building** dient als Sitzungssaal der **UNO-Vollversammlung** und Hauptanlaufpunkt für Besucher, mit Tourticket-Stand, Shop und Café. Entlang der westlichen Gebäudelängsseite sind die Flaggen der Mitgliedsstaaten aufgereiht, außerdem umgeben die Bauten mehrere Gartenanlagen, in denen, wie im Inneren, Kunstwerke aufgestellt sind (nur bei Touren zugänglich). Es handelt sich um Geschenke verschiedener Mitgliedsstaaten oder Stiftungen zum Thema Frieden und Völkervereinigung. Bei seiner Eröffnung 1951 handelte es sich beim General Assembly Building um ein architektonisch und technisch wegweisendes Gebäude in „Curtain Wall"-Bauweise.

Große Baumeister, sehenswerte Architektur – dennoch ist inzwischen eine umfassende Modernisierung, v. a. der technischen Einrichtungen, unvermeidbar geworden.

> UNO – General Assembly Building, 1st Ave./46th St., http://visit.un.org, 45-Min.-Touren Mo.–Fr. 9.15–16.15 Uhr, $ 18, kein Ticketverkauf vor Ort, Tickets müssen online gebucht werden! Mit Shop und Restaurant Delegates' Dining Room. Visitor Centre bis 2015 im Dag Hammarskjöld Library Building (Besucherzugang: 47th St./1st Ave.).

Gastronomie und Shopping um die 42nd Street

🍴397 [D15] Pershing Square $$–$$$, 90 E 42nd St./Park Ave., Tel. 212 2869600. Gegenüber dem Haupteingang zum Grand Central Terminal gelegenes Lokal mit „Bistroatmosphäre". Ganztags geöffnet, an Wochenenden Brunch und gute Drinks an der „Buzz Bar".

> R Lounge at Two Times Square (s. S. 37). Lounge-Bar und Lokal mit moderner amerikanischer Küche sowie Blick auf den Times Square.

> Grand Central Terminal Market. Gourmetstände im Grand Central Terminal 45 (ab Haupthalle) mit ausgezeichnetem Angebot, ideal für einen Imbiss!

🅾398 [C15] The View Restaurant & Lounge, 1535 Broadway/48th St. Drehrestaurant/-bar im Hotel Marriott Marquis mit Blick auf den Times Square.

🍴399 [C15] Virgil's Real BBQ $$–$$$, 152 W 44th St./Broadway–6th Ave. BBQ-Ripp-

215ny Abb.: msg

chen, -Huhn, -Rind, Schinken, Würste u. a. mit vielerlei Beilagen, auch Sandwiches.

400 [D15] **Park Avenue Tavern** $$-$$$, 99 Park Ave./39th St., Tel. 212 8674484, tgl. Lunch/Dinner, So. Brunch und Sa./So. American Bar and Restaurant mit Burgern, Salaten, Sandwiches, dazu Cocktails oder Bier.

401 [C14] **Hershey's**, 1593 Broadway/48th St. Der Himmel für Schokoladenliebhaber.

❯ **B&H Photo – Video – Pro Audio** (s. S. 28). Hier gibt es Elektro-Schnäppchen.

❯ Für Sportfans: **Mets Clubhouse** (s. S. 28) und **Yankees Clubhouse** (s. S. 28).

❯ **Dag Hammarskjold Plaza Greenmarket,** E 47 St. (1st Ave.–2nd Ave.), ganzjährig Mi. 8-16 Uhr. Wochenmarkt.

◺ *Die Weihnachtsrevue in der Radio City Music Hall hat die Rockettes weltberühmt gemacht*

49 Radio City Music Hall ★ **[C14]**

An der Avenue of the Americas befindet sich ein berühmter Teil des Rockefeller Center: die Radio City Music Hall. Der Name rührt von den ersten Mietern her, der **Radio Corporation of America.** Neben John D. Rockefeller war Samuel Roxy Rothafel an der Realisierung wesentlich beteiligt – er hatte schon 1927 das Roxy Theatre ins Leben gerufen.

Die neue **Konzerthalle** eröffnete 1932 mit einer aufwendigen Show als größte Bühne der Welt mit fast 6000 Plätzen. Bereits ein Jahr später wurde sie mangels Zuspruch zum **Kino** umfunktioniert und bis zur Schließung 1979 als solches betrieben. Der **drohende Abriss** konnte gerade noch abgewandt werden und 1997 erwarb Cable TV das Gebäude und renovierte es bis 1999 aufwendig.

An der Fassade des ansonsten architektonisch eher unauffälligen Baus stechen drei Niken von Jim Dine ins Auge. Das **Innere des Gebäudes** ist hingegen weit spektakulärer und die angebotenen Touren lohnen unbedingt. Abgesehen von kunstvollen Art-déco-Details von Donald Deskey ist die „Mighty Wurlitzer" im Zuschauerraum sehenswert – sie gilt als größte Orgel in einem Kino.

Bei der **Bühne** von Peter Clark mit mehreren separat hydraulisch beweglichen Teilen, handelt es sich um die weltgrößte (20 x 44 m) und um eine der technisch vorbildlichsten Bühnen. Sie steht seit 2001 sogar unter Denkmalschutz. Ihr hydraulisches System ist voll funktionsfähig und war einst so revolutionär, dass es auch die technische Ausstattung von Flugzeugträgern beeinflusste. Ein in der unteren Lobby ausgestelltes, voll funktionierendes Modell war 1928 als Schaustück von Clark für Rockefeller angefertigt worden.

Besonders berühmt und sehr beliebt ist seit 1933 die **Weihnachtsrevue** „Radio City Christmas Spectacular" mit den Rockettes, einer 1925 von St. Louis hierher umgesiedelten, gut 30-köpfigen Tanztruppe, die vor Weihnachten rund 100 Shows absolviert. Legendär ist ihr „Slow Motion Fall" während der Show, die auch sonst in mehreren aufwendigen Aufzügen alle gängigen amerikanischen Weihnachtstraditionen abhakt. Während der Touren trifft man auch eine der Tänzerinnen. Das Jahr über finden hier verschiedene Veranstaltungen statt, v. a.

Konzerte großer Stars, aber auch andere Shows und nichtmusikalische Events.

> **Radio City Music Hall,** 1260 Ave. of the Americas, Tel. 212 2474777, www.radiocity.com, Tourtickets im zugehörigen RC Avenue Store, tgl. 11 – 15 Uhr, $ 21, zur Weihnachtsshow: www.radiocitychristmas.com/newyork.html, Subway: Rockefeller Center

EXTRATIPP

Top of the Rock

Man glaubt sich auf das Deck eines Ozeandampfers versetzt. Doch statt auf die endlose Weite des Meeres blickt man über ein Meer von Wolkenkratzern – bis zu 130 km weit. Seit 2005 Top of the Rock, die in rund 260 m Höhe befindliche Aussichtsplattform auf dem General Electric Building wiedereröffnet wurde, ist New York um eine Attraktion reicher. Das offene Aussichtsdeck im 70th *floor* sorgte bereits bei der Eröffnung 1933 für Aufsehen, da es dem Oberdeck eines Kreuzfahrtschiffes im Art-déco-Stil nachempfunden war. Vom Mezzanine Level (mit Multimedia-Show über Bau/Geschichte des Rockefeller Center) fährt der Sky Shuttle, ein Hochgeschwindigkeitsaufzug mit transparentem Glasdach und Videoprojektion zum 67th floor, wo man hinter Glas im „Grand Viewing Room" die Aussicht genießt. Hier wie im 69th floor gibt es auch offene Aussichtsterrassen.

● **402** [C14] **Top of the Rock,** Zugang: W 50th St., 5 – 6th Ave. (ausgeschildert), www.topoftherocknyc.com, zeitgebundene Tickets $ 27, auch Kombipass „Rock Pass" mit Rockefeller Center ($ 38 oder $ 42 inkl. MoMa) erhältlich, Onlinereservierung möglich, tgl. 8 – 24 Uhr (letzter Aufzug: 23 Uhr)

▷ *Das Rockefeller Center ist ein mehrteiliger Baukomplex, der mit verschiedenen Kunstwerken ausgestattet ist*

50 **Rockefeller Center** ★★ [C14]

Auf dem Gelände des Rockefeller Center befand sich bis in die 1920er-Jahre der botanische Garten der Columbia University. 1928 erwarb **John D. Rockefeller Jr.** den Garten und plante zunächst ein Opernhaus. Drei Jahre später begann man dann mit einem Vielzweck-Komplex nach Entwurf eines Architektenteams unter Raymond Hood. Es sollte der erste privat finanzierte *multipurpose complex* der Welt werden.

Während der Weltwirtschaftskrise ein wichtiges Arbeitsbeschaffungsprojekt, entstanden bis 1940 14 Einzelbauten, zwischen 1957 und 1973 fügte man sieben weitere hinzu. Die Hochhäuser beherbergen Ausstellungsflächen, Büros, Läden und Lokale – wie den **Rainbow Room**. Dieser legendäre *supper club* von 1934 mit drehendem Tanzboden und Big-Band-Auftritten wird Ende September 2014 neu eröffnen. Das gesamte Bauensemble wurde 1985 zum nationalen Kulturdenkmal erklärt. Seine Einzelbauten sind durch unterirdische Gänge miteinander verbunden und werden innen und außen von **Kunstwerken** geschmückt, darunter ein großes Mosaik über dem Eingangsbereich an der Ave. of the Americas (1250 6th Ave.) – „Intelligence Awakening Mankind" (1933) – oder ein Stahlrelief mit dem Titel „News" am Haupteingang des Associated Press Building (50 Rockefeller Center). Allein wegen seiner Größe von viereinhalb Metern sticht die 1937 geschaffene **Bronzestatue des Atlas**, der die Weltkugel stemmt, am Haupteingang zum International Buiding an der 5th Ave. ins Auge.

Am meisten frequentiert ist das Areal um die zentrale Rockefeller Plaza und

deren Zentrum, die sogenannte **Sunken Plaza** mit **Eislaufplatz** *(ice rink)* im Winter bzw. Café im Sommer. Beherrscht wird der Platz von einer markanten goldenen Figur des jungen **Prometheus**, Teil eines Brunnens, den Paul Manship 1934 schuf. Hinter ihm wird zur Weihnachtszeit seit über 75 Jahren ein **über 20 m hoher Christbaum** mit 26.000 Glühbirnen aufgestellt. Hier verläuft auch eine Ladenpromenade zur 5th Avenue und hier befinden sich die **NBC Studios** (W 48th St., 5th–6th Ave.) mit dem berühmten „Schaufenster", dem „Window on the World". Am Morgen versammeln sich davor immer zahlreiche Besucher, um die TODAY Show (Mo.–Fr. 7–10 Uhr) mitzuerleben und möglichst selbst live auf dem Bildschirm zu erscheinen. Von Ende Mai bis Ende August finden freitagmor-

Diamond Row

Einen Block südlich des Rockefeller Center glitzert es in den Schaufenstern. Man befindet sich in der Diamond Row bzw. dem „Diamond & Jewelry Way" (W 47th St./5–6th Ave., www.diamonddistrict. org), **Zentrum des Diamantenhandels.** In den 1930er-Jahren siedelten sich in dieser Straße zahlreiche Juden an und mit ihnen verlagerte sich das bisherige Diamantenzentrum von der südlichen Bowery nahe der Canal Street hierher.

091.ny Abb.: mb

gens kostenlose Livekonzerte auf der **Rockefeller Center Stage** (49th St./Rockefeller Center) statt. Außerdem gibt es die **Good Morning America Summer Concert Series** auf dem Rumsey Playfield im Central Park.

Dominant und zugleich einer der ältesten Bauten ist das **General Electric Building** (vormals RCA Building, 30 Rockefeller Plaza). Hier kann man von der 1933 erbauten **Aussichtsplattform Top of the Rock** (s. S. 206) aus etwa 260 m Höhe den großartigen Ausblick genießen. Der Auskunftsstand in der Lobby des General Electric Building ist Anlaufpunkt für Besucher (Geländeplan erhältlich) und hier beginnen auch die **NBC-Studiotouren** (s. S. 54) und es gibt den **NBC Experience Shop.**

❯ Rockefeller Center zwischen Ave. of the Americas (6th Ave.) und 5th Ave. sowie 48th und 51st St., Subway: Rockefeller Center

⌂ St. Patrick's Cathedral duckt sich im Schatten des Olympic Tower

🔴 **St. Patrick's Cathedral** ★★ [D14]

Gegenüber dem Rockefeller Center zwängt sich an der 5th Avenue die St. Patrick's Cathedral bescheiden zwischen moderne Wolkenkratzer und diese lassen sie kleiner erscheinen, als sie tatsächlich ist. Es handelt sich um die **größte katholische Kathedrale der USA** mit rund 2500 Sitzplätzen, 120 m Länge und 53 m Breite. 1850 hatte Erzbischof John Hughes James Renwick den Bauauftrag erteilt, die Kirche konnte jedoch aufgrund des Bürgerkriegs erst 1879 geweiht werden. Wesentlich später kamen dann die 101 m hohen Türme (1885–1888) mit 19 Glocken und die Lady Chapel (erster Gottesdienst 1906) dazu. Der Bau wurde **kostbar ausgestattet** mit einer Fassade aus weißem Marmor und einer im Durchmesser 8 m messenden Rosette von Charles Connick über dem Hauptzugang im Westen mit seinen massiven Bronzetüren. Eine Pietà von 1906 – dreimal so groß

wie das Vorbild von Michelangelo – befindet sich in der Lady Chapel, ein Baldachin über dem Hochaltar aus Bronze und zwei der Altäre (St. Michael und St. Louis) stammen von Tiffany. Es gibt einen Schrein für die heilige Elizabeth Ann Seton (s. S. 107) und Kreuzwegstationen mit holländischen Reliefs. Eine Besonderheit ist auch die aus 7855 Pfeifen bestehende Orgel. Derzeit finden umfangreiche Renovierungen statt.

❭ **St. Patrick's Cathedral,** 5th Ave./50th St., Giftshop 51st St., tgl. 6.30–20.45 Uhr, www.saintpatrickscathedral.org, tgl. mehrere Gottesdienste, außerdem regelmäßig Konzerte (Programm in Internet) und Touren.

🔲 *Die 5th Ave. gilt als Treff der Reichen, aber auch der Apple-Fans*

🔢 **5th Avenue** ★★   [C14]

Upper Midtown, das Areal zwischen Rockefeller Center 🔟 und Central Park 🔟, ist das viel frequentierte Touristenzentrum der Stadt. Hier konzentrieren sich die meisten und exklusivsten Geschäfte, dazu Restaurants und Cafés. Gerade die 5th Avenue genießt seit Langem den Ruf, *die* **Luxusmeile** der Welt und *der* **Treffpunkt der Reichen und Schönen** zu sein. Schon Ende des 19. Jh. residierte hier der schwerreiche William Henry Vanderbilt und heute gehört beispielsweise Donald Trump zu den illustren Anwohnern.

In dem schlicht-modernen, verglasten **Olympic Tower** im International Style, in dem sich „St. Pat's" 🔟 fotogen spiegelt, befinden sich u. a. die Büros der NBA (National Basketball Association) und des Tochterunternehmens WNBA.

Ein bisschen an Chartres erinnert die 1909 bis 1914 errichtete neogotische **St. Thomas' Church** (1 W 53rd St.). Der Vor-

149ny Abb.; mb

(725 5th Ave./56th St.), eine exklusive Shoppingmall von 1983 rings um ein glitzerndes Atrium aus Marmor und Gold, verspiegelt und mit Wasserfall, sind allzu verlockend.

Hinter dem Trump Tower schließt sich **590 Madison Ave.** an, das sogenannte **IBM Building**, ebenfalls von 1983. Es weist die Form eines fünfseitigen Prismas aus graugrünem Glas und Granit auf. Die Wasserskulptur am Zugang Madison Ave. mit dem Titel „Levitated Mass" („Schwebende Masse"), eine Granitplatte im Edelstahltank, stammt von Michael Heizer. Im Atrium befindet sich – auch nett zum Ausruhen – der Sculpture & Bamboo Garden.

Zwischen der 55th und 56th Street fällt der Blick auf das **Sony Building** mit dem Sony Wonder Technology Lab (s. S. 72), einem „Experimentier-Spielplatz" für Kinder und Jugendliche. Das Sony Building wurde 1984 als „AT&T Building" von Philip Johnson erbaut und ist damit älter als sein Lipstick Building (s. S. 212). Auch hier ist die Form ausgefallen bzw. der verwendete Chippendale-Giebel ungewöhnlich. Solche historischen Zitate sind typisch für den postmodernen Stil.

❯ Subway: 5th Ave.

gängerbau war im vorigen Jahrhundert beliebt für Hochzeiten der New Yorker High Society: 1895 vermählte sich hier z. B. Consuela Vanderbilt, die Erbin des Eisenbahnmagnaten, mit dem Duke of Marlborough. Der heutige Bau fällt durch seinen asymmetrischen Einzelturm und das aufgrund der Grundstücksform seitlich verschobene Langschiff auf. Im Inneren sieht man schöne Holzschnitzereien.

Auf Höhe der St. Patrick's Cathedral 51 beginnt übrigens der luxuriöseste und meist gefilmte Abschnitt der 5th Avenue mit exklusiven Läden à la Gucci, Rodier, Saks Fifth Ave. (s. S. 26) oder **Tiffany & Co.** (727 5th Ave./57th Street). Letztgenannter Schmuckladen wurde 1837 gegründet und durch Truman Capotes „Frühstück bei Tiffany" weltberühmt. Das Spielzeugparadies FAO Schwarz (s. S. 72) – im Besitz von Toys „R" Us –, der rund um die Uhr geöffnete, unterirdische Apple Store (s. S. 28) mit seinem gläsernen Zugangswürfel oder der **Trump Tower**

53 Plaza Hotel ⭐ [C13]

An der **Grand Army Plaza**, wo die 5th Avenue auf den Central Park stößt, liegt das Plaza Hotel, die Grande Dame der New Yorker Herbergen (heute zur Fairmont-Kette gehörig). 2004 war das altehrwürdige Haus von einem israelitischen Milliardär gekauft und für $ 450 Mio. renoviert worden. Dabei wurde das **5-Sterne-Hotel** auf 282 Gästezimmer verkleinert und dafür ein Teil des Gebäudes zu *condominiums* (Eigentumswohnungen) umgebaut.

Hier spielte F. Scott Fitzgeralds „Der große Gatsby", Clint Eastwood und Morgan Freeman saßen gemeinsam an der Oak Bar. Sarah Jessica Parker feierte hier ihren 40. Geburtstag. **Oak Room und Bar** sowie **Palm Court** sind beliebte Relikte aus alten Zeiten und Letzterer wird noch immer als Restaurant betrieben. Neu sind **Champagne Bar, Rose Club** und **Todd English Food Hall.** Diese Gourmet-Passage unter der Regie von Starkoch Todd English erfreut sich großer Popularität.

> **Plaza Hotel,** 768 5th Ave., www.fairmont. com/the-plaza-new-york, Subway: 59th St., Food Hall: tgl. 11.30–22 Uhr

🖁 **Villard Houses** ★ [D14]

An der Rückseite von St. Patrick's Cathedral 🖁 liegen die Villard Houses. Das Grundstück war von dem Herausgeber der New York Evening Post und Gründer der Northern Pacific Railroad, dem bayerischen Einwanderer **Henry Villard,** 1881 erworben und vom Architekturbüro McKim, Mead & White mit **sechs dreistöckigen Stadthäusern** bebaut worden, die einen Innenhof umschließen. Nach der Pleite Villards gelangte das Anwesen in unterschiedliche Hände, war konstant vom Verfall bedroht, bis es die **römisch-katholische Erzdiözese** übernahm und 1974 Harry Helmsley ein 51-stöckiges Hochhaus dahintersetzte und das Helmsley Hotel – heute **New York Palace** (s. S. 334) – eröffnete. In den Nordflügel der Villard Houses sind die Municipal Art Society (s. S. 328), die Architectural League of New York sowie ein Buchladen eingezogen.

> **Villard Houses,** 457 Madison Ave., Subway: 5th Ave.

🖁 **Waldorf=Astoria** ★ [D14]

Ein Begriff ist jedem Besucher das berühmte Waldorf=Astoria. Der erste Hotelbau war an Stelle des heutigen Empire State Building 🖁 1893 unter der Ägide von **William Waldorf Astor** (1848–1919), Sohn des schwerreichen Johann Jacob Astor, eröffnet worden. Gleich daneben errichtete Williams Cousin **John Jacob Astor IV.** sein noch prunkvolleres Astoria Hotel. Beide Bauten wurden später durch einen Korridor – daher der **doppelte Bindestrich** im Namen – zu einem Hotelkomplex vereint, der 1929 jedoch wegen des Baus des Empire State Building abgerissen wurde. 1931 entstand das heute erhaltene 47 Stock hohe Art-déco-Juwel an der Park Avenue. Heute gehört das **Hotel** mit seinen über 1400 Zimmern und den höchst exklusiven Waldorf Towers zum Hilton-Konzern. Der doppelte Bindestrich im Namen war so berühmt geworden, dass er sogar in einem Lied vorkam und von den New Yorkern als Slogan benutzt wurde: „Meet Me at the Hyphen!", hieß „zwischen Waldorf und Astoria Hotel". Wenn auch die einstmals legendäre Peacock Alley, eine Einkaufspassage, nur noch in abgespeckter Version bzw. als Lokal existiert, so lohnt ein Blick in die **prächtige Lobby** des Hotels auf alle Fälle.

> **Waldorf Astoria New York &**
> **Towers of Waldorf Astoria,** 301 Park Ave., www.waldorfnewyork.com, Subway: 5th Ave.

◁ *Luxuriös Shoppen auf der*
5th Avenue kann man z. B. bei Cartier

56 Park Avenue und Umgebung ★ [D14]

An der **Park Avenue** reihen sich neben dem Waldorf=Astoria 55 noch weitere architektonische Schmuckstücke aneinander und den optischen Südabschluss bildet das MetLife Building (s. S. 201).

Die neben dem Hotel liegende **St. Bartholomew's Church** (109 E 50th St.) wurde 1919 in rotem Backstein mit romanischem Portal und byzantinischer Kuppel erbaut und ist heute wegen der Konzerte in dem golden-bunten Inneren bekannt. Nicht weit entfernt befindet sich das **Austrian Cultural Forum** (11 E 52nd St.), der Sitz des 1942 von Zuwanderern gegründeten österreichischen Kulturvereins. Das architektonische Meisterwerk des Linzer Architekten Raimund Abraham entstand auf einer nur 7,50 m breiten Baulücke und präsentiert sich als 24-stöckiges Gebäude mit sich nach oben verjüngender Glas-Alu-Fassade.

Als „Wegbereiter modernen Bauens" und „Markstein der Architekturgeschichte" gilt das sogenannte **Lipstick Building** (855 3rd Ave./53rd St.). Es reckt sich 133 m hoch wie ein überdimensionaler Lippenstift himmelwärts. 1987 planten John Burgee Architects und Philip Johnson – letzterer Begründer der postmodernen Architektur – dieses Bauwerk mit seiner rund-ovalen Fassade aus Glas und rotem Granit.

Einige Schritte weiter erhebt sich das **Citigroup Center** (153 E 53rd/Lexington Ave.), das von 1973 bis 1978 errichtet wurde. Es handelt sich dabei um ein schlicht-modernes, mit Aluminiumhaut im „Streifendesign" überzogenes, 300 m hohes Bürohochhaus von Hugh Stubbins.

Auffällig sind die vier dünnen Pfeiler, auf denen der ganze Bau ruht und außerdem das weithin sichtbare **Schrägdach**, für das ursprünglich Sonnenkollektoren vorgesehen waren. Die kleine **St. Peter's Lutheran Church** wurde als eigenständiger Bau an der Nordwestecke integriert.

Größenmäßig fällt das Gebäude gegenüber mit seiner schlichten Fassade kaum auf, wären da nicht die Zwillingstürme mit Zwiebeldächern und andere „exotische" Details im neomaurischen Stil. Es handelt sich um die **Central Synagogue** (652 Lexington Ave./55th St.), die älteste kontinuierlich genutzte Synagoge der Stadt. 1846 war auf Initiative böhmischer Zuwanderer in der Lower East Side die Gemeinde entstanden, gebaut wurde ab 1870 nach Plänen von Henry Fernbach, einem schlesischen Einwanderer, und nach dem Vorbild der Dohány Synagoge in Budapest. Nach einem Brand 1998 wurde der Bau von Hardy Holzman Pfeiffer Associates in seinen ursprünglichen Zustand zurückversetzt und er erstrahlt heute wieder in alter Pracht.

Weitere sehenswerte Bauten an der Park Avenue sind das **Lever House** (390 Park Ave./54th St.), 1952 vom Architekturbüro SOM (Chicago) geplant und einst wegweisend für die moderne Baukunst, und das 1958 erbaute **Seagram Building** (375 Park Ave./53rd St.), ein Meilenstein des International Style, entworfen von Mies van der Rohe, der es zusammen mit seinem Schüler Philip Johnson im Auftrag des Spirituosenkonzerns plante.

❯ **Central Synagogue,** 652 Lexington Ave., Tel. 212 8385122, www.centralsynagogue.org, Di./Mi. 12–14 Uhr, Gratistouren Mi. 12.45 Uhr, Subway: 51st St. bzw. Lexington Ave.

57 Museum of Modern Art (MoMA) ★★★ [C14]

Der japanische Architekt Yoshio Tanigu-chi stand vor keiner leichten Aufgabe, als er den Auftrag erhielt, einen Anbau für das MoMA zu konzipieren. Obwohl dieses sich der Kunst von den 1880er-Jahren (Impressionismus) bis zur Gegenwart widmet, handelt es sich nämlich um eine altehrwürdige Institution.

Während der Weltwirtschaftkrise 1929, zehn Tage nach dem Börsenkrach, veranstaltete das Museum die erste Ausstellung, zehn Jahre später zog die Sammlung in den Neubau im Internationalen Stil ein. 1953 erweiterte Philip Johnson das Gebäude und fügte den beliebten **Skulpturengarten** dazu, 1984 verdoppelte der Architekt Cesar Pelli die Ausstellungsfläche. Als im November 2004 Taniguchis Anbau aus tiefschwarzem Granit, Alu und Glas eröffnet wurde, fiel dieser weniger durch spektakuläre Architektur als vielmehr durch Zweckmäßigkeit und vornehme Zurückhaltung auf.

Eine geräumige Lobby und ein hohes Atrium lassen das neue **David and Peggy Rockefeller Gallery Building** hell und luftig wirken. Die Kunstwerke verteilen sich auf sechs Ebenen und werden in verschiedenen Abteilungen – „Malerei und Skulptur", „Zeichnungen", „Druckgrafik und Buchillustration", „Architektur und Design", „Fotografie", „Moderne Medien", „Film und Theater" – präsentiert. Neben Werken Picassos gehören Klas-

▷ *Platzt bereits wieder aus allen Nähten und soll bald einen Anbau erhalten: das MoMA*

093ny Abb.: mb

The Museum of M

EXTRATIPP

Museen für Liebhaber

In unmittelbarer Nachbarschaft zum MoMA liegt das interessante **Paley Center for Media** (s. S. 60), ehemals „Museum of Television & Radio" genannt, das sich seit 1991 in einem wegweisenden Bau von Philip Johnson befindet. Die Idee für das Museum geht auf das Jahr 1975 und den damaligen Direktor der Fernsehgesellschaft CBS, William Paley, zurück. Für „TV-Maniacs" ist dieses Museum ein Muss: Unter Einsatz verschiedenster Medien geht es um die Unterhaltungs- und Nachrichtenbranche von den Anfängen bis heute. Die Sammlung umfasst mehr als 100.000 archivierte Programme und im angeschlossenen 200-Plätze-Theater finden Vorträge und Veranstaltungen statt.

siker der Moderne zum Bestand, so Vincent van Goghs „Sternennacht", Claude Monets „Seerosen" oder „Der Tanz" von Henri Matisse, aber auch Werke von Henri Toulouse-Lautrec, kubistische Gemälde, bedeutende Arbeiten der russischen Avantgarde (Malewitsch, Lissitzky), der Surrealisten (Dalí, Miro, Ernst) oder der Moderne (Bacon, Pollock, de Kooning, Rothko, Johns, Rauschenberg, Lichtenstein, Warhol, Oldenburg oder Beuys).

Mittlerweile platzt das Museum schon wieder aus allen Nähten – weswegen ein **Erweiterungsbau** anvisiert wird. Zunächst erhielt 2007 der französische Architekt Jean Nouvel den Zuschlag für einen „grünen Wolkenkratzer", den „Tower Verre", dann jedoch legte Anfang 2014 das Büro Diller, Scofidio & Renfro eine abgespeckte Kompromisslösung vor, bei der der benachbarte Bau, in dem früher das American Folk Art Museum (s. S. 56) seinen Sitz hatte, ungeachtet aller Proteste einem neuen Glas-Anbau Platz machen muss.

> **Museum of Modern Art (MoMA)**, 11 W 53rd St., 5th–6th Ave., www.moma.org, tgl. 10.30–17.30, Fr. bis 20 Uhr, $ 25 (Fr. 16–20 Uhr beliebiger Eintritt), auch Kombiticket mit Top of the Rock (s. S. 206) für $ 42 (nur im Top of the Rock Box Office erhältlich)

🔴58 Carnegie Hall ★ [C14]

Die Carnegie Hall wurde ab 1887 auf Anregung des Dirigenten **Walter Damrosch** gebaut, dessen Freund **Andrew Carnegie** das Geld zur Verfügung stellte. Damals sprach noch niemand von Theater District, das Viertel hieß schlicht „Goat Hill" (Ziegenhügel). Das sollte sich schlagartig ändern, als die Carnegie Hall im Italian-Renaissance-Stil nach Plänen von William Burnet Tuthill 1891 fertiggestellt war. Die Premiere wurde mit einem Konzert von **Peter Tschaikowsky** (1840–1893) gefeiert und seither fanden große Konzerte, u. a. von Liza Minelli, Luciano Pavarotti, Woody Guthrie, Pete Seeger, Bob Dylan oder den Beatles statt. Unvergessen bleibt der Auftritt Benny Goodmans mit seiner Big Band im Jahr 1938.

1964 unter Denkmalschutz gestellt, eröffnete 2003 die alte Hauptbühne, die **Arthur Zankel Hall** (600 Plätze), neu. Die beiden anderen Bühnen sind das **Isaac Stern Auditorium** (2804) und die **Weill Recital Hall** (268). Im Obergeschoss befindet sich das **Rose Museum**, das über die Geschichte des Baus informiert und Theatermemorabilien zeigt.

1988 bis 1990 bauten Cesar Pelli & Associates den **Carnegie Hall Tower** (152 W 57th), einen postmodernen Anbau. Direkt an ihn grenzt der **Metropolitan Tower** (140 W 57th) an, ein Wohnturm von 217 m Höhe, dessen ruhige monolithische Form von einer Glashaut überspannt wird.

> **Carnegie Hall,** 154 W 57th/7th Ave., Tel. 212 2477800, www.carnegiehall.org, Touren Mo.–Fr. 11.30, 12.30, 14 und 15, Sa. 11.30 und 12.30, So. 12.30 Uhr, $ 15, Rose Museum: tgl. 11–16.30 Uhr, Eintritt frei

Gastronomie und Shopping in Upper Midtown

403 [C14] **Carnegie Deli,** 854 7th Ave./ 55th St. Delikatessen-Restaurant mit guten, aber etwas teuren Gerichten.

404 [B14] **Island Burgers and Shakes,** 766 9th Ave., 51st–52nd St. Perfekt zum schnellen Mittagsimbiss mit Hamburgern, Sandwiches, Salaten. Riesenauswahl, gute Qualität, günstige Preise.

KLEINE PAUSE

Russian Tea Room

Die **57th Street** ist ideal für Gourmets, da sich hier zahlreiche traditionsreiche und trendige Restaurants wie der Brooklyn Diner USA (212 W 57th St.) aufreihen. Legendären Ruf genießt der **Russian Tea Room** (150 W 57th St.), in dem seit seiner Gründung durch Mitglieder des Russischen Balletts im Jahr 1926 Prominente ein- und ausgingen. 2002 überraschend geschlossen, wurde der Tea Room 2006 wiedereröffnet. Zu Essen gibt es außer russischen Spezialitäten wie Kaviar, Borschtsch und Blinis viele Salate, die Preise sind an Ruhm und Ruf angepasst. Das Haus passt ins Bild der Straße, in der sich mehrere kleine historische „Hochhäuser" befinden, z. B. gegenüber das Steinway & Sons Building.

405 [C15] **Barnes & Noble,** 555 5th Ave./48th St. Filiale des Bücherriesen
> Für Kinder: **American Girl Place** (s. S. 72) und **F.A.O. Schwarz** (s. S. 72)
406 [D14] **Niketown,** 6 E 57th/5th Ave. (Trump Tower). Riesiger Laden des Sportartikelunternehmens.
407 [C14] **Uniqlo,** 666 5th Ave./53rd St. Japanischen Bekleidungshaus (s. S. 26).
> **Wochenmarkt** am Rockefeller Center (s. S. 30)

Upper East Side

Die **Upper East Side** liegt zwischen 59th und 96th Street, im Süden begrenzt durch Midtown, im Norden durch East Harlem. Die Westgrenze bildet der Central Park **70**, die Ostgrenze die East River. Die UES ist bereits seit der Jahrhundertwende das **Viertel der High Society,** speziell in den Nobel-Apartmenthäusern zwischen 5th und Park Avenue, idealerweise mit Blick auf den Central Park. Wo schon die Marx Brothers (179 E 93rd St.) und andere Prominente residierten, leben auch heute Leute mit „dicken Brieftaschen".

Dank der berühmten „**Museumsmeile",** dem Abschnitt entlang der 5th Avenue mit unzähligen Museen und Kunsteinrichtungen nördlich des Metropolitan Museum **62**, und der Häufung eleganter Shops und Galerien, speziell im Umkreis der Madison Avenue, ist auch für Besucher viel geboten. Vor allem im nördlichen Teil der Madison Avenue (75th–82nd St.) konzentrieren sich Kunstgalerien und Antiquitätenläden, während im Bereich zwischen 58th und 71st St. Designerboutiquen wie Ungaro, Versace oder Armani zu Hause sind. Sehenswert ist überdies das Rhinelander Building

Woody Allen, der Stadtneurotiker

Die Hauptfigur Isaac Davis in Woody Allens Film „Manhattan" spricht dem berühmten Filmemacher aus der Seele: „Es ist eine herrliche Stadt, ganz gleich, was die Leute sagen!"

Bei dem 1935 im Brooklyner Judenviertel Flatbush geborenen Allen – bürgerlich Alan Stewart Konigsberg – war es „Liebe auf den ersten Blick", **Manhattan** wurde sein Leben. Das kleinbürgerliche Elternhaus in Brooklyn hatte Allen geprägt: Er war ein unauffälliger Schüler, ein Außenseiter und schüchterner Stubenhocker. Andererseits verdiente sich der Musik- und Comicfan schon mit 16 als „Woody Allen" mit Auftritten als Komiker und Entertainer nebenher Geld, er schrieb für $5 das Stück Gags für Zeitungen und Stand-up-Komiker und erwarb sich den Ruf als **„Wunderkind des Showbiz".**

Nach dem Schulabschluss 1953 soll Allen als Berufswunsch „Toilettenmann" angegeben haben – meldete sich da schon der Stadtneurotiker zu Wort? Zu diesem Zeitpunkt suchte er bereits regelmäßig einen **Psychoanalytiker** auf. Ohne an Studium oder Ausbildung zu denken, begann er eine besser bezahlte Karriere als **Drehbuchautor** beim Sender NBC und heiratete mit 19 in Hollywood die 16-jährige Malerin Harlene Rosen, mit der er bis 1969 zusammenblieb.

In den 1960er-Jahren versuchte sich der Workaholic als **Stand-Up Comedian, Bühnenautor** und **Essayist.** Damals trat er v. a. im Duplex (s. S. 48) in Greenwich Village auf und zunehmend gelang es dem rothaarigen, nur 1,65 m kleinen Allen, sein linkisch-schüchternes Wesen zum Markenzeichen zu machen und bald auch über das Village hinaus bekannt zu werden.

1965 begann mit der Komödie „What's new, Pussycat?" Allens **Filmkarriere.** Er lieferte das Drehbuch und übernahm neben Peter Sellers, Romy Schneider u. a. selbst eine Rolle. Nach diesem Erfolg begann er, eigene Filme zu inszenieren, darunter „Alles, was Sie schon immer über Sex wissen wollten" nach einem Bestseller der frühen 1970er-Jahre. Zu seinem erfolgreichsten Film als Regisseur, Hauptdarsteller und Drehbuchautor sollte aber **„Der Stadtneurotiker"** (1977, Originaltitel „Annie Hall") werden. Die Geschichte von Alvy Singer, dem Komiker aus Brooklyn, und seiner Freundin Annie, gespielt von Allens damaliger Lebensgefährtin **Diane Keaton,** brachte nicht nur $25 Mio. ein, sondern war auch für vier Oscars gut.

Sex, Beziehungsgeflechte und -komplikationen, Neurosen und der „alltägliche Wahnsinn" – das waren und sind **Allens Themen.** Auf den „Stadtneurotiker" folgten z. B. „Manhattan" oder die „Sommernachtskomödie". In Letzterer spielte erstmals **Mia Farrow,** die lange mit Allen zusammenlebte, eine Hauptrolle. Beide traten gemeinsam in legendär gewordenen Filmen wie „Zelig" (1984), „Hannah und ihre Schwestern" (1986), „Radio Days" (1987) oder „Another Woman" (1989) auf. Mit „Husbands and Wives" („Ehemänner und Ehefrauen") endete 1992 Allens Filmserie mit Mia Farrow.

094/ny Abb.: mb

*Allen spielt - oder ist? - die Personifika-tion eines chauvinistischen New Yorkers, introvertiert und abweisend, gefühlskalt und hypochondrisch veranlagt. Nach zwei Ehen lebte er erst mit Diane Keaton in sei-ner 11-Zimmer-Traumwohnung an der 5th Avenue, in den 1980er-Jahren folgte Mia Farrow, die ihn zum Vater von acht Adoptivkindern und dem eigenen Sohn Satchel machte. Am 23. Dezember 1997 heiratete er in Venedig - wo sein Film „Everybody says I love you" spielt - seine Adoptivtochter **Soon-Yi Previn.***

Auf das Musical „Everyone Says I Love You" (1996) mit Julia Roberts, Goldie Hawn und Drew Barrymore folgte 1998 die Gesellschaftskomödie „Celebrity" mit Leonardo DiCaprio. Nach vielen, aber nicht unbedingt viel beachteten Filmen in den folgenden Jahren gelang Allen Ende 2005 mit „Match Point" eine Art Revi-val und für „Vicky Cristina Barcelona" (2007) erhielt Nebendarstellerin Penélope Cruz einen Oscar. Allens Ende 2009 erst-mals in Deutschland gezeigte Produktion „Whatever works" ist eine romantische Filmkomödie und Reminiszenz an seine eigene Ehe, wohingegen im mit einem Oscar prämierten „Midnight in Paris" (2011) Carla Bruni, die Gattin des ehema-ligen französischen Präsidenten Nicolas Sarkozy, eine Rolle bekam.

Im 2012 präsentierten „To Rome with Love" geht es ebenfalls um Beziehungen und Verstrickungen, diesmal in Rom. 2013 kam „Blue Jasmine" mit Cate Blan-chett als strauchelnde High-Society-Lady in die Kinos.

(72nd St./Madison Ave.), das von Ralph Lauren zum Kaufhaus umgebaut wurde.

In der alleeartigen **Park Avenue**, deren breiter begrünter Mittelstreifen von den einst hier befindlichen Eisenbahnglei-sen herrührt, ist der Luxus weniger of-fensichtlich und versteckt sich eher hin-ter unscheinbaren Fassaden. Dafür ist das Straßenbild bunter und weniger eli-tär. Die **3rd Avenue** ist in Höhe der 70er-Straßen bekannt als „**Gourmetmeile**" mit Lokalen, Cafés und *delis*. Koreanische Gemüse- und Obsthändler verkaufen fri-

⌃ *In der Upper East Side gibt man sich elegant und Türsteher vor den Apartmenthäusern sind keine Seltenheit*

sche Ware und bunte Shops schieben sich zwischen altmodisch scheinende vier- bis fünfgeschossige Häuser.

Da die Upper East Side relativ groß ist, bietet es sich an, das Viertel in mehreren Teilen zu erkunden: einmal das Areal im Süden, das sich leicht mit Midtown kombinieren lässt, zum anderen die „Museumsmeile", deren Besuch spielend einen ganzen Tag füllt. Eher zum Bummeln oder Essengehen bietet sich ein Rundgang durch Yorkville an, ein eigener Stadtteil, der aus German und Hungarian Yorkville sowie Little Bohemia – wo früher Deutsche, Ungarn und Tschechen siedelten – besteht.

🟥 Temple Emanu-El/ Lenox Hill Historic District ★ [D13]

Unter den gleichförmig-klotzigen Apartmenthäusern an der 5th Avenue ragt der **Temple Emanu-El** (1 E 65th St.) heraus, eine der weltgrößten Synagogen aus dem Jahr 1929 und Sitz der reichsten und ältesten reformjüdischen Gemeinde New Yorks. In der Synagoge haben 2500 Gläubige Platz. Dazu gehört das interessante Herbert & Eileen Bernard Museum mit religiösen und Alltagsgegenständen, außerdem finden hier immer wieder Kunstausstellungen statt.

Der Eintönigkeit der Wohnhochhäuser an der 5th Avenue entkommt man, wenn man weiter entlang der Madison Avenue durch den **Lenox Hill Historic District** läuft. Der „Hügel" ist tatsächlich als solcher erkennbar und das Zentrum liegt etwa um die 70th St. zwischen Central Park und 3rd Ave. Im 18. Jh. standen hier zuhauf die Sommervillen der Wohlhabenden, heute ist das einzig original erhaltene Haus aus jenen Tagen die 1799 erbaute **Gracie Mansion** (s. S. 227). In den

1880er-Jahren „schluckte" die sich ständig ausbreitende Stadt auch das ländliche Lenox Hill und sorgte für sein heutiges Aussehen.

Das Viertel wird von der **St. James' Church** (865 Madison Ave./E 71st St.) dominiert, die ursprünglich schon im Jahre 1810 als hölzerne „Sommerkirche" an der Ecke 69th St./Lexington Ave. errichtet worden war. Die heutige Kirche entstand 1885 und wurde in den 1920er-Jahren massiv umgebaut.

❭ Temple Emanu-El & Museum, 1 E 65th St., www.emanuelnyc.org, So.–Do. 10–16.30 Uhr, Eintritt frei, Subway: 68th St.

🟥 Frick Collection ★ [D12]

Eine gute Vorstellung davon, wie der New Yorker „Geldadel" einst gelebt hat, gibt die Frick Collection. Die hochkarätige Sammlung europäischer Kunst des 14. bis 19. Jahrhunderts wird im **Stadtpalais** des usprünglichen Besitzers, des Stahlmagnaten Henry Clay Frick (1849–1919), ausgestellt. Die Kunstwerke befinden sich großteils in ihrem authentischen Ambiente, z. B. im Speisezimmer oder in der Bibliothek, und bilden mit Möbeln und anderer Ausstattung ein sehenswertes Gesamtkunstwerk.

Zu den Highlights der **hochkarätigen Sammlung** zählt europäische Malerei ab

EXTRATIPP

Shopping bei „Bloomies"

An der Ecke Lexington Ave./59th St. liegt das berühmte Kaufhaus **Bloomingdale's** (s. S. 25). „Bloomies", 1872 gegründet, galt anfangs als Billig-Ramschladen, ist heute aber eines der bestsortierten Kaufhäuser mit perfektem Kundenservice.

318ny Abb.: RPBW_CRP

dem 15. Jh., darunter Werke berühmter Künstler wie Tizian, Turner, Constable, Holbein d. J., Rembrandt, Gainsborough, Vermeer, Ingres, Goya, Renoir oder El Greco. Französische Möbel, Limoges-Emaillearbeiten und Orientteppiche gehören dazu und im Ostflügel sind Werke von James Whistler, im Westflügel ist niederländische Kunst ausgestellt. In der Bibliothek und im Speisezimmer hängen englische Gemälde und der Salon widmet sich „alten Meistern" wie Tizian. Im Zentrum des Komplexes befindet sich ein schöner Innenhof mit Brunnen und Kolonnaden.

❯ **Frick Collection**, 1 E 70th St., www.frick.org, Di.–Sa. 10–18 Uhr, So. 11–17 Uhr, $ 20 (So. 11–13 Uhr Eintritt beliebig), Subway: 68th St.

⌂ *So wird das neue Whitney Museum im Meatpacking District einmal aussehen*

61 Whitney Museum of American Art ★★ **[D12]**

Das Whitney Museum of American Art widmet sich der **Kunst der Moderne** und geht auf den Whitney Studio Club in Greenwich Village zurück, der 1918 von **Gertrude Vanderbilt Whitney**, der Enkelin des Eisenbahnmagnaten Commodore Cornelius Vanderbilt, ins Leben gerufen worden war. Sie gab jungen amerikanischen Künstlern erstmals die Gelegenheit, ihre Werke zu präsentieren, und rief 1931 ein Museum im Village (8 W 8th St.) ins Leben, nachdem das Metropolitan Museum **62** ihre Sammlung abgelehnt hatte.

Seit 1966 befindet sich die Sammlung nun in diesem Bau von Marcel Breuer und Hamilton Smith, in der Form einer auf dem Kopf stehenden Pyramide mit überhängender Fassade. Wenn 2015

Ausflug nach Roosevelt Island

Nur wenige Schritte von Bloomingdale's entfernt, liegt neben der Queensborough Bridge an der Ecke 60th St./2nd Ave. die Endstation der **Seilbahn** „Roosevelt Island Aerial Tram". Die gut 3 km lange, aber nur ca. 250 m breite im East River gelegene Insel Roosevelt Island gelangte 1686 in den Besitz der Farmerfamilie Blackwell. Die Stadt New York kaufte das Land dann 1828 für $ 32.000 und errichtete zunächst ein Gefängnis und Krankenhäuser, weshalb man auch von **Welfare Island** („Wohlfahrtsinsel") sprach.

In den 1950er-Jahren wurden die meisten Einrichtungen aufgegeben und ab 1969 wurde die 1970 in Roosevelt Island umbenannte Insel zum „architektonischen Experimentierfeld" und „Musterobjekt". Philip Johnson und John Burgee legten im Auftrag der New York State Urban Development Corporation einen Masterplan für North und South Town vor und seither wird gebaut. Es handelt sich um eine kleine Stadt in der Stadt, mit rund 7500 Einwohnern aller Einkommensstufen und Ethnien. Zu den Sehenswürdigkeiten gehören das **Haus der Gründerfamilie Blackwell** von 1796, eines der ältesten erhaltenen Wohnhäuser New Yorks, die **Main Street** mit Shops, Bäckerei, *deli* und Restaurants sowie der **Octagon Tower** von 1839, einst ein „berüchtigtes" Hospital, über das schon Charles Dickens lästerte, das aber erst 1955 endgültig aufgegeben wurde.

Von der Insel, besonders vom Franklin D. Roosevelt Four Freedoms Park an der Südspitze, bietet sich ein toller Ausblick auf Manhattan und ein Radweg führt ringsum. Geplant ist auf der Insel außerdem ein neuer Mega-Campus der Cornell University.

> **Infos:** www.rioc.com
> **Roosevelt Island Tram,** www.rioc.com/transportation.htm, So.–Do. 6–2, Fr./Sa. 6–3.30 Uhr, mind. alle 15 Min., $ 2,50 (MetroCard, s. S. 340, kann benutzt werden), außerdem Subway Line F „Roosevelt Island"

---

der Neubau von Renzo Piano im Meatpacking District an der High Line fertig und das Whitney dorthin umgezogen ist, wird das Metropolitan Museum **62** den alten Bau für Sonderausstellungen und Events nutzen.

Viele Künstler, die später zu den bedeutendsten Vertretern zeitgenössischer amerikanischer Kunst des 20. Jh. aufstiegen, zeigten ihre Werke erstmals im Rahmen des **Whitney Biennial**, einer alle zwei Jahre (nächste: 2016) im Frühjahr stattfindenden Ausstellung der aktuell bedeutendsten Künstler, so z. B. Milton Avery, Edward Hopper, Andy Warhol und Georgia O'Keeffe. Doch auch zu den wechselweise gezeigten Dauerbeständen gehören bedeutende Kunstwerke, u. a. von Andy Warhol, Georgia O'Keeffe, Roy Lichtenstein, Edward Hopper, Jasper Johns oder Alexander Calder.

> **Whitney Museum of American Art,** 945 Madison Ave./75th St., www.whitney.org, Mi./Do. und Sa./So. 11–18, Fr. 13–21 Uhr, $ 20 (Fr. ab 18 Uhr Eintritt beliebig), Restaurant und Shop, Subway: 77th St. Infos zum Neubau: whitney.org/about/newbuilding.

▷ *Das Met ist ein Kunsttempel der Extraklasse, dessen Sammlung im Kern schon Ende des 19. Jh. entstanden ist*

096ny Abb.: mb

62 **Metropolitan Museum of Art (Met)** ★ ★ ★ [C11]

Das Metropolitan Museum of Art ist ein Museum der Superlativen, ein weltweit einzigartiger Musentempel. Streng symmetrisch gegliedert und mit ausladender Fassade beherbergt der Komplex, der als einziger innerhalb der Grenzen des Central Park steht, die größte Kunstsammlung der westlichen Welt.

1870 hatte eine Gruppe amerikanischer Geschäftsleute und Intellektueller die Sammlung aus der Taufe gehoben und ab 1880 entstand der zentrale Kernbau, geplant von dem angesehenen Architekten Richard Morris Hunt, mit großer Eingangshalle und prächtigen Beaux-Arts-Fassade. 1926 war der Gesamtkomplex fertig, im Laufe der Zeit wurde jedoch mehrfach um- und angebaut und renoviert.

Das Met quillt über von **Kunstwerken aller Genres, Zeiten und Provenienzen** und es ist nötig, bei einem Besuch Prioritäten zu setzen. Die Schätze verteilen sich auf insgesamt 185.000 m², auf drei Etagen und insgesamt 19 Abteilungen für Dauerausstellungen und eigene Galerien für Sonderschauen. Sogar ganze Bauten, wie der sehenswerte ägyptische **Tempel der Dendur** aus augusteischer Zeit, wurden hier komplett rekonstruiert. Die „19th Century European Paintings and Sculpture Galleries" und die „Galleries for Oceanic Art and Art of North America"sind sehenswerte Abteilungen, für europäische Besucher ist jedoch der **American Wing** besonders sehenswert, der in 26 Galerien einen exzellenten chronologischen Einblick in das Schaffen amerikanischer Künstler gibt. Die Sammlung ist zweigeteilt: dekorative Kunst sowie Malerei und Skulptur. Das American Decorative Arts Department umfasst um die 12.000 Kunstwerke, während die American-Art-Sammlung aus über 1000 Gemälden, 600 Skulpturen und an die 2600 Zeichnungen besteht, darunter das berühmte Porträt George Washingtons von Gilbert Stuart oder Emanuel Leutzes' Gemälde „Washington Crossing the Delaware". Aber auch andere berühmte amerikanische Maler sind vertreten, z.B. Winslow Homer, John Singer Sargent oder James McNeill Whistler.

Den Zentralbereich des Museums nimmt die beliebte „**Arms & Armor**"-**Sammlung** mit etwa 15.000 Waffen und Rüstungen von der Antike über das späte Mittelalter bis ins Japan des 19. Jahrhunderts ein. Daneben gibt es umfangreiche Sammlungen asiatischer, europäischer, afrikanischer, ägyptischer, islamischer

KLEINE PAUSE

Erfrischung zwischen Kunstwerken

Auf dem Cantor Roof Garden im Metropolitan Museum lohnen nicht nur die zeitgenössischen Skulpturen und der Ausblick auf Park und Skyline, im **Roof Garden Café & Martini Bar** lässt sich im Sommer auch gut ein kühler Drink genießen. Eine andere Ruheoase ist der überdachte Innenhof im American Wing, in dem man sich umgeben von Kunstschätzen tgl. ab 10 Uhr im **American Wing Café** erholen kann.

und japanischer Kunst. Berühmt und besonders sehenswert sind die **Sammlung griechischer und römischer Antiken** sowie die **Mittelalter-Abteilung**. Gerade die Antikensammlung mit etwa 35.000 griechischen und römischen Kunstschätzen gehört zu den besten der Welt. Nicht nur die Skulpturen, auch die umfangreiche Vasensammlung gilt als hochkarätig.

Natürlich fehlen auch große Abteilungen mit europäischer Kunst nicht. Herausragend ist schließlich auch der **Lila Acheson Wallace Wing**, der auf drei Ebenen hochkarätige Kunstwerke des 20. Jh. bietet. Doch das Met hat noch weit

▷ *Weder Architekt noch Bauherr erlebten die Eröffnung des Guggenheim Museum mit*

mehr zu bieten: Drucke, Fotos, Musikinstrumente, Möbel, Kostüme oder kuriose Stücke wie mehr als 200.000 Baseball-Sammelkarten gehören ebenfalls zu den Beständen.

Zum Metropolitan Museum gehört zudem **The Cloisters** 🔵, ein nachgebautes mittelalterliches Kloster im Norden Manhattans, das die Abteilung für Mittelalterarchitektur beherbergt.

Im Herbst 2014 eröffnet als neuer Eingangsbereich die David H. Koch Plaza als und 2015, mit Eröffnung des neuen Whitney Museums, wird das Met den alten Whitney-Bau für Wechselausstellungen und Veranstaltungen nutzen.

> **Metropolitan Museum of Art,** 5th Ave./82nd, www.metmuseum.org, So.– Do. 10–17.30, Fr./Sa. 10–21 Uhr, $ 25 (inkl. The Cloisters 🔵), Subway: 77th oder 86th St.

🔴 **Solomon R. Guggenheim Museum** ★ ★ ★ [D10]

Das Solomon R. Guggenheim Museum ist insofern ungewöhnlich, als es eine selten erreichte Einheit von Architektur und Kunst darstellt. 1943 hatte Frank L. Wright im Auftrag von Salomon R. Guggenheim mit der Planung des „Schneckenhauses" begonnen, die Bauarbeiten selbst starteten jedoch erst 1956 und die Eröffnung im Jahr 1959 erlebte weder der Bauherr noch der berühmte Architekt mit. Den Kern des Gebäudes bildet eine Art Spirale, die man im Inneren über eine Rampe erkundet.

1937 war die „Solomon R. Guggenheim Foundation" gegründet worden, wobei die Schätze des Millionärs und Privatsammlers erst in seinem Privatapartment im Plaza Hotel 🔵 und ab 1939 im

097/ny Abb.: mb

„Museum of Non-Objective Painting", einem Autohaus an der E 54th Street, ausgestellt worden waren. 1943 beauftragte Guggenheim mit Frank Lloyd Wright (1867–1959) den damals bedeutendsten amerikanischen Architekten mit einem Neubau und dieser schuf ein außergewöhnliches plastisches Gebilde aus Zikkurat (einem pyramidenartigen mesopotamischen Stufentempel) und auf dem Kopf stehendem Schneckenhaus. 1992 wurde dieser Bau durch Gwathmey Siegel & Ass. Architects nach Originalplänen Wrights um einen Turm erweitert. 2009 waren zum 50-jährigen Jubiläum aufwendige Renovierungen abgeschlossen.

Die exzellente **Sammlung moderner und zeitgenössischer Kunst** (19./20. Jh.) war ab den späten 1920er-Jahren von Salomon R. Guggenheim (1861–1949) zusammengetragen und im Laufe der Jahre durch Stiftungen und Ankäufe vergrößert worden. 1976 kamen mit der Stiftung des Münchner Kunsthändlers Justin K. Thannhauser viele Kunstwerke der Jahrhundertwende und von Picasso dazu und 1990 vergrößerten sich die Bestände des Museums durch den Neuerwerb der Sammlung Panza di Biumo – v. a. Werke amerikanischer Minimalisten und Konzeptualisten der 1960er-/1970er-Jahre – und ab 1992 durch eine Schenkung der Robert Mapplethorpe Foundation. Die Museumsbestände werden aufgrund ihrer Menge in Rotation gezeigt und zusätzlich gibt es spektakuläre Wechselausstellungen. „Filialen" des Guggenheim Museum existieren in Venedig, Bilbao und in Abu Dhabi ist ein Gehry-Bau geplant.

> **Guggenheim Museum,** 1071 5th Ave./89th St., www.guggenheim.org, Fr./So.–Mi. 10–17.45, Sa. 10–19.45 Uhr, $ 22 (Sa. 17.45–19.45 Uhr Eintritt beliebig). Angeschlossen ist das Restaurant The Wright, in dem in schickem Ambiente moderne amerikanische Küche mit saisonalen und lokalen Zutaten serviert wird. Subway: 86th St.

64 **Neue Galerie, Museum for German and Austrian Art** ★★ **[D10]**

Die beiden weltberühmten „Kathedralen der Kunst", Metropolitan Museum of Art **62** und Guggenheim Museum **63**, sind nur zwei Hauptpunkte auf einer langen Liste von Kulturinstitutionen, die sich entlang der 5th Avenue, an der Ostgrenze des Central Park, aneinanderreihen und die „**Museum Mile**" bilden. Erste Station im Süden ist die **Neue Galerie, Museum for German and Austrian Art.** Sie entstand auf Initiative des in Wien geborenen Kunsthändlers Serge Sabarsky und des amerikanischen Geschäftsmanns, Mäzens und Kunstsammlers Ronald S. Lauder in diesem denkmalgeschützten Beaux-Arts-Gebäude von 1914.

Das Erdgeschoss widmet sich dem **Wiener Kunstschaffen** um 1900, v. a. anhand von Beispielen bildender Kunst mit Werken von Malern wie Gustav Klimt, Egon Schiele oder Oskar Kokoschka. Vertreten sind auch die Wiener Werkstätten mit Josef Hoffmann und Koloman Moser sowie Architekten wie Otto Wagner, Joseph Urban und Adolf Loos. Im Obergeschoss geht es um die **deutsche Moderne** mit Strömungen wie dem Blauen Reiter (Wassily Kandinsky, Paul Klee, August Macke, Franz Marc), der Brücke (Ernst Ludwig Kirchner, Max Pechstein), dem Bauhaus (Lyonel Feininger, Paul Klee, Oskar Schlemmer) oder der Neuen Sachlichkeit (Otto Dix, George Grosz). Die angewandte Kunst vertreten Arbeiten des Werkbunds (Peter Behrens) und des Bauhaus (Marcel Breuer, Ludwig Mies van der Rohe). Wiener Kaffeehausatmosphäre bieten das Café Fledermaus und v. a. das Café Sabarsky.

> Neue Galerie, Museum for German and Austrian Art, 1048 5th Ave./86th St., www. neuegalerie.org, Do.–Mo. 11–18 Uhr, $ 20 (1. Fr. im Monat 18–20 Uhr freier Eintritt), Subway: 86th St.

65 National Academy Museum & School of Fine Arts ★ [D10]

Nächster Stopp an der Museumsmeile ist das National Academy Museum & School of Fine Arts, 1825 von renommierten Künstlern gegründet und mit einer **Sammlung von über 8000 Gemälden, Zeichnungen und Skulpturen.** Schwerpunkt ist die amerikanische Kunst vom 19. Jahrhundert bis zur Gegenwart. Diese älteste Kunstakademie in den USA zog 1940 in das geerbte Haus des Kunstmäzens und Philanthropen Archer Huntington ein und dies fungiert heute als Ausbildungsstätte und Museum in einem. Es finden Vorträge, Symposien, Touren und andere Veranstaltungen statt.

> National Academy Museum & School of Fine Arts, 1083 5th Ave./89th St., Mi.–So. 11–18 Uhr, $ 15, www.nationalacademy. org, Subway: 86th St.

66 Cooper-Hewitt National Design Museum ★ [D10]

Das Cooper-Hewitt National Design Museum beschäftigt sich mit **grafischem und industriellem Design**, mit **Architektur** und **Designgeschichte** und bietet interessante Wechselausstellungen. Die Sammlung wurde 1897 als „Cooper Uni-

on Museum for the Arts of Decoration" von der Familie Hewitt gegründet. Vor allem die drei Hewitt-Schwestern trugen Kunstwerke zusammen, die zunächst in der Cooper Union (s. S. 162) in Lower Manhattan ausgestellt wurden.

1967 gelangte die Sammlung in die Obhut der Smithsonian Institution, die sie 1976 an ihren jetzigen Platz, in die **Andrew Carnegie Mansion** (5th Ave./91st St.) verlagerte. Der „alte" Palazzo von Andrew Carnegie wurde 1902 erbaut und galt damals wegen Zentralheizung, Klimaanlage und Aufzug als ungeheuer fortschrittlich. Zwei angrenzende *townhouses* an der 90th Street gehören zum Institut und beherbergen u. a. den schönen Museumsshop.

> Cooper-Hewitt National Design Museum, 2 E 91st St., http://cooperhewitt.org, Subway: 86th St. Bis Herbst 2014 wegen Renovierung geschlossen, Arthur Ross Terrace & Garden und Shop geöffnet.

67 Jewish Museum ★ [D10]

Diese **weltgrößte Sammlung von Judaika** reicht bis ins Jahr 1904 zurück, als der Richter Mayer Sulzberger der Bibliothek des Jewish Theological Seminary of America antiquarische Schriften und Manuskripte, aber auch kunsthandwerkliche und sakrale Gegenstände vermachte. Sie befindet sich in der ehemaligen Privatwohnung eines Bankiers, der gotisierenden **Warburg Mansion** aus dem Jahr 1907, die vor einigen Jahren um einen Anbau von Kevin Roche erweitert wurde.

Die Exponate – rituelle und sakrale Objekte wie Thora-Kronen, Leuchter, Teller oder Zeremoniensilber, aber auch profane Kunstwerke, archäologische Fundstücke, Fotos und Dokumente aller Art –

decken einen Zeitraum von über 4000 Jahren ab und erläutern eindrucksvoll jüdische Sitten und Bräuche.

> **Jewish Museum,** 1109 5th Ave./92nd St., www.thejewishmuseum.org, Sa.–Di 11–17.45, Do. 11–20, Fr. 11–16 Uhr, $ 15, Subway: 86th oder 96th St.

68 Museum of the City of New York ★★ [D8]

Ein Glanzlicht an der Museum Mile ist das Museum of the City of New York. „See New York like a real New Yorker" ist das Motto dieses Stadtmuseums, in dem man anhand von Ausstellungsstücken und Dokumenten **fast vier Jahrhunderte Stadtgeschichte** kennenlernt. Es ergänzt ideal die Sammlung der New-York Historical Society (s. S. 236). Die Dauerausstellung wurde 1923 ins Leben gerufen und war bis 1932 in der Gracie Mansion (s. S. 227) untergebracht.

Sehenswert sind neben Wechselausstellungen über die Stadtgeschichte die zeitgenössisch (1690–1906) ausgestatteten „**Rockefeller Rooms**". Weitere Säle beinhalten die **Painting & Sculpture Collection** mit Werken von Asher B. Durand oder Reginald Marsh sowie Porträts von New Yorkern, außerdem gibt es eine **Prints & Photographs Collection** mit Fotos von Berenice Abbott u. a., dazu handkolorierte Lithografien. Die **Decorative Arts Collection** versammelt z. B. Haushalts- und Zeremoniensilber sowie goldene Schiffsmodelle und Handelsware. Ebenfalls sehenswert sind die **Costume Collection** und die **Spielzeugsammlung**. Seit Kurzem steht auch das **South Street Seaport Museum** (s. S. 60) unter der Ägide des Stadtmuseums und dort geht es anhand von Fotos, Dokumenten und Objekten um den Hafen, den Handel, den Kommerz und die Seefahrt. Die **Broadway-Abteilung** stellt eine der weltgrößten Sammlungen zur Theatergeschichte mit Kostümen, Fotos, Zeichnungen und anderen Erinnerungsstücken dar. „Timescapes" heißt ein Film, der in 25 Minuten einen guten historischen Überblick über die Stadt von den Anfängen bis heute liefert, ergänzend gibt es Vorträge und andere Veranstaltungen.

> **Museum of the City of New York,** 1220 5th Ave./103rd St., www.mcny.org, tgl. 10–18 Uhr, $ 10, Subway: 103rd St.

69 Museo del Barrio ★ [D8]

Letzte Station auf der Museum Mile, an der Grenze zu East Harlem, ist das Museo del Barrio, das **Museum für lateinamerikanische Kunst und Kultur.** Die 6500 Werke umfassende Sammlung, deren Schwerpunkt auf Kunst aus Puerto Rico, Lateinamerika und der Karibik liegt, wurde zum 40-jährigen Bestehen renoviert und umstrukturiert. Abgesehen von modernen, luftigen Ausstellungsflächen, geschmückt mit Wandbildern von Diego Rivera, Bildern von Frida Kahlo und Karikaturen von Miguel Covarrubias, wurde das Museum zum Central Park hin mittels Glas und einem Innenhof mit Zugang zu „El Cafe" geöffnet.

Neben **zeitgenössischen Werken** werden in Wechselausstellungen **historische Themen** aufgegriffen. Objekte aus der präkolumbianischen Frühzeit – Haushalts- und religiöse Objekte der Taíno-Kultur (Puerto Rico) – sind ebenso zu sehen wie moderne Kunstwerke. 900 profane und religiöse Ausstellungsstücke illustrieren in der Abteilung „Traditional Arts" verschiedene Aspekte des Lebens

New Yorks „Little Germany"

Die 86th Street stellt das Herz von Yorkville dar und ist auch ideal für einen Shoppingbummel. Anfang des Jahrhunderts nannte man dieses Areal Little Germany (Klein-Deutschland) und die 86th Street **German Broadway,** *was man schön bei Oskar Maria Graf nachlesen kann. Heute weisen nur noch rund 7000 Bewohner von Yorkville deutsche Wurzeln auf und man stößt nur noch punktuell auf alte Relikte: Das Restaurant Heidelberg oder die Metzgerei Schaller & Weber sind solche Hinweise, dass sich hier einmal das deutsche Zentrum der Stadt befand. Letzteres wusste auch Ex-Papst Benedikt XVI., der bei seinem Besuch im April 2008 eine Messe in der St. Joseph's Roman Catholic Church (E 87th St.) las.*

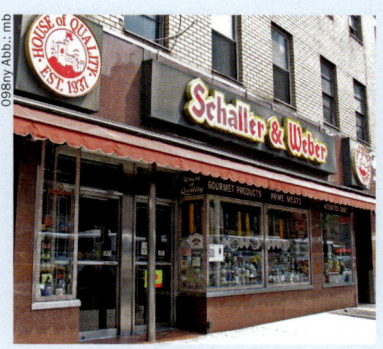

098ny Abb.: mb

Idealer Ausgangs- und Endpunkt für einen Rundgang ist die Subway-Station 86th Street, von der man auf der E 86th Street Richtung East River schlendern kann. Am Fluss stößt man auf den **Henderson Historic District** *mit 24 hübschen Ziegel-Reihenhäuschen aus dem späten 19. Jh., erbaut von dem Hutmacher John C. Henderson. Sie sind heute eine begehrte Adresse. Von der breiten Promenade über dem East River Drive bietet sich ein guter Ausblick auf Queensboro Bridge, Roosevelt und Ward's Island sowie Hell Gate, die Verbindung zwischen East River und Long Island Sound.*

Der nahe gelegene **Carl Schurz Park** *war 1891 auf Betreiben des gleichnamigen deutschen Immigranten und amerikanischen Innenministers von 1869 bis 1875 angelegt worden. Im Park befindet sich ein elegantes Landhaus, die* **Gracie Mansion.** *Sie war 1799 für den Kaufmann Gracie im*

Federal Style erbaut und später der Stadt übereignet worden. Erst diente sie als Sitz des Museum of the City of New York, seit 1942 ist sie offizieller Wohn- und Amtssitz des Bürgermeisters.

› *Im* **Heidelberg** *(1648 2nd Ave.) gibt es deutsches Bier und Schmankerl,* **Schaller & Weber** *(1654 2nd Ave.) bietet deutsche Wurstwaren und andere Lebensmittel.* **Glaser's Bake Shop** *(87th St./1st Ave.) ist eine 1902 gegründete Bäckerei mit deutschem Gebäck.*

› *Eine Liste deutsch geführter oder inspirierter Lokale, „delis" und Shops, aber auch von Veranstaltungen und Treffs bietet:* www.germanyinnyc.org

★**408** *[E10]* **Gracie Mansion,** *East End Ave./88th St., www1.nyc.gov/office-of-the-mayor/gracie-mansion.page, Touren Mi. 10/11/13/14 Uhr, $ 7. Amtssitz des New Yorker Bürgermeisters.*

⌐ *Tradition seit 1937: die Metzgerei Schaller & Weber im Herzen Yorkvilles*

und stammen aus Chile, Brasilien, Peru, Haiti, Mexiko und Puerto Rico. Außergewöhnlich ist die Sammlung von holzgeschnitzten „Heiligenfiguren" für den Hausaltar, rund 360 „Santos de Palo" aus Puerto Rico, „Sculpture between Heaven and Earth" genannt.

› **Museo del Barrio**, 1230 5th Ave./104th St., www.elmuseo.org, Di.–Sa. 11–18, So. 13–17 Uhr, jeden 3. Sa. im Monat Eintritt frei, $ 9, Subway: 103rd St. Mit schönem Laden.

Gastronomie in der Upper East Side

409 [D11] **E.A.T.**, 1064 Madison Ave., E. 80th–81st St., tgl. 7-22 Uhr. V. a. Backwaren und Frühstück sind legendär.

410 [E11] **O Merveilleux**, 1509 2nd Ave., 78th–79th St. Konditorei, Di.–So. 7.30–19 Uhr. Bekannt für luftiges belgisches Baisergebäck und „Speculoos" (Spekulatius).

› **Papaya King** (s. S. 42) – Hot Dogs und vor allem Säfte, nicht nur aus der Papaya.

70 **Central Park** ★★★   **[C12]**

Nicht nur an Sonntagen, wenn die meisten Straßen durch den Central Park gesperrt sind, fungiert diese Grünanlage als die „gute Stube" der Stadt. Hier treibt man Sport, malt, musiziert, meditiert, trifft sich zum Picknick oder zum Konzert, liest oder genießt die Sonne. Im Sommer lockt der 340 ha große Stadtpark als kühle Oase im brodelnd-heißen Wolkenkratzerdschungel, im Winter, in weiße Schneepracht getaucht, fühlt man sich hier meilenweit von der hektischen Stadt entfernt.

Die Grünanlage breitet sich zwischen 59th Street (Central Park South) und 110th Street sowie zwischen 5th und 8th Avenue (Central Park West) aus, ist rund 4 km lang und 800 m breit. Sie bedeckt mit ihren rund 340 ha etwa 5 % der Fläche Manhattans und bietet rund 50 km an Fußwegen und Sportplätze aller Art.

249ny Abb.: mb

Wurde früher generell davon abgeraten, den Central Park zu besuchen, sorgt heute berittene Polizei für Sicherheit und lediglich abgelegene Parkabschnitte, v. a. zwischen 74th und 79th Street, sind zu meiden. Und natürlich ist der Park, wie alle Parks weltweit, bei Dunkelheit kein empfehlenswerter Aufenthaltsort.

Geschichte

Wer einen alten Stadtplan von New York betrachtet, wird feststellen, dass sich zu Beginn des 19. Jh. im mittleren Teil Manhattans noch kein grüner Fleck befand. 1844 hatte William Cullen Bryant, Herausgeber der New York Post, erstmals einen großen öffentlichen Park in Manhattan gefordert – sein Wunsch wurde jedoch zunächst ignoriert. Erst bei den Bürgermeisterwahlen 1850 wurde die Forderung thematisiert und sieben Jahre später ein Gremium ins Leben gerufen.

Frederick Law Olmsted wurde zum ersten „Superintendent of the Park" ernannt und begann seine Pläne umzusetzen. Das war jedoch nicht ganz einfach, denn auf dem vorgesehenen Gelände befand sich eine afroamerikanische Siedlung namens **Seneca Village**, die in der ersten Hälfte des 19. Jh. entstanden war. Über 250 Menschen, darunter auch zahlreiche Iren, sollen hier gelebt haben, es gab drei Kirchen, zwei Friedhöfe und zwei Schulen. Die Bewohner wurden – bis heute viel kritisiert – zwangsumgesiedelt und das Dorf

1858 dem Erdboden gleichgemacht. Spuren davon fand man bei Ausgrabungen im Central Park.

Olmsted und der hinzugezogene Architekt und Landschaftsplaner Calvert Vaux begannen mit der **Anlage des Parks**, stießen jedoch auf weitere Probleme. Das vorgesehene Grundstück war teils Sumpfland, teils Schweineweide und man arbeitete Tag und Nacht daran, eine naturnahe und doch „dekorative" Landschaft entstehen zu lassen. Erde wurde reichlich bewegt und Tonnen von Humus mussten aus New Jersey herangeschafft werden, um dem neugepflanzten Grün Nährboden zu geben. Auch hinter den Kulissen verlief die Umsetzung der Pläne nicht reibungslos, zweimal drohten die beiden Planer wegen politischer Querelen ihr Amt niederzulegen.

Die offizielle **Eröffnung** erfolgte 1873. Olmsted hatte sich mit seiner Idee von einem Park, der durch Schönheit bestechen und passiven Genuss bieten solle, durchgesetzt. Doch die New Yorker waren anderer Meinung und deshalb wurden kurz vor der offiziellen Eröffnung noch ein Zoo und Baseball-Felder hinzugefügt. Autos wurden ab 1899 ebenfalls zugelassen und überall entstanden weitere Sport- und Spielplätze.

Besichtigung

Jahr für Jahr tummeln sich über 25 Mio. Menschen – New Yorker und Besucher – im Park, wobei der Südabschnitt, etwa bis auf Höhe des Metropolitan Museum (88th St.) bzw. des Reservoirs, der meistbesuchte Teil ist. Am Zugang zum Central Park an der Grand Army Plaza befindet sich eine **Installation** („Street Crossing") von George Segal und, bereits im Park, ist **The Dairy** (E 65th St.) erster An-

◁ *Auf dem See im Central Park trifft man sich sonntags zum Bootfahren*

EXTRAINFO

Informationen zum Central Park

❶ 411 [C13] **The Dairy Visitor Info Center,** Central Park/Höhe 65th St., Tel. 212 7946564, tägl. 10–17 Uhr

❶ 412 [B12] **Tavern on the Green,** West Side/67th St., http://tavernonthegreen.com. Das legendäre Lokal im Park hat im April 2014 neu eröffnet.

❯ Im Internet: www.centralparknyc.org, www.centralpark.com

Ⓢ 413 [B13] **Bike and Roll Fahrradverleih,** 2 Columbus Circle/59th Broadway, oder am Loeb Boathouse im Park, East Dr./E 74th St., Apr.–Nov. 10–18 Uhr. Touren veranstaltet **Central Park Bike Tours,** 203 W 58th St./7th Ave., http://centralparkbike tours.com

Ⓢ 414 [C13] **Eislaufen/Inlineskating,** im Winter bzw. im Sommer auf dem Wollman Rink an der Südostecke, Zugang: Central Park South/6th Ave., auch Verleih und Unterricht

Ⓢ 415 [C12] **Bootsverleih,** Loeb Bootshaus, East Dr./74th St., Apr.–Nov. 10–18 Uhr, $ 15, www.thecentralparkboathouse.com/boats.php

● 416 [C13] **Kutschfahrten,** ab Südostecke des Parks (nahe Plaza Hotel **㊟**), außerdem Pedicab-Touren (Fahrradrikschas), Infos: www.centralpark-attractions.com

★ 417 [C13] **Central Park Zoo,** 830 5th Ave./64th St., www.centralparkzoo.com, tgl. 10–16.30/17.30 Uhr, $ 18. Mit Abteilungen wie Polar Circle, Tropic Zone und Tisch Children's Zoo.

❯ Veranstaltungen im Central Park (s. S. 52)

❯ Verpflegung im Park: Ballfields Café, Boathouse Restaurant sowie zahlreiche *pushcarts*

❯ Subway-Stationen entlang Central Park West, etwa alle 10 Straßenblocks (Linien A, B, C, D) oder an der Grand Army Plaza (Südostecke des Parks, Linien N, R)

---

laufpunkt für Besucher. Wo einst Milch an bedürftige Kinder verteilt wurde, gibt es heute Informationsmaterial für Interessierte. Eine nahe der Dairy gelegene Attraktion für Familien ist der **Central Park Zoo** (E 64th St.), berühmt geworden durch die Madagascar-Trickfilme.

Wer sich sportlich betätigen möchte, dem stehen der **Wollman Rink** – im Winter zum Schlittschuhlaufen, im Sommer zum Skaten – oder im Sommer der **Heckscher Playground** mit allerlei Spielfeldern zur Verfügung. Auch Grünflächen wie **Sheep Meadow** (W 65th St.) animieren dazu, sich Bälle, Frisbeescheiben oder Boomerangs zuzuwerfen. Zu den **Strawberry Fields** pilgern Tag für Tag

Beatles-Fans um ihrem Idol John Lennon zu gedenken, der 1980 vor dem nahen Dakota Building **㊓** erschossen wurde.

Nördlich des „Lake", wo sich Freizeitkapitäne mit ferngesteuerten Bootsmodellen oder auch in Ruderbooten tummeln, kommen Kunstfreunde im **Delacorte Theater** (W 81st St.), im Shakespeare Garden oder auf dem nördlich anschließenden **Great Lawn** auf ihre Kosten. Hier und im weiter südlich gelegenen **Rumsey Playfield** und der **Naumberg Bandshell** (70th St.) finden in den Sommermonaten Freiluftkonzerte oder Theateraufführungen statt. Ebenfalls in diesem Teil befindet sich das viktorianische **Belvedere Castle** mit Aussichtsturm, Infozentrum und naturkundlichen Ausstellungen. Nördlich des Great Lawn schließt sich das große **Jacqueline Kennedy Onassis Reservoir** an, Teil der Wasserversorgung Manhattans. Weiter nordwärts folgen u. a. **The Great Hill** (W 106th St.) und das **Harlem Meer** (Nordostecke), das besonders den Bewohnern Harlems als „Gemeinschaftsgarten", Spielwiese und Erholungsoase dient. Lohnender Anlaufpunkt am Nordufer des Harlem Meer ist das **Charles A. Dana Discovery Center**, wo Sommerkonzerte stattfinden, und im Südosten der **Conservatory Garden** – drei symmetrisch angelegte Gärten, die man durch ein mächtiges Schmiedeeisentor betritt.

Upper West Side

Die Upper West Side (UWS), der Stadtteil zwischen 59th und 110th Street, im Westen des Central Park bis hin zum Hudson River, gilt als Wohngebiet der Künstler, Musiker und Literaten. Größen aus Oper, Theater und Film sind hier ebenso zu Hause wie berühmte Sportler. Aufgrund der späten Besiedelung existiert relativ viel alte Bausubstanz, die teilweise unter Denkmalschutz steht. Insgesamt präsentiert sich das Viertel als architektonischer Flickenteppich, als Stilgemisch, das gut zu der zusammengewürfelten Gesellschaft aus allen Schichten, Altersstufen, Klassen und Ethnien passt.

Die UWS ist allein schon wegen ihrer **Kultureinrichtungen,** der New-York Historical Society (s. S. 236), dem American Museum of Natural History **74** mit dem Hayden Planetarium und dem Lincoln Center **72** einen Besuch wert. Beliebt ist

die UWS auch wegen ihrer **Restaurants und Shops.** Besonders das Areal zwischen Columbus Avenue und Broadway, 71st und 84th Street ist interessant für Leute, die nach Kleidung, Antiquitäten, Kunst oder Geschenkartikeln Ausschau halten, die Columbus Avenue ist dagegen als „Restaurant Row" bekannt.

Zum Wohnviertel entwickelte sich die UWS nach 1870 und der Eröffnung der 9th-Ave.-Hochbahn, die die Verbindung zu Midtown herstellte. Als Erstes großes Luxus-Apartmenthaus entstand in den frühen 1880er-Jahren das Dakota Building **73**, ihm folgten entlang Broadway und Central Park West (= 8th Ave.) andere mächtige Gebäude. In den Seitenstraßen baute man hingegen hübsche braune Sandstein-Reihenhäuschen. Mit dem **U-Bahn-Bau** in den 1920er-Jahren erlebte das Viertel einen neuerlichen Aufschwung. Geplant war ursprünglich eine soziale Staffelung der Wohnungen je nach Einkommen vom Park zum River hin, allerdings siedelten sich nach dem Zweiten Weltkrieg zunehmend Puerto Ricaner und Afroamerikaner v. a. nördlich der 86th Street an und durchbrachen das System. Wohnsilos entstanden und die Verelendung drohte.

In den 1960er-Jahren entstand im Süden das Lincoln Center **72** und in den 1980er-Jahren entdeckten die Yuppies das Viertel – v. a. Columbus und Amsterdam Avenue – für sich und ließen die „Yupper West Side" entstehen. Der südliche Teil der UWS ist nach wie vor der noble Teil, je weiter man nach Norden gelangt, umso armseliger werden die Wohnviertel. Von der W 59th bis zur 65th St. erstreckt sich **Riverside South**, ein von Donald Trump initiiertes Städtebauprojekt.

🐂 Columbus Circle ⭐   [B13]

Den verkehrsumtosten **Columbus Circle**, wo die Wasserspiele der Brunnen rings um die Columbus-Statue den Lärm etwas übertönen, überragt an der Nordostecke ein hoher, versilberter Erdball und hinter diesem wiederum erhebt sich das **Trump International Hotel & Tower** von 1997. Auffällig ist auch der von dem Architekturbüro SOM geplante Doppel-Skyscraper **Time Warner Center** – ein Komplex mit **The Shops at Columbus Circle** (s. S. 25), Restaurants (z. B. Masa und Per Se), dem Mandarin Oriental Hotel, Wohnungen, Büros und den Time

Warner World Headquarters/CNN TV Studios. Jazz at Lincoln Center (s. S. 53) bespielt hier drei Bühnen: Rose Theater, Allen Room und die Bar Dizzy's Club Coca-Cola.

Im Herbst 2008 zog in einen auffälligen, von Allied Works Architecture komplett umgestalteten Bau am Columbus Circle/W 53rd St., auch „The Lollipop Building" genannt, das **Museum of Arts & Design** (s. S. 57) – kurz „MAD" – ein. Auf einer Fläche von 5000 m² und sechs Etagen wird in heller, luftiger Atmosphäre die Verbindung von Handwerk, Kunst und Design höchst attraktiv und anschaulich thematisiert. Abgesehen von der Dauer- gibt es interessante Wechselausstellungen, außerdem Studios, ein Auditorium und ein Restaurant im obersten Geschoss mit schönem Ausblick.

Etwas zurückversetzt an der 8th Avenue (56th–57th St.) tritt ein von Sir Norman Foster 2006 vollendeter und 2008 mit dem „International Highrise Award" ausgezeichneter Wolkenkratzer aus auffälligen Kuben und weißen Verstrebungen ins Blickfeld: der **Hearst Tower**. Das Besondere an dem 182 m hohen Glas-Stahl-Bau ist weder Höhe noch Architektur, sondern die Tatsache, dass zum einen der alte Bau von 1928 als Sockel verwendet wurde und es sich zum anderen um das erste „grüne Gebäude" in New York handelt. In nächster Nähe (157 W 57th St.) rückt ein weiterer Wolkenkratzer ins Blickfeld: **One57**.

❯ Subway: 59th St.-Columbus Circle

▷ *Die Alice Tully Hall*

◁ *Der Trump Tower am Columbus Circle mit der Erdkugel als Wahrzeichen*

⑫ Lincoln Center for the Performing Arts ★ [B13]

Im Lincoln Center for the Performing Arts residieren seit seiner Eröffnung 1966 rund ein Dutzend verschiedener Musik- und Kulturinstitutionen, unter ihnen die Metropolitan Opera und die New York Philharmonic. Die Anlage gruppiert sich um die Josie Robertson Plaza mit einem Brunnen, dem Revson Fountain, von Philip Johnson und der „Reclining Figure" von Henry Moore. Am Kopfende befindet sich das **Metropolitan Opera House**, die berühmte Met, südlich grenzt der Damrosch Park an, wo die **Guggenheim Bandshell** während der regelmäßig veranstalteten Freiluftkonzerte Besucher anzieht. Den südlichen Flügel des Platzes nimmt das **David H. Koch Theater** ein, Heimat des New York City Ballet. Die 1962 erbaute **Avery Fisher Hall** an der Nordflanke ist die Heimat der **New York Philharmonic**, 1842 gegründet und damit das älteste Orchester der USA. An der Nordwest-Ecke des Komplexes schließt sich das **Lincoln Center Theater** mit dem Vivian Beaumont und dem Mitzi E. Newhouse Theater an. Zwischen diesem und der Met erhebt sich die **New York Public Library for the Performing Arts**, in der auch Ausstellungen gezeigt werden.

Neu ist die Erweiterung der **Alice Tully Hall** (65th St./Broadway) mit Plaza und Tribüne, dem „Credit Suisse Information Grandstand". Ebenfalls neu ist **The David Rubenstein Atrium at Lincoln Center**, ein Ticket- und Besucherzentrum. Gegenüber dem Center befindet sich das **American Folk Art Museum** (s. S. 56).

❯ **Lincoln Center for the Performing Arts**, 70 Lincoln Center Plaza (Columbus–Amsterdam Ave./W 62nd–65th St.), Subway: 66th St.- Lincoln Center, http://lc.lincolncenter.org, www.metoperafamily.org

❯ **David Rubenstein Atrium**, 61 W 62 St. (Broadway zw. 62nd–63rd St.), Tel. 212 8755350, Mo.–Fr. 8–22, Sa./So. 9–11 Uhr. Beliebter Treff mit Café, Gratis-WLAN, Ticketverkauf, Infostand und Tourangebot (tgl. 10.30–16 Uhr, $ 18), Do. 19.30 Uhr Gratisaufführungen, jeden 1. Sa. im Monat 11 Uhr: Meet The Artist.

❯ Rabattierte **Tickets** im Zucker Box Office (Di.–Fr. 14–19.45 Uhr, Sa. 12–14, 15–19.45 Uhr) für Veranstaltungen im Lincoln Center, New York City Center, 92nd Street Y, Merkin Concert Hall, Miller Theatre. Auch reguläre Tickets, außerdem direkt bei den Bühnen.

❯ **Veranstaltungen** wie Lincoln Center Out of Doors (www.lcoutdoors.org) im Damrosch

216ny Abb.: mb

Park (Juli/Aug.) – Open-Air mit Künstlern aus aller Welt (kostenlos) –, Lincoln Center Festival (Juni/Juli, http://lincolncenterfestival.org) oder Mostly Mozart Festival (Ende Juli/Aug., http://mostlymozart.org)

🔴73 Dakota Building ⭐ [B12]

An der **Central Park West**, der den Park flankierenden Avenue, stehen die wohl legendärsten Apartmenthäuser der Stadt. Eines davon ist das **Dakota Building**, das als erster Luxus-Wohnblock 1884 in damals noch recht armseliger Umgebung erbaut worden war. Sehenswert an dem festungsartigen zehnstöckigen Bau mit großem Atriumhof ist v. a. der Eingang mit seinen Indianer-Reliefs, durch den schon Prominente wie Leonard Bernstein, Roberta Flack, Judy Garland oder Kim Basinger schritten, um in eine der ursprünglich 65 (heute 103) Luxussuiten zu gelangen. Bekanntester Mieter war wohl Beatle John Lennon, der am 8. Dezember 1980 vor dem Haus ermordet wurde. Seine Frau, Yoko Ono, lebt immer noch hier. Bekannt wurde der Bau zudem als Drehort von „Rosemaries Baby" (1968) von Roman Polanski. Auch in anderen Luxusresidenzen entlang der Central Park West waren bzw. sind Prominente zu Hause: z. B. James Dean (19 W 68th St.), Madonna (1 W 64th St.) und in 300 Central Park W, dem **Eldorado**, Marilyn Monroe.

🔲 *Das Dakota Building war einst der Wohnsitz von John Lennon*

KLEINE PAUSE

Zabar's Deli und andere Lokale
Eine New Yorker Institution ist **Zabar's Deli**, bekannt geworden durch Woody Allens Filme. Im Obergeschoss gibt es Kochzubehör und Haushaltswaren und nebenan lockt Zabar's Café mit seinen Spezialitäten. Wer dagegen Chutneys mag, muss bei **Hampton Chutney** vorbeischauen. Die parallel zum Broadway verlaufende **Amsterdam Avenue** wird im Abschnitt zwischen 79th und 84th Street als „Fressmeile" bezeichnet.
❼**418** [A11] **Artie's Deli** $-$$,
2290 Broadway. Ein weiterer, typisch jüdischer Imbiss.
❼**419** [B13] **Epicerie Boulud**, 1900 Broadway/W 64th St. Wurstwaren u.a. Gourmetkost, auch an der Bar.
❼**420** [B11] **Hampton Chutney**, 464 Amsterdam Ave.
❼**421** [B10] **Mana** $$, 646 Amsterdam Ave. Kleines Lokal mit Gerichten aus lokaler Produktion und Latino-Touch.
❼**422** [A11] **Zabar's Deli**, Broadway/W 79th St.

Schön ist der Art-déco-Klassiker mit der Hausnummer 115, das **Majestic**. Das **San Remo** (Central Park W/74–75th St.), ein mächtiger Bau mit kathedralartigen Zwillingstürmen, wurde ein Jahr früher (1929–1931) errichtet. Die riesigen Wohnungen sind immer noch begehrt – Mieter ist z. B. der Sänger Paul Simon.

Am **Verdi Square** (72nd St./Broadway/Amsterdam Ave.) mit seiner altmodischen Subway-Station fallen z. B. das **Dorilton** (171 W 71st St.) von 1902 oder das **Alexandria Condominium** (35 W 70th St.) ins Auge, Letzteres 1927 als „Pythian Temple" (Freimaurerloge) mit

ägyptisierendem Dekor erbaut. Sehenswert ist auch das **Ansonia Hotel** (2109 Broadway/73rd St.), 1899 vom Erben der Autofirma Dodge in Auftrag gegeben. Als es 1904 eröffnet wurde, soll es dem Dakota Konkurrenz gemacht haben: Es bot Mietapartments mit den Annehmlichkeiten eines Grand Hotels. Beliebt war und ist es wegen des Schallschutzes bei Musikern – Arturo Toscanini, Enrico Caruso und Igor Strawinsky wohnten hier.
❯ 1 W 72nd St., Subway: 72nd St.

⓸ American Museum of Natural History ★★★ [B11]

Das nicht zuletzt auch als Kulisse von Filmen wie z. B. „Night at the Museum" („Nachts im Museum", 1995) mit Ben Stiller bekannte American Museum of Natural History zählt zu den größten Naturkundemuseen weltweit und ist daher nicht nur ein Muss für Familien. In den vielen Ausstellungshallen, bei Filmen und Vorführungen wird so schnell niemandem langweilig.

Das American Museum of Natural History am Rand des Central Parks ist ein von einer Grünanlage umgebener Komplex aus verschiedenen Bauteilen und rund 40 Ausstellungshallen auf vier Ebenen. 1869 gegründet, wurde der Kernbau des Museums mit seiner tempelartigen Fassade und neogotischen Dekorelementen von Calvert Vaux, der auch an der Planung des Central Park beteiligt war, und J. Wrey Mould geplant und 1877 eröffnet. 1900 wurde ein Südflügel nach Plänen von J. Cleveland Cady im neoromanischen Stil hinzugefügt. 1936 stellte man vor der Hauptfassade eine überlebensgroße **Statue von Theodore Roosevelt** als „New York State Memo-

New-York Historical Society

Neben dem Museum of Natural History bietet das **Museum der New-York Historical Society** (s. S. 60) ein Kontrastprogramm. Die 1804 gegründete New-York Historical Society informiert in diesem ältesten Museum der Stadt ausführlich über deren Geschichte. Historische Gegenstände unterschiedlichster Genres sowie Kunsthandwerk, Skulpturen und Gemälde amerikanischer Künstler aus verschiedenen Jahrhunderten sind ausgestellt. Besonders sehenswert ist das als Schaubereich angelegte Magazin im obersten Stock, das Henry Luce III. Center for the Study of American Culture, mit Alltagsgegenständen aller Art. 2011 kam das Children's History Museum hinzu und im Eingangsbereich befinden sich das attraktive Caffè Storico und ein gut sortierter Buchladen.

rial" auf. Geschaffen hat sie der Künstler John Russell Pope. Hinter der Reiterstatue betritt man die **Hauptlobby** des Museums, die an eine römische Basilika erinnert und in der ein **Dinosaurierskelett** die Blicke auf sich zieht. Von den 1930er-Jahren an wurde nichts Grundlegendes an dem Komplex verändert und 2009 wurde eine mehrjährige, $ 37 Mio. teure Renovierung abgeschlossen. Dabei wurden unter anderem die Südfassade zwischen Columbus Avenue und Central Park West und das Eingangsfoyer neu gestaltet, aber auch Ausstellungsbereiche neu konzipiert und modernisiert.

Zu den Höhepunkten zählen die **Dioramen**, die in Originalgröße unterschiedlichste Lebensbereiche in Afrika, Asien und Nordamerika mittels nachgestellter Szenen zeigen. Zahlreiche **Einzelmodelle** stehen in den Hallen, besonderes Aufsehen erregen natürlich die Rekonstruktionen von Dinosauriern oder Walen, aber

103ny Abb.: mb

auch Originale wie das Stück eines Meteoriten, der „Star of India", der größte Saphir der Welt, und ein kolossales Haida-Kanu sind interessant.

Letzteres befindet sich direkt am Zugang zur hochinteressanten „Hall of Northwest Coast Indians", die schon 1888 eingerichtet wurde. In der „Bernard and Anne Spitzer Hall of Human Origins" ist die umfangreiche **anthropologische Sammlung** zur Geschichte der Menschen Asiens, des Pazifikraums, Afrikas und der Ureinwohner Amerikas ausgestellt.

Angeschlossen ist das **Hayden Planetarium** in einer beleuchteten Glaskugel als Teil des **Rose Center of Earth & Space.** Rund um die Planetariumskugel wird der Besucher im Rose Center über den „Heilbrun Cosmic Pathway" durch die verschiedenen Phasen der Entstehung und Ausbildung des Universums geführt, im „Big Bang Theater" gibt es die Space Show „Dark Universe" und im IMAX-3D-Theater wechselnde naturwissenschaftliche Filme.

> **American Museum of Natural History,** Central Park W/79th St., www.amnh.org, tgl. 10–17.45 Uhr, mit Rose Center $ 22, mit IMAX und Space Show (10.30–16, am Wochenende 17 Uhr halbstündl.) $ 35, Subway: 81st St.–Mus. of Natural History

◁ *Das American Museum of Natural History hat weit mehr zu bieten als nur Dinosaurierskelette*

„Neue" Straßennamen

Im Norden Manhattans ändern sich etliche **Straßennamen:** die Hauptachse Harlems, die 125th St. heißt Martin Luther King Jr. Blvd., die 6th Ave. heißt hier Lenox Ave. oder Malcolm X Blvd., die 7th Ave. wird zum Adam Clayton Powell Jr. Blvd., die 8th Ave. zum Frederick Douglas Blvd.

Upper Manhattan

Upper Manhattan steht nicht unbedingt auf dem Programm vieler New-York-Besucher, doch gibt es auch nördlich der 110th Street (Central Park North) noch einiges zu sehen: Da wäre einmal **Harlem,** das in den letzten Jahren eine Wiedergeburt erlebt und für Besucher kein Tabu mehr sein sollte. Gerade das Areal um die 125th St., den Martin Luther King Boulevard **76**, sollte man gesehen haben. Im Osten der Halbinsel geht Harlem in **East Harlem** (nördlich Yorkville) – das noch etwas verrufene Viertel der Hispanics – über. Im westlichen Teil, anschließend an die Upper West Side, liegen **Morningside Heights** mit der Columbia University **81** und dann der **St. Nicholas Historic District** um die 138/139th St. Ganz im Norden der Insel befindet sich auch noch **The Cloisters 85** im Fort Tryon Park – die Mittelalter-Filiale des Metropolitan Museum **62**. Der **West Harlem Piers Park** zwischen der 125th und 129th Street ist ebenso eine beliebte Erholungsregion in Uptown wie der Fort Washington Park mit dem Little Red Lighthouse unter der George Washington Bridge oder das nahe **Randall's Island.**

🔵 Harlem ★★   [C6]

Am Nordrand des Central Park offenbart sich ein Bruch, ethnisch, kulturell und wirtschaftlich. „Greater Harlem" erstreckt sich von Fluss zu Fluss, von der E 96th bzw. W 106th bis zur W 155th Street und das Herzstück heißt **Central Harlem** – der Korridor nördlich der 110th Street zwischen 5th Avenue und St. Nicholas Avenue. **East Harlem** (El Barrio oder Spanish Harlem) befindet sich zwischen Harlem River und Randall's Island, überdies existieren noch **West Harlem** mit Morningside Heights, Manhattanville und Hamilton Heights („Sugar Hill"). Nördlich davon liegen – nicht mehr Teil von Harlem – **Washington Heights und Inwood** im äußersten Nordzipfel von Manhattan.

Harlem darf längst nicht mehr als Getto, Schandfleck oder gar Slum bezeichnet werden und das Viertel nur bei einer der „klassischen" Bustouren im Schnelldurchlauf zu erkunden, wäre dumm. Sanierungs-, Kulturprogramme und soziale Einrichtungen verdrängen zunehmend Armut, Elend und Drogen. Die Kriminalitätsraten sind rückläufig und dieser *neighborhood* gibt sich vielgesichtig, bunt und hoffnungsvoll.

Der im Norden Manhattans gelegene Stadtteil war Jahrzehnte lang **Synonym für das afroamerikanische Amerika**, ist jedoch nach neuesten Erhebungen nicht mehr mehrheitlich „schwarz". Besonders im Kernbereich, Central Harlem, wuchs der weiße Bevölkerungsanteil, neben jenem der Hispanos, die konzentriert in East Harlem leben. Waren es 1990 noch 672 Weiße in Central Harlem, stieg der Anteil bis zum Jahr 2010 auf 10 %. 1910 waren 10 % der Harlemer Bevölkerung schwarz, 1930 mit der großen Migration aus dem Süden stieg der Anteil auf 70 % und 1950 waren es stolze 98 %. Central Harlems Bevölkerung wuchs in den letzten zehn Jahren um rund 10.000 Menschen (9 %) an, darunter vor allem Weiße, aber auch Hispanics. Letztere bilden heute mit etwa 55 % die Bevölkerungsmehrheit. In Greater Harlem, dem gesamten Stadtteil, lebten 1950 341.000 Afroamerikaner, 1970 machten sie 64 % der Bevölkerung aus, 2012 waren es nur noch etwa 27 % und die Zahlen sinken weiter. Dafür steigt der Bevölkerungsanteil an weißen Non-Hispanics und Latinos stetig an.

Viele Schwarze sehen die Entwicklung als den „**Ausverkauf Harlems**". Die Luxussanierungen werden mit Skepsis betrachtet, da alteingesessene Läden und Lokale neuen schicken Spots und Kettenbetrieben, Banken, Bürokomplexen und Einkaufszentren weichen müssen

104ny Abb.: mb

und für viele afroamerikanische Mieter ihre Wohnungen unerschwinglich werden und die Immobilienpreise ins Unermessliche steigen. Das schicke Aloft Hotel (2296 F. Douglass Blvd.) oder der Biosupermarkt Whole Foods (100 W 125th St.) sind Zeichen für die Gentrifizierung.

Harlem wurde um 1658 von den Holländern gegründet. Im 19. Jh. entwickelte sich das ländliche Idyll zum beliebten **Ausflugsziel**, in dem besonders die deutschen Biergärten beliebt waren. Der Versuch von Spekulanten, aus dem Areal einen weißen Nobelvorort zu machen, scheiterte kläglich und so kam man auf die Idee, die Immobilien überteuert an schwarze Zuwanderer zu vermieten. In den 1920er-Jahren, während des **Harlem Rush**, waren unzählige Afroamerikaner aus dem landwirtschaftlich daniederliegenden Süden hierher gezogen. Um 1930 wohnte bereits eine Viertelmillion Menschen in Harlem und auch aus anderen großen Städten kamen Schwarze in den Big Apple. Doch schon damals hatte Harlem nicht nur eine Schokoladenseite, Korruption und Armut waren verbreitet: „Man kann Bewohner des Dschungels sein, ohne in Afrika zu leben", sagte dazu Howard „Stretch" Johnson, in den 1930er-Jahren Steptänzer im Cotton Club.

Neben der Kirche entwickelte sich in den 1920er-Jahren der **Jazz** zum Sprachrohr dieser Gettokultur. Auch wenn die Weißen die Fäden zogen und in den Topklubs nur weißes Publikum zugelassen

◁ *An der 125th Street reihen sich die Straßenstände auf – hier ein Parfümverkäufer*

EXTRATIPP

Im Zeichen des Jazz

Aktiv in Sachen Jazz ist seit Langem das **Jazzmobile** (www.jazzmobile.org), eine Institution, die an verschiedenen Orten (auch im Freien) Jazzkonzerte, aber auch Veranstaltungen und andere Programme sponsert. Es gibt kostenlose **Summerfest Mobile Concerts** und im Mai findet das **Harlem Jazz Shrines Festival** statt (http://harlemjazzshrines.org). Ebenfalls lohnend: die Harlem Week im August (s. S. 17).

war, wurde Harlem enorm wichtig für das Selbstbewusstsein der Afroamerikaner. Viele träumen noch von dieser Blütezeit, vom **Harlem der 1920er-Jahre**, als der Stadtteil die „Black Capital of the Western World" war. Damals prägten schwarze Musiker den Spitznamen „Big Apple", Harlem galt als das „gelobte Land" der Afroamerikaner. Die Harlem Renaissance (s. S. 86) beherrschte die Kulturszene, Jazz, Ballett, Theater und Literatur blühten auf und das Bild des selbstbewussten „New Negro" wurde geprägt.

Die Hauptachsen des Viertels während der „Roaring Twenties" waren die 7th Avenue mit all ihren Läden und natürlich die 125th Street, in der das Amüsiergewerbe – Wetten, Glücksspiel und Prostitution – Hochkonjunktur hatte. Wie von Duke Ellington in „Take the A-Train" angedeutet, war die 125th Street gleichbedeutend mit Exotik, Erotik, Sex, Alkohol und Vergnügen. Hier steht das berühmte und heute noch attraktive **Apollo Theater** 76, in dem Louis Armstrong, Count Basie, Duke Ellington, Josephine Baker, und Billie Holiday auftraten, und hier befindet sich der **Cotton Club** (s. S. 47) der

Project Harmony – Kampf um ein „grünes" Harlem

*Man traut seinen Augen kaum: Mitten in Harlem, eingeklemmt zwischen Brownstone-Häusern und Apartmentblöcken, verbirgt sich hinter einem kunstvoll geschmiedeten Zaun ein kleiner „Garten Eden". Und doch ist der **Joseph Daniel Wilson Memorial Garden** in der 219 W 122nd St. Realität: Maulbeer-, Kirsch-, Apfelbäume, Pappeln, Kletterrosen, Wein, Gemüsepflanzen und eine Unmenge von Blumen entlang geschwungener Pfade, romantische Bänke und Picknicktische bilden ein Stück Naturidyll mitten in der hektischen Großstadt.*

*Die Idee eines solchen „community garden" reicht bis ins Jahr 1985 und auf **Cynthia Nibbelink Worley** und ihren betagten Nachbarn **Joseph Daniel Wilson** zurück. Cynthia hatte die Nase voll von Müll, Drogen und Prostituierten vor ihrer Haustür, von der Ignoranz der Polizei und der Untätigkeit der Anwohner. Sie ging Klinkenputzen, bat Nachbarn um Mithilfe bei der Schaffung eines gemeinsamen Gartens und appellierte, das Wohnviertel sauber zu halten und leer stehende Häuser nicht zu Müllhalden und Rattennestern verkommen zu lassen. „**Project Harmony**" war geboren und brachte ei-*

nen Stein ins Rollen: Die Bürger sorgen in Kooperation mit der nahe gelegenen Polizeistation für Sicherheit und Sauberkeit.

*In dem schwarzen **Gospelsänger und Laienprediger Haja** fand die aus dem ländlichen Iowa stammende weiße Cynthia, Professorin für englische Literatur, nicht nur ihren Lebensgefährten, sondern zugleich einen Partner im Kampf um ein lebenswertes Harlem. Gemeinsam kämpfen sie gegen die **Bürokraten in der Stadtverwaltung,** die vorgeben, Geld bringende neue Apartmenthäuser auf den leer stehenden Grundstücken errichten zu wollen (was meist nicht geschieht), und gegen die **Ignoranz vieler Anwohner,** die erst vom Sinn und Zweck einer lebenswerten Umgebung überzeugt werden müssen. Dabei sollen die Gärten nicht nur zur Verschönerung beitragen, sondern den Kindern in Harlem, die weltweit am meisten asthmagefährdet sind, helfen.*

*Haja ist **Vollzeit-Aktivist,** bekleidet mehrere Posten und fungiert als Triebfeder der Organisation. Er ist der Praktiker, Umweltschützer und Pädagoge in einem, führt die Nachbarskinder in den organischen Gartenbau ein und lehrt sie, für ihren Planeten Sorge zu tragen. Es gibt*

damals bezeichnenderweise schwarzen Zuschauern den Zutritt verweigerte.

Während des Zweiten Weltkriegs kam hier der **Bebop** auf und Musiker wie Dizzie Gillespie, Charlie Parker, Miles Davis, Ella Fitzgerald und Thelonious Monk feierten in den 1950er-Jahren z. B. in **Minton's Playhouse** Erfol-

ge. In den 1960er-Jahren dominierten dann Ray Charles, James Brown, Aretha Franklin und Sam Cooke die Bühnen und entwickelten den altbekannten Blues weiter zum **Soul.** Anfang der 1980er-Jahre erlebten das Viertel und seine legendäre Musikszene einen Niedergang – bis **Rap** und **Hip Hop** begannen, die

319ny Abb.: mb

Sommerprogramme, Workshops, Recyclingkurse und Reinigungsaktionen, Museumsbesichtigungen und Vorträge, „community meetings", Pflanzaktionen, Konzerte und nicht zuletzt „The Doers" - eine Gruppe von Frauen, die Gartenprodukte in Eingemachtes und Blüten in Duftpotpourris verwandeln, Essig und Wein produzieren, Karten gestalten, Geschenke basteln und alles unter dem Label „Harlem Harvests" verkaufen.

Cynthia und Haja wohnen seit ihrer Heirat 1991 gegenüber dem Garten und vermieten zwei Apartments im Haus an Gäste (s. S. 337). Sie haben in ihrem Viertel schon viel bewirkt, aber der Kampf geht weiter. Immerhin konnten in den letzten Jahren weitere brachliegende Flächen in Community Gardens umgewandelt werden - wie Papo's Garden (E 119 St., 2nd-3rd Ave., East Harlem) - und die Grünflächen sind nun auch den Politikern kein Dorn mehr im Auge.

●**423** *[C6] Project Harmony, Inc., 216 W 122nd St., Tel. 212 6622878, www. projectharmonynyc.org. Hier können auch die Produkte von „The Doers" gekauft werden. Ebenfalls interessant: www.greenthumbnyc.org.*

Lebensumstände im Getto anzuprangern und sich mit dem neuen Genre Gehör zu verschaffen. Seit Bill Clinton und den 1990er-Jahren setzte ein neuer Aufschwung des Viertels ein, das nun allerdings wegen gestiegener Immobilienpreise und Glamour-Faktor immer mehr den Afroamerikanern entrissen wird.

🟥76 Martin Luther King Boulevard/ Apollo Theater ★ [C6]

Die 125th Street, der **Martin Luther King Boulevard,** ist die Hauptachse von Harlem. Shops und Imbissbuden sowie eine wachsende Zahl an Filialen großer Fastfoodketten säumen diese Straße, die Besucher in eine andere Welt entführt. Vieles ist typisch amerikanisch, vieles ein bisschen afrikanisch. Gerade die 116th Street zwischen A. C. Powell Jr. und Malcolm X Blvd. gilt als „Little Africa" mit afrikanischen Shops und Straßenständen, die Sheabutter, Palmöl, Parfüms, Stoffe

⬜ *Nicht sehr auffällig, aber legendär: das Apollo Theater an der umtriebigen 125th Street in Harlem*

EXTRAINFO

Percy Ellis Sutton

Percy Ellis Sutton (1920–2009) war der „Renaissance Man" in Harlem. „Mr. Apollo" war nicht nur im Entertainment tätig – ihm gehörte quasi die 125th Street –, sondern er hatte auch etliche politische Ämter inne, war Mitglied der NAACP und bekannt mit Sugar Ray Robinson, Malcolm X und Fidel Castro. Seine Verdienste sind u. a. das **Revival der 125th St.** mit Erwerb des Apollo Theaters in den frühen 1980er-Jahren und die Förderung von Studio Museum und Dance Theater of Harlem.

und Modeschmuck verkaufen. Im Malcolm Shabazz Harlem Market (52 W 116th St.) gibt es afrikanisches Kunsthandwerk, Textilien, Kosmetikprodukte u. a. zu kaufen.

Man muss aufpassen, in all dem Trubel das berühmte, jedoch äußerlich eher unscheinbare **Apollo Theater** nicht zu übersehen. Das 1914 eröffnete Theater entwickelte sich in den 1920er-/1930er-Jahren zu Harlems Top-Showbühne, auf der legendäre schwarze Künstler wie Bessie Smith, Duke Ellington und Billy Holliday auftraten, nach dem Zweiten Weltkrieg abgelöst von Charlie Parker, Dizzy Gillespie oder Aretha Franklin. James Brown und Gladys Knight begannen ihre Karri-

EXTRATIPP

Harlem kulinarisch

In letzter Zeit schlossen mehr und mehr Soulfood-Legenden ihre Pforten – die altgedienten Lokale mit ihren kalorienhaltigen Hausmachergerichten aus den Südstaaten sind etwas aus der Mode gekommen. Einige sind geblieben, interessante neue Lokale sind dazugekommen:

- 🍴**424** [C7] **Amy Ruth's Restaurant** $$,
113 W 116th St. 1998 gegründetes Lokal mit leckeren Südstaatenspezialitäten wie *Fried Chicken, Dumplings, Pork Chops* oder *Oxtail Stew.*
- 🍴**425** [A6] **Dinosaur Bar-B-Que** $$-$$$,
700 W. 125 St./12th Ave. *Pulled pork* und *ribs*, gemütlich und rustikal mit vielen Bieren.
- ❯ **Harlem Tavern** (s. S. 35). Bierlokal mit Biergarten.
- 🛒**426** [B7] **Lee Lee's Baked Goods,**
283 W 118th St. Bekannt für *Rugelach,* ein typisch jiddisches süßes Gebäck (Hörnchen mit Füllung).

- 🍴**427** [C4] **Mountain Bird** $$-$$$, 231 W 145th St., Tel. 212 2815752. Winziges französisches Restaurant, das ganz im Zeichen des Geflügels steht. Betrieben wird es von einem japanischen Ehepaar.
- ❯ **Red Rooster Harlem** (s. S. 48). Soulfood und Musik. Im UG: Ginny's Supper Club.
- 🍴**428** [C7] **Settepani** $$, 196 Lenox Ave., Tel. 917 4924806. Frühstück/Lunch/Dinner bzw. an Wochenenden Brunch. Mediterrane Küche, auch Plätze im Freien.
- ❯ **SHRINE Bar und Restaurant** (s. S. 48). Abendlich mehrere Konzerte.
- 🍴**429** [C6] **Sylvia's** $$$, 328 Lenox Ave./W 126th St., Tel. 212 9960660. *Das* legendäre Soulfood-Restaurant, eher gehobene Kategorie.
- 🍴**430** [C5] **Yatenga** $$, 2269 Adam Clayton Powell Jr. Blvd. Klein und stets voll (mit Freiplätzen), ausgezeichnete, französisch-mediterran-afrikanisch beeinflusste Gerichte. Gehört zum beliebten Musikklub nebenan.

eren ebenfalls während der jeden Mittwoch hier stattfindenden Amateurabende. Nach einer Krise in den 1960er- und 1970er-Jahren, erwarb 1991 der Staat New York das Theater und initiierte eine umfassende Renovierung, die es jetzt wieder in altem Glanz erstrahlen lässt.

Gegenüber dem Apollo liegt das ehemals jüdische Kaufhaus **Blumstein,** 1898 von einem Deutschen gegründet. Innen befinden sich heute einzelne Läden. Wenige Schritte entfernt liegt der moderne Komplex mit dem **Magic (Johnson) Theatre** (Kinos) und Shops, wie Modell's.

Das **Studio Museum of Harlem** (s. S. 60) präsentiert zeitgenössische afroamerikanische Kunst aus dem Dauerbestand und dazu Wechselausstellungen und beherbergt außerdem riesige Fotoarchive mit alten Harlem-Aufnahmen. Ein kleiner Skulpturengarten grenzt an. Letzter Blickfang an der 125th Street ist ein hohes Bürohaus, das **Adam Clayton Powell Jr. State Office Building** (125th St./ Adam Clayton Powell Jr. Blvd.), in dem während der Harlem Week Veranstaltungen und Di. (10–17 Uhr) und Fr. (15– 20 Uhr) regelmäßig ein Wochenmarkt (www.125thstreetfarmersmarket.com) stattfinden.

> **Apollo Theater,** 253 W 125th St.,
> Tel. 212 5315300, www.apollotheater.org,
> Mi. 19.30 Uhr „Amateur Night at the Apollo",
> außerdem Konzerte im Apollo Music Cafe,
> Salon Series und andere Veranstaltungen,
> Subway: 125th St.

⓱ **Schomburg Center for Research in Black Culture** ⭐ **[C5]**

Das Schomburg Center for Research in Black Culture ging 1926 aufgrund einer **Stiftung von Arthur A. Schomburg** aus der „Division of Negro Literature, History and Prints" der 135th-Street-Filiale der New York Public Library hervor. Schomburg selbst war zwischen 1932 und 1938 Kurator des Zentrums, das auch Stipendien vergibt.

Es gilt als **größtes Forschungszentrum für afroamerikanische und afrikanische Kultur in den USA** und war schon in den 1930er-Jahren Zentrum der Harlem Renaissance (s. S. 86). Neben Sälen für Wechselausstellungen befindet sich im Schomburg Center ein Archiv, das 3500 seltene Bücher und Dokumente, 500 Manuskripte, Notenblätter, Fotos und Drucke, Tonbandaufzeichnungen, Musik-

---

EXTRATIPP

Mount Morris Historical District

Von der 125th Street Mall, dem Hauptabschnitt der 125th Street mit Geschäften etc., lohnt ein Abstecher zum **Mount Morris Historical District** (W 119th– 124th St.), ein denkmalgeschütztes Viertel, das ein ganz anderes Harlembild vermittelt. Im Zentrum des kleinen Areals befinden sich großteils renovierte viktorianische Reihenhäuser aus dem späten 19. Jh., die einstmals von deutschen Juden bewohnt wurden. Harlem-typisch ist, dass fast jeder Häuserblock über eine eigene Kirche oder einen Gemeindesaal verfügt.

Angrenzend an Mount Morris erstreckt sich der **Marcus Garvey Park** (120–124th St.), benannt nach einer wichtigen Figur der Schwarzenbewegung, dem Führer der Universal Negro Improvement Agency. Im Park befindet sich der einzige erhaltene Feuerwachturm New Yorks von 1856, eine Stahlkonstruktion mit Wendeltreppe und Alarmglocke.

aufnahmen und Videos umfasst. Dazu kommt eine Bibliothek mit über 125.000 Bänden und im Sommer findet die Harlem Book Fair (www.qbr.com/harlem-book-fair.aspx) statt.

> Schomburg Center for Research in Black Culture, 515 Lenox Ave./135th St., www.nypl.org/locations/schomburg, in der Regel Mo.–Sa. 10–18 Uhr geöffnet, Eintritt frei, Subway (2/3): 135th St.

⑱ St. Nicholas Historic District ⭐ [B5]

Im **St. Nicholas Historic District** (zwischen W 138th–139th St. und 7th–8th Ave.), aber auch in den umliegenden Straßen wie der 137th St. dominieren hübsche Musterreihenhäuschen von 1891. Die „King Model Houses" im Nordteil wurden im Italianate, die im Süden im Georgian Style erbaut. Wegen der hier ansässigen erfolgreichen Geschäftsleute nannte man das Viertel auch Strivers' Row („Strebergässchen").

Hier befindet sich auch die **Abyssinian Baptist Church,** die älteste „schwarze" Kirche New Yorks, 1908 im neogotischen Stil erbaut. Berühmt war Pastor Adam Clayton Powell Jr. (1908–1972), ein aktiver Bürgerrechtler, nach dem die 7th Avenue in Harlem benannt ist. Heute werden die Sonntagsgottesdienste nicht nur gern von der schwarzen Mittel- und Oberschicht besucht, sondern die Gospelmessen ziehen zunehmend auch Fremde an. Im ersten Stock erinnert eine Ausstellung an **Adam Clayton Powell Jr.,** der sich neben Martin Luther King in den 1960er-Jahren aktiv für die Gleichbehandlung der Schwarzen einsetzte und als erster dunkelhäutiger Kongressabgeordneter fungierte.

Easyliving Harlem

Easyliving Harlem (s. S. 337) ist eine ungewöhnliche **„Pension".** Die schon lange in New York lebende Berlinerin Heidi und ihr Eheman Tom, ein waschechter „Harlemite", bieten nicht nur „Familienanschluss", sondern auch vier geräumige und helle Gästezimmer in einem historischen, neu renovierten **Brownstone House.** Man trifft sich morgens oder abends in der Gemeinschaftsküche, die jeder benutzen darf, oder im kleinen Garten und Heidi und Tom geben gerne ihre Liebe zu und ihre Kenntnis über Harlem (und den Rest New Yorks) weiter.

> **Abyssinian Baptist Church,** 132 W 138th St., www.abyssinian.org. Berühmt für Chormusik, auch Ausstellungen und Veranstaltungen.
> Subway-Station: 135th St.

⑲ Hamilton Heights Historic District ⭐ [B4]

Dieses historische Viertel zwischen W 141st und 145th Street, „Harlem Heights" oder „Sugar Hill" genannt, entwickelte sich erst nach dem Anschluss an die Hochbahn um 1880 zum beliebten Wohnviertel. Angesehene Afroamerikaner wie die Jazzmusiker Count Basie und Duke Ellington oder der Boxer Sugar Ray Robinson wohnten in den hübschen Reihenhäuschen verschiedenster Stile oder traten in Nick's Jazz Pub (geschlossen) auf. Heute kann man einige der Häuser des **Hamilton Heights Historic District** während einer „Home & Garden Tour" im Frühjahr sogar innen besichtigen (Infos s. Link). Etliche Häuser

werden heute vom **City College of New York** (W 138th St./Convent Ave.) genutzt. Der Campus des 1847 gegründeten College liegt idyllisch auf einem Hügel, dessen neogotische Gebäude (1903–1906) sich um einen Innenhof gruppieren.

❯ Subway: 137th St.

❯ http://hamiltonheightshomeowners.org

⑧⓪ Hamilton Grange National Memorial ★ [B4]

Im angrenzenden **Saint Nicholas Park** befindet sich das Hamilton Grange National Memorial. Es handelt sich um das **Landhaus von Alexander Hamilton** (1755–1804), einem der **Gründerväter der USA**. Wegweisend war seine Finanzpolitik, die die Industrialisierung der USA in die Wege leitete. Zudem gründete er die amerikanische Nationalbank und ist deshalb auf 10-Dollar-Scheinen abgebildet.

Hamilton war eine schillernde Persönlichkeit: ehrgeizig, starrköpfig und aufbrausend. 1800 hatte er sich aus der Politik zurückgezogen und ein Grundstück im Norden Manhattans erworben. Das Wohnhaus war 1802 fertig, geplant von dem angesehenen Architekten John McComb (City Hall). Hamilton nannte es „Grange", nach dem alten schottischen Gut seines Vaters, und genoss in den zwei Jahren, die er hier lebte, v. a. seinen Garten: „A garden is a very usual refuge of a disappointed politician", meinte er zu einem Freund. Wie er gelebt hatte, so starb er auch: In einem **Duell** 1804 gegen seinen Erzrivalen Aaron Burr. Seine

⌂ *Durch den Shepard Archway geht es auf den Campus des City College of New York*

Frau Elisabeth bewohnte mit ihren vier Kindern nach seinem Tod das Haus noch bis 1834.

Nach einigen Besitzerwechseln wurde das Haus 1933 der Öffentlichkeit zugänglich gemacht und 1962 Teil des National Park Service. Der vormals das Haus umgebende Park fiel 1912 der Entstehung des Wohnviertels zum Opfer. Damals wurden auch die 13 Gummibäume gefällt, die Hamilton einst von Präsident George Washington als Geschenk erhalten hatte und die die 13 ersten US-Staaten verkörperten. Inzwischen wurde der Bau in den St. Nicholas Park umgesetzt, wo er frei im Park stehend besser zur Geltung kommt.

> **Hamilton Grange National Memorial,** 414 W 141st St./Convent Ave., www.nps. gov/hagr, Visitor Center Mi.–So. 9–17 Uhr, Touren 10/11/13/14/16 Uhr, Eintritt frei, Subway: 137th St.

⑧ Columbia University/ Morningside Heights ⭐ [A7]

Im Zentrum von Morningside Heights liegt die berühmte Columbia University. Um die Mitte des 17. Jh. waren in dieser Gegend vereinzelt Farmen und Landhäuser entstanden, doch die Besiedelung nahm insgesamt nur sehr langsam zu. 1870 entstand der Riverside Drive und Park von Frederick Law Olmsted, 1882 ein Altersheim (Amsterdam Nursing Home) und 1887 der Morningside Park, ebenfalls von Olmsted. Doch erst der Beginn der Bauarbeiten an der Cathedral of St. John the Divine ⑫ (1892) und an der Columbia University ab 1897 bedeuteten einen wichtigen Schritt in Richtung **Verstädterung.** In der Folge schossen Colleges und Kirchen und natürlich Wohnhäu-

ser für Lehrer und Studenten wie Pilze aus dem Boden.

Die **Columbia University** ist eine der ältesten und angesehensten Universitäten Amerikas. Die Hochschule, die 1754 als „Kings College" vom englischen König George II. gegründet worden war und damit die älteste städtische Institution ist, befand sich zu Anfang in der Nähe des ehemaligen World Trade Center. Erst 1897 begannen die Bauarbeiten in Upper Manhattan unter dem Architekten Charles McKim. An die 30.000 Studenten und über 7000 Dozenten gehen heute in den mehr als ein Dutzend *schools* (Fakultäten) ein und aus. Besonders jene für Jura, Medizin und Journalismus genießen einen guten Ruf. Zu den herausragenden Absolventen gehören Franklin D. Roosevelt, Isaac Asimov und J. D. Salinger.

Im Zentrum des mehrteiligen Komplexes (60 Einzelbauten) an der Nordseite des Hauptplatzes, des Central Quadrangle, steht die **Low Library** (mit Visitor Center). Sie wurde 1895 bis 1897 von McKim, Mead & White mit tempelartiger Fassade und hoher Kuppel erbaut. Ihre Freitreppe ziert eine Bronzesitzfigur der Alma Mater von 1903, mit einer Eule, die unter ihrem Rock hervorlugt. Gegenüber erhebt sich die **Butler Library,** die Hauptbibliothek der Universität und mit über 6,6 Mio. Bänden eine der größten Bibliotheken der USA.

Schon 1912 entstand an der Nordwestecke des Platzes die **School of Journalism.** Begründet von Verleger Joseph Pulitzer, wird hier jährlich der nach ihm benannte Literaturpreis vergeben. Der in Ungarn geborene Pulitzer kam 1864 in die USA und gründete knapp 20 Jahre später die New York World, eine „Zeitung fürs Volk", die neue Auflagenrekorde erreiche und spektakuläre Spendenaktionen durchführte.

Eher bescheiden nimmt sich an der Nordostecke des Platzes die **St. Paul's Chapel** aus, Anfang des 20. Jh. in einem kuriosen Mischstil aus Neorenaissance, Neogotik und byzantinischen Elementen erbaut, mit schönen Schnitzarbeiten im Inneren und einem Backsteingewölbe, das für gute Akustik bei Konzerten sorgt (Gratis-Konzerte Di. 18 Uhr). Seit Februar 2009 beherbergt die Uni das **Archive of Contemporary Music** (www.arcmusic.org). Den Kern dieser bedeutenden Popmusiksammlung bildet die legendäre, über 1,5 Mio. Stücke umfassende Plattensammlung von Bob George.

Da die Uni aus allen Nähten platzt, ist eine Erweiterung von der 125th bis zur 133rd Street auf einem Streifen Land parallel zum Hudson River mit den 2008 eröffneten West Harlem Piers (Uferpromenade) im Gang. Erste neue Bauten wie die School of Architecture & Urban Design sind schon entstanden. Damit wird sich das Bild des ganzen Viertels, auch „**Manhattanville**" genannt, bald verändern.

> **Columbia University**, W 116th St., www. columbia.edu, Visitor Center Low Memorial Library (Room 213, Mo.–Fr. 9–17 Uhr), Subway: 116th St.–Columbia Uni

> **Infos zu Morningside Heights:** www.morningside-heights.net

☑ *Eine der renommiertesten Hochschulen Amerikas: die Columbia University*

108ny Abb.: mb

🟥82 Cathedral of St. John the Divine ★★ [B7]

Diese Kirche zählt zweifellos zu den ungewöhnlichsten Baudenkmälern New Yorks. 1892 war nach einem Architekturwettbewerb (gewonnen von Heins & LaFarge) der Grundstein gelegt worden und **seither wird gebaut.** Der Sitz des Erzbischofs und die Mutterkirche der Diözese „House of Worship for all Peoples" wurde ursprünglich im romanischen Stil geplant und begonnen (Chor), doch dann entschied man sich für den gotischen Stil als geeigneter für die Megakirche.

Zwischen 1941 und 1978 mussten die Bauarbeiten aus Geldmangel eingestellt werden und bis heute ist man ausschließlich auf private Spenden angewiesen. Noch fehlen etliche Bauteile, die Türme sind noch nicht komplett, doch man schätzt, dass der Bau in **rund 50 Jahren fertig sein könnte,** vorausgesetzt, die dafür nötigen $400 Mio. kommen zusammen. St. John soll einmal die größte Kathedrale der Welt – mit rund 200 m Länge und 42 m Innenhöhe – werden. Selbst die Statue of Liberty würde hineinpassen! Das Gebäude bietet schon jetzt 10.000 Besuchern Platz.

Die lange Bauzeit erklärt sich teilweise durch die eingesetzten **mittelalterlichen Konstruktionsmethoden.** Aus verschiedenen Ländern wurden dafür Fachleute herangezogen, die die alten Techniken noch beherrschen. Auch eine gotische Kathedrale wurde schließlich nicht in einem Menschenalter fertiggestellt, man denke nur an den Kölner Dom.

Man sollte sich aber nicht zu sehr vom typisch amerikanischen Gigantismus ablenken lassen, sondern sich vielmehr den kunstvollen, ungewöhnlichen **Details** zu-

219ny Abb.: mb

wenden: die 1933 fertiggestellte Fensterrosette, die Nachbildungen mittelalterlicher Skulpturen am Westportal oder kuriose moderne Einzelheiten, wie die New Yorker Skyline an einem Kapitell im Mittelschiff. Auch sind im Kirchenraum zahlreiche gespendete Kunstwerke aufgestellt bzw. finden Kunstausstellungen statt. Sehenswert sind zudem die St. Ambrose Chapel mit Renaissance-Schmiedearbeiten, die Kopie des Bischofsstuhls aus der Westminster Abbey für Henry VII. (im Chor), das gotische Taufbecken oder die acht gigantischen, den Altar umgebenden Granitsäulen. Mit den **Chapels of Tongues** erinnert man an zugewanderte Immigrantengruppen – Skandinavier, Deutsche, Briten und Iren, Osteuropäer, Franzosen, Italiener und Spanier – sowie an fünf Jahrhunderte Architekturgeschichte. Die 150 Buntglasfenster befassen sich mit verschiedensten Themen, von der Schaffung Davids durch Michelangelo bis hin zur Unterzeichnung der „Declaration of Independence". Die großen Bronzetüren schließlich entstammen derselben Werkstatt wie die Statue of Liberty. Die Kirche ist von **Grünanlagen** umgeben, unter anderem von einem Skulpturengarten mit Friedensbrunnen und einem Bibelgarten für Kinder. Die Kirchengemeinde übernimmt **soziale und politische Aufgaben.**

Ein Kuriosum am Schluss: Wer am 4. Oktober, dem **St. Francis Day,** in die Kirche kommt, kann dort eine Tiermesse miterleben, während der Hunde, Katzen und andere Haustiere gesegnet werden.

> **Cathedral of St. John the Divine,** 1047 Amsterdam Ave./110–112th St., www.stjohn divine.org, tgl. 7.30–18, Visitor Center und Shop 9–17 Uhr, $ 10 Spende, Touren Mo. 11/14, Di.–Sa. 11/13, So. 13 Uhr, $ 6, Turmbesteigung (Vertical Tour) Mi. 12 und Sa. 12/14 Uhr, $ 15 (Treff: Eingang 112th St./Amsterdam Ave.), außerdem Spotlight Tours, $ 10, Subway: Cathedral Parkway–110th St.

83 General Grant National Monument ★ **[A6]**

Ein markanter Punkt im Riverside Park, direkt am Hudson River, ist das General Grant National Monument, besser bekannt als **Grant's Tomb.** Das prächtige marmorne Mausoleum wurde für den Bürgerkriegsgeneral und 18. Präsidenten **Ulysses S. Grant** (1822–1885) zwölf Jahre nach seinem Tod über seinem Grab errichtet. An den Trauerfeierlichkeiten 1885 hatte eine Million New Yorker, darunter US-Präsident Grover Cleveland und der gesamte Senat, teilgenommen. Der Architekt des Denkmals, John Duncan, orientierte sich an antiken Vorbildern wie dem

EXTRATIPP

Riverside Church

Die **Riverside Church** nahe dem Hudson River ist eine Stiftung von John D. Rockefeller. Die Kirche von 1927 mit gotischer Fassade erinnert im Stil an die Kathedrale von Chartres. Sehenswert sind die Glasfenster und mehrere Statuen und Tafelbilder zu Ehren von Sokrates, Michelangelo, Florence Nightingale oder Booker T. Washington. Die Hauptattraktion ist das riesige Glockenspiel mit 74 Bronzeglocken unterschiedlicher Größe, das Rockefeller zu Ehren seiner Mutter einbauen ließ. Das technische Meisterwerk wird vor/nach den Gottesdiensten (So. 10.30, 12.30, 15 Uhr) und zu besonderen Anlässen von einem Menschen gespielt, sonst ertönt, automatisch betrieben, ein Ausschnitt aus Wagners Parsifal.

★ **431** [A6] **Riverside Church,** 490 Riverside Dr./122nd St., www.theriversidechurchny. org. Touren (Menü „About/Tours"), Konzerte und Events („Music & Events").

Mausolos-Grabmal in Halikarnassos (Türkei) oder dem des römischen Kaisers Hadrian, die Engelsburg in Rom. Am **27. April 1897,** in Erinnerung an Grants 75. Geburtstag, wurde das Monument mit einer siebenstündigen Parade eröffnet. In der Krypta, in der die Särge des Grants und seiner Frau aufgestellt sind, befinden sich seit 1938 auch Bronzebüsten seiner besten Offiziere. Eine Ausstellung informiert über den General und seine Zeit.

◁ *Eine ungewöhnliche Megakirche: die Cathedral of St. John the Divine*

Seit 1958 gehört das Monument dem amerikanischen Volk und wird vom National Park Service verwaltet. Umgeben ist es von farbenfrohen, von dem katalanischen Künstler Gaudí inspirierten Mosaikbänken, die in den frühen 1970er-Jahren von einem chilenischen Künstler entworfen wurden und einen interessanten Kontrast zum eher sterilen Grabbau bilden.

❯ **General Grant National Monument,** W 122nd St./Riverside Dr., www.nps.gov/gegr, Visitor Center tgl. 9–17 Uhr, Memorial: Do.–Mo. 10–11, 12–13, 14–15, 16–17 Uhr, Eintritt frei, Subway: 116th St.–Columbia Uni

㉘ **Washington Heights** ★ **[A1]**

Im äußersten Norden Manhattans – leicht mit der Subway-Line A erreichbar – liegen die Viertel **Washington Heights** (151st St.–I95), **Fort George** (188th St.–Dyckman St.) und das nördlich angrenzende **Inwood**, nur durch den Harlem River von der Bronx getrennt. Hierher kommt man, um echte dominikanische Gerichte zu essen.

Der Nordteil von Upper Manhattan war lange kaum besiedeltes Farmland und hat sich bis heute seinen dörflichen Charakter bewahrt. Bekannt wurde **Washington Heights** besonders als Endstation des von Duke Ellington besungenen „A-Train".

In den 1940er-Jahren war diese Region fest in deutscher Hand. Zahlreiche – zumeist jüdische – Immigranten hatten sich hier im „Vierten Reich" angesiedelt, unter ihnen der Schriftsteller Oskar Maria Graf mit seiner jüdischen Frau Mirjam. Längst sind die Deutschen weggezogen und nur wenig erinnert noch an sie.

Neben der **Sylvan Terrace,** einer Reihe von Holzhäusern von 1882/83, ist die gegenüberliegende **Morris-Jumel Mansion** sehenswert. 1765 erbaut, diente der an eine Südstaatenvilla erinnernde Bau zunächst als Sommerresidenz und während des Unabhängigkeitskriegs dann kurzzeitig als Hauptquartier George Washingtons. 1810 wurde das Haus in den heutigen Zustand umgebaut.

❯ **Morris-Jumel Mansion,** 1765 Jumel Terrace (W 160th–W 162nd St.), www.morrisjumel. org, Subway: 168th St.–Washington Hts., Mi.–So. 10–16 Uhr, $ 5

220ny Abb.: mb

▷ *The Cloisters ist auf Mittelalterkunst spezialisiert*

85 The Cloisters ★★ [ad]

Ein absolutes Muss im Norden Manhattans ist The Cloisters im **Fort Tryon Park** (mit historischem Cottage und Heather Garden), eine **Zweigstelle des Metropolitan Museum of Art** 62, genauer gesagt, die Abteilung für europäische Mittelalterkunst und v. a. Architektur vom 9. bis 15. Jahrhundert. Die beeindruckende „Filiale" befindet sich in einem Gebäude, das in den 1930er-Jahren aus verschiedenen mittelalterlichen Bauteilen errichtet wurde, nachdem John D. Rockefeller dem Museum die nötigen Mittel gewährt und Grund und Boden gestiftet hatte. Originalteile sind geschickt mit Rekonstruktionen kombiniert, Inhalt und Form verschmelzen und so entsteht der Eindruck, man befände sich in einem echten **mittelalterlichen Kloster.**

In den verschiedenen Räumen, Sälen und Kapellen sind Exponate verschiedener Genres aus romanischer und gotischer Zeit ausgestellt. Zu sehen sind z. B. Kirchenglasfenster aus dem rheinischen Boppard, Fresken, Triptychen, Figuren und architektonische Details verschiedener sakraler Bauten aus Europa (v. a. Spanien und Frankreich), Handschriften und Metallarbeiten. Zu den Schätzen gehören auch Gobelins aus Brüssel, darunter eine Serie mit dem Titel „Jagd nach dem Einhorn" (um 1500). In der Schatzkammer werden gotische Stundenbücher, Kartenspiele und mittelalterliche Gerätschaften dargeboten.

Die beiden Innenhöfe und der Blumen- und Kräutergarten sind grüne Oasen der Ruhe und Meditation. Von der West Terrace an der Nordostecke bietet sich ein guter Blick über den Hudson River und auf die **George Washington Bridge**

(175th St.). Schon Le Corbusier lobte die von Othmar Ammann und Cass Gilbert 1927 geplante und vier Jahre später eröffnete Brücke für ihre Ästhetik – und bis heute gilt die 2,6 km lange Brücke mit ihren 14 Fahrspuren auf zwei Ebenen als technisches Meisterwerk. Ein ungewöhnlicher Fotospot ist das unter der Brücke befindliche **Little Red (Jeffrey's Hook) Lighthouse** (s. S. 103). 1921 hier aufgestellt, kennt es Dank eines Kinderbuchs jeder New Yorker.

❯ **The Cloisters,** 99 Margaret Corbin Dr., Fort Tryon Park, Subway: 190th St. oder Bus M4, www.metmuseum.org/visit/visit-the-cloisters tgl. 10–16.45 bzw. im Sommer bis 17.15 Uhr, $ 25 (mit Met), mit Café

❯ **Medieval Festival** at Fort Tryon Park & The Cloisters, www.whidc.org/festival/home.html. Anfang Okt. stattfindendes Gratis-Event mit mittelalterlichem Dorf, Vorführungen und Buden.

❯ **Little Red Lighthouse.** Infos zu Touren u. a. Wissenswertes unter: www.historichousetrust.org/item.php?i_id=24

112ny Abb.: mb

Brooklyn

Brooklyn ist „hip", Brooklyn ist „hot" – so lautet heute der Slogan, mit dem Brooklyn aus dem Schatten Manhattans heraustritt. Auch wenn Manhattan allein für ein volles Besichtigungsprogramm sorgt, wäre eine New-York-Reise ohne den einen oder anderen Abstecher in die anderen „boroughs" unvollständig. Als erste Entdeckung außerhalb Manhattans bietet sich wegen der guten Verkehrsanbindung das angesagte, aber weitläufige Brooklyn an.

⌂ *Die Brooklyn Bridge* **16** *führt von Manhattan nach Brooklyn hinüber*

Brooklyn war schon immer ein Sammelbecken verschiedener Kulturen, Ethnien und Gesellschaftsgruppen – und ist es heute noch. Es prägte den New Yorker Dialekt und war bzw. ist Heimat bekannter Persönlichkeiten wie Truman Capote, Walt Whitman, Woody Allen, Norman Mailer, George Gershwin, Henry Miller, Barbra Streisand, Spike Lee oder Paul Auster. Da viele der über 80 Stadtviertel ihren eigenen Charakter bewahrt haben, eine lange Geschichte vorweisen können und oft auf Dörfer unterschiedlicher Zuwanderergruppen aus dem 19. Jh. zurückgehen, nennt man Brooklyn auch **„Borough of Neighborhoods"**. Ein weiterer Spitzname hängt ebenfalls mit der ethnischen Vielfalt zusammen: Jede

Walt Whitman, der „Goethe Amerikas"

*In South Huntington im ländlichen Long Island geboren, war Walt Whitman in Brooklyn zu Hause. Der eigenwillige Poet wurde 1819 als drittes von acht Kindern eines Architekten geboren. Zunächst lernte Whitman das **Druckerhandwerk**, arbeitete aber auch als Lehrer, **Journalist** und **Zeitschriften-Herausgeber** sowie als **Handwerker**. Viel in den damaligen USA unterwegs, erlangte er mit seinem 1855 erschienenen Gedichtband „**Leaves of Grass**" (Grashalme), in dem er nicht nur seine Eindrücke, sondern auch politische Vorstellungen und menschliche Gefühle grandios festgehalten hat, Berühmtheit.*

*Im Laufe der Jahre erweiterte er den Band ständig, räsonierte über den Bürgerkrieg, während dem er in einem Lazarett gearbeitet hatte, oder über die Ermordung Abraham Lincolns. Die 10. und letzte Auflage erschien im Jahr 1897, fünf Jahre nach seinem Tod. Bis heute strahlen seine **Gedichte** eine ungeheure Kraft aus, feiern die Demokratie und die Schönheit des nordamerikanischen Kontinents und beeinflussten Schriftsteller und Dichter aus aller Welt, darunter Thomas Mann: „... wie ich auch sehe, dass es mit Goethe allein denn noch nicht getan sein wird, sondern dass ein Schuss Whitman dazu gehört ..."*

Gruppe gründete ihre eigene Kirchengemeinde und errichtete eine Kirche, sodass Brooklyn auch als „**Borough of Churches**" bezeichnet wird.

Der Zusammenschluss mit New York im Jahr 1898 gilt bis heute als „big mistake", war doch damit der Niedergang vorprogrammiert und der vormals eigenständige Charakter der Stadt verlorengegangen. Brooklyn war bereits damals nach Manhattan, Philadelphia und Chicago die viertgrößte Metropole der USA gewesen und ist es heute noch. Mit über 2,5 Mio. Einwohner auf 183 km² Fläche machen die „Brooklynites" über 30 % der New Yorker aus. Brooklyn ist damit bevölkerungsreicher als San Francisco, Boston, Atlanta und St. Louis zusammen und wäre nach New York, Los Angeles und Chicago immer noch die viertgrößte US-Stadt.

Brooklyn, das mit Queens den Westteil von Long Island ausmacht, wurzelt in dem 1646 von Holländern gegründeten Ort „**Breuckelen**". Aus dem Dorf entwickelte sich im Laufe der Jahrhunderte ein Industriestandort, der nach dem Zweiten Weltkrieg Immigranten anzog, gleichzeitig aber wirtschaftlich und sozial verfiel. 1964 hatte Hubert Shelby in seinem Roman „Last Exit to Brooklyn" dem Stadtviertel einen zweifelhaften Ruf nachgesagt und es als „Schlund von New York" bezeichnet. Der Zustand war trist und als in den 1960er-Jahren auch noch der Containerhafen nach New Jersey verlagert wurde, ging es weiter bergab. Erst als 1965 Brooklyn Heights zu New Yorks erstem *historic district* erklärt wurde, setzte eine langsame Renaissance ein. Man begann, alte Bauten zu restaurieren und mittlerweile blühen ganze Straßenzüge und Viertel wieder auf.

In den späten 1990er-Jahren wurde Brooklyn von einer rasanten **Aufbruchsstimmung** erfasst, die den „Hin-

EXTRATIPP

Brooklyn Infos

ⓘ433 [G23] **Brooklyn Tourism & Visitors Center,** 209 Joralemon St., in der Historic Brooklyn Borough Hall, www.visitbrooklyn.org, Mo.–Fr. 10–18 Uhr, Subway: Borough Hall

> **Speziellere Infos** liefert http://brook lynexposed.com und historisch inte- ressant ist www.brooklynhistory.org. Außerdem erscheint Do. der kosten- lose „Brooklyn Eagle" (www.brooklyn dailyeagle.com).

> **Events:** West Indies Labor Day Parade (www.labordaycarnival.com) und Brooklyn Book Festival (www.brooklyn bookfestival.org) im Sept.

> **Gratis-Sommerkonzerte,** u. a. Sea- side Summer Concert Series (Coney Island), M.L. King Concert Series (Lef- ferts Garden), www.brooklynconcerts. com

> **Celebrate Brooklyn!,** Konzerte im Pro- spect Park, http://bricartsmedia.org/ performing-arts/celebrate-brooklyn, Juni–August

> **The Great GoogaMooga Festival,** Prospect Park, ein Maiwochenende (http://googamooga.com)

terhof New Yorks" zur trendigen Adres- se werden ließ und den „Brooklynites" zu neuem Selbstbewusstsein verhalf. Ein blühendes Kulturleben und damit die perfekte Eignung als Zufluchtsort für Künstler und Intellektuelle ließen die Nachfrage nach Immobilien wachsen.

Heute heißt es „Brooklyn's back" und auch kulinarisch hat man dort mächtig aufgeholt, veranstaltet eine eigene *res- taurant week* – „Dine in Brooklyn" – und ist berühmt für sein reges Nachtleben:

So trifft man sich neuerdings gern in Brooklyn zu Konzerten angesagter Bands wie MGMT, Grizzly Bear, The Drums oder TV on the Radio. Mit dem Slogan „**Meet Me In Brooklyn**" versucht man Leute in einen Stadtteil zu locken, der Kontrast- programm zu Manhattan bietet.

Zeichen des Aufschwungs sind z. B. der Hafen in **Red Hook** – hier legen inzwi- schen wieder Kreuzfahrtschiffe an – oder die Umgestaltung der alten East-River- Piers zu Grünanlagen. **Williamsburg** gilt als das neue Hip-Viertel der Stadt. **Fort Greene** und **Greenpoint** sind ebenfalls schick geworden und die Atlantic Ave- nue lohnt zum Bummel. **Bushwick** gilt als *die* neue Künstleroase, **Sheapshead Bay** strahlt maritimes Flair aus und dank der Steiner Studios in der einstigen Schiffs- werft Brooklyn Navy Yard (am East Ri- ver) ist Brooklyn auf dem besten Weg, zum „**zweiten Hollywood**" zu werden. Immerhin hat man Filmtradition: „Satur- day Night Fever", „The French Connec- tion", „Scent of a Woman", „Requiem For A Dream" und „Annie Hall" wurden hier schon gedreht.

Für Brooklyn gibt es ein **Pflichtpro- gramm** – der Sonnenuntergang an der Brooklyn Heights Promenade **86**, ein Spa- ziergang über die Brooklyn Bridge **16** und durch den Brooklyn Bridge Park **87**, das Brooklyn Museum of Art **95** und ein Aus- flug nach Coney Island **97** gehören dazu –, doch als „Kür" sollte man auch einige der nachfolgend besprochenen Viertel er- kunden. Die meisten davon sind leicht mit dem *train* (Subway) zu erreichen.

▷ *Nicht nur bei Sonnenuntergang lohnend: die Brooklyn Heights Promenade*

114ny Abb.: mb

🔞 Brooklyn Heights Promenade und Brooklyn Heights ★ ★ ★ [F23]

Ein Muss für jeden New-York-Besucher ist der Sonnenuntergang an der Brooklyn Heights Promenade und ein Spaziergang über die Brooklyn Bridge 🔟. Auf der Promenade rückt am anderen Ufer die Hochhauskulisse Lower Manhattans höchst fotogen ins Blickfeld, am beeindruckendsten bei Sonnenuntergang, wenn die Sonne hinter der Statue of Liberty verschwindet und langsam die Lichter der Metropole aufleuchten.

Walt Whitman (s. S. 253) nannte einen Spaziergang über die Brooklyn Bridge einmal „die beste und wirkungsvollste Medizin, die meine Seele bisher genossen hat". Dem ist nichts hinzuzufügen – doch sollte man sich nicht allein mit einem Gang über die Brücke begnügen. Zwischen Columbia Heights und Fulton/Clinton St. sowie Joralemon St. und Brooklyn Bridge erstreckt sich der **Brooklyn Heights Historic District,** der Wohnort der gehobenen Mittelklasse. Hier leben und lebten etliche **Schriftsteller,** darunter Henry Miller, Thomas Wolfe, Arthur Miller, Norman Mailer, Golo Mann, Truman Capote und Paul Auster.

Ab 1814 ermöglichte erst die Fulton Ferry, dann ab 1883 die Brooklyn Bridge das mühelose Überqueren des East River und forcierte die Besiedelung. Oberhalb der Lagerhallen an den Piers legte man Vorgärten für die Villen der reichen Unternehmer an. In den Straßen dahinter entstanden jene **Reihenhäuser,** die ebenso typisch für New York sind wie die Wolkenkratzer. Ihr Name – **brownstones** – geht

113ny Abb.: mb

auf das anfangs rosafarbene, sich im Laufe der Zeit aber braun verfärbende Baumaterial, den lokalen Sandstein, zurück.

Mit dem Niedergang Brooklyns in den 1950er- und 1960er-Jahren verfielen allmählich auch diese Häuser. Da aber Geld für Renovierungen und Umbauten fehlte, blieben ganze Straßenzüge unverändert erhalten. Als Immobilienspekulanten die Häuser abreißen wollten, trat die Brooklyn Heights Association erfolgreich in Aktion und das Viertel mit zahlreichen Bauten aus der Vor-Bürgerkriegszeit wurde 1965 unter **Denkmalschutz** gestellt.

Die Brooklyn Bridge ⑯ führt direkt zur **Cadman Plaza**, einem lang gestreckten Park, bereits im Herzen von Downtown Brooklyn, an dessen Südende sich das Theodore Roosevelt U.S. Courthouse, der Supreme Court und der Verwaltungssitz, die **Borough Hall** (1835–1849), befinden. Dank moderner Bauten wie dem Williamsburgh Savings Bank Tower – mit 156 m der höchste Bau Brooklyns – oder dem MetroTech Center weist Brooklyn hier so etwas wie eine eigene Skyline auf. Auf dem Platz vor der Borough Hall (Court/Montague St.) findet jeden Di., Do. und Sa. ein Bauernmarkt statt (8–18 Uhr).

Neben der **Clark Street** führt die **Montague Street**, die Einkaufs- und Restaurantstraße von Brooklyn Heights mit Buchläden, Lokalen und Cafés, direkt auf die **Brooklyn Heights Promenade** zu, von wo aus man kostenlos einen kaum zu steigernden Blick auf die spektakuläre Hochhauskulisse Manhattans erhält. Wer möchte, kann über die **Squibb Pedestrian Bridge** (Fußgängerbrücke) anschließend zu Pier 1 und zum Brooklyn Bridge Park hinabsteigen und mit der Fähre zurück nach Manhattan fahren.
❯ Subway: High St. bzw. Clark St.

87 Brooklyn Bridge Park ★★ [F22]

Bis Ende 2014 werden die alten **Piers** um und südlich der Brooklyn Bridge **16** umgestaltet. **Pier 1,** südlich von Brücke und Fulton Ferry Landing, wurde bereits im März 2010 als Parkanlage mit Postkartenblick auf Manhattan am Hudson River eröffnet und ergänzt Fulton Ferry Landing in DUMBO **88**, am Fuße der Old Fulton St. zwischen Brooklyn und Manhattan Bridge. Dort liegt ein alter Lastkahn (barge) vor Anker, der als klassische Konzertbühne (www.bargemusic.org) bekannt ist. Im ältesten Abschnitt der Parkanlage, dem Empire Fulton Ferry Park, steht ein historisches Karussell aus Philadelphia, **Jane's Carousel** von 1922. Nach Nordosten, Richtung Manhattan Bridge, schließen sich die Parks Empire Fulton Ferry und die Main Street an. **Pier 6** (südlich) am Fuße der Atlantic Ave. und mit Fähranlegestelle folgte im Frühsommer 2010 und zwei Jahre später **Pier 5** mit Sport- und Spielflächen. **Pier 2** hat u.a. einen Swimmingpool zu bieten und wurde im Frühjahr 2014 fertiggestellt, während **Pier 4** (mit „Beach") und **Pier 6** (mit Spiel- und Sportplätzen) noch in Arbeit sind. Wenn das ganze Projekt abgeschlossen ist, sollen gut 2 km von der Manhattan Bridge bis zur Atlantic Avenue mit Grünanlagen und Fahrradwegen, Bühnen, Lokalen, Spielflächen, aber auch renaturiertem Marschland und fishing piers ausgestattet sein.

› Infos: www.brooklynbridgepark.org
› Im Sommer „Movies with a view" – Open-Air-Kino mit DJ-Vorprogramm Do. auf Pier 1
› Subway: High St. bzw. Clark St.

◁ Brooklyns „Stadtverwaltung"
residiert in der Borough Hall

88 DUMBO ★ [F22]

Zwischen Brooklyn und Manhattan Bridge liegt ein zwar kleines, aber umso angesagteres Viertel: **DUMBO**. Die Abkürzung steht für „**D**own **u**nder the **M**anhattan **B**ridge **O**verpass". Aus dem ehemaligen Hafenviertel um die Manhattan Bridge ist eine Topadresse für **Künstler** aller Genres geworden. In den alten Lagerhallen zwischen Front, Pearl St. und Brooklyn Bridge Park sind deshalb **Ateliers** und teure **Lofts** eingerichtet worden. Bars und Restaurants sorgen für ein reges Nachtleben und kleine Läden lohnen einen Bummel.

Gastronomie und Shopping in Brooklyn Heights und DUMBO

434 [F22] **Ignazio's,** 4 Water St. Hier gibt es keine Warteschlangen, die sizilianischen Pizzas sind aber ebenfalls ausgezeichnet.

435 [F22] **Juliana,** 19 Old Fulton St. Feine Pizzen von Patsy Grimaldi im Holzofen unterhalb der Brooklyn Bridge zubereitet, dafür steht man gerne an. In nächster Nähe (1 Front St.): **Grimaldi's Pizzeria,** die nicht mehr in Familienbesitz ist

436 [F22] **Brooklyn Ice Cream Factory,** Old Fulton/Water St. „Handgemachtes" Eis.

437 [F22] **Brooklyn Roasting Co.,** 25 Jay St. Ein ehemaliges Gründungsmitglied der Brooklyn Brewery röstet hier ausgezeichneten Bio-Kaffee. Mit zugehörigem gemütlichem Café. Man kann den Kaffee auch verpackt kaufen.

438 [F22] **Jacques Torres Chocolate,** 66 Water St. Schokolade und Eis der Spitzenklasse.

439 [F22] **Neighborhoodies,** 26 Jay St. Ausgefallene T-Shirts, Beflockung auch nach eigenen Vorlagen möglich.

› **Läden an der Front St.:** Dewey's Candy (Nr. 141) bietet Süßwaren, in der „Mall" The

Endlich wieder erstklassig!

Seit 1957, als die heiß geliebte Baseball-mannschaft Dodgers nach Los Angeles umzog, warten die Brooklynites auf ein eigenes Profisportteam. Und nun haben sie gleich zwei: die **Brooklyn Nets** *(NBA, Basketball) und* **New York Islanders** *(NHL, Eishockey). Der 1967 gegründete Basketballverein hat nach Jahren der Wanderschaft zwischen New York und New Jersey im Herbst 2012 endlich eine echte Heimat gefunden. In Brooklyn spielt Basketball eine ganz wichtige Rolle, was man täglich auf den „playgrounds" wie dem legendären Foster Park beobachten kann. Auch der 1972 gegründete Eishockeyklub – zwischen 1980 und 1984 wurden die Is-*

landers viermal NHL-Meister – zieht 2015 nach Brooklyn, nachdem ein Neubau an alter Stelle (Long Island) scheiterte.

Voraussetzung für die Rückkehr des Profisports nach Brooklyn war der Bau des **Barclays Center** *Anfang Oktober 2012 mit etwa 18.000 Plätzen für Basketball und 15.000 für Eishockey. Der futuristisch anmutende Bau aus Glas und Stahl wurde direkt neben der Atlantic Avenue Station errichtet, einem Einkaufszentrum und Nahverkehrsknotenpunkt im Herzen Brooklyns, wo elf Subway-Linien zusammentreffen und die Nahverkehrszüge der LIRR (Long Island Railroad) in die Vororte fahren.*

Shops (Nr. 145) finden sich ausgefallene kleine Läden, darunter Reinspire Brooklyn, das Geschäft von Künstler Craig Anthony Miller (www.reinspirebrooklyn.com).

❯ **Smorgasburg** (s. S. 30). Wochenmarkt.

❯ **Etsy:** Matthew Stinchcomb hat in einem ehemaligen Lagerhaus eine Internet-Handelsplattform gegründet. Bei diesem „Ebay für Bastler" kann man Selbstgemachtes und „Vintage"-Objekte verkaufen oder kaufen (www.etsy.com, auch deutsch).

89 Downtown Brooklyn und Fort Greene ★ [H23]

Das Herzstück von **Downtown Brooklyn** ist die **Fulton Street Mall**, die „schwarze" Einkaufsmeile mit Imbisslokalen (u. a. Shake Shack), etwa 200 Shops und unzähligen Restaurants. Sie erstreckt sich von der Borough Hall (s. S. 256) bis zur Kreuzung mit der Flatbush Avenue.

Nur wenige Schritte abseits von Fulton Street und Borough Hall lohnt das **New York Transit Museum** (s. S. 61) einen Abstecher. In einer aufgelassenen Subway-Station aus den 1930er-Jahren erfährt man Wissenswertes über Planung, Technik, Bau, Arbeitsbedingungen und die verschiedenen Unternehmen, die sich zur heutigen New Yorker Subway zusammengeschlossen haben.

Nur wenige Schritte südlich des Museums liegt die breite **Atlantic Avenue.** Dem neuen Barclays Center an der dortigen Kreuzung mit der Flatbush Ave. ist es zu verdanken, dass sich das ehemalige orientalische, etwas schäbige Viertel zur neuen **Einkaufs- und Kneipenmeile** in Downtown Brooklyn gemausert hat. Der Nahverkehrsbahnhof **Atlantic Terminal** (Subway/LIRR) und das sich anschließende **Atlantic Center** bilden eine moderne Shopping Mall.

Wo die Fulton Street und die Atlantic Avenue die Flatbush Avenue kreuzen und Downtown Brooklyn endet, beginnt **Fort Greene**, das sich um den gleichnamigen Park mit den Hauptachsen Fulton Street, Lafayette Avenue und DeKalb Avenue erstreckt.

An der Fulton Street (Subway-Station Lafayette Ave., Linie C) hat sich einer der innovativen **Mode- und Szenetreffs** der Stadt herausgebildet. Hier sind die wirklich ausgeflippten, v. a. afroamerikanischen Modeschöpfer zu Hause, aber auch afroamerikanisches Kunsthandwerk, Design sowie afrikanische Restaurants sind zu finden.

In Fort Greene schlägt zugleich das kulturelle Herz Brooklyns, dank der **BAM,** der **Brooklyn Academy of Music** (s. S. 54). Die BAM ist nicht nur Sitz der Brooklyn Philharmonic (gegründet 1858) sondern v. a. berühmt für ihre Experimentierfreude und für zeitgenössische Veranstaltungen junger Performance-Künstler, Tänzer, Musiker und Schauspieler. Hier ist die Theater-Avantgarde zu sehen, es gibt Programmkino, Musikreihen – allen voran das „Next Wave Festival" – und Literaturveranstaltungen.

Der klassizistische Kernbau der Academy stammt von 1908. Er wurde mit einer Aufführung von Goethes „Faust" und einem Auftritt von Enrico Caruso im Howard Gilman Opera House eingeweiht. Heute gehören zum BAM außerdem das Harvey Theater, die Rose Cinemas und das BAMcafé. Im Herbst 2012 wurde BAM Fisher (321 Ashland Pl.) eröffnet, ein historischer Heilsarmeebau mit modernem Anbau neben dem Hauptgebäude. Hier befinden sich das Box Theater – wo Teile von BAM Next Wave stattfinden – und eine schicke Dachterrasse. Inzwischen spricht man vom **Brooklyn Cultural District** (Ashland Place–Flatbush–Lafayette Ave.) und in das historische Strand Theatre (647 Fulton St.) ist BRIC Arts/Media & Urban Glass eingezogen. BRIC ist der Veranstalter von „Celebrate Brooklyn" und Sitz von über 40 Kunst- und Kulturorganisationen. Auch das Theatre for a New Audience (Shakespeare-Bühne) ist hierher umgesiedelt. Südöstlich vom BAM, direkt neben dem wichtigen Subway- und LIRR-Bahnhof an der Atlantic Avenue (mit Shops wie Target), wurde 2012 das **Barclays Center,** Konzerthalle und Heimat des Basketballvereins Brooklyn Nets und ab 2015 auch des Eishockeyvereins **New York Islanders** gebaut.

› **Infos:** www.dbpartnership.org (Infos zu Downtown), www.barclayscenter.com, www.atlanticavebid.org

› **R&B Festival (BAM),** MetroTech Commons, Downtown Brooklyn. Gratiskonzerte von Anfang Juni bis Anfang August, www.bam.org/metrotech.

› **Downtown Brooklyn,** Subway (A,C, F): Borough Hall

› **BAM & Barclays Center,** Subway (D. M, N, R, B, Q, 2, 3, 4, 5): Atlantic Ave.

Gastronomie und Shopping in Downtown (Atlantic Ave.) und Fort Greene

Zu den orientalischen Läden an und um die Atlantic Ave. und den Antiquitätengeschäften haben sich kreative Läden und Lokale gesellt (Subway: Hoyt-Schermerhorn). Siehe auch BoCoCa **90**.

○**440** [I24] **BAMcafé,** 30 Lafayette Ave. Beliebter Treffpunkt zu, vor und nach Veranstaltungen, Fr./Sa. auch Gratiskonzerte, Lesungen u. a. Events.

○**441** [H24] **Betty Bakery,** 448 Atlantic Ave. Patisserie mit feinem Gebäck und heißer Schokolade. Mo. geschlossen.

442 [I22] **Farmer in the Deli,** 357 Myrtle Ave. Shop mit tollen Sandwiches, *Tuna* oder *„Turkey on a roll"* sind empfehlenswert ($3–4)!

443 [G24] **Floyd NY,** 131 Atlantic Ave. Bar mit Flatscreen-TVs und Selbstbedienungstheke für *fish and chips* vom Imbiss nebenan.

444 [H24] **M.O.B. (Maimonides of Brooklyn),** 525 Atlantic Ave. Ungewöhnliches Lokal mit Schwerpunkt auf vegetarischer/veganer Küche. Empfehlenswerte Sandwiches.

445 [G24] **Nicky's Vietnamese Sandwiches,** 411 Atlantic Ave., Smith–Hoyt St. Sattmachende, preiswerte Sandwiches, dazu einige Salate und Suppen.

446 [G24] **Sahadi's,** 187–189 Atlantic Ave. Syrisch-libanesisch-orientalischer *deli* und *gourmet food store* mit großer Auswahl an raren und erlesenen Produkten.

447 [G23] **Shake Shack,** 409 Fulton/Adams St., tgl. 11-23 Uhr. Kult-Imbiss von Danny Meyer. Fries, Burgers, Hot Dogs und Shakes.

448 [I23] **Two Steps Down** $-$$, 240 DeKalb Ave. Familienrestaurant mit Lounge im 1. Stock. *Sweet-potato pie, wings* und *ribs* sind Klassiker.

449 [G24] **Waterfront Ale House,** 155 Atlantic Ave. Hier wird u. a. Bier der Brooklyn Brewery (s. S. 263) gezapft (Filiale in Manhattan: 540 2nd Ave.).

450 [I24] **Atlantic Center,** Flatbush/Atlantic Ave. Einkaufszentrum zwischen Atlantic Terminal und Barlays Center, u. a. Filialen von Uniqlo, Pandora, Old Navy.

451 [H24] **City Foundry,** 365 Atlantic Ave. Möbel und Haushaltswaren, Antiquitäten und andere Fundstücke.

452 [H24] **Council,** 360 Atlantic Ave. Designermode und Accessoires, Retrolook und Prominentes, Schmuck und selbst aufgemotzte Designerstücke.

453 [I23] **Greenlight Bookstore,** 686 Fulton St. Netter kleiner Buchladen mit Spezialabteilung für Piratenliteratur.

454 [F24] **Holler and Squall,** 71 Atlantic Ave. Schmuck der ungewöhnlichen Art, Accessoires für Männer und Selbstgemachtes.

455 [I24] **Modell's,** 140 Flatbush Ave. Gegenüber dem Barclays Center gelegener großer Laden für Sportfans.

456 [H24] **Nunu Chocolates,** 529 Atlantic Ave. Kleine Schokoladenmanufaktur, höchste Qualität!

457 [H24] **Upper 90,** 359 Atlantic Ave. *Der* Fußballladen der Stadt, Filiale in der Upper West Side (697 Amsterdam Ave.).

90 BoCoCa ★ [G25]

Als Paradies für Bummler, Shopper und Feinschmecker sieht sich **BoCoCa.** Hinter diesem Kürzel verbergen sich die Viertel **Boerum Hill, Cobble Hill** und **Carroll Gardens.** Gemeint ist die Region südlich von Downtown zwischen Atlantic Avenue und Carroll Street sowie 4th Avenue und Smith Street, leicht erreichbar mit der Subway-Linie F. Einige der besten Lokale Brooklyns sind in der **Smith Street** in Carroll Gardens zu finden, darunter viele Italiener. Die Smith Street mit Shops und Cafés und Kneipen ist ebenso eine Lebensader des Viertels wie die parallel verlaufende Court Street.

EXTRATIPP

Für Musikfans
458 [F26] **Jalopy Theatre and School of Music,** 315 Columbia St., www.jalopy.biz, Mo geschl., Subway (F/G): Carroll St. Musikladen mit Jam-Sessions unterschiedlichster Bands (bis 2 Uhr) und Instrumentalunterricht.

> Zentrum **BoCoCa** um die Atlantic Ave. und um die Smith St. zwischen Bergen (Subway: Bergen St., Linie F, G) und Carroll St. (Subway: Carroll St., Linie F, G)

Gastronomie in BoCoCa

📍**459** [H24] **Building on Bond** $\$-\$\$$, 112 Bond St. Restaurant aus recyceltem Material mit gutem Brunch zu günstigen Preisen.

📍**460** [G25] **Lucali** $\$$, 575 Henry St., nur Dinner. Pizzabäcker Mark Lacono ist bekannt für seine dünnen, krossen Steinofenpizzen. Preiswert, bei Familien beliebt.

📍**461** [H24] **Mile End Deli**, 99 Hoyd St. Nachbarschaftsbistro mit leckeren Bio-Gerichten.

📍**462** [G25] **Nightingale 9** $\$\$$, 345 Smith St. Vietnamesisches Lokal, nach einer alten Telefonzentrale (NI9) benannt. Rob Newton kombiniert seine Südstaaten-Wurzeln mit der Leidenschaft für vietnamesische Küche.

📍**463** [G24] **Saul** $\$\$$, 140 Smith St. Kreative Gerichte aus lokalen, saisonal-frischen Zutaten in sehenswertem Ambiente.

📍**464** [G25] **The Grocery** $\$$, 288 Smith St., Tel. 718 5963335 (Reservierung). Günstiges, kleines Lokal, hervorragende Küche und beste lokale Zutaten, im Sommer Gartenbetrieb.

📍**465** [G25] **The Red Rail** $\$\$$, 502 Henry St. Restaurant in der alten Cammareri Bros. Bakery (Drehort von „Moonstruck"/„Mondsüchtig"), leckere Chili-Gerichte (auch vegetarisch) und „Moonstruck Burger".

91 **Red Hook** ★★ [F27]

DUMBO 88 und Williamsburg 92 kennen inzwischen viele als trendige Viertel, Red Hook hingegen verbinden selbst viele Brooklynites nur mit der IKEA-Filiale. Das ehemalige Hafenviertel liegt südlich von BoCoCa und über die Bedeutung des

Hafens informiert das **Waterfront Museum** (s. S. 61), das sich in einer historischen Barkasse befindet. 2006 wurde ein neuer Hafen für Kreuzfahrtschiffe, der **Brooklyn Cruise Terminal** (www.nycruiseterminal.com), eröffnet.

Bis in die 1990er-Jahre als „Crack Capital" der USA verrufen, erlebte Red Hook 2008 mit der Eröffnung von **IKEA** einen Aufschwung, zumal um den Laden herum eine **Parkanlage** entstand und eine **Fährverbindung** nach Manhattan eingerichtet wurde. Über die hässlichen grauen Wohnblöcke lässt sich aber nicht hinwegsehen, befindet sich hier doch eine der größten **Sozialsiedlungen** New Yorks. In ihr ist der berühmteste „Red Hooker" aufgewachsen: der Basketballstar der New York Knicks, **Carmelo Anthony**.

Red Hook ist heute ein typisches Brooklyner Viertel, ein „work in progress". Viele mutige Leute haben hier Werkstätten, Läden und Lokale eröffnet. Künstler, Intellektuelle und Aussteiger sind hergezogen, entweder in **historische Lagerhäuser** wie das Liberty Warehouse an Pier 41 oder in **historische kleine Reihenhäuser** entlang und um die Hauptachse des Viertels, die **Van Brunt Street.** Grandios ist der Ausblick von den Piers (z. B. 44 oder 41) auf Freiheitsstatue, Staten Island, Verrazano Bridge, Manhattans Skyline oder das zum Greifen nahe Governors Island jenseits des „Buttermilk Channel". Selbst die Verwüstungen während des Hurricane Sandy haben den Boom nur kurzzeitig unterbrochen.

Direkt östlich von Red Hook liegt der **Gowanus Canal.** Einst als stinkende Kloake verrufen, versucht man, den einstigen Hafenkanal zu säubern, und auch das umgebende Viertel **Gowanus** beginnt sich als neues In-Viertel zu mausern.

> **Anfahrt:** Bus B61 (ab Brooklyn Borough Hall, Boerum Place) oder IKEA Express Shuttle (Fähre, www.nywatertaxi.com/tours/ikea)

Gastronomie und Shopping in Red Hook

466 [F27] **Fort Defiance** $$, 365 Van Brunt St. Berühmt für regionale Gerichte aus lokalen Produkten.

467 [F27] **Hope & Anchor** $-$$, 347 Van Brunt St. *Der* Treff des Viertels. Frühstück, Snacks, aber auch Events (Jazz etc.).

468 [E27] **Key Lime Pie**, Liberty Warehouse, Pier 41, 185 Van Dyke St. Limonen-Pies zum Kaufen und „Swingles" als Wegzehrung.

469 [F26] **Red Hook Lobster Pound** $$, 284 Van Brunt St., Di.–Do./So. 12–20, Fr./Sa. 12–22 Uhr. Hier gibt es die besten Hummergerichte, frisch und zu günstigen Preisen.

470 [F27] **The Good Fork** $$-$$$, 391 Van Brunt St. Gemütliches Lokal mit Bar, ausgezeichnete Gerichte aus lokalen Bioprodukten. Nur abends, Sa./So. Brunch.

471 [E27] **Cocoa Pietro**, 218 Conover St., Di.–Fr. 11–18, Sa./So. 11–19 Uhr. „Beans to Bar" – reinsortige Schokoladen, aber auch Rum und Whiskey werden hier hergestellt.

472 [F27] **Dry Dock**, 424 Van Brunt St. Ausgezeichnete Auswahl an lokalen Weinen und Spirituosen, auch Veranstaltungen.

473 [F27] **Fairway Supermarket**, Pier 45, Van Brunt St. Riesiger, gut sortierter Supermarkt mit vielen Bio- und lokalen Produkten.

> Während einer **Made in Brooklyn Tour** (s. S. 328) erfährt man neben Historischem noch viele weitere interessante Details über Firmen wie Sorel, wo ein karibischer „Alko-Drink" produziert wird, die Sixpoint Brewery, Flickinger Glassworks, Cocoa Prieto, die kleine Key-Lime-Pie-Bäckerei oder die Red Hook Winery.

EXTRATIPP

Made in Brooklyn

Dom Gervasi stellt in zweistündigen Walkingtouren Williamsburg und andere Brooklyner Viertel vor. Der Fokus liegt auf dem **wirtschaftlichen Aufschwung und Unternehmergeist**. Es werden Firmen und Personen vorgestellt, die in Brooklyn Waren verschiedenster Art erfunden haben bzw. herstellen. Es geht um große Fabrikantendynastien, industrielle Wegbereiter und innovative Existenzgründer. Dazu gibt es viel wirtschaftliche, historische und kulturelle Backgroundinfos und Kostproben.

> Tel. 1 800 8383006, www.madeinbrooklyntours.com

92 Williamsburg [H18] und Greenpoint [H17] ★★

Williamsburg und das sich nördlich anschließende Greenpoint zählen zu den angesagten Vierteln Brooklyns und sind bekannt für ihre **lebhafte Künstlerszene** und ihre **ethnische Vielfalt**. Als 1903 die Williamsburg Bridge eröffnet wurde, zogen die hierher, die es sich leisten konnten, den beengten Wohnverhältnissen in der Lower East Side zu entfliehen. So entstand ein quirliges Stadtviertel, das besonders bei den streng-orthodoxen Juden beliebt war. Heute ist „**Brooklyn's East Village**" trotz der rund 30.000 bevorzugt in South Williamsburg lebenden Chassidim, ein buntes, multiethnisches **Viertel** mit regem Nachtleben und den angesagtesten Klubs.

Die Grand Street trennt **Williamsburg** in zwei Teile: die North und die South Side. Der Süden ist weniger „hip" und noch ein Stück ursprüngliches Brooklyn, geprägt

Brooklyn Brewery

Der 1988 gegründeten Brooklyn Brewery ist es zu verdanken, dass Brooklyn als Brauereizentrum ein Revival erlebt. Um 1880 gab es 50 Brauereien, 70 waren es in ganz New York! 1976 schloss mit Schaefer die letzte, doch seit ein paar Jahren wird in Williamsburg und Red Hook wieder erstklassiges Bier gebraut. Die mehrfach ausgezeichnete Kleinbrauerei Brooklyn Brewery liegt an der 11th Street, der alten „Brewer's Row", die einst zwölf Brauereien säumten. Seit der Gründung hat Garrett Oliver als Braumeister dafür gesorgt, *dass die ausgezeichneten Biere weit über New York hinaus einen herausragenden Ruf haben.*

🄳**474** *[H18] Brooklyn Brewery,* 79 N 11th St., Williamsburg, www. brooklynbrewery.com, Tour und Tasting auf Anmeldung: Mo.-Do. 17 Uhr, $ 10; Fr. 18-23 Uhr Tastingroom geöffnet, $5 pro Pint (0,47 l); Sa. 12-20 Uhr, 13-17 Uhr stündl. Gratistouren und Barbetrieb; So. 12-18 Uhr, Touren 13-16 Uhr, gelegentlich Essen wechselnder Köche

von seiner orthodox-jüdischen und lateinamerikanischen Bevölkerung. Es ist vor allem die North Side, die sich zum In-Viertel mit neuen Apartmentbauten – selbst die alte Zuckerfabrik Domino wird zur Nobelwohnanlage umgebaut – mausert. Beide Teile werden durch die Union Street von East Williamsburg abtrennt, ein noch stärker jüdisch geprägtes Viertel.

Das Zentrum der **North Side** bildet die **Bedford Avenue** (Subway: Bedford Ave.). An ihr dominieren polnische und osteuropäische Läden und Restaurants, aber auch zahlreiche Cafés. Bis zur **Metropolitan Avenue** und um die **Wythe Avenue** reihen sich im Umfeld der Bedford Avenue hippe Boutiquen, Cafés und Feinkostshops sowie Lokale aneinander. Auch etliche schicke Boutiquehotels wie das Wythe oder das King & Grove (s. S. 335) sind hier entstanden. Zudem bietet sich vom nur wenige Schritte entfernten Ufer des East River ein fantastischer Blick auf Manhattan. Hier, wo auch der attraktive **Smorgasburg Market** (s. S. 30) stattfin-

det und eine Fähranlegestelle ist, werden derzeit zuhauf teure Apartmenthochhäuser gebaut. Am Nationalfeiertag (4. Juli) hat man vom **East River State Park** (Kent Ave./N 8th St.) einen tollen Ausblick auf das Feuerwerk und die Skyline von Manhattan.

Im Übergangsbereich zwischen North und South Side liegt der **Grand Ferry Park**. Der hierher versetzte Schornstein der Molasses Factory Pfizer & Erhart (bekannt als Hersteller von Viagra) und die sich daneben befindlichen Reste der Crystal Domino Sugar Factory erinnern an jene Tage, als Brooklyn „Zuckerhauptstadt" war; immerhin kamen einst 70 % des amerikanischen Zuckers hierher! Neben der Bedford Ave. und dem Broadway gilt besonders die Myrtle Ave. als Hauptachse der **South Side**. Auch an ihr ist ein Wandel spürbar: Es eröffnen zunehmend schicke Lokale und Läden.

Greenpoint, am nördlichen Zipfel Brooklyns, am East River gelegen, hat sich viel von seinem ursprünglich polnischen „Alte-Welt-Charme" erhalten. Hier im ehemaligen „Klein-Polen" reihen sich heute Boutiquen und Lokale auf. Ein Unikum nahe dem Wasser ist die **Eagle Street Rooftop Farm** auf dem Dach eines Filmproduzenten (Eagle St.), wo seit 2009 Gemüse angebaut wird (während der Saison am Sonntag kleiner Markt, traumhafter Blick auf die Skyline). Ein Stück südlich trifft man dann auf den **WNYC Transmitter Park** an der Greenpoint Avenue mit Pier (Fährstation!), Grünfläche, Spielplatz u. a. Einrichtungen. Noch weiter südlich dann Brooklyn Navy Yard, wo 2011 das **Brooklyn Navy Yard Center at Bldg. 92**, ein Museum zu Hafengeschichte und Schiffsbau (63 Flushing Ave., Cumberland St.– Carlton Ave., Mi.–So. 12–18 Uhr, frei) eröffnet hat.

Der **aktuellste** Trendsetter ist **Bushwick** (Subway: Morgan Ave., Linie L), östlich von Williamsburg. Um die Hauptachsen Bushwick (v. a. östlich) und Flushing Avenue bis zu Cypress Avenue sowie um den Bushwick Park entstanden zahlreiche neue Studios, Galerien und Shops.

> **Infos:** http://bushwickbk.com, www.freewilliamsburg.com
> **Williamsburg;** Subway (L): Bedford Ave., East River Ferry („North Williamsburg")
> **Greenpoint;** Subway (G): Nassau oder Greenpoint Ave.

Gastronomie und Shopping in Williamsburg und Greenpoint

475 [H19] **Bedford Cheese Shop**, 229 Bedford Ave./N 4th St. Gourmet Shop, in dem es u. a. eine „cheese plate of the day" und ein „sandwich of the day" gibt.

476 [H19] **BOE**, 209 Wythe Ave., www.brooklynoenology.com. Verkostung/Verkauf von auf Long Island gekeltertem Wein/Getränken lokaler Destillerien, auch Snacks und Events.

477 [H18] **Brooklyn Bowl**, 61 Wythe Ave., www.brooklynbowl.com. Kegelbahnen mit Restaurantbetrieb in historischem Fabrikgebäude, an Wochenenden Konzerte.

478 [J22] **Brooklyn Tap House**, 590 Myrtle Ave. (South Williamsburg). Ausgezeichnete Bierauswahl, gute Stimmung und schmackhafte Snacks.

479 [H20] **Diner**, 85 Broadway (South Williamsburg). Im restaurierten, über 80 Jahre alten Diner gibt es leckere Burger, Fritten und Martinis, leicht französisch angehaucht.

480 [H18] **D.O.C. Wine Bar**, 83 N 7th St. Rustikale Enothek mit Käse, Weinen und Paninis nahe dem Flussufer.

481 [I19] **Fette Sau** $$$, 354 Metropolitan Ave./N 4th St. (nahe Bedford Ave.). Coole „Kneipe" in einer ehemaligen Autowerkstatt in Williamsburg, die für ihr BBQ berühmt ist.

482 [H18] **Mugs Ale House**, 125 Bedford Ave. Etwa 30 Fassbiere.

483 [H18] **My Moon** $$, 184 N 10th St./ Bedford Ave. Mediterrane Küche, auch im Garten serviert, dazu gibt es Kunstausstellungen.

484 [H19] **Odd Fellows Ice Cream**, 175 Kent Ave. Beliebte Eisbar mit ungewöhnlichen Kreationen.

485 [H20] **Peter Luger Steak House** $$$$, 178 Broadway, Brooklyn, Tel. 516 3877400, Subway: Marcy Ave. Reservierung nötig, nur Barzahlung. Hier gibt es die besten Steaks.

486 [H17] **Peter Pan Donut and Pastry Shop**, 727 Manhattan Ave. (Greenpoint). Eine Institution mit Kaffee, *egg cream* (Milchmischgetränk) oder *Donuts* zu Spottpreisen.

487 [H19] **Pudge Knuckles**, 184 Kent Ave. Gemütliches Café in der North Side mit eigener Rösterei.

488 [H19] **Radegast Hall & Biergarten**, 113 N 3rd/Berry St, www.radegasthall.com. Berühmtes deutsches Lokal mit Biergarten und bayerischer Kost. Tgl. Livemusic und Events.

489 [I19] **Roebling Tea Room,** 143 Roebling St. (Zugang: Metropolitan Ave.). Bar mit Sofas zum Relaxen.

490 [H19] **The Bagel Store,** 349 Bedford Ave. (South Williamsburg). Bagels sind ein Muss in New York und hier gibt es die vielleicht besten, mit Liebe handgemacht und preiswert.

491 [H18] **The Whiskey Brooklyn,** N 11th St. Bar neben der Brooklyn Brewery. Wer Hunger hat, geht gleich nebenan zu Mable's BBQ.

492 [H18] **Toby's Estate Coffee,** 125 N 6th St. Kleines Kaffeehaus mit eigener Röstung und gutem Frühstück.

493 [H19] **Wild Ginger,** 212 Bedford Ave. Kleines Café und Restaurant mit vegetarisch-asiatischen Spezialitäten, preiswert und lecker.

494 [H19] **Brooklyn Art Library,** 103A N 3rd St. Sitz eines Kunstprojekts: Jeder kann ein Sketchbook erwerben ($ 60), gestalten und nach einem Jahr zurückschicken. Die Skizzenbücher werden seit 2010 in einer eigenen Library ausgestellt (auch digitalisiert im Internet: www.sketchbookproject.com/library).

495 [H18] **Brooklyn Harvest Market,** 25 N 5th St. Großer Supermarkt in der North Side mit breiter Auswahl auch an Bioprodukten.

496 [H18] **Brooklyn Industries,** 162 Bedford Ave. Ausgefallene Mode und Accessoires.

497 [H19] **CeleBritAy,** 240 Kent Ave. Kleiner Laden mit biologosch-veganen Kosmetikprodukten, in einer Ladenpassage.

498 [H19] **Mast Brothers,** 111 N. 3rd St., http://mastbrothers.com. Eine der besten Schoko-Manufakturen weltweit.

❯ **Smorgasburg** (s. S. 30)/**Brooklyn Flea** (s. S. 29). Sa. lokale Leckerbissen wie Dough's Donuts(!), So. Flohmarkt.

499 [H19] **Spoonbill & Sugartown,** 218 Bedford Ave. Ausgefallene Literatur und *used books,* daneben: **Earwax,** ein Eldorado für LP-Fans.

93 Crown Heights und Bedford-Stuyvesant ★ [cj]

Wer einmal eine andere Welt erleben möchte, für den sind die beiden östlichen Brooklyner Viertel Crown Heights und Bedford-Stuyvesant hochinteressant. In **Crown Heights** lebt v. a. die jüdisch-orthodoxe Gruppe der Chabad-Lubawitch, die bekannteste chassidische Gemeinschaft, bei der die Männer durch lange schwarze Mäntel *(Abaya)* und breitkrempige Fellhüte *(Stremel)* im Straßenbild auffallen. Die Glaubensgemeinschaft entstand im 18. Jh. in Russland unter Rabbi Schneor Salman von Ljadi (1745–1812) als Ableger des Chassidismus. Das westrussische Lubawitsch entwickelte sich zu einem Zentrum, ehe Immigranten ihren Glauben mit nach New York brachten.

Außerhalb Israels hat New York inzwischen den größten jüdischen Bevölkerungsanteil weltweit. Die Meisten – rund 380.000 – leben im Brooklyner Wohnviertel Williamsburg und in Crown Heights. Wer sich für einen Blick hinter die Kulissen interessiert, sollte sich einer **Tour durch Crown Heights** anschließen und hinterher bei Gombo's Heimishe

116/ny Abb.: ba

Associates entstanden, 12 m unter dem Bodenniveau. Ein Eisenbahnkiosk von der Queensboro Bridge von 1907 dient als Eingangspavillon. 2008 expandierte das Museum nach Plänen von Rafael Viñoly Architects erneut und ein Flachbau mit bunten Keramikfliesen – das erste LEED-zertifizierte Museum New Yorks – war entstanden (s. S. 96).

❯ Subway: Nostrand Ave. (A), Kingston Ave. (3) oder Classon Ave. (G) zum Shopping entlang Franklin oder Fulton St.

❾❹ Prospect Park [ck] und Park Slope [J26] ★

Wie der Central Park ❼⓿ wurde auch Brooklyns „Hauspark" – der **Prospect Park** – von den Olmsted-Brüdern, in Zusammenarbeit mit Calvert Vaux, entworfen und bildet Brooklyns **grüne Lunge**. Auf den Rasenflächen toben sich Mensch und Tier aus – es gibt sogar einen eigenen Hunde-Pool –, man erholt sich oder nimmt an Veranstaltungen teil – wie im Juni am „Welcome Back to Brooklyn Festival", Anfang April an der „Baseball Parade", im Mai am „Cherry Blossom Festival" – oder man lauscht im Sommer Gratiskonzerten in der Prospect Park Bandshell, z. B. im Rahmen der Sommer-Veranstaltungsreihe „Celebrate Brooklyn" (www.prospectpark.org).

Das Boathouse Café, ein Karussell, das historische Farmhaus **Lefferts Homestead**, The Wollman Center (Bootsverleih und Eislaufbahn), das neue **LeFrak Center at Lakeside** (Skating Pavilion, Aussichtsterrasse und Café) und der **Prospect Park Zoo** locken v. a. an Wochenenden Ausflügler an. Der Hauptzugang befindet sich an der **Grand Army Plaza** (Plaza St./Flatbush Ave.), den ein

Bakery (328 Kingston Ave.) Gebäck einkaufen.

Direkt an Crown Heights grenzen die südlichen Ausläufer von **Bedford-Stuyvesant** – kurz „Bed-Stuy" – an, die größte afroamerikanische Gemeinde in Brooklyn, deren ältester Teil als **Stuyvesant Heights Historic District** unter Denkmalschutz steht. Der Verwalter von Neu-Amsterdam, Peter Stuyvesant, hatte 1640 das Dorf gegründet. Eine Attraktion ist hier das **Brooklyn Children's Museum** (s. S. 61), das erste und älteste Kindermuseum der Welt. 1977 war zur Vergrößerung des gründerzeitlichen Ursprungsbaus von 1899 ein ungewöhnlicher Bau von Hardy Holzmann Pfeiffer

⌂ *Park Slope ist mit seinen Brownstone-Reihenhäuschen eine begehrte Adresse in Brooklyn*

mächtiger Bogen, der „Soldiers' and Sailors' Arch" von 1870, moderne Skulpturen und eine Büste John F. Kennedys schmücken. Ganzjährig findet hier immer samstags ein Wochenmarkt statt. Abgesehen vom **Brooklyn Botanic Garden** ist der Besuch des **Brooklyn Museum** 95 unbedingt lohnend.

Park Slope schließt sich nordwestlich an den Prospect Park an. Die Hauptlebensadern sind die **5th Avenue** mit ausgefallenen Läden und Lokalen und deutlicher „Latino-Prägung" und die beinahe „ausgeflipptere" **7th Avenue** mit Shops und Lokalen aller Art (Subway: 7th Ave.). Das direkt angrenzende **Prospect Heights**, durch die Flatbush Avenue von Park Slope getrennt, entwickelt sich mehr und mehr zur beliebten Wohnadresse.

Im Südwesten des Parks erstreckt sich das riesige Friedhofsgelände des **Green-Wood Cemetery**. Überragendes Symbol ist eine 3 m hohe, bronzene **Minerva-Statue**, die quasi Auge in Auge mit der Statue of Liberty steht und den **Battle Hill** auf dem Friedhof dominiert. Sie hebt die linke Hand zum Gruß Richtung Hafen. Der 1920 geweihte „Altar to Liberty on Battle Hill" erinnert an den Revolutionskrieg auf Long Island: Hier lieferten sich britische Truppen und George Washingtons Armee erbitterte Kämpfe. Auf dem Friedhof begraben liegen viele berühmte New Yorker wie Louis Comford Tiffany, Leonard Bernstein, George Catlin oder Horace Greeley, aber auch international bekannte Stars wie Lola Montez.

❭ Subway: Grand Army Plaza (2, 3) oder Prospect Park (B, Q)

❭ **Green-Wood Cemetery,** www.green-wood. com, Mi. 13 Uhr, ab und zu auch So., Trolley-touren, $ 15, Subway (D, M, N, R): 25th St.

Gastronomie in Park Slope

🛈**500** [J24] **Franny's,** 348 Flatbush Ave. Hier gibt es tolle Pizza und dafür steht man gerne an.

🛈**501** [I25] **Rose Water** $, 787 Union St. Exzentrische Mischung aus nordafrikanischer, mediterraner und amerikanischer Küche, tolle Vorspeisenplatte, *pork chops* und Ochsenschwanz.

95 **Brooklyn Museum** ★★ [ck]

Das Brooklyn Museum ist nicht nur das **zweitgrößte Kunstmuseum New Yorks,** sondern bietet auch ein **ungewöhnlich breites Spektrum** von ägyptischer bis zeitgenössischer Kunst und dazu ethnologische, naturkundliche und wissenschaftliche Ausstellungsstücke.

1897 wurde das Museum nach Plänen des bekannten Architekturbüros McKim, Mead & White eröffnet. Die tempelartige Eingangsfront des Gebäudes und der an das römische Pantheon erinnernde Zentralbereich wird von zwei mächtigen Seitentrakten gerahmt. Für Schlagzeilen sorgten zuletzt im April 2004 ein viel diskutierter Glaspavillon als Zugangslobby und ein neu gestalteter Vorplatz mit Brunnen und Fontänen. Zugleich wurde das Luce Center for American Art eröffnet, das nicht nur als Forschungszentrum dient, sondern ein öffentlich zugängliches Magazin ist, das Einblick in die sonst verschlossenen Schätze der Sammlung gewährt. 2007 kam das Elizabeth A. Sackler Center for Feminist Art dazu. Es ist ebenso sehenswert wie die Ausstellung American Identities in der 5. Etage, die einen Überblick über die amerikanische Kunst gibt. Neu und sehenswert ist auch der **Beaux-Arts Court.**

327 ny Abb.: mb

Für Naturfreunde bietet sich gleich nebenan noch ein Besuch des **Brooklyn Botanic Garden** an, der 1910 von den Olmsted-Brüdern angelegt wurde. Die Vielfalt an verschiedenen Gartenteilen – z. B. Rosen-, Stein-, Flieder-, Japanischer oder Shakespeare-Garten – lassen das Herz jedes Hobbygärtners höherschlagen, ebenso das Steinhardt Conservatory, ein tropisches Gewächshaus. Auf dem Celebrity Path wurden Brooklyns Persönlichkeiten verewigt und vor allem im Frühjahr, zur Kirschbaumblüte, bietet sich die Cherry Esplanade zum Spaziergang an. Ein neues Besucherzentrum ist gerade im Bau.

❯ **Brooklyn Museum**, 200 Eastern Parkway, www.brooklynmuseum.org, Mi.–So. 11–18, Do. bis 22 Uhr, $ 12 (1. Sa. im Monat 17–23 Uhr, Eintritt frei), Kombiticket mit Botanic Garden: $ 20

❯ **Brooklyn Botanic Garden**, 990 Washington Ave./Eastern Parkway, www.bbg.org, Di.–Fr. 8–18, Sa./So. 10–18 Uhr, im Winter verkürzt, $ 10 (Di. ganztags, Sa. 10–12 Uhr frei)

❯ Subway (2, 3): Eastern Pkwy.–Brooklyn Museum

96 Central Brooklyn ★

Südlich des Prospect Park 94 dehnt sich **Flatbush** (Subway B, Q) aus. Zwischen 1898 und 1910 entstanden, war es von Anfang an als Wohnviertel für besser verdienende (großteils jüdische) New Yorker konzipiert. Deshalb findet man hier in parkartigem Ambiente für New York untypische große Häuser in ruhigen Alleen, in viktorianischen Architekturstilen und mit umlaufenden Veranden und Gärten, daneben aber auch *brownstones*.

Das ruhige und grüne **Midwood** ist Teil von Flatbush und gilt als „kosher yuppie land", was man besonders entlang der J und M Avenue an den vielen kosheren Shops und Restaurants merkt. Gerade der Teil des Viertels südlich der Foster Avenue (Subway: Newkirk Ave.) erinnert mit seinen prächtigen, großen Wohnhäusern aus den 1920er-Jahren und den grünen Alleen eher an ein Städtchen in Neuengland. Er wurde unlängst zum *historic district* erklärt.

An der Flatbush Avenue herrschen karibische Züge vor, während sich die Lebensader **Coney Island Avenue** ethnisch vielgesichtig präsentiert. Noch älter als Flatbush ist das sich westlich anschließende **Sunset Park**. Vor über 150 Jahren entstanden, gilt das Viertel als das

◹ *Im Bagel Store (s. S. 265) gibt es die vielleicht besten Bagels in New York*

größte Denkmalschutzgebiet der USA. An der **8th Avenue**, v. a. zwischen 58. und 61. Straße, schlägt das Herz des Viertels. Restaurants und Läden zeigen, dass hier Iren, Polen, Skandinavier, Hispanos, Immigranten aus dem Mittleren Osten und neuerdings besonders aus China einträchtig nebeneinander leben. Hier hatten sich viele Zuwandererfamilien niedergelassen, die Männer arbeiteten in den nahen Hafendocks. Heute gilt das Viertel einerseits als „Brooklyn's Little Latin America", andererseits breitet sich um die 8th Avenue (42nd–68th St., Subway: 8th Ave., Linie N) eines der größten Chinesenviertel der Stadt aus. Nicht zuletzt gilt es als eines der zukünftigen In-Viertel Brooklyns.

Die **Verrazano-Narrows Bridge**, eine 4 km lange Hängebrücke, überspannt eine Meerenge und verbindet seit 1964 Brooklyn und Staten Island miteinander. „The Narrows" wurden einst von Fort Wadsworth – auf Staten Island gelegen – überwacht; die Festung war bereits im 18. Jh. an der strategisch wichtigen Stelle erbaut worden. Gegenüber, auf Brooklyner Boden, liegt Fort Hamilton, 1825 bis 1831 erbaut. Dort erinnert das **Harbor Defense Museum** an die alten Tage der Hafenverteidigung.

Nördlich der Verrazano-Narrows Bridge breitet sich das Viertel **Bay Ridge** aus (Subway: 86th St./4th Ave.). Es ist ein „Füllhorn" an verschiedenen Ethnien, weniger Zuwanderer als ursprüngliche Siedler, v. a. Norweger, Iren, Italiener und Griechen, dazu ein großer Anteil an Arabern. Dementsprechend ist auch die Infrastruktur im Areal um 86th St./3rd–4th Ave.: bunt und vielseitig. Südlich davon liegt **Bensonhurst**, das alte Italienerviertel, in dem sich mittlerweile die

Ethnien und Kulturen stärker vermischt haben und vermehrt Chinesen und Mexikaner zugezogen sind. Dennoch lässt sich auf dem Weg nach Coney Island **97** dort gut ein Zwischenstopp einlegen, um „Little Italy" bzw. zumindest dessen Hauptachse 18th Avenue (Cristoforo Colombo Blvd.) zwischen 64th und 86th Street kennenzulernen (Subway: 18th Ave., Linie N). In der Vorweihnachtszeit lohnt ein Abstecher nach **Dyker Heights** (83rd–86th St., 11th–13th Ave.), da hier die Dekoration einfach umwerfend ist. A Slice of Brooklyn (s. S. 329) bietet dazu spezielle Touren an.

In das „Fischerdorf" **Sheepshead Bay** (Subway: Sheepshead Bay, Linie B, Q) kommen die Einheimischen, um frischen Fisch zu kaufen bzw. zu essen. Im kleinen Hafen liegen die Boote der New Yorker Freizeitkapitäne und rund um die gleichnamige Bucht reihen sich an der Emmons Avenue Fischrestaurants wie Il Fornetto (No. 2902) oder Randazzo's Clam Bar (No. 2017) aneinander. Von den Piers stechen Ausflugs- und Fischerboote in See.

Gastronomie in Bensonhurst, Bay Ridge und Sheepshead Bay

> **In Bay Ridge** reihen sich an der 3rd Ave. Lokale wie Tanoreen (nahöstlich), Sanchos (spanisch), Mezcal's (mexikanisch), Polonica (polnisch) oder Bangkok Thai bzw. in der gehobeneren Kategorie The Pearl Room, Yellow Hook Grille oder Greenhouse Cafe auf.

502 Il Colosseo $$, 7704 18th Ave. (Bensonhurst). In diesem Lokal sind die Pizzas zu empfehlen, besonders die „Speciale".

503 Il Tornaretto, 7616 17th Ave. (Bensonhurst). Winzige italienische Bäckerei.

504 Jordan's Lobster Dock, 3165 Harkness Ave. (Sheepshead Bay). Ein bekannter „fish shack", in dem die New Yorker vor allem Lobster – gern auch gekocht – mitnehmen.

⊕505 Lioni's Italian Heroes, 7803 15th Ave. (Bensonhurst). Ursprünglich ein Mozzarella-Geschäft, heute berühmt für Sandwiches, besonders die riesigen „Italian Heroes".

⊕506 Panino Rustico, 8222 17th Ave. (Bensonhurst). Italienischer Imbiss mit ausgezeichneten Panini, Salaten und Suppen.

⊕507 Pastosa Ravioli, 7425 New Utrecht Ave. (Bensonhurst). Mischung aus italienischem Alimentari und New Yorker Deli. Berühmt sind die hausgemachte Pasta und die Soßen.

⊕508 Raniazzo's Clam Bar $$, 2017 Emmons Ave. Eine Legende in Sheepheads Bay, die man wegen der frischen Meeresfrüchte oder auch wegen der Sandwiches besucht.

⊕509 Roll N Roaster $, 2901 Emmons Ave. (Sheepshead Bay). Preiswerte Sandwiches und andere typisch amerikanische Gerichte.

⊕510 Silver Star Chinese Restaurant $$, 6221 18th Ave. (Bensonhurst). Ungewöhnliches chinesisches Lokal im Italienerviertel mit guter Küche. Im Innern man fühlt sich in die 1960er-Jahre zurückversetzt.

⊕511 Vicolo $$–$$$, 8530 3rd Ave. (Bay Ridge), Tel. 718 8330043. Hier gibt es neapolitanische Pizza aus dem Holzofen und andere Delikatessen.

⊕512 Villabate Alba, 7001 18th Ave. (Bensonhurst). Italienische Konditorei mit Leckereien wie Cannoli.

⊕513 Villa Fiorita Restaurant $$, 7720 18th Ave. (Bensonhurst). Lokal, bei dem Gerichte der süditalienischen Küche auf der Karte stehen.

▷ *Am Coney Island Boardwalk ist für reichlich Unterhaltung gesorgt*

97 Coney Island ★★★

New Yorks „Sommerfrische" Coney Island, eine Halbinsel am Südzipfel Brooklyns, befindet sich nach Jahrzehnten des Verfalls und der Querelen wieder im Aufschwung. Strand und Boardwalk sind sauber und ordentlich und viele der altehrwürdigen Attraktionen beliebter denn je.

Die moderne **Subway-Endstation** an der Stillwell Avenue mit Laden- und Büroflächen – ist angeblich die flächenmäßig größte U-Bahn-Station der Welt. Der luftig-helle Glasbau ersetzte das alte Gebäude von 1919 und zeichnet sich durch höchste technische Standards aus. Schräg gegenüber, bei **Nathan's** (s. S. 272), soll 1900 der Hotdog – das amerikanische Nationalgericht – „erfunden" worden sein. Vorbei am **MCU Park**, einem kleinen, attraktiven Baseballstadion, in dem die die **Brooklyn Cyclones**, das *farm team* (die Nachwuchsmannschaft) der Mets, zu Hause sind, geht es zum Strand.

Das Meiste spielt sich entlang dem legendären **Riegelmann Boardwalk** ab, einer hölzernen Strandpromenade, auf der Einheimische und Besucher flanieren und wo offensichtlich wird, dass New York traditionell ein Badeort ist. Im frühen 20. Jh. war **Coney Island** noch als „Sodom by the Sea" verrufen, heute fungiert es nicht nur als Tummelplatz und Strand, sondern zugleich als leicht erreichbarer **Erholungsort in traumhafter Lage** am Atlantik.

Von den 1920er-Jahren an machte es die Subway möglich, dass alle New Yorker unkompliziert an den Strand gelangten. Mit steigender Beliebtheit machte das von den Niederländern als „Koenen Eyland" bezeichnete Stück Land

eine ungeahnte Entwicklung durch: Es entstand ein riesiger **Freizeit- und Vergnügungspark,** eine Art Vorläufer von Disneyworld mit Nachbauten von Canal Grande und Pompeji, mit Astronautenshows und (wie es damals hieß) „Liliputanerstadt", mit riesigen Fantasiebauten wie dem Beacon Tower und mehreren *roller coasters* (Achterbahnen). An Wochenende sollen die Lichter die ganze Nacht nicht ausgegangen sein.

In den letzten Jahrzehnten kam Coney Island als Vergnügungsort und Badestrand aus der Mode und der legendäre Erholungsort war vom Untergang bedroht. Der Astroland-Vergnügungspark warf das Handtuch, aber immerhin über-

lebten als Teil davon der legendäre **Cyclone** und auch **Deno's Wonder Wheel Amusement Park** mit Riesenrad. Darunter befindet sich eine Ausstellung des **Coney Island History Project** zu wechselnden Themen (www.coneyislandhistory. org).

Ende Mai 2010 eröffnete der **Luna Park.** 2011 kam die „Scream Zone" mit weiteren spektakulären *rides* dazu und noch 2014 soll „Thunderbolt", eine neue Achterbahn eröffnen. Der 82 m hohe **Parachute Jump** („Fallschirmturm") der Weltausstellung 1940 markiert dominant das Gelände und ist zum Wahrzeichen Coney Islands geworden.

Entlang der Strandpromenade, vorbei an Bade-Einrichtungen, Spielfel-

EXTRAINFO

Coney Island Events

An **Events** ist an New Yorks Strand einiges geboten, von Zirkus über Sportevents bis hin zu Feuerwerk (Mitte Juni–Anfang Sept. Fr. 21.30 Uhr). Jährlich stattfindende Veranstaltungen sind z. B.:

❯ Mitte Juni: **Mermaid Parade** entlang der Surf Avenue (W 10th–15th St.) und dem Boardwalk

❯ 4. Juli.: **Nathan's Hot Dog Eating Contest**, Surf Ave./Stillwell Ave. (http://nathansfamous.com)

❯ **Coney-Island-Openairkino**, Juli/Aug., W 10th St. (www.nycgo.com/rooftopfilms)

❯ Anfang August: **Sand Sculpting Contest**, Sandskulpturen-Wettbewerb

❯ Anfang Juli–Ende August (nicht 2014!): **Seaside Summer Concert Series** (W 21st St./Surf Ave.). Konzerte verschiedenster Musikrichtungen an Donnerstagabenden (Infos: http://brooklynconcerts.com/seaside.html)

❯ **Brooklyn Cyclones**, MCU Park, Surf Ave./Boardwalk (www.brooklyncyclones.com). Das Baseball-Nachwuchsteam der Mets spielt Juli bis Sept. im traumhaft gelegenen Stadion am Strand, im Sommer hinterher mit Feuerwerk.

❯ **Veranstaltungskalender:** http://coneyislandfunguide.com

Hotdogs, das amerikanische Nationalgericht

20 Milliarden Hotdogs - 60 Stück pro Einwohner - sollen die Amerikaner jährlich verdrücken, rund 26 Millionen davon allein in den Baseballstadien. **Essen und Sport** *- genauer, Baseball - sind untrennbar miteinander verbunden und so wie* **der** **Ursprung des Baseballs umstritten** *ist, gibt es auch mehrere Versionen darüber, wo erstmals Hotdogs - auch „Franks" für Frankfurter Würstchen mit Brötchen genannt - verkauft wurden. Der erste Hotdog soll nach einer Version 1904 bei der Weltausstellung in St. Louis serviert worden sein. Nach einer anderen war es Chris von der Ahe, Besitzer eines Baseball-Profiteams, der um 1900 Hotdogs als „Beilage" zum Bier im Stadion servierte.*

Die New Yorker führen dagegen gleich zwei „Erfinder" an: Harry M. Stevens soll 1901 seine „Red hot dachshunds" für 10 Cents im Polo Ground, dem Vorläufer des Yankee Stadium, angeboten haben. Da

im Trubel des Sportgeschehens der Name „dachshund" kaum zum Verkaufsschlager werden konnte, soll Stevens auf die Idee gekommen sein, seine Spezialität kurz und bündig mit dem Ruf „Hot dogs!" unter die Baseballfans zu bringen. Man erzählt sich von Baseball-Legende Babe Ruth, dass er in Spielpausen schnell mal ein Dutzend „dogs" verdrückt haben soll.

Bei Nathan's auf Coney Island schließlich ist man der festen Meinung, Nathan Handwerker habe die „grilled franks on a split roll" 1916 erfunden. Wie dem auch sei: Seither gehört das heiße Würstchen zum amerikanischen Baseball und damit zum Alltag, wie Bier zum Biergarten oder Pommes zum Schnitzel. Hotdogs symbolisieren die USA wie Coca Cola oder Jazz, sie sind **Teil der amerikanischen Kultur.**

❯ ***Nathan's,*** *Stillwell Ave./Surf Ave. sowie Stand am Boardwalk und Filialen in Manhattan*

dern, Imbiss- und Souvenirbuden, Fahrgeschäften und Spielearkaden, geht es zur einzigen größeren Attraktion, dem **New York Aquarium for Wildlife Conservation**, das in den 1950er-Jahren hierherzog und bis 2016 erweitert und mit neuer Hai-Abteilung ausgestattet werden soll. Von dort ist es nur ein Katzensprung nach **Brighton Beach**, am östlichen Strandende gelegen. „Little Odessa By The Sea" verkörpert eine völlig andere Welt: Seit den 1970er-Jahren ist hier die russisch-ukrainische Gemeinde New Yorks zu Hause und entlang der Hauptachse des Viertels, der Brighton Beach Avenue, oberhalb der die Subway auf einer Hochbahntrasse fährt, reihen sich Shops aller Art bunt nebeneinander: russische und ukrainische Lebensmittel- und Gemüseläden, Bäckereien und Imbissbuden, in denen vielfach kein Englisch gesprochen wird und die Schilder in Kyrillisch geschrieben sind. Viele New Yorker kommen hierher, um Kaviar, Wodka oder andere Spezialitäten günstig zu kaufen. Doch auch für Touristen lohnt sich die Fahrt mit der Subway hierher, denn hier zeigt sich die Stadt von einer ganz anderen Seite.

> **Anfahrt:** Subway (D, F, N, Q): Coney Island/ Stillwell Ave. oder Subway (B, Q): Brighton Beach

> **Infos:** www.coneyisland.com und www.coneyislandfunguide.com

> ★**514 New York Aquarium**, W 8th St./ Surf Ave., Boardwalk Coney Island, Subway: W 8th St. – NYAquarium, www. nyaquarium.com, wegen Bauarbeiten zurzeit nur zum Teil zu besichtigen, tgl. 10 bis mind. 16.30 Uhr, $ 11,95 (4D-Theater extra).

> **Coney Island Museum** (s. S. 61), kleines Museum zur Geschichte des Vergnügungsviertels.

Gastronomie in Brighton Beach

515 Café Glechik $$, 3159 Coney Island Ave., Tel. 718 6160766, mit weiterer Filiale: 1655 Sheepshead Bay Rd. Traditionelle osteuropäische und ukrainische Spezialitäten wie *Borscht, Pelmeni* oder *Vareniki*. Die Besitzerfamilie Tesler war schon in Odessa im Restaurantbereich tätig und bedient seit 1998 die Brooklynites.

516 Primorski Restaurant $, 282 Brighton Beach Ave., Tel. 718 8913111. Berühmt für Leckerbissen der russischen Küche.

Queens

Queens – das Schlafzimmer Manhattans – dürfte für die meisten New-York-Besucher ein unbeschriebenes Blatt sein, obwohl viele aufgrund des hier befindlichen JFK Airports in diesem flächenmäßig größten der fünf „boroughs" erstmals mit New York Bekanntschaft machen. Auch Tennisfans, die Jahr für Jahr die „US Open" verfolgen, sollten wissen, dass dieses Event in Queens stattfindet.

Queens liegt wie Brooklyn auf der Atlantikinsel **Long Island** und auch hier siedelten sich mit Eröffnung der Queensboro Bridge 1909 nach und nach besser situierte New Yorker an, darunter viele Afroamerikaner. Louis Armstrong, Count Basie oder Ella Fitzgerald gehörten dazu. Der flächenmäßig größte ist zugleich der ethnisch wohl vielseitigste Stadtteil. Bei den rund zwei Millionen Einwohnern liegt der Anteil der Weißen unter 50 %, Afroamerikaner und Hispanics (ca. 40 %) sowie Asiaten und andere Ethnien bilden die Mehrheit. Rund 120 verschiedene Sprachen werden hier gesprochen und ein Musterbeispiel für **Multikultur** ist das

Viertel **Elmhurst-Corona**, wo seit Generationen Menschen unterschiedlichster Herkunft friedlich nebeneinander wohnen. Insgesamt gibt es in Queens 100 verschiedene Viertel, doch nicht alle haben einen ausgeprägt eigenständigen Charakter, vielfach handelt es sich nur um eine Straße, die ganz spezifische Züge aufweist.

98 Long Island City ★ **[G13]**

Lediglich eine Subway-Station von Manhattan entfernt liegt die derzeit angesagte **Long Island City**. Im Jahr 2000 wurde hier in einem alten Schulhaus von 1894 das **MoMA P.S.1** (s. S. 61), ein Museum für zeitgenössische Kunst, eröffnet. Das *think tank* und „Experimentierfeld" der aktuellen Kunstszene und der verschiedensten modernen Genres ist dem MoMA **57** als „Contemporary Art

Center" angeschlossen. Es zählt wohl zu den „hipsten Museen der Welt", und dass nicht nur wegen seiner wechselnden Ausstellungen zur zeitgenössischen Kunst, sondern besonders aufgrund der Happenings, Performances und Events inklusive „Warm-ups" am Wochenende im Innenhof mit Livemusik und Drinks. Auch die beiden Shops und das Café lohnen.

Long Island City ist „up and coming", beliebt geworden vor allem wegen seiner Lokale, Läden, Klubs und Bars entlang dem Vernon Boulevard. Von ihm sind es zwei Blocks zum East River und dem **Gantry Plaza State Park** mit Promenade und dem vielfotografierten **Pepsi-Cola Sign**. Südlich des Parks befindet sich eine Anlegestelle der East River Ferry (Hunters Point S.).

❯ Subway: Court Square/23rd St. (E/M/7) oder Hunters Point Ave. (7)

99 Astoria ★ [H10]

Eine der bekanntesten Enklaven in Queens ist **Astoria**, das alte Griechenviertel (erreichbar mit den Subway-Linien N und W). Zuwanderer aus Bangladesch, den Philippinen, Irland, Kolumbien, Indien, China, der Dominikanischen Republik, Pakistan oder Ägypten haben mittlerweile ein **multikulturelles Viertel** entstehen lassen, in dem man heute nach typisch Griechischem suchen muss. Am ehesten findet man an Steinway Street und 30th Avenue noch griechische Cafés, Restaurants und Läden. Das Omonia Café (32–20 Broadway) wurde berühmt als Drehort im Film „My Big Fat Greek Wedding".

Kurioserweise kann Astoria auch auf eine deutsch-tschechische Vergangenheit zurückblicken, besaß das Viertel – genauer North Beach, das Strandareal mit Vergnügungspark – doch einmal über 500 Biergärten. Daran erinnert heute nurmehr die historische **Bohemian Hall & Beer Garden**. Der 1910 von tschechischen Immigranten eröffnete Biergarten war typisch für Astoria und erfreut sich noch heute großer Beliebtheit. Gemanagt wird dieses Relikt alter Zeiten seit über 90 Jahren von der Bohemian Citizens Benevolent Society.

Begrenzt wird Astoria durch die 34th Avenue, die 49th Street, den East River und die Bowery Bay. Etwa 250.000 Menschen leben hier und bilden aufgrund ihrer weitreichenden Wurzeln ein Viertel

◁ *Blick auf den Gantry Plaza State Park mit Pepsi-Cola Sign und Ed Koch Queensboro Bridge im Hintergrund*

EXTRATIPP

Besuch bei Satchmo

Seit einigen Jahren kann das **Haus von Louis Armstrong** (s. S. 61) besichtigt werden. Zunächst hielt Armstrong es für einen Scherz, was seine Frau Lucille, Tänzerin im Cotton Club, ihm da 1943 als Wohnung präsentierte: Gold und Silber, Spiegel und Blumen – „wie ein Bordell an einem Weihnachtsmorgen". Doch ihm gefiel dieses ansonsten bescheidene Haus dann doch. 1971, kurz nach seinem 71. Geburtstag, starb er hier.

mit großer Diversität. Die **Subway-Station Steinway Street** erhielt ihren Namen von dem berühmten Klavierhersteller, der 1870 in Long Island City seine Fabrik errichtete, in der bis heute jährlich bis zu 50.000 Klaviere produziert werden (www.steinway.com). In nächster Nähe, an der 35th Avenue, befinden sich die Kaufman Astoria Studios und das sehenswerte **Museum of the Moving Image** (s. S. 62). Das moderne Museum inklusive Ausstellungsräumen, Lobby, Theater und *screening room* ist nicht nur für Filmfans ein Muss. Zu sehen sind Dauer- und Wechselausstellungen wie „Behind the Screen", eine Multimedia-Ausstellung über alle Aspekte von Film und TV – Ton und Bild, Animation, Schnitt und Technik, Kameras und Geräte, Kostüme, Masken und Stars –, die sich über zwei Stockwerke zieht. Zudem gibt es Filmvorführungen und andere Events.

Die nebenan befindlichen **Kaufman Astoria Studios** waren 1920 von Paramount Pictures eröffnet worden. Nach der Abwanderung der Filmindustrie nach Hollywood diente es erst der Herstellung von Armee-Lehrfilmen und stand danach

243ny Abb.: mb

lange leer. Heute wieder eine (nicht zu besichtigende) Produktionsstätte, lockt vor allem das Astor Room Restaurant.

Das **Isamu Noguchi Museum** (s. S. 61) ist dem japanischen Bildhauer Isamu Noguchi (1904–1988) gewidmet, der 1975 sein Atelier auf dieses alte Fabrikgelände verlegt hatte, um den hier ansässigen Steinlieferanten näher zu sein. Noch zu Lebzeiten wurde das Atelier in ein Museum umgewandelt, in dem über 250 der Skulpturen Noguchis ausgestellt sind.

Gegenüber liegt der **Rainey Park** mit Blick auf Manhattan, ein Block nördlich der **Socrates Sculpture Park** und, noch etwas weiter, die **Queens Promenade**, von der sich ebenfalls ein toller Blick auf Roosevelt Island und die Skyline von Upper Manhattan bietet.

❯ Subway (N): Broadway und Astoria Blvd.

⌂ Im April 2009 bezogen die New York Mets ein neues Baseballstadion in Queens

🔟⓪ Citi Field ★

Seit April 2009 spielen die **New York Mets** – wie auch ihre erbitterten Rivalen, die Yankees – in einem neuen Stadion. Das knapp 42.000 Zuschauer fassende Baseballstadion Citi Field entstand direkt neben dem (inzwischen abgerissenen) Shea Stadium. Es wurde im derzeit beliebten „Retro-Stil" erbaut und ruft wie das Yankee Stadium ⓾ Erinnerungen an ein historisches New Yorker Baseballstadion wach: Die Fassade aus Ziegeln und das dunkle Stahlgerüst erinnern an das legendäre **Ebbets Field** in Brooklyn. Dort spielten zwischen 1913 und 1957 die Dodgers, die heute in Los Angeles zu Hause sind. Mit dieser Anspielung wollen sich die Mets als Nachfolger dieser unvergessenen Mannschaft präsentieren.

Das Citi Field wurde nicht nur von dem gleichen Architekturbüro wie das Yankee Stadium erbaut – HOK aus Kansas City –, sondern ist wie dieses groß-

EXTRAINFO
New York Mets
Gegründet: 1962
Meistertitel: 1969, 1986
Vereinsfarben: Blau, Orange, Weiß
und Schwarz

EXTRATIPP
Für Familien
Am Westende des Corona Park liegt
neben dem **Queens Zoo** ein weiterer,
anlässlich der Weltausstellung erbauter
Betonplattenbau, in dem sich heute die
New York Hall of Science (s. S. 62) befindet. Das interaktive Museum für Kinder
mit sehenswerter Cyberspace-Abteilung
und Modell-Radiostation sowie Freiflä-
chen mit Minigolf und ein Spielplatz locken besonders Familien an.

teils vom Verein selbst finanziert. Neben
dem „Fanwalk" vor dem Hauptzugang –
der mit namentlich gekennzeichneten
Ziegeln der Sponsoren gepflastert ist –
und einer „Fan Fest Family Entertainment Area" gibt es Restaurant, Souve-
nirläden und Imbissbuden. Die große
Eingangshalle, die **Jackie Robinson Ro-
tunda**, erinnert ebenfalls an alte Zeiten,
genauer, an einen legendären Dodgers-
Spieler: Jackie Robinson (1919–1972).
Er war 1947 als erster Afroamerikaner
im Berufsbaseball im Trikot der Dodgers
eingelaufen und hatte maßgeblichen Anteil am Erfolg der Dodgers und an ihrer
Meisterschaft von 1955.

Obwohl die New York Mets erst 1962
ihre erste Saison absolvierten, ist ihre
Anhängerschaft nicht weniger groß oder
treu als die des großen Konkurrenten aus
der Bronx, den Yankees. Selbst die Erfolglosigkeit in den ersten Jahren tat der Beliebtheit der Mets keinen Abbruch – entscheidend war jedoch der sensationelle
Meisterschaftsgewinn 1969. Noch heute
leuchten die Augen von Fans, wenn sie
sich an jene „Amazin' Mets" erinnern.

Seit 1986 und einem weiteren Meistertitel versucht das Team, an diese zwei unvergessenen Jahre anzuknüpfen. Letztes
Erfolgserlebnis war 2000 die sogenannte
„Subway Series": Damals zogen die Mets
erst im Finale gegen den Lokalrivalen aus
der Bronx den Kürzeren.

❯ **Citi Field,** Flushing Meadows Corona Park,
Willets Point Blvd., Subway (7): Mets–Willets
Point, Infos: www.mets.com, Touren $ 13
(Daten variabel)

101 Queens Museum ⋆

Das Museum ist allein schon wegen des
angeblich **größten Architekturmodells
der Welt,** des „Panorama of the City of
New York", sehenswert. 1964 zur Weltausstellung entstanden, wurde die Minia-
turnachbildung mit rund 900.000 Einzel-
teilen 1972 hierhergebracht. 1994 und
2005 wurde es komplett modernisiert,
aber auch sonst ist es immer auf dem aktuellen Stand. Glasstege führen über die
knapp 900 m² große Anlage, dazu gibt es
Ausstellungen, u. a. über den Schöpfer
Robert Moses und die Wasserversorgung
New Yorks. Außerdem finden Wechselausstellungen statt. Ende 2013 wurden
eine neue Fassade und ein attraktiver
Eingangsbereich fertig gestellt.

❯ **Queens Museum,** New York City Building,
Flushing Meadows Corona Park, 111th
St./47th Ave., Subway (7): Mets–Willets Pt.,
www.queensmuseum.org, Mi.–So. 12–
18 Uhr, $ 8

102 Rockaway Beach ★

Im Süden von Queens, umschlossen von Rockaway Beach, einer schmalen Halbinsel am Atlantik, liegt das Naturschutzgebiet **Gateway National Recreation Area & Jamaica Bay Wildlife Refuge** (Subway: Broad Channel). Die Marschen, ein Vogelrefugium, sind so groß wie Manhattan und lohnen besonders im Frühjahr und Herbst einen Besuch, wenn die Zugvögel hier Station machen (Park-Ranger-Touren an Wochenenden).

Vom **Jamaica Bay Wildlife Refuge's Visitor Center** führt ein 2 km langer Trail durch die Natur, den auch Familien mühelos ablaufen können. Am anderen Inselende liegt das Dorf **Broad Channel**

Auf Weltreise mit der Subway

Wie keine andere Subway-Linie New Yorks bietet der „7 Train" ein besonderes Erlebnis: Sobald die Linie den Manhattan-Tunnel verlassen hat, verkehrt die U-Bahn als EL-Train („elevated train"/Hochbahn) durch eine der ethnisch buntesten Stadtregionen der Welt. Nach dem Zusammenschluss der fünf „boroughs" zum heutigen New York im Jahr 1898 wurde als erste Verbindung in das damals sehr ländliche Queens die Subway-Line 7 gebaut – so benannt, weil die Gesamtfahrtstrecke genau sieben Meilen beträgt. Die Bahn trug zu einer wirtschaftlichen Umstrukturierung bei und half, das Problem der Überbevölkerung von Manhattan zu lösen: Zahlreiche Immigranten zogen nun aus den überfüllten Vierteln wie der Lower East Side nach Queens, wo sie bessere Wohnbedingungen vorfanden.

*Heute wird der „7 Train" als „**Living Heritage Trail**" betrachtet und steht quasi unter Denkmalschutz. Für die „**Weltreise**" mit dem „International" oder „Immigration Express" bieten sich mehrere Stopps in Queens zwischen der 33rd Street und dem Endpunkt in Flushing (Main St.) an, die alle in ganz unterschiedliche ethnische Enklaven führen. Die Wichtigsten sind:*

❯ *33rd St. – traditionell irischer Charakter mit Pubs*

❯ *46th St. – Sunnyside: neben peruanischen und kolumbianischen Spezialitäten auch Orientalisches von Türkisch bis Libanesisch*

❯ *52nd St. und Woodside/61st St. – lateinamerikanische Enklaven, einst irisch geprägt*

❯ *74th St./Broadway/Jackson Heights – South Asian Jackson Heights, ein von Indern, Pakistani und Bangladeschern geprägtes Viertel, bekannt für kulinarische Spezialitäten. Die 74th St. gilt als „South Asian Strip".*

❯ *82nd St./Jackson Heights und 90th St./Elmhurst Ave. – lebhaftes mexikanisch-karibisches Viertel. Elmhurst ist ein Musterbeispiel für ein New Yorker Multikulti-Stadtviertel. Begrenzt wird es von der Roosevelt Avenue im Norden, der Corona Avenue im Süden sowie dem Junction Boulevard im Osten und dem Broadway im Westen. Das Viertel hat eine lange Geschichte, die auf das von niederländischen Siedlern gegründete Dorf Middenburgh aus dem 17. Jh. zurückgeht. Heute kennt man es als Zentrum des multikulturellen Lebens und es*

mit seinen 3000 Einwohnern (Subway: Broad Channel).

Während des Hurricane Sandy 2012 wurde der Ort in Sichtweite des JFK Airport ebenso wie das sich südlich anschließende Far Rockaway schwer beschädigt.

> Subway (A): Broad Channel und Rockaway Park Beach

ist berühmt für ethnische Restaurants mit fantasievollen Speisekarten, die großteils asiatisch angehaucht sind. Das Areal um den Broadway gilt als weiteres New Yorker Chinatown.

> *Junction Blvd. und 103rd St./Corona Plaza - orientalische Metropole und hier steht das ehemalige Wohnhaus von Louis Armstrong (s. S. 61).*

> *111st St. - italienisches Flair rund um den „Spaghetti Park" (William E. Moore Park, 51st Ave./108th St.)*

> *Mets-Willets Point - Weltausstellungsgelände Corona Park von 1939 und 1964 mit der Unisphere, einer hohlen Stahlkugel als Modell des Big Apple. Hier lohnen die New York Hall of Science (s. S. 62), das Queens Museum of Art* **101***, das Citi Field* **100** *sowie das USTA Billie Jean King National Tennis Center (US Open).*

> *Flushing/Main St. - der „Ferne Osten" mit einem der authentischsten Chinatowns, indischen und koreanischen Gemeinden sowie dem Queens Botanic Garden mit Arboretum (43–50 Main St./Dahlia Ave., www.queensbotanical. org, Eintritt frei), dessen Ursprünge in der Weltausstellung 1939 liegen.*

Gastronomie und Shopping in Queens

517 [H9] **Bohemian Hall**, 29–19 24th Ave., www.bohemianhall.com, Subway: Astoria Blvd. Hort der deutsch-tschechischen Vergangenheit: deftige Kost, hervorragende Bierauswahl und Biergarten.

518 [bg] **Cavo Cafe Lounge** $$–$$$, 4218 3rd Ave. (Astoria). Moderne griechische Küche mit *Mezedes* (Vorspeisen, kalt und heiß) sowie Hauptgerichten in höhlenartigem Gastraum oder im Freien serviert. Livemusik (Bouzouki u. a.) sowie Tanz im zugehörigen modernen Nightclub für jüngeres Publikum.

519 [cg] **Jahn's Ice Cream Parlor**, 8104 37th Ave. (Jackson Heights). Seit über 100 Jahren berühmt für Eis, auch Imbiss und Frühstück.

520 [cg] **Tangra Masala** $, 87–09 Grand Ave./Queens Blvd. (Elmhurst). Chinesisch-indische Speisekarte, v. a. die Hühnergerichte sind empfehlenswert.

521 **Tortilleria Nixtamal**, 104–105 47th St. (Corona) www.tortillerianixtamal.com, tgl. ab 11–mind. 18, an Wochenenden bis 21/22 Uhr. Tortillas, Tacos oder Tamales wie in Mexiko, auch vegetarische Varianten. Zugehörig ist ein Imbissstand in Manhattan: Taqueria Nixtamalito (1 Centre St.).

522 [G15] **Waterfront Crabhouse** $$$, 2–3 Borden Ave./2nd St. (Long Island City). In einem historischen Bau von 1881 gibt es ausgezeichnete Fischgerichte.

523 [F14] **Water's Edge** $$$$, 44th Dr./East River (Long Island City), Tel. 718 4820033, www.watersedgenyc.com. Amerikanische Küche, Piano Lounge und toller Ausblick auf Manhattan und Roosevelt Island. Gratis Water Shuttle ab 34th Street Pier in Manhattan.

524 [bg] **Zenon Taverna** $, 34–103 1st Ave. (Astoria). Zypriotische Küche, gute *Mezedes* (Vorspeisen), preiswert und vielseitig.

329ny Abb.: mb

The Bronx

Die Bronx, nördlich des Harlem River gelegen, ist der einzige der fünf New Yorker „boroughs", der auf dem Festland liegt. Lange verrufen, mausert sich auch dieses Viertel inzwischen und bietet – trotz aller Weitläufigkeit – einige empfehlenswerte Attraktionen.

Der Name Bronx geht auf den Dänen Jonas Bronck zurück, der 1641 das Gebiet für die Dutch West India Company in Besitz nahm. Von dem ländlichen Idyll des 19. Jh. ist kaum etwas geblieben, schon nach Fertigstellung **der Hochbahn** (heute Subway 4) begann der Stadtteil in den 1920er-Jahren wild zu wachsen. Verschiedenste Ethnien – Iren, Deutsche, Juden, Polen und Italiener – siedelten sich an, das **Yankee Stadium** wurde gebaut und der **Grand Concourse** sollte zur New Yorker Champs-Elysées werden. Nach dem Zweiten Weltkrieg zogen v. a.

ethnische Minoritäten her, die sich ein Leben in Manhattan nicht leisten konnten. Uniforme Wohnblöcke entstanden und Verfall, Anarchie und Kriminalität beherrschten in den 1960er-Jahren die Straßen, v. a. im Südteil. Die Bronx wurde zum Synonym für eine untergehende Stadt, aber zugleich erwachte ein ungeahntes kreatives Potenzial: **Hip Hop und Breakdance** wurde zum neuen künstlerischen Ausdruck der Afroamerikaner, die die Misere besonders betraf.

Mittlerweile wurden viele **soziale Brennpunkte** entschärft und Problemlösung betrieben, sodass nach Brooklyn und Queens auch die Bronx allmählich „salonfähig" wird. Neue Wohnviertel entstehen, Bauten werden renoviert und Grünanlagen angelegt. Bald wird man vielleicht sogar wieder stolz sagen können: „You can take a person out of the Bronx, but you can't take the Bronx out of a person!"

103 South Bronx (SoBro) ★ **[D3]**

Inzwischen finden mehr und mehr Besucher den Weg in die Bronx mit ihren derzeit etwa 1,4 Mio. Einwohnern. Hauptanziehungspunkte sind die „Big 3": Bronx Zoo, New York Botanical Garden und Yankee Stadium.

In Verbindung mit dem Neubau des Yankee Stadium **104** hat sich die **South Bronx** zum neuen Trendviertel **SoBro** mit Lokalen, Bars und dem Opera House – einem Boutiquehotel in der ehemaligen Bronx Opera – entwickelt und wird durch einen neuen Waterfront-Park, eine Promenade am Harlem River sowie die Renovierung des **Bronx Terminal Markets** neue Attraktivität erhalten. Nicht weit vom Yankee Stadium entfernt liegt am Grand Concours, der sich von der SoBro bis hinauf in den im Norden gelegenen Van Cortland Park zieht, das **Bronx Museum of the Arts** (s. S. 61). 1971 als Sammlung gegründet, befindet es sich seit 1982 in einer ehemaligen Synagoge. Permanent gezeigt wird eine ungewöhnliche Zusammenstellung zeitgenössischer Kunst von Künstlern aus Afrika, Asien und Lateinamerika, aber auch aus der Bronx, daneben gibt es interessante Wechselausstellungen. In nächster Nähe eröffnete The Freedman B&B (www.andrewfreedmancomplex.com) mit zehn Zimmern.

Auch der **Grand Concourse** ist mit seinen Grünanlagen und dem „Arboretum" – einer Pflanzung unterschiedlicher Bäume und Sträucher aus aller Welt entlang der Allee – wieder attraktiver geworden und erinnert wieder an die pulsierenden 1920er-Jahre. Hier befindet sich auch das 1812 erbaute **Edgar Allen Poe Cottage,** in dem der Autor die letzten Jahre seines Lebens verbrachte. 1844 war

er mit seiner Frau Virginia hierher gezogen, er starb 1849 unter bis heute ungeklärten Umständen auf einer Reise nach Baltimore.

★**525 Edgar Allen Poe Cottage,** Poe Park, 2640 Grand Concourse, Sa. 10–16, So. 12–17 Uhr, $5, www.bronxhistoricalsociety. org/poecottage.html

◁ Im Arthur Avenue Market (s. S. 285) gibt es italienische Spezialitäten und mehr

---

EXTRATIPP

Die Bronx entdecken

Das Tourismusbüro der Bronx bietet im Sommer eine Reihe interessanter (kostenloser) **Trolley-Touren** an, z. B. jeden 1. Mi. im Monat (Bronx Culture Trolley) sowie am 1. Fr. (Bronx Seaside Trolley). Hochinteressant sind zudem die „Urban Farms Trolley Tours", die monatlich zu wechselnden Terminen und mit unterschiedlichem Fokus stattfinden.

› **Infos:** www.ilovethebronx.com/ index.php/tours, Start ist meist in Manhattan

Eine weitere Möglichkeit, die Bronx besser kennenzulernen, bieten **Veranstaltungen.** So findet Anfang Mai die Bronx Week mit zahlreichen Events und einem Festival mit Parade auf der Mosholu Ave. statt. Beliebt ist auch die Tour de Bronx (Ende Okt.), eine Radrundfahrt für Jedermann/-frau durch den Stadtbezirk.

› **Infos** (Bronx Tourism Council): www.ilovethebronx.com

› **Bronx Week:** www.ilovethebronx.com/ index.php/events/bronx-week

› **Tour de Bronx:** http://tourdebronx.org

328ny Abb.: mb

Tipps für SoBro

🏛526 [bf] **Ceetay,** 129 Alexander Ave. „Asian-fusion cuisine".

🍴527 [bf] **Charlie's Bar & Kitchen,** 112 Lincoln Ave./Bruckner Blvd. Nicht nur wegen der Bar, sondern auch wegen der Küche (saisonal mit Südstaaten-Touch) beliebt.

🏛528 [bf] **Club Miami,** 26 Bruckner Blvd. Angesagter Club.

🏛529 [D2] **Court Deli,** 96 E 161st St. (Yankee Stadium). Berühmt für Pastrami-Sandwiches. Typischer New Yorker Deli, beliebt zum Frühstück oder für Zwischendurch.

🛍530 [be] **Casa Amadeo,** 786 Prospect Ave. Legendärer Musikladen in SoBro. Der Besitzer Mike Amadeo ist Spezialist für Latin Music.

⓾ Yankee Stadium ★★   [C2]

Ein idealer Anlass, um das **Yankee Stadium** zu besuchen, ist natürlich ein Spiel der New York Yankees, der berühmtesten Baseballmannschaft der Welt, allerdings ist es nicht leicht, an Tickets zu kommen. Eine Alternative ist, sich einer Besichtigungstour durch das Stadion anzuschließen.

Seit Anfang April 2009 ersetzt das neue Yankee Stadium den 1923 eröffneten alten *ballpark,* in dem die legendären **Bronx Bombers** und deren Stars – Babe Ruth, Lou Gehrig, Joe DiMaggio, Yogi Berra, Reggie Jackson oder Joe Torre – Baseballgeschichte schrieben. Das Stadium präsentiert sich – wie das ebenfalls neue **Citi Field** ⓾ des Lokalrivalen Mets – im beliebten Retro- oder **postmodernen Stil.** Erinnert die Ziegelfassade des Citi Field an das legendäre Ebbets Field, greift die schlichte, von mächtigen Pfeilern gegliederte Fassade des Yankee Stadium Elemente seines historischen Vorgängers auf. Der Hauptzugang des Yankee Stadium an der Babe Ruth Plaza führt in einen lichten und geräumigen Umgang zwischen Fassade und eigentlichem Stadion, die sogenannte **Great Hall.** Hier finden sich nicht nur Imbissbuden, WCs und Treppenaufgänge, sondern auch Fahnen mit den Abbildungen legendärer Yankee-Spieler.

🖾 *Das neue Yankee Stadium fasst rund 53.000 Fans und beinhaltet zugleich ein eigenes Museum*

New York Yankees
Gegründet: 1901 (in Baltimore),
seit 1903 in New York
Meistertitel: 1923, 1927, 1928, 1932,
1936, 1937, 1938, 1939, 1941,
1943, 1947, 1949, 1950, 1951,
1952, 1953, 1956, 1958, 1961,
1962, 1977, 1978, 1996, 1998,
1999, 2000, 2009
Vereinsfarben: Dunkelblau und Weiß

Etwa 53.000 Fans, einige Tausend davon stehend, fasst das Stadion. Den Löwenanteil der Kosten von etwa $ 1,3 Mrd. trug der Verein, „nur" 220 Mio. steuerte die Stadt bei. Stärker als in anderen Stadien wird im Yankee Stadium die Geschichte des Vereins und des Sports lebendig. Nicht nur in der Great Hall wird an die legendären Stars und die bislang 27(!) Meistermannschaften erinnert – zuletzt wurden die Yankees 2009 Meister – es gibt auch eine Art Kunstsammlung mit Werken zu den Yankees, einen *memorabilia store* und ein eigenes **Yankee Museum.** Dort sind Erinnerungsstücke an Meistermannschaften und legendäre Stars der Yankees wie den „Sultan of Swat", den deutschstämmigen George Herman „Babe" Ruth, ausgestellt.

Ein Pilgerort für Fans ist der **Monument Park** im *center field* des Stadions. Dort befinden sich in einem abgezäunten kleinen Park direkt am Spielfeldrand Erinnerungsplaketten mit den Namen und Poträts legendärer Funktionäre, Trainer und Spieler. Wer die Tour durchs Stadion mitmacht, darf am Ende sogar noch zum Fotoshooting in den **Yankees Dugout,** die Spielerbank.

❯ **Yankee Stadium,** E 161st St./River Ave., Subway (4, B und D): 161st St.–Yankee Stadium, www.yankees.com (Infos, Hinweise, Touren und Tickets); Touren (vorab reservieren!) tgl. 9–16.40 Uhr, $ 20, großer Souvenirshop
❼**531**[D2] **Yankee Tavern,** 72 E 161 St. Direkt am Stadion gelegen und seit 1928 der Treff der Yankee-Fans.

⑩⑤ Bronx Zoo ★★   **[bd]**

Für einen Ausflug in den Bronx Park sollte man mindestens einen halben Tag einplanen – je nachdem wie sehr man sich für Tiere und/oder Pflanzen interessiert. Das **Wildlife Conservation Center,** dessen Hauptteil der **Bronx Zoo** ist, umfasst den südlichen Teil des Bronx Park. 1899 wurde dieser größte Tiergarten der Welt innerhalb eines Stadtgebiets gegründet. Mehr als 4300 Tiere, darunter zahlreiche gefährdete Arten, leben auf über 100 ha Fläche. Besonders der Congo Gorilla Forest, Jungle World, Tiger Mountain und Himalayan Highlands sind sehenswerte Abteilungen.

❯ **Bronx Zoo,** 2300 Southern Blvd., Subway (2, 5): Pelham Parkway, www.bronxzoo.com, mind. 10–16.30 Uhr, $ 17 (Mi. beliebiger Eintritt), auch Kombitickets, Parken $ 15

⑩⑥ New York Botanical Garden ★★

Im nördlichen Parkteil befindet sich der **New York Botanical Garden.** Der Park, der unlängst zum *landmark* erklärt wurde, gilt als einer der ältesten und größten der USA. Er wurde 1891 westlich des Bronx River angelegt und beherbergt das **Enid A. Haupt Conservatory,** das größ-

123ny Abb.: mb

te viktorianische Glashaus der USA von 1902, mit einer etwa 27 m hohen Kuppel. Außerdem gibt es mehrere „Themengärten" wie z. B. den Rock Garden, einen Tropical Pool, den Rose Garden, einen Palmengarten, einen Farnwald und ein Wüstengebiet.

> **New York Botanical Garden,**
  200th St./Kazimiroff Blvd., Subway (2, 5): Pelham Parkway, www.nybg.org, Di.–So. 10–18 Uhr, $ 13 Gelände, $ 20 Gesamtanlage (Mi. ganztags und Sa. 10–11 Uhr Eintritt frei)

107 Little Italy in the Bronx ★ [bd]

Durch den Bronx Park führt die **East Fordham Road**, die längste Einkaufsstraße in der Bronx. An die 300 Läden aller Art und (meist preiswerte) Lokale sind hier versammelt. Nördlich der East Fordham Road breitet sich mitten im Grünen der alte Campus der **Fordham University** aus. Diese private katholische (Jesuiten-)Universität wurde 1841 als St. John's College gegründet und umfasst heute drei Campus und rund 15.000 Studenten.

An der Fordham Road beginnt auf Höhe der Fordham University die **Arthur Avenue,** die Hauptachse von **Little Italy in the Bronx.** Anders als in Lower Manhattan, wo das italienische Viertel längst von Chinatown 17 „geschluckt" wurde und nurmehr einige Läden und Lokale für Touristen übrig geblieben sind, prägen hier in der Bronx noch die italienisch-stämmigen New Yorker das Bild. Daher heißt das Viertel auch „Real Little Italy" und entlang der Arthur Avenue reihen sich italienische Cafés, Konditoreien, Lebensmittelgeschäfte, Bäckereien und Restaurants. Im Mittelpunkt steht der gut sortierte **Arthur Avenue Market** mit seinen Ständen mit italienischen Spezialitäten. Allein schon der Duft von Schinken und Salami, Käse und Kaffee ist wirklich umwerfend. Eine besonders gute Gelegenheit für einen Besuch ist der Sonntag nach dem Labor Day im September, denn dann wird hier „Ferragosto on Arthur Avenue" gefeiert.

> **Little Italy in the Bronx,** Arthur Ave., E 181st–188th St., www.arthuravenuebronx.com, Subway (B, D): Fordham Rd.

Gastronomie und Shopping in Little Italy in the Bronx

532 [bd] **Artuso Pastry,** 670 E 187St. St. Alteingesessene Konditorei-Bäckerei, bekannt für Biscotti, Cannoli und Festtagsgebäck.

533 [bd] **Dominick's,** 2335 Arthur Ave. Eine Institution in Little Italy, gemütlich und ohne Speisekarte, nur Barzahlung.

534 [bd] **Emilia's** $, 2331 Arthur Ave. Süditalienische Küche und günstige *lunch specials* wie *Ossobuco.*

535 [bd] **Restaurante Pasquale's Rigoletto** $$, 2311 Arthur Ave. Gehört zu den besten italienischen Lokalen der Bronx, breite Palette an italienisch-regionalen Spezialitäten.

536 [bd] **Trattoria Zero Otto Nove** $, 2357 Arthur Ave. Hier gibt es wohl die beste Holzofenpizza der Bronx!

537 [bd] **Umberto's Clam House** $$, 2356 Arthur Ave. Italienische Standardkost, v. a. empfehlenswerte Fischgerichte. Es gibt auch Freiplätze, die ideal sind, um das Treiben im Viertel zu betrachten.

538 [bd] **Arthur Avenue Market,** 2344 Arthur Ave., www.arthuravenue.com, geöffnet: Mo–Sa 6–18 Uhr. Überdachter Markt mit verschiedenen Bäckereien, Lebensmittelläden wie **Mike's Deli** und der Bronx Beer Hall (Biere lokaler Kleinbrauereien).

108 **Van Cortlandt Park** ★

Der Mosholu Parkway verbindet den Bronx Park mit dem Nordende des Grand Concourse und dem Van Cortlandt Park. Der Park nimmt über 4,6 km² im Norden der Bronx ein. Er ist noch naturbelassener als der Central Park 70 und Bootsfahren, Reiten, Wandern, Picknicken oder andere Freizeitbeschäftigungen sind hier möglich. Hier ist auch der älteste öffentliche Golfplatz der USA beheimatet, der **Van Cortlandt Golf Club** (Van Cortlandt Park South/Bailey Ave.), der im Jahr 1855 gegründet wurde.

Um die US-Geschichte vor der Revolution und Frederick Van Cortlandt, den Erbauer des **Van Cortlandt House** (s. S. 61), geht es im gleichnamigen **Museum.** Der Bau selbst, im georgianischen Kolonialstil, stammt von 1748, mit Möbeln aus dem 18. und 19. Jh.

Der riesige **Woodlawn Cemetery** am Ostrand des Parks beherbergt seit 1863 in idyllischem Ambiente Grabmäler prominenter New Yorker, z. B. das Mausoleum von F. W. Woolworth oder die Grablegen des Schriftstellers Herman Melville, der Jazzmusiker Duke Ellington und Lionel Hampton, des Ex-Bürgermeisters La Guardia oder des Kaufhausbegründers Macy.

> **Subway:** Van Cortlandt Park (1) oder Woodlawn (4)

> **Woodlawn Cemetery,** Jerome/Bainbridge Ave., www.thewoodlawncemetery.org, tgl. 8.30–17 Uhr. Die letzte Ruhestätte vieler bekannter Persönlichkeiten.

◁ *Die Arthur Avenue gilt als „Little Italy in the Bronx" und lohnt einen Bummel*

Strandausflug

Was Coney Island für Brooklyn ist, ist **Orchard Beach** für die Bronx. Der einst künstlich von dem New Yorker Stadtplaner Robert Moses (1888–1981) geschaffene Sandstrand im **Pelham Bay Park** am Long Island Sound im Osten der Bronx ist im Sommer eines der beliebtesten Ausflugsziele der Gegend. Im Pelham Bay Park steht das Historic Bartow-Pell Mansion Museum mit historischem Bestand, das einst im Besitz des Arztes Thomas Pell (1608–1669) war.

Vor Strand und Park liegt die über eine Brücke erreichbare **City Island**. Auf der etwa 2,5 km langen und 1 km breiten Insel in der westlichen Ecke des Long Island Sound herrscht die Atmosphäre eines neuenglischen Fischerdorfs. Segelboote und Kajaks bestimmen das Bild und zahlreiche Lokale locken mit Fischgerichten. Die Insel war einst in Privatbesitz, wurde 1819 dann Teil von Pelham Westchester County und 1895 New York zugeschlagen. Einst lebte man von Bootsbau und Austernzucht, heute ist der Tourismus bestimmend. Wer im Sommer einmal einen Tag dem Trubel der Stadt entfliehen möchte, ist hier genau richtig aufgehoben.

★539 **Pelham Bay Park/Orchard Beach** mit **Historic Bartow-Pell Mansion Museum** (Mi./Sa./So. 12–16, $5), Subway-Endstation Pelham Bay Park (6), dann Bus Bx12, an Sommerwochenenden auch Bx5

★540 **City Island,** 610 City Island Ave., Subway-Endstation Pelham Bay Park (6), dann Bus Bx29

❯ **Kulinarische Tipps:** Fischgerichte aller Art, aber auch andere Gerichte gibt es an der City Island Ave. bei **Crab Shanty** (Nr. 361), in der **Lobster Box** (Nr. 34) oder bei **Sammy's Fish Box** (Nr. 41). Auch das **Sea Shore Restaurant** (Nr. 591), nahe der Inselzufahrt an einem kleinem Jachthafen gelegen, ist für seine Fischgerichte bekannt, während **Portofino's** (Nr. 555) auch italienische Spezialitäten anbietet.

109 **Wave Hill** ★

Zwischen dem Van Courtland Park und dem Hudson River breitet sich **Riverdale** aus, wo sich neben dem Nobelwohnviertel Fieldston und dem Manhattan College auch **Wave Hill** befindet. Direkt am Hudson River lohnt sich allein schon wegen der prächtigen Gärten ein Abstecher nach Wave Hill, einem eleganten Landgut von 1844 im feinen Stadtteil Riverdale, in dem schon Theodore Roosevelts Familie, Mark Twain und Arturo Toscanini residiert haben. Gärten, Terrassen und Nebengebäude wie das z. B. Glyndor House wurden nach 1903 zugefügt. Besonders schön ist der Blick auf die sogenannten **Palisades:** So nennt man die malerischen Kliffe am gegenüberliegenden Westufer des Hudson River.

Seit 1960 ist das Areal in städtischem Besitz und fungiert vor allem als Botanischer Garten mit Gewächshäusern und Themengärten, aber auch als „Kulturtreff", in dem Workshops und Kurse, Kunst- und Kulturveranstaltungen angeboten werden.

❯ **Wave Hill,** 675 W 252nd St., www.wavehill.org (mit detaillierter Anfahrtsbeschreibung), Di.–So. 9–16.30/17.30 Uhr, $8, Parken $8, Shuttlebusse

▷ *Staten Island ist leicht und kostenlos per Fähre erreichbar*

Ausflüge

Staten Island, der fünfte Stadtbezirk, repräsentiert New Yorks ländliche Seite mit kleinen Wohnhäusern und viel Grün. Für Besucher, die sich länger in New York aufhalten, ist diese Insel, die zweimal so groß ist wie Manhattan, ein lohnendes Ausflugsziel. Auch Long Island, die Insel, die durch den Long Island Sound vom Festland abgeschnitten ist, lohnt einen Abstecher. Während die beiden New Yorker „boroughs" Brooklyn und Queens die äußerste Westspitze Long Islands ausmachen, breitet sich jenseits der Stadtgrenze New York State mit den „Schlafstädten" der Besserverdienenden aus. Je weiter man nach Osten kommt, umso ländlicher wird jedoch das Bild, umso mehr treten Landwirtschaft und Fischfang, endlose Strände und sogar Weinbau in den Vordergrund.

⑪⓪ Staten Island ⭐

Die Staten Island Ferry (s. S. 106) bringt Besucher kostenlos und mit traumhaftem Blick auf die Skyline von Manhattan hinüber nach Staten Island, wo sich inmitten der Wohnidylle des Mittelstandes verschiedene Sehenswürdigkeiten befinden und wo nahe des Fährhafens 2015 das größte Riesenrad der Welt eröffnet werden soll.

Seit 1964 die Verrazano Narrows Bridge eröffnete, die die Insel direkt mit Brooklyn verbindet, setzte ein steter Zuwanderstrom ein: Jeder, der die Großstadt satt hatte, kam – und kommt auch heute noch – hierher, um das „Landleben" zu genießen. Die Insel ist mit ihren Hügeln, Wiesen und Seen überraschend andersartig und bietet immer wieder einen schönen Ausblick auf Hafen und Meer sowie zahlreiche gut erhaltene Bauten aus der Zeit der frühen Besiedelung.

Das **Snug Harbor Cultural Center** (s. S. 62), etwa 3 km westlich des Fährhafens, war einst eine Seefahrerherberge und fungiert heute als Kultur- und Veranstaltungszentrum. Der Komplex besteht aus verschiedenen, teils historischen Gebäuden, in denen mehrere Institutionen und Museen zu Hause sind und Konzerte, Ausstellungen und Kurse stattfinden. Dazu gehören ein Visitor Center (Building C), das Newhouse Center for Contemporary Art (Building G), das Staten Island Children's Museum (Building M), das Staten Island Museum (Building H), ein kleines, aber sehenswertes 9/11 Tribute Center (Building N) der lokalen Feuerwehr und der Staten Island Botanical Garden mit einem sehenswerten chinesischen Garten (Chinese Scholar's Garden). Neben dem botanischen Garten ist die **Noble Maritime Collection** (Building D) ein Highlight. Sie widmet sich nicht nur mit Modellen und Kunstwerken der Schifffahrt im New Yorker Hafen, sondern besonders dem Maler John A. Noble (1913-1983). Er lebte zeitweise auf einem umgebauten

Hafenschlepper, der nun im Mittelpunkt der Sammlung steht, und hielt den Trubel im Hafen und den alten „Schiffsfriedhof" vor Staten Island, dem größten „Friedhof" der Welt für Segelschiffe, auf seinen zahllosen Bildern fest.

Neueste Attraktion des Stadtbezirks ist das kleine Baseballstation direkt neben dem Fährhafen – und daher mit Ausblick –, der **Richmond County Bank Ballpark at St. George**, wo die **Staten Island Yankees**, eine Nachwuchsmannschaft der Yankees, die Fans begeistern (www.siyanks. com). Daneben entsteht – zusammen mit Shops, Lokalen und Entertainmenteinrichtungen – das vielgepriesene neue Riesenrad, das **New York Wheel** (http://newyorkwheel.com), das 2016 fertig und zum neuen New Yorker Wahrzeichen werden soll. Ein paar Schritte entfernt erfreut sich das 1928 eröffnete **St. George Theatre** (35 Hyatt St., www.stgeorgetheatre. com), neben der Borough Hall (Rathaus) gelegen, immer noch ungebrochener Beliebtheit. Den St. George/New Brighton Historic District (Bus S52 ab Ferry Terminal) westlich des Baseballstadions überragt die 1900–1903 im neoromanischen Stil erbaute St. Peter's Roman Catholic Church (49 St. Mark's Pl.) mit ihren sehenswerten Glasfenstern aus München.

Beim **Alice Austen House** (s. S. 62), rund 3 km südlich des Fährhafens, handelt es sich um ein 1710 erbautes viktorianisches Cottage mit Veranda, von Rasenflächen umgeben und mit traumhaftem Skyline- und Hafenblick. In den 1920er-Jahren wohnte in „Clear Comfort", wie die Familie ihr Wohnhaus nannte, die Fotografin Alice Austen, die 1929 beim Börsenkrach alles verlor und in Armut lebte, bis sie vom Magazin Life entdeckt wurde. Im Haus befindet sich eine Ausstellung ihrer Fotos.

Wer einen ungewöhnlichen Ausblick auf New Yorks Skyline und Hafen sucht, der sollte **Fort Wadsworth** und **Fort Tompkins**, Teile der **Gateway National Recreation Area** und unterhalb der **Verrazano-Narrows Bridge** gelegen, besuchen. Das Militärgelände liegt nur zwei Busstationen südöstlich vom Austen House am Ende der Bay Street. Vom Scenic Overlook hat man einen tollen Blick auf die Brücke, die beiden historischen Forts, die Hafeneinfahrt und die Skyline in der Ferne.

> **Gateway NRA,** ganzjährig geöffnet mit Visitor Center, 210 New York Ave./Bay St., Sa./So. 9–17 Uhr, www.nps.gov/gate, Bus S51 ab Ferry Terminal

Südlich der Verrazano-Narrows Bridge erstrecken sich die **South und Midland Beaches.** Besonders der **South Beach Boardwalk** (Bus S51 ab Ferry Terminal), vergleichbar dem auf Coney Island, mit dem Ocean Breeze Fishing Pier und Veranstaltungen am Wochenende gehört zu den beliebtesten Freizeitarealen von Staten Island. Diese Region gehörte zu den vom Hurricane Sandy 2012 am schwersten betroffenen Gebieten der Stadt.

Hauptachse des nördlichen Staten Island ist neben der Bay Street, die vom Ferry Terminal ostwärt verläuft, die **Forest Avenue** mit Läden und Lokalen (Bus S48 ab Ferry Terminal). Ein Highlight für Musiker ist hier der äußerlich unscheinbare Shop der **Mandolin Brothers** (629

▷ *Der Chinese Scholar's Garden ist Teil des Snug Harbor Cultural Center*

224ny Abb.: mb

Forest Ave., www.mandoweb.com), der jedoch eine einzigartige Auswahl an Gitarren und Mandolinen bietet.

An die beschauliche Vergangenheit der Insel erinnert **Historic Richmond Town** (s. S. 62), etwa 12 km im Südwesten des Fährhafens gelegen. In diesem Freilichtmuseum werden den Besuchern drei Jahrhunderte Geschichte und Kultur der Insel vor Augen geführt. Es handelt sich um ein sogenanntes *living history museum,* d. h., ein ganzes Dorf wurde zu neuem Leben erweckt. Bis zum Unabhängigkeitskrieg hieß es Cocclestown und wurde danach in Richmondtown umbenannt. Mehr als 30 originale Häuser stehen zur Besichtigung offen, darunter das Voorlezer House von 1696, der Stephens General Store, ein Wagenschuppen, ein Herrenhaus von 1837, eine Reihe von Bürgerhäusern, Läden, ein Saloon oder die St. Andrew's Church (1708).

Die größte Sammlung tibetanischer Kunst außerhalb Tibets beherbergt das **Jacques Marchais Center of Tibetan Art** (s. S. 62), dessen Hauptgebäude in Form eines Tempels gebaut wurde. 1947 gründete Mrs. Klauber alias Jacques Marchais, eine Kunsthändlerin, die Sammlung, die 1991 sogar vom Dalai Lama besucht wurde. In der Nähe soll über die nächsten Jahre eine ehemalige Müllhalde zum **Freshkills Park** – dreimal so groß wie der Central Park – umgestaltet werden.

Zu den ungewöhnlichen Attraktionen von Staten Island gehört das **Sandy Ground Historical Society Museum** (1538 Woodrow Rd., Di.–So. 13–16 Uhr, im Winter nur Di.–Do und So., Bus S74 ab Ferry Terminal). Es befindet sich einem der wenigen erhaltenen historischen Häuser der ältesten, immer noch bewohnten afroamerikanischen Gemeinde New Yorks. 1828 hatten sich hier freie Schwarze niedergelassen. Über ihre Geschichte, ihre Bedeutung als Erdbeerfarmer und Austernfischer sowie die „Underground Railroad" (Netzwerk im frühen 19. Jh., das

Sklaven aus dem Süden zur Flucht in die Freiheit verhalf) informiert das kleine, sehenswerte Museum. Im Sommer finden im Garten Veranstaltungen statt.

Von besonderer historischer Bedeutung ist schließlich das **Conference House** (298 Satterlee St., Bus S78 ab Ferry Terminal oder Staten-Island-Railway-Endstation Tottenville, Apr.–Mitte Dez. Fr.–So. 13–16 Uhr Touren, Eintritt frei, www.conferencehouse.org) ganz an der Südwestspitze der Insel gelegen. Vor 1680 von einem britischen Marineoffizier erbaut, diente das Wohnhaus im September 1776 den Friedensverhandlung zwischen dem britischen Lord Richard Howe und Benjamin Franklin, John Adams sowie Edward Rutledge als Vertreter der nach Unabhängigkeit strebenden Kolonien. Bekanntlich brachten die Gespräche kein Ergebnis und der Unabhängigkeitskrieg wurde fortgesetzt. Heute steht das einzig erhaltene New Yorker Haus aus der Zeit vor der Unabhängigkeit unter Denkmalschutz.

❭ **Anfahrt:** Staten Island Ferry (s. S. 106)

❭ **Nahverkehr:** neben Bussen verkehrt die Staten Island Railway zwischen Fährhafen und Südspitze (Tottenville), www.mta.info

❭ **Touren:** Carreta Tours bietet u. a. 90-minütige Touren ($ 20) auf Anm. Georgia Trivizas, Tel. 917 6997004, http://carretatours.com

▷ *Im Städtchen Sag Harbor auf Long Island geht es noch beschaulich zu*

⑪ Long Island ★

Spricht man von „The Island", meint man zwar Long Island, denkt aber in erster Linie an die **Hamptons**, die **Nobelvororte** auf der etwa 190 km langen Atlantikinsel östlich von Manhattan. Anschließend liegt im Osten der besuchenswerteste Teil, **East End**, wo die beiden „Finger" der Insel, **South und North Fork**, in den Atlantik hineinragen. Gerade diese Region (v. a. der Nordteil) ist für seine **Farmprodukte** – die auch auf den *greenmarkets* (s. S. 30) in New York verkauft werden – bekannt, dazu sorgen die **Weine** der Gegend für Aufsehen. Long Island wird von vielen schon jetzt als das **„Napa Valley des Ostens"** bezeichnet. New York State liegt was die Traubenproduktion angeht bereits jetzt nach Kalifornien und Washington State an dritter Stelle. Auf Long Island liegen die meisten der über 30 *wineries* auf der North Fork, zwischen Riverhead und Greenport.

Waren einst v. a. der Norden und seine Buchten beliebt, zieht es inzwischen mehr Besucher an die **Sandstrände** und **Dünenlandschaften** am Atlantik im Süden. Auf der South Fork befinden sich beliebte kleine Ferienorte wie die Hamptons, Sag Harbor oder Montauk, aber auch die exklusiven und sorgfältig abgeschotteten Wochenend- und Ferienhäuser der Prominenz. Die Sandstrände sind hier daher oft nicht öffentlich zugänglich.

Leicht per Bahn erreichbar ist eines der ersten Erholungsgebiete der Betuchten, der **Jones Beach State Park** (Long Island Rail Road/LIRR, Penn Station– Jones Beach) – das 1929 angelegte „feinere" Gegenstück zu Coney Island ㊲. Dank seiner Stadtnähe zählt er noch immer zu den beliebtesten Wochenendaus-

124ny Abb.: mb

flugszielen. In der Nähe liegt der **Robert Moses State Park** auf **Fire Island**, ein großes Naturschutzgebiet, das, streng genommen, die gesamte Long Island vorgelagerte schmale Inselkette umfasst.

Als *das* Rückzuggebiet der „rich and famous" gelten die am Ostzipfel von Long Island, etwa 100 km östlich von Manhattan gelegenen **Hamptons** (LIRR-Stop) – ein Sammelbegriff für mehrere malerische, etwas verschlafen wirkende Orte auf der South Fork: **Bridgehampton** ist berühmt für seine alljährliche Pferdeshow, **East Hampton** oder **Southampton** sind die bekanntesten. Nachdem 1872 die Insel per Eisenbahn erschlossen worden war, entstanden hier die Sommerfrischen der Schönen und Reichen, die von der Abgeschiedenheit und – wie viele Maler (z. B. Thomas Moran oder de Koo-

ning) oder Schriftsteller (wie Truman Capote oder John Steinbeck) – der Landschaft am Atlantik angezogen wurden.

Southampton, schon 350 Jahre alt, ist der elitäre Wohnort der Industriellen und Reichen. Im dortigen Meadow Club finden sich mehr Rasen-Tennisplätze als in Wimbledon. Hauptattraktion ist das **Southampton Historical Museum** (s. S. 62), ein *living history museum*. Im Haus eines ehemaligen Walfänger-Kapitäns von 1843 wird die Geschichte der Region erzählt, auf dem zugehörigen Gelände stehen ältere, vor dem Abbruch gerettete Häuser aus der Region. Zum Bummeln bietet sich die nette **Main Street** an.

Das nahe gelegene **East Hampton** wird gern als „schönstes Dorf Amerikas" bezeichnet und auch **Amagansett**, wo u. a.

Billy Joel oder Kathleen Turner residieren sollen, hat seine Reize. Am östlichen Ende der Insel liegt **Montauk**, Ort der Fischer, Einsiedler und Dichter – von Max Frisch in „Montauk" treffend beschrieben. Beliebt ist das alte Hafenstädtchen wegen seiner Strände und des sehenswerten **Montauk Point Lighthouse Museum** (s. S. 62), dem ältesten Leuchtturm von New York. Von Präsident Washington in Auftrag gegeben, wurde er 1796 errichtet.

Sag Harbor, mit einer großen wohlhabenden afroamerikanischen Gemeinde, ist ein alter Walhafen und zugleich einer der ältesten Orte auf Long Island. Nach dem Niedergang des Walfangs wurde aus Sag Harbor eine Arbeiterstadt (vor allem Konservenfabriken), ehe sich der Ort schließlich ganz dem Tourismus verschrieb. Die geschäftige Main Street mit ihren schönen Shops, Restaurants und Cafés, wie Spinnakers oder Serafina, laden zu einem Bummel ein, sehenswert ist jedoch vor allem auch die hiesige Architektur, denn 95 % der hier befindlichen Häuser stehen unter Denkmalschutz.

Die Hauptattraktionen sind das **Sag Harbor Whaling & Historical Museum** (s. S. 62), das **Customs House** (s. S. 62) sowie die **Old Whalers Church** (First Presbyterian Church, Union St.). Nahe dem malerischen Jachthafen führt die Straße über eine Brücke zur Fähranlegestelle, von der aus man mit zwei Autofähren über Shelter Island zum North Fork gelangen kann – ein Erlebnis, das man sich auf keinen Fall entgehen lassen sollte.

› **Anfahrt:** Von der Penn Station (Manhattan), ab Flatbush Ave. (Brooklyn) und Long Island City (Queens) verkehren Nahverkehrs-

züge der **Long Island Rail Road** (**LIRR,** Teil der MTA, Infos: www.mta.info/lirr). Ihre drei Hauptlinien (nach Port Jefferson im Nordosten, Greenport an der Nordost-Spitze und Montauk an der Ost-Spitze) und – eingeschränkt – öffentliche Busse erlauben einen Ausflug auf die Insel auch ohne Mietwagen. Wer Long Island jedoch näher und länger erkunden möchte, ist auf ein Auto angewiesen.

› **Infos:** www.discoverlongisland.com; **Infos zum Wein:** www.liwines.com

› Noch bis Frühjahr 2015 werden die **New York Islanders** (NHL – Eishockey) im Nassau Veterans Memorial Coliseum im Vorort Hempstead nahe der Hofstra Uni spielen. Dann ziehen die „Isles" nach Brooklyn um (s. S. 258). Infos: http://islanders.nhl.com bzw. www.nassaucoliseum.com.

Gastronomie und Hotels auf Long Island

🏨 **541 Baron's Cove Sag Harbor** $$-$$$, 31 W Water St., Sag Harbor, Tel. 631 7252100, www.caperesorts.com/hotels/capemay/baronscove. Kleines, hervorragend ausgestattetes Hotel direkt am Jachthafen. 67 unterschiedlich große Zimmer, die mit Hafenblick sind am schönsten. Frühstück, Kochnischen, Balkone, TV und Telefon inklusive.

🏨 **542 Southampton Inn** $$$, 91 Hill St., Tel. 631 2836500, www.southamptoninn.com. Kleines, aber feines Hotel, schön gelegen und modern, geschmackvoll ausgestattete Zimmer.

🍴 **543 Southampton Publick House,** 40 Bowden Sq., www.publick.com. 1996 als erster Brewpub in East End von drei Brüdern gegründet. Inzwischen werden die Biere auf Long Island und in New York City in ausgesuchten Restaurants und Kneipen ausgeschenkt. Das Essen ist frisch, einfallsreich, großproportioniert und preiswert.

Praktische Reisetipps

005ny Abb.: mb

206ny Abb.: mb

An- und Rückreise

Flüge

Es gibt mehrere Nonstop-Verbindungen aus dem deutschsprachigen Raum nach New York. Die Maschinen fliegen meist einmal täglich bzw. mehrmals wöchentlich und landen großteils auf dem **John F. Kennedy International Airport** (JFK), seltener auf dem **Newark Liberty International Airport** (EWR). Den **La Guardia Flughafen** (LGA) bedienen nur Inlandsflüge (Infos zu allen Flughäfen: www.panynj.gov/airports).

Nonstop fliegen American Airlines und Swiss von Zürich, Austrian Airlines von Wien, United Airlines von Frankfurt, München, Hamburg, Berlin, Stuttgart und Zürich nach Newark, Delta Air Lines von Frankfurt zum JFK, ebenso Air Berlin von Düsseldorf und Berlin. Lufthansa bedient von Frankfurt, Düsseldorf und München

Newark und von München und Frankfurt auch den JFK Airport. Singapore Airlines fliegt von Frankfurt zum JFK.

Daneben gibt es eine Reihe von **Umsteigeverbindungen** über europäische und US-amerikanische Großstädte, z. B. von United Airlines (Washington), British Airways (London), Air France (Paris), KLM (Amsterdam), Iceland Air (Reykjavik), SAS (Kopenhagen) oder Iberia (Madrid).

Bei der **Planung einer Rundreise** ist auf Anschlüsse, die Möglichkeit zu Gabelflügen oder *stopovers* (meist einer gratis) zu achten – Bedingungen, die von Gesellschaft zu Gesellschaft variieren. Oft ist diese Variante nämlich günstiger als extra Inlandsflüge zu buchen.

◿ *Willkommen im Big Apple –
Begrüßung im JFK Airport*

207 ny Abb.: mb

Die **reine Flugzeit** nach New York beträgt rund 9 Stunden. Da der Großteil der Flugzeuge am Nachmittag in Amerika landet und die **Zeitverschiebung** „nur" **6 Stunden** beträgt, lassen sich die Auswirkungen des **Jetlag** beim Hinflug weitgehend vermeiden. Die Tage nach der Heimkehr bereiten in der Regel größere Probleme, da man übermüdet am Morgen oder Vormittag in Deutschland ankommt. Zu Hause sollte man dennoch auf den verlockenden Nachmittagsschlaf verzichten und nicht länger als üblich schlafen, sondern besser einen zusätzlichen Urlaubstag einplanen.

Flugpreise

Je nach Anbieter, Fluggesellschaft, Jahreszeit, Wochentag, Route oder auch Länge der Vorausbuchung variieren die Preise. Im Allgemeinen bekommt man ein Economy-Ticket (hin und zurück) von Deutschland, Österreich und der Schweiz nach New York City für **etwa 650 €** (inkl. aller Steuern, Gebühren und Entgelte). Am teuersten ist es in der Hochsaison, in den Sommerferien im Juli und August sowie rund um Weihnachten und Neujahr. Speziell für diese Zeiten ist eine frühzeitige Buchung dringend zu empfehlen, aber auch sonst ist das in der Regel empfehlenswerter als eine „Last Minute"-Buchung. Zur ersten Orientierung in Sachen Preise und Verbindungen helfen die Websites großer Internetbroker wie www.expedia.de. Speziell außerhalb der Hauptsaison offerieren die Fluggesellschaften selbst **Sonderangebote.** Dann kann man z. B. mit Lufthansa (www.lufthansa.de), United Airlines (www.united.com), Delta

⌂ *Air Berlin verbindet Düsseldorf und Berlin direkt mit New York*

Flug-Know-how

Check-in und Kontrollen

> Nicht vergessen: Spätestens 72 Stunden vor Abflug die ESTA-Registrierung vornehmen und einen gültigen (Restgültigkeit mind. bis einschließlich Rückflugdatum) maschinenlesbaren Reisepass dabei haben (s. S. 302)

> Es gibt keine Papiertickets mehr und beim Check-in genügt die Vorlage des Passes bzw. der Buchungsnummer.

> Bei internationalen Flügen empfiehlt es sich, mindestens 3 Stunden vor Abflug einzuchecken. Vielfach kann dies schon im Vorfeld im Internet bzw. vor Ort an Automaten geschehen, doch muss das Gepäck trotzdem an einem Schalter, manchmal an speziellen Expressschaltern, eingecheckt werden.

> Genügend Zeit für Check-in bzw. Umsteigen einplanen, da strenge und mehrmalige Sicherheitskontrollen üblich sind und das Gepäck per Hand durchsucht werden kann. Auch das Aktivieren von Laptops oder Kameras, das Ausziehen der Schuhe und Körperkontrollen per Abtasten (evtl. Körperscanner) sind üblich. Die von den Fluggesellschaften als hinreichend angegebenen Umsteigezeiten können sich je nach Flughafen – London und Paris sind diesbezüglich berüchtigt – als Flop erweisen.

Gepäck

> Bei Linienflügen nach und von Nordamerika dürfen Economy-Class-Passagiere nur ein Gepäckstück bis 23 kg als Freigepäck aufgeben. Ein zweites Gepäckstück kostet um die 75 € (bzw. $ 100) zusätzlich. Außerdem darf ein Handgepäckstück von begrenztem Gewicht (meist 6–8 kg) und genau definierter Größe (je nach Fluggesellschaft variabel und unterschiedlich streng kontrolliert) mit an Bord genommen werden, dazu eine Hand-, Foto- oder Laptoptasche.

> Jedes Gepäckstück wird durchleuchtet bzw. durchsucht, daher Koffer u. a. Gepäckstücke nicht abschließen (ggf. wird das Schloss sonst aufgebrochen).

> Aus Sicherheitsgründen dürfen spitze und scharfe Gegenstände, v. a. Messer und Scheren aller Art, leicht entzündliche Gase (z. B. in Sprühdosen, Campinggas), Feuerzeuge und andere gefährliche Objekte nicht ins Handgepäck (vorher im Koffer verstauen!). Ebenfalls nicht an Bord erlaubt sind Flüssigkeiten und Gels mit Ausnahme von verschriebenen Medikamenten und Babynahrung. Flüssige Kosmetika u. Ä. dürfen nur in Kleinstgefäßen bis max. je 100 ml und in einer separaten 1-l-Plastik-Ziptüte mit ins Flugzeug.

> Infos über verbotene Güter gibt es unter: www.tsa.gov/traveler-information/prohibited-items bzw. bei den jeweiligen Fluggesellschaften.

Rückbestätigung

Eine Rückbestätigung des gebuchten Rückflugs ist nicht mehr nötig, allerdings wird empfohlen, sich im Internet oder per Anruf noch einmal über die Flugzeiten zu vergewissern.

Air Lines (www.delta.com) oder Air Berlin (www.airberlin.com) für unter 500 € nach New York und zurück fliegen. Diese Tickets haben in der Regel eine befristete Buchungs- und Gültigkeitsdauer. **Last-Minute-Flüge** werden ab etwa 14 Tagen vor Abflug angeboten und lassen sich bei Spezialisten wie www.ltur.com buchen.

Preiswerter sind **Jugend- und Studententickets** (je nach Airline alle jungen Leute bis 29 Jahre und Studenten bis 34 Jahre). **Kinder** unter zwei Jahren fliegen ohne Sitzplatzanspruch meist kostenlos, ansonsten werden die regulären Preise je nach Airline um 25 bis 50 % ermäßigt. Ab dem 12. oder 14. Lebensjahr gilt der Erwachsenentarif oder ein besonderer Jugendtarif.

Vom Flughafen in die Stadt

Der **John F. Kennedy International Airport** (www.panynj.gov/airports/jfk.html) ist einer der meistfrequentierten Flughäfen weltweit. Er liegt in Queens, etwa 20 km bzw. – bei normalem Verkehr – eine gute Fahrtstunde von Manhattan entfernt und ist mit Newark und La Guardia durch private Klein-/Linienbusse verbunden (Details unter www.panynj.gov/airports/jfk-airport-connections.html). Die Fluggesellschaften verteilen sich auf mehrere durch eine Magnetbahn (**AirTrain**) verbundene Terminals. Im **International Arrivals Building** befinden sich sämtliche Einrichtungen, die für Besucher nützlich sind: Reservierungsservice mit *courtesy phones* (kostenlose Direktverbindung), Autovermietungen, Infostände etc. Vor jedem Terminal fahren Taxis, Hotel- und Flughafen-Shuttles und die Busse der Autovermieter zu den Parkplätzen ab. Von den insgesamt acht per AirTrain

verbundenen Terminals sind besonders 1 (Lufthansa, Austrian, Air France, Alitalia), 2/3 (Delta), 4 (KLM, Delta, Northwest, Swiss), 7 (British Airways, US Airways, United, Iceland Air) und 8 (Air Berlin, American) für Besucher wichtig.

Ein **Airport Ground Transportation Center**, das Auskünfte zu **Fahrtmöglichkeiten in die Stadt** gibt, findet sich ebenfalls in jedem Terminal. Es gibt drei Möglichkeiten, vom Flughafen nach Manhattan zu gelangen:

> **mit dem Taxi:** $ 52 Fixpreis plus Brückenzoll/Tunnelgebühr und Trinkgeld, ca. $ 60 insgesamt, Fahrtdauer 45–60 Min. Der Fixpreis gilt auch von Manhattan zum JFK.

> **per Kleinbus** zu Hotels bzw. zentralen Haltepunkten in Manhattan (einfache Fahrt $ 15–22), Abfahrt etwa alle 30 Min. Eine Vorreservierung ist im Allgemeinen nicht nötig, man teilt am Schalter einfach Personenzahl, Fahrtziel und Gepäckmenge mit und wird bei Eintreffen eines Busses zugeteilt. Die Wartezeiten betragen im Normalfall max. 30 Min., in Stoßzeiten etwas länger, und die Preise variieren. Ein Anbieter ist z. B. GO Airlink (www.goairlinkshuttle.com, Tel. 212 8129000 oder kostenlos unter Tel. 1 877 5998200). Je nach Verkehr, Zahl der Fahrgäste bzw. Haltepunkte mind. 60 Min. Fahrtdauer. Detaillierte Infos erhält man im Web unter www.panynj.gov/airports/jfk-taxi-car-van-service.html

> **mit der Subway:** Die preiswerteste, aber zeitaufwendigste Möglichkeit. Mit dem „Train" gelangt man für insgesamt $ 7,75 vom Flughafen in die Stadt, allerdings ist diese Variante wegen des eventuell nötigen Umsteigens nur etwas für Leute mit leichterem Gepäck. Per Magnetzug **AirTrain** geht es von den Terminals bzw. vom „Federal Circle" im 4- bis 10-Min.-Takt für $ 5 (bezahlbar an der Endstation an Automaten) in rund 12 Minu-

Bahnreisen mit Amtrak

Die Eisenbahngesellschaft **Amtrak** bietet sich für eine Rundreise mit Stopp oder Ausgangspunkt New York an. Gerade an der Ostküste zwischen Boston, New York, Philadelphia und Washington hat der Zug Auto und Flugzeug als wichtigstes Verkehrsmittel abgelöst.

Die **Acela-Express-Züge, Metroliner** und regionale Züge verbinden stündlich die Städte an der Ostküste und sind **nicht reservierungspflichtig.**

Wer mehrmals mit dem Zug fahren will, für den lohnt sich der nur hierzulande zu erwerbende **USA Rail Pass.** Es gibt ihn in verschiedenen Variationen (z. B: 15 Tage/8 Abschnitte für $ 440 bzw. rund 320 €). Lange Strecken sollten im Voraus reserviert werden, Liege- bzw. Schlafabteile gibt es gegen Zuzahlung. Max. zwei Kinder von 2 bis 15 Jahren fahren in Begleitung eines Erwachsenen zum halben Preis, ein Kind unter 2 Jahre fährt kostenlos.

> **CRD International,** Stadthausbrücke 1–3, 20355 Hamburg, www.crd.de/reisearten/bahnreisen/amtrak-usa/usa-rail-pass/c-115-index.html bzw. Amtrak-Hotline Tel. 040 30061623. Vertretung Amtraks in Deutschland.

> **Bahnpässe** gibt es auch bei **Flug- und Reiseservice Hageloch & Henes,** Lindenstraße 34, 72764 Reutlingen, Tel. 07121 330184, www.buspass.de

> **Infos/Tickets** im Internet unter www.amtrak.com

ten zur Subway-Station Howard Beach und von dort mit der Line A mit einem Ticket zu $ 2,75 in 70 bis 90 Minuten nach Manhattan (Tickets an MetroCard-Automaten). Eine zweite, längere Variante ist die Fahrt mit dem AirTrain zur Subway-Station Sutphin Blvd./Archer Ave. und dann mit den Linien E, F oder Z in die Stadt. Die Bahn verkehrt rund um die Uhr alle 10 bis 20 Minuten.

> **Infos:** Metropolitan Transit Authority, Tel. 718 3301234, www.mta.info bzw. www.panynj.gov/airports/jfk-public-transportation.html

> **per Bus:** Mit dem New York Airport Service Express Bus (www.nyairportservice.com) von JFK bzw. LaGuardia Airport ab jedem Terminal. Mehrere Stops in Manhattan (Grand Central Station, Port Authority Bus Terminal, Penn Station), einfache Fahrt vom/zum JFK $ 15, hin und zurück $ 25.

Der **Newark Liberty International Airport** (www.panynj.gov/airports/newark-liberty.html) befindet sich in Newark, New Jersey, 26 km südwestlich von Manhattan. Die einzelnen Terminals des Flughafens sind ebenfalls durch eine Magnetbahn (**AirTrain**) miteinander verbunden. Sie stoppt auch an der **Newark Liberty International Airport Station,** von wo aus als öffentliche Verkehrsmittel NJ-Transit- oder Amtrak-Züge zur Penn Station in Manhattan (5–2 Uhr, $ 12,50, www.njtransit.com, Tel. 1 800 6267433 bzw. www.amtrak.com, Tel. 1 800 8727245) bei rund 25 Min. Fahrtdauer verkehren.

Per Taxi kostet die Fahrt vom Newark Airport je nach Ziel $ 50 bis 75 (zuzüglich Mautgebühren und Trinkgeld) und die Fahrtdauer beträgt ca. 45 Min.

Ansonsten stehen ebenfalls **Shuttle-Busse** zur Verfügung (www.panynj.gov/airports/ewr-taxi-car-van-service.html), z. B. Newark Liberty Airport Express, Super Shuttle oder GOAirlink. Sie fahren von jedem Terminal ab.

128ny Abb.: mb

> Detaillierte **Infos** und **Telefonnummern** gibt
  es unter www.panynj.gov/airports/ewr-
  ground-transportation.html.

La Guardia Airport im Norden von
Queens (Airport Info Service: Tel. 718
5333400) ist der am nächsten an Manhattan (rund 13 km) gelegene Flughafen,
allerdings landen und starten hier nur
Inlandsflüge.

Nach Downtown gelangt man per Taxi,
Shuttlebus, mit öffentlichen Bussen
(M60 und Q33) oder dem New York Air-
port Service Express Bus (ab $ 12, www.
nyairportservice.com). Es gibt keine
Subway-Verbindung.

> Details unter: www.panynj.gov/airports/
  laguardia.html

Mit dem Schiff

Seit 2004 bietet der **Luxusliner Queen
Mary II** („QM2") der Cunard Line eine
Linienverkehrsverbindung zwischen
Southampton (Großbritannien) bzw.
Hamburg und New York. Die Schiffsreise
dauert 7 bis 10 Tage (einfache Strecke)
und kostet von Hamburg aus inkl. einer
Flugstrecke ab 1700 €.

> Infos: www.cunard.de oder http://cunard.
  kreuzfahrtagentur.eu

*Heutzutage fast exotisch:
mit der Queen Mary II nach New York*

Per Bahn oder Bus

Die (halbstaatliche) **Eisenbahngesell-schaft Amtrak** bietet sich dank der Acela-Express-Züge und Metroliner für Städtetrips entlang der Ostküste zwischen Boston, New York, Philadelphia und Washington an. Es verkehren überdies Züge nach Chicago (und weiter an die Westküste) sowie nach Atlanta, New Orleans und Florida. In New York befindet sich der Amtrak-Bahnhof Penn(sylvania) Station im Madison Square Garden **36**. **Regionalzüge** aus New Jersey (PATH) und Long Island (LIRR) treffen ebenfalls in der Penn Station ein. Die Regionalzüge aus dem Norden (New York State und Connecticut) halten hingegen im Grand Central Terminal (Metro-North Railroad, MNR).

Überlandbusse erleben ein Revival. Die Zahl der Busgesellschaften steigt stetig und v. a. die Strecke von New York nach Washington ist eine viel frequentierte Route, die bereits für einen Fahrtpreis um $ 20 und noch billiger erhältlich ist. Standards, Fahrzeuge, Bahnhöfe und Stopps, Fahrtdauer und Frequenz, Bequemlichkeit, Preise und Komfort sind unterschiedlich und ein Check der einzelnen Firmen ist dringend angeraten. Abgesehen von Greyhound (Port Authority Bus Terminal, 8th Ave./40th–42nd St., www.greyhound.com) gibt es lokale Busgesellschaften wie

> Megabus (www.megabus.com/us)
> Boltbus (www.boltbus.com)
> Tripper Bus (www.tripperbus.com)

Im Allgemeinen bekommen Reisende, die früh buchen, billigere Tickets, als jene, die kurz vor der Abreise kommen.

Autofahren

Auf einen Mietwagen kann man in New York aufgrund des **gut ausgebauten und billigen Nahverkehrs** gut verzichten. Aufgrund von Staus und Baustellen, Einbahnstraßen, extremer Parkplatznot und astronomischen Parkgebühren, höheren Mietwagen- und Benzinpreisen, vor allem aber wegen des aggressiven Fahrstils der New Yorker ist Autofahren in New York sogar wenig empfehlenswert. Falls man aus bestimmten Gründen ein Fahrzeug benötigt, sollte man dies **bereits zu Hause im Reisebüro oder Internet buchen**, da die offerierten „Pakete" (inkl. Versicherungen, Steuern und unbegrenzten Kilometern) weit günstiger kommen als eine Buchung vor Ort.

Für „Durchreisende" empfiehlt sich in New York das Anmieten eines Wagens erst am Abreisetag bzw. die Rückgabe am Tag der Ankunft.

Anbieter von Mietwagen sind z. B.
> **Avis:** www.avis.de
> **Alamo:** www.alamo.com
> **Hertz:** www.hertz.com
> **Broker** (www.mietwagen24.de):
> **Holiday Autos** (www.holidayautos.de),
> **Auto Europe** (www.autoeurope.com),
> **TUI** (www.tui.de, „Mietwagen") oder
> **DERTOUR Cars** (www.dertour.de).

◁ *Parken ist in New York wahrlich kein Vergnügen und es empfiehlt sich, auf ein Auto zu verzichten*

LITERATURTIPP
Mit Behinderung in New York unterwegs
Maximilian Dorner, „Lahme Ente in New York" und „Die Gabe der Langsamkeit" (München 2009/2011, nur noch antiquarisch erhältlich). Lesenswerte Reiseberichte eines Autors mit Behinderung, der vier Wochen in New York verbrachte.

Barrierefreies Reisen

Amerika ist für Menschen mit Behinderung ein ideales Reiseland und obwohl in der hektischen Metropole New York manches etwas schwieriger sein mag, ist eine Reise dorthin durchaus machbar. Immer mehr **Busse** sind beispielsweise mit Rollstuhllifts ausgestattet und viele **Subway-Stationen** verfügen über Aufzüge, Rampen und Sprachhilfen an Automaten. Detaillierte Informationen zur Zugänglichkeit von Einrichtungen finden sich unter:
> http://web.mta.info

In vielen **Museen** gibt es Touren für *handicapped/disabled people* (z. B. American Folk Art Museum, MoMA, Metropolitan Museum, New-York Historical Society, Brooklyn Museum of Art).

Auf der offiziellen Website des Bürgermeisters, „Mayor's Office for People with Disabilities", kann die hilfreiche Broschüre **„NYC – Official Accessibility Guide"** (auf Englisch) mit Infos zu möglichen Hilfen und zur Zugänglichkeit von öffentlichen Einrichtungen wie Restaurants als PDF heruntergeladen werden.
> www.nyc.gov/html/mopd
> Big Apple Greeter (s. S. 328) bietet auch (Gratis-)Touren für Menschen mit Behinderung an.

Diplomatische Vertretungen

In Deutschland, Österreich und der Schweiz

> **Botschaft der Vereinigten Staaten,**
> Pariser Platz 2, D–10117 Berlin,
> Tel. 030 83050, Konsularabteilung (Visa):
> Clayallee 170, Tel. 032 221093243
> (Mo.–Fr. 8–20 Uhr), http://germany.
> usembassy.gov

> **Botschaft der Vereinigten Staaten,**
> Boltzmanngasse 16, A–1090 Wien,
> Tel. 01 313390, Visa: Tel. 07 20116000,
> www.usembassy.at

> **Botschaft der Vereinigten Staaten,**
> Sulgeneckstr. 19, CH–3007 Bern,
> Tel. 031 3577011, Visa: Tel. 031 5800033,
> http://bern.usembassy.gov

In New York

Die Botschaften von Deutschland, Österreich und der Schweiz befinden sich in Washington, D.C. In New York helfen einem im Notfall aber die Konsulate weiter.

Eine Liste der jeweiligen **Auslandsvertretungen** findet sich im Internet unter www.auswaertiges-amt.de (für Deutschland), www.bmaa.gv.at (für Österreich), www.eda.admin.ch (für die Schweiz).

- ●**544** [E14] **German Consulate General,**
  871 United Nations Plaza (1st Ave./49th St.), Tel. 212 6109700, www.new-york. diplo.de
- ●**545** [D12] **Austrian Consulate General,**
  31 E 69th St., Tel. 212 7376400, www. bmeia.gv.at/botschaft/gk-new-york.html
- ●**546** [D15] **Swiss Consulate General,**
  633 3rd Ave., Tel. 212 5995700, www.eda.admin.ch/newyork

Ein- und Ausreisebestimmungen

Dokumente und Formulare

Dank des **Visa Waiver Program** (VWP) ist ein Visum für Staatsbürger von Teilnehmerländern (darunter Deutschland, Österreich und die Schweiz) bei einem Aufenthalt von max. 90 Tagen und bei Vorlage eines Rückflugtickets nicht nötig. Besucher müssen im Besitz eines **maschinenlesbaren Reisepasses** sein, der mindestens noch die gesamte Aufenthaltsdauer lang gültig ist. Derzeit sind auf „e-Pässen" außer einem Digitalfoto auch zwei Fingerabdrücke gespeichert, die Aufnahme weiterer biometrischer Daten ist für die Zukunft geplant.

Seit 2009 müssen sich alle Bürger – auch Kinder –, die ohne Visum einreisen, spätestens 72 Stunden vor Abflug online registrieren lassen (**Electronic System for Travel Authorization – ESTA**). Dieser Registrierungsvorgang kostet einmalig $ 14 (Umrechnung je nach Kurs). Die Registrierung kann im Reisebüro oder im Internet auf folgender Website erfolgen:

- > https://esta.cbp.dhs.gov (Antrag) bzw.
- > http://german.germany.usembassy.gov/ visa/vwp/esta (deutsche Erläuterungen und Link)

EXTRAINFO

Ausweis für Kinder

Seit Juni 2012 benötigen auch Kinder von 0 bis 16 Jahren für eine Auslandsreise **eigene Ausweispapiere** (Kinderreisepass/Reisepass) mit einem aktuellen Foto. Der Eintrag im Pass der Eltern ist nicht länger gültig.

Erfragt werden prinzipiell die gleichen Angaben wie auch auf dem früher im Flugzeug ausgeteilten grünen **I–94W-Formular** zur Befreiung von der Visumspflicht: Name, Geburtsdatum, Adresse, Nationalität, Geschlecht, Passdetails, erstes Hotel, Zweck und Dauer der Reise etc. Wer einmal registriert ist, kann innerhalb von zwei Jahren mehrfach einreisen, sofern der Pass solange gültig ist. Updates wie die Ergänzung bzw. Änderung der ersten Adresse vor Ort oder Datumsänderungen sind nachträglich möglich. Nach der Registrierung erfolgt im Allgemeinen sofort eine Mitteilung („Authorization Approved"). Bei Besitz eines Visums ist keine Registrierung nötig.

Seit 1.11.2010 müssen die Fluggesellschaften im Rahmen von **Secure Flight** 72 Stunden vor Abflug die maßgeblichen Passagierdaten komplett vorliegen haben, d. h. voller Name (alle Vornamen und kompletter Nachname gemäß Reisepass), Geburtsdatum, Geschlecht. Die Angaben werden im Normalfall bereits bei der Buchung gemacht. Die erste US-Adresse inklusive Postleitzahl kann bei Check-in nachgereicht werden.

> Infos: www.tsa.gov/stakeholders/secure-flight-program

Wer länger als 90 Tage im Land bleiben möchte – zum Beispiel, um zu studieren oder zu arbeiten – oder Staatsbürger eines Landes ist, das nicht am VWP teilnimmt, muss sich ein **Visum** beschaffen. Um ein solches „Nichteinwanderungsvisum für vorübergehenden Aufenthalt" zu bekommen, ist eine persönliche Vorsprache in den Konsulaten in Frankfurt, Berlin oder München, Wien oder Bern nötig. Über die Details informiert:

> http://german.germany.usembassy.gov/visa

Immigration

Am Einreiseschalter *(Immigration Counter)* des ersten Flughafens in den USA wird der Pass gescannt und es werden **Fragen** zu Reiseroute, Zweck der Reise, Beruf, Bekannten oder Freunden in USA, evtl. auch zum Reisebudget gestellt. Es werden **tintenlose Fingerabdrücke** (jeweils vier Finger und Daumen) genommen und es wird ein **Foto** gemacht, ehe es den Stempel mit einer auf normalerweise drei Monate festgelegten Aufenthaltsdauer in den Pass gibt. Der Vorgang dauert nur wenige Minuten.

Infos zu **aktuellen Einreisebestimmungen** findet man im Internet unter:

> http://travel.state.gov/visa/temp/without/without_1990.html (Visa Waiver Program)

Gepäck und Zoll

Nach der Einreise geht es weiter zum Gepäckband *(baggage claim)* und hat man dort sein Gepäck in Empfang genommen, geht es (im Allgemeinen) durch den Ausgang mit der Aufschrift „Nothing to declare" („Nichts zu verzollen"). Hier wird die im Flugzeug ausgeteilte **weiße Zollerklärung** *(customs form)* – eine pro Familie mit gleicher Adresse – abgegeben. Auf ihr ist anzugeben, ob und welche Waren beziehungsweise wie viel Geld mitgeführt wird, gelegentlich finden Stichproben statt. Bei einem Anschlussflug muss das Gepäck anschließend neu eingecheckt werden.

Einreise in die U.S.A.

Eine **Devisenbeschränkung** gibt es nicht, lediglich Summen über $ 10.000 müssen deklariert werden. Die Einfuhr von Alkohol und Tabak ist begrenzt:

> 1 l Alkohol bzw. 200 Zigaretten oder 100 Zigarren (keine kubanischen)
> Geschenke im Wert bis $ 100
> Verboten sind alle tierischen und pflanzlichen Frischprodukte/Lebensmittel sowie Samen und Pflanzen, außerdem Klappmesser u. a. gefährliche Objekte. Bei Medikamenten in größeren Mengen empfiehlt es sich, ein ärztliches Attest dabei zu haben, da die Einfuhr von Rauschmitteln untersagt ist.
> Details finden sich im Internet unter www.cbp.gov/xp/cgov/travel

Einreise in Europa

Bei der **Rückreise** nach Hause gelten folgende Bestimmungen:

> **Tabakwaren** (über 17-Jährige in EU-Länder und die Schweiz): 200 Zigaretten oder 100 Zigarillos oder 50 Zigarren oder 250 g Tabak
> **Alkohol** (über 17-Jährige in **EU-Länder**): 1 l über 22 Vol.-% oder 2 l bis 22 Vol.-% und zusätzlich 4 l nicht-schäumende Weine und 16 l Bier; in die **Schweiz**: 2 l (bis 15 Vol.-%) und 1 l (über 15 Vol.-%)
> **Andere Waren** für den persönlichen Gebrauch (gilt für über 17-Jährige) können nach **Deutschland** und **Österreich** maximal im Wert von 430 € eingeführt werden. In die **Schweiz** dürfen andere Waren bis zu einem Wert von CHF 300 eingeführt werden.

Wird der Warenwert von maximal 430 € bzw. CHF 300 überschritten, werden **Einfuhrabgaben** auf den Gesamtwert der Ware erhoben. Die Berechnung erfolgt dabei entweder pauschalisiert oder nach dem Zolltarif jeder einzelnen Ware zuzüglich eventueller sonstiger Steuern.

Einfuhrbeschränkungen bestehen z. B. für Tiere, Pflanzen, Arzneimittel, Betäubungsmittel, explosive Materialien, Lebensmittel, Raubkopien, bestimmte Schriften (Hetzschriften, Pornografie etc.), Waffen und Munition; in Österreich auch für Rohgold und in der Schweiz für CB-Funkgeräte.

Nähere Informationen liefern folgende Stellen:

> **Deutschland:** www.zoll.de, Zollinfocenter, Tel. 069 46997600
> **Österreich:** www.bmf.gv.at/Zoll, Zollamt Villach, Tel. 04242 33233
> **Schweiz:** www.ezv.admin.ch, Zollkreisdirektion Basel, Tel. 061 2871111

Elektrizität

In den USA gibt es **Wechselstrom von 110 bis 115 V**, daher müssen mitgebrachte Geräte wie Fön oder Rasierapparat umstellbar sein. Wegen der anderen Steckdosenform ist außerdem ein **Adapter** nötig, den man am besten schon von zu Hause mitbringt bzw. in einem Flughafen- oder Elektronikgeschäft kauft.

Geldfragen

Karten und Reiseschecks

Das Zauberwort in Amerika heißt **credit card** (CC), wobei Mastercard und Visa die gebräuchlichsten sind. Selbst Kleinstbeträge werden mit Kreditkarte bezahlt und sie ist nötig, um eine Kaution (z. B. für den Mietwagen) zu stellen und um Reservierungen, Ticketbestellungen und Buchungen zu garantieren. Für das bargeldlose Zahlen werden ca. 1 bis 2 % des Betrags für den Auslandseinsatz berechnet, damit Bargeld am Automaten (Automatic Teller Machine/ATM) zu ziehen, kostet von 0 bis zu 5,5 % Gebühr.

Wechselkurs

Stand: Juni 2014

1 $	=	0,74 €
1 €	=	1,36 $
1 $	=	0,90 SFr
1 SFr	=	1,12 $

Einige deutsche Banken (v. a. die Postbank) statten ihre **Geldkarten** nicht mehr mit der **Maestro-**, sondern der Bezahlfunktion „**V-Pay**" aus, bei der nicht der kopierbare Magnetstreifen, sondern der Chip gelesen wird. Das hat zur Folge, dass an Bankautomaten **außerhalb der EU** mit der V-Pay-Karte **kein Geld gezogen werden kann,** da die Automaten die Chips nicht lesen können.
❯ Weitere Infos unter www.vpay.de

Travelers Cheques (TC) in Dollarbeträgen werden von American Express und Travelex zur Verfügung gestellt. In Stückelungen von bestenfalls $ 50 pro Scheck verhelfen sie schnell zu Bargeld – z. B. bei AmEx- oder Travelex-Filialen, aber auch in Hotels (meist max. $ 50/Tag – „to cash a cheque"). Sie gelten zudem als Zahlungsmittel in Geschäften und Restbeträge werden bar herausgegeben. Wie Kreditkarten sind auch Schecks **versichert** (Seriennummern notieren und Kaufbeleg aufbewahren!) und bei Verlust oder Diebstahl kann die Sperrung (s. S. 317) und der Ersatz von Karten oder Schecks veranlasst werden.

🖾 *Dollars lassen sich mit Kreditkarte leicht am Bankautomaten (ATM) ziehen*

Bargeld

Bargeld braucht man meist nur für z. B. Trinkgelder in Hotels bzw. den Kauf einer Zeitung am Automaten. Günstig ist es, **Quarter** zu sammeln, da diese häufig für Automaten gebraucht werden.

Die amerikanische Währungseinheit ist der **US-Dollar:** $ 1 (one „buck") besteht aus 100 Cent (c).
❯ **Münzen:** Penny (1 c), Nickel (5 c), Dime (10 c), Quarter (25 c)
❯ **Banknoten:** $ 1, 5, 10, 20, 50, 100, 500 und 1000 („Grand") – alle sind grün und etwa gleich groß, der Unterschied liegt im Wertaufdruck und dem abgebildeten Staatsmann.

Euro erst vor Ort in Dollar zu tauschen ist eher problematisch. Es gibt zwar genügend Wechselstuben und auch viele AmEx-Filialen tauschen Bargeld, doch fallen im Allgemeinen hohe Gebühren an und zudem wird ein schlechterer Kurs zugrunde gelegt.
❯ **Wechselstuben** unter: www.nycgo.com/articles/banks-currency-exchange

Preise und Kosten

Hotelkosten belasten in New York das Reisebudget am meisten. Der offizielle Schnitt liegt bei $300 pro Doppelzimmer, doch mit etwas Glück findet man auch weit günstiger etwas. Was **Verpflegung** angeht, kommt man meist preiswert weg, oft sogar günstiger als in europäischen Großstädten. Preiswert essen lässt sich in *neighborhoods* wie Chinatown oder der Lower East Side, im Essex Street Market (s. S. 31) oder mittels Einkauf auf einem der *greenmarkets* (s. S. 30). Ein Abendessen in einem Lokal kostet im offiziellen Durchschnitt gut $40, wobei zum Preis auf der Speisekarte in New York insgesamt rund 25 % an *tax* und Trinkgeld dazuaddiert werden müssen. Die **Eintrittspreise** sind der Qualität und Größe der Museen angemessen und entsprechen europäischem Niveau. Es gibt es für Studenten und Senioren Ermäßigungen und gelegentlich an bestimmten Tagen bzw. Abenden verbilligten („pay what you wish") oder freien Eintritt (s. S. 59). Der Andrang zu diesen Zeiten ist allerdings meist beachtlich. Generell handelt es sich in den New Yorker Museen um *suggested donations*, also eine „vorgeschlagene Spende", die theoretisch freiwillig ist. Dennoch wird die Höhe meist genau vorgegeben und es wird erwartet, dass sie auch vom Besucher exakt eingehalten wird.

New York City preiswert

*Mit einem **New York CityPass, Explorer Pass** oder **New York Pass** kann man Geld bei Museumseintritten, Touren und Attraktionen sparen (s. S. 55), zudem gibt es bei Museen Zeiten mit freiem Eintritt (s. S. 59).*

*Für spontan Entschlossene gibt es bei TKTS (s. S. 51) oder im Lincoln Center ⓬ **ermäßigte Theater- und Konzertkarten** für Veranstaltungen am selben Tag. **Gratiskonzerte** finden im Sommer im Central Park ⓾ oder in anderen Parks (wie Bryant Park s. S. 195, Prospect Park ⓺) bzw. auf öffentlichen Plätzen (South Street Seaport ⓬) oder in Kirchen statt.*

*Während der **Summer bzw. Winter NYC Restaurant Week** (Mitte Feb.–Anf. März bzw. Juli/August jeweils für mehrere Wochen, s. S. 33) bieten ausgewählte Restaurants an Werktagen preiswerte 3-Gang-Menüs zu festgelegten Preisen an.*

*In Brooklyn heißt diese Restaurantwoche „Dine in Brooklyn" (www.visitbrooklyn. org). **Hotelschnäppchen** (meist Jan./Feb.) gibt es auf www.nycgo.com. Während der **Broadway** und der **Off-Broadway Week** (s. S. 49) gibt es „two-for-one"-Tickets.*

*Die Ticketpreise für den **öffentlichen Nahverkehr** sind - angesichts der möglichen Streckenlängen - sehr moderat. Eine **Wochenkarte** (s. S. 340) lohnt auf alle Fälle. Eine **Stadtbesichtigung per öffentlichem Bus** kann man preiswert zum Beispiel mit den Linien M2, M3, M4 oder M5 oder mit dem kostenlosen Busservice von Downtown Connection (s. S. 129) unternehmen. **Kostenlose Stadtführungen** bieten Free Tours by Foot oder die Big Apple Greeters (s. S. 328).*

*Auf www.smartsave.com („United States/New York") gibt es **Coupons** für Ermäßigungen bei diversen Attraktionen.*

Informationsquellen

Infostellen zu Hause

New York ist durch eine deutsche Agentur vertreten, die auch für Österreich und die Schweiz zuständig ist:

> **NYC & Company,** c/o Aviareps Tourism,, Josephspitalstr. 15, 80331 München, Tel. 089 552533835, www.nycgo.com/de

> **NY State:** NY State Division of Tourism, Seeleitn 65, 82541 Muensing, Tel. 08177 9989504, http://nylovesu.de bzw. www.iloveny.com oder www.ny.gov

> **Deutsch-amerikanische Kulturinstitute,** z. B. in München, Berlin oder Nürnberg verfügen über Bibliotheken, es gibt dort Informationsveranstaltungen und ein Beratungsangebot (z. B. für Austauschschüler), Lesungen u. a. Events. Eine Adressliste findet sich unter

http://german.germany.usembassy.gov/germany-ger/dais.html.

> Unter **www.vusa.travel** finden sich allgemeine Infos und Links zu den USA.

Infostellen in der Stadt

Touristeninformation

NYC & Company betreibt mehrere **Besucherzentren,** die beiden größten befinden sich zentral in Midtown:

❶547 [C14] **Official NYC Information Center,** 810 7th Ave./53rd St., Tel. 212 4841222,

⌂ *Erster Anlaufpunkt für Besucher: das Information Center an 7th Ave./53rd St.*

www.nycgo.com, Mo.–Fr. 8.30–18, Sa./So. 9–17 Uhr. Topmodern ausgestattet, mit Broschüren, Computer-Terminals sowie hilfsbereitem – meist mehrsprachigem – Personal.

🛈548 [C16] **Official NYC Information Center at Macy's Herald Square**, 151 W 34th St. (7th Ave.–Broadway), Tel. 212 4841222, Mo.–Fr. 9–21.30, Sa. 10–21.30, So 11–20.30 Uhr. Neue Filiale im Kaufhaus Macy's.

🛈549 [C15] **Official NYC Information Center – Times Square Alliance**, 1560 Broadway, Zugang: 7th Ave./46th–47th St, Tel. 212 4525283, tgl. 8–20 Uhr. Infomaterial,

Broadway- sowie Tourtickets, Souvenirs und Videopräsentation in einem historischen Theater, betrieben von der Times Square Alliance (www.timessquarenyc.org).

Außerdem gibt es mehrere zentral gelegene **Besucherkioske:**

🛈550 [D22] **Official NYC Information Kiosk – City Hall**, Broadway, am Südende des City Hall Park, Mo.–Fr. 9–18, Sa./So. 10–17 Uhr

🛈551 [D23] **Gateway to America: Discover New York Harbor Visitor Information Center – Federal Hall**, 26 Wall St., Mo.–Fr. 9–17 Uhr. Betrieben vom National Park Service zusammen mit NYC & Co.

🛈552 [D21] **Official Information Kiosk – Chinatown**, Ecke Canal/Walker/Baxter St., tgl. 10–18 Uhr

Hilfreich sind auch:

🛈553 [E20] **Lower East Side Visitors Center**, 54 Orchard St., Tel. 212 2269010, www.lowereastsideny.com, Mo.–So. 10–16 Uhr, Gratis-Walkingtouren So. 11 Uhr (Apr.–Nov.)

› **Downtown Alliance Infostände**, z. B. Vesey/Greenwich St. [C22] gegenüber dem Zugang zur WTC Center Path Station, im World Financial Center 🠲 und im Battery Park 🠲.

Veranstaltungs- und Kartenservice

In New York erhält man Karten u. a. beim **Official NYC Information Center am Times Square** (s. S. 308), in einer der Filialen von **Ticketmaster** oder bei **TKTS** (beide s. S. 51).

Telefonauskunft

› Allgemeine Auskünfte per Telefon (mehrsprachig) erhält man von 9 bis 18 Uhr unter Tel. 212 4841222.

Die Stadt im Internet

> www.nycgo.com – offizielle Website (auch auf Deutsch) von NYC & Company, dem Tourismusamt, mit Listen, Informationen und Links verschiedenster Art.
> www.nyc.gov – offizielle Website der Stadtverwaltung von New York City, weniger touristisch, aber trotzdem auch für Besucher interessant
> www.nycgovparks.org – Infos zu allen der Parkverwaltung unterstehenden Sehenswürdigkeiten, z. B. Ellis Island
> www.citysearch.com/guide/newyork-ny-metro – Informationen und Wertungen zu allen Arten von Veranstaltungen, zu Theatern, Museen und Shopping
> www.timeout.com/newyork – Website des gleichnamigen Wochenmagazins, v. a. mit Infos zu Veranstaltungen, Restaurants und Nachtleben
> http://nymag.com – Website des New York Magazine mit teils tagesaktuellen Infos zu Restaurants, Shopping, Filmen, Kultur, Nachtleben und dazu interessante Berichte
> www.innewyork.com – Tipps u. a. zu Shopping, Essen gehen und Entertainment
> www.notfortourists.com/NewYork.aspx – „Insidertipps" und Aktuelles zu Restaurants, Theatern und Museen, Neighborhoods u. a.
> www.nytimes.com – Website der wichtigsten Tageszeitung New Yorks und der USA

Einzelne Stadtteile (boroughs)

Informationen zu den einzelnen *boroughs*, zu Events, Neuigkeiten, Anlaufstellen, Infrastruktur etc. finden sich auf den folgenden Webseiten:

> **Brooklyn:** www.visitbrooklyn.org und http://brooklynexposed.com, außerdem zu **Coney Island:** www.coneyisland.com
> **Bronx:** www.ilovethebronx.com und www.bronxarts.org (Bronx Council On the Arts)

> **Queens:** www.itsinqueens.com
> **Staten Island:** www.visitstatenisland.com
> **Long Island:** www.discoverlongisland.com

Einzelne Viertel und Attraktionen

> www.centralparknyc.org – virtuelle Tour durch den Central Park
> www.lowereastsideny.com – alles über die Lower East Side
> www.explorechinatown.com – Infos zum Chinesenviertel New Yorks
> www.villagevoice.com – Website der gleichnamigen alternativen Stadtteilzeitung
> www.timessquarenyc.org – Informationen zum „Herz der Stadt", News, Veranstaltungen etc., zusammengestellt von der Times Square Alliance
> www.renewnyc.com – Website der Lower Manhattan Development Corporation, v. a. über Entwicklungen rund um die World Trade Center Site
> www.downtowny.com – Infos der Downtown Alliance zur Entwicklung von Downtown und der World Trade Center Site, informative Pläne und Infos zu Veranstaltungen, Nahverkehr, Shops etc.
> www.downtowny.com/hiddentreasures – die verborgenen „Perlen" in Downtown entdecken
> www.harlemonestop.com – aktuelle Veranstaltungen, Sights, Touren und einzelne Viertel in Harlem
> http://harlemtourismnow.com – Website des Chamber of Commerce (Handelskammer) zu verschiedenen Aspekten Harlems
> http://forgotten-ny.com – Infos zu alten Straßen, historischen Bauten, Parks und idyllischen Ecken
> www.meatpacking-district.com – aktuelles zu einem der In-Viertel

New-York-Apps

> **iTrans NYC Subway** ($ 3,99 für iOS) und **nycTrans.it** (gratis für Android): Apps zum Nahverkehr mit praktischen Tipps zu Linien und Fahrplänen sowie aktuellen Infos

> **Time Out New York:** Nützliche App des informativen Wochenmagazins mit Tipps zu Restaurants, Läden, Nightlive und Events (gratis für iOS und Android)

> **Broadway.org:** Infos über gerade laufende und geplante Broadway-Shows mit der Möglichkeit, direkt Tickets zu erwerben (gratis für iOS und Android)

> **NY Times:** App der New York Times mit Nachrichten und Veranstaltungshinweisen (kostenlos für iOS und Android)

> **m.nycgo.com:** Mobile Seite von New York City & Company, zum Beispiel mit Empfehlungen zu Gastronomie sowie Shopping und „what's nearby"-Funktion

Publikationen und Medien

Landkarten, Pläne

Einfache **Stadtpläne** gibt es bei den Touristeninformationsstellen (s. S. 307). Ebenfalls hilfreich sind die ständig aktualisierten „Fodor's Flashmaps New York City" und „NFT – Not for Tourists Guide to New York City" mit Karten und Infos im Taschenbuchformat. Beide gibt es in Buchläden wie Strand Books (s. S. 27).

Dazu sollte man sich einen kostenlosen **MTA-(Nahverkehrs-)Plan** beschaffen – erhältlich in größeren Subway-Stationen oder den Infostellen (s. auch http://mta.info/maps).

Der amerikanische Automobilklub AAA gibt jährlich neu ein **TourBook New York** (Attraktionen, Hotels, Restaurants und Stadtpläne) heraus und verfügt zudem über gute Karten. Europäische Autoklubmitglieder erhalten bei Vorlage eines entsprechenden Ausweises Infomaterial und Karten kostenlos, beim ADAC gibt es die TourBooks ebenfalls, aber gegen eine Gebühr.

Kostenlose Karten als **App** aufs Handy gibt es unter www.nycgo.com/citymaps.

Stadtmagazine

Beilagen in Tageszeitungen, z. B. am Freitag und Sonntag in der New York Times, geben Auskunft über das aktuelle Geschehen und Veranstaltungen.

Unter den zahlreichen Gratisheften zählen die monatlich erscheinenden Hefte **Where** – mit umfassenden Listen sowie Artikeln – und **IN New York** (www.innewyork.com) – viel zu Shopping sowie Veranstaltungskalender und Sonderausgaben wie „Dining Issue" – zu den informativsten. An **Stadtmagazinen** lohnen:

> **Time Out New York, http://newyork.timeout.com**, wöchentlich. Rubriken wie „Film", „Music & Nightlife ", „Arts & Culture" und „Food & Drink" sowie längere Beiträge, umfassender Serviceteil zu allen Stadtteilen, Museumslisten sowie Veranstaltungskalender, außerdem Sonderhefte.

> **New York Magazine,** http://nymag.com, wöchentlich. Viel Lesestoff, außerdem Listen (Nachtklubs, Restaurants, Museen, Shops etc.).

> **The New Yorker,** www.newyorker.com, wöchentlich. Eher intellektueller Lesestoff. 1925 von Harold Ross gegründet und bekannt für den umfassenden Kulturteil, Berichte und Glossen aus der Gesellschaft („Talk of the Town"); außerdem Kurzgeschichten, Kulturnachrichten und Rezensionen aller Art. Schriftsteller wie John Updike, J. D. Salinger oder Truman Capote haben für den New Yorker gearbeitet.

> **Village Voice,** www.villagevoice.com, kostenloses mittwochs erscheinendes Wochenmagazin. Interessante Artikel, Leserservice mit Listen, Veranstaltungen und Tipps aus allen Bereichen, auch Gratis-Events („Open City"). Als linksliberales Boheme-Blatt 1955 von Norman Mailer gegründet. Es befasst sich kritisch mit Politik, Kultur und Gesellschaft.

◁ *Mediale Vielfalt –*
in New York an jeder Straßenecke

Zeitungen

Eine an nahezu jeder Straßenecke erhältliche **überregionale Zeitung** heißt **USA Today** (www.usatoday.com) und kostet $ 2. Sie bietet eine informative Mischung aus News und Kommentaren, hat einen ausführlichen und hervorragenden Sportteil und legt großen Wert auf grafische Gestaltungselemente.

Im New Yorker Großraum gibt es insgesamt **zehn Tageszeitungen,** neben etwa hundert lokalen und ethnisch orientierten Blättern, Abend- und Sonntagszeitungen unterschiedlicher Qualität. Die **New York Times** (www.nytimes.com) zählt zu den wenigen großen überregionalen *daily papers* („Tageszeitungen") von Ruf. Sie existiert seit 1851 und gilt als Flaggschiff des amerikanischen Pressewesens. Die Besonderheit des Blattes sind die *sections* – themenbezogene Beilagen wie freitags der „Weekend Guide" oder am Donnerstag „Arts & Leisure". Beliebt sind überdies der Kultur- und Lokalteil („Metro Section"). Samstag um Mitternacht kommt die kiloschwere, $ 5 teure Sonntagsausgabe auf den Markt, sie enthält u. a. die Rubrik „New York Times Book Review" (Literaturkritik), verschiedene Magazine und einen umfangreichen Comicteil.

Dem **Wall Street Journal** (http://online.wsj.com) – mit 2,4 Mio. Auflage die meistgelesene Tageszeitung in den USA – haftet der Ruf an, führender Meinungsmacher der USA zu sein. Es richtet sich v. a. an die Wirtschaftswelt, es gibt keinen Lokalteil, kein Feuilleton und keine Beilagen.

Daneben existieren **Boulevardblätter** wie Daily News (www.nydailynews.com) und New York Post (http://nypost.com), deren Stärken die Lokalteile sind. Newsday (www.newsday.com) bietet im

Unsere Literaturtipps

Sachliteratur

> Abbott, Berenice, Changing New York, New Press, 2008. Schöner Fotoband der großen Fotografin von 1939.

> Adams, Michael Henry, Harlem: Lost and Found, 2001. Harlem wie es war, schön illustriert mit Fotos.

> Ascher, Kate, The Works: Anatomy of a City, Penguin, 2007. Ein Buch über die Infrastruktur und das „Funktionieren" der Stadt, mit vielen Illustrationen.

> Brinke, Margit und Peter Kränzle, Reclams Städteführer. Architektur und Kunst New York, Reclam Verlag, 2010. Detaillierte Infos über Architektur, Kunst und Museen der Stadt.

> Hofer, Veronika und Betsy Pinover Schiff, Die Gärten von New York, Hirmer, 2010. New York als Eldorado der Gartenkünste: die schönsten Gärten, öffentlichen Parks, privaten Refugien.

> Schwartz, Arthur, Arthur Schwartz's New York City Food, Stewart, Tabori & Chang, 2008. Lesenswerte Einführung in die kulinarische Szene von New York, mit Rezepten.

> Thomas, Christopher, New York Sleep, Prestel, 2009. Fantastischer Bildband über die „Stadt, die nie schläft".

> Der geniale Architekturführer „AIA Guide to New York City" erhielt im Mai 2010 nach langer Pause von Oxford University Press eine Neuauflage. Für Architekturfans ein Muss!

> „View New York - Nine Perceptions", Kerber Verlag Bielefeld, 2011. Ausstellungskatalog mit New-York-Bildern verschiedener Fotografen.

Belletristik

> Auster, Paul: Mond über Manhattan (1989), Die New-York-Trilogie (1988), Die Brooklyn Revue (2006). Der wohl berühmteste New Yorker Autor (geb. 1947) hat mehrere Romane über New York (und Brooklyn) verfasst.

> Barnes, Djuna, New York. Geschichten und Reportagen aus einer Metropole, Rowohlt, 2002. Die Autorin (1892–1982) liefert in fast poetischem Stil eine Beschreibung des Greenwich Village von 1911 bis 1918.

> Cole, Teju, Open City, 2011 (deutsch 2012 bei Suhrkamp). Erzählung über einen nigerianischen Immigranten und seine Spaziergänge durch die Stadt, die sich ihm nach und nach offenbart.

> Dos Passos, John, Manhattan Transfer, Rowohlt, 1966. Der Roman über den „Großstadtdschungel" New York aus dem Jahr 1925, ein kaleidoskopartiger Querschnitt mit Stilwechseln, Assoziationen und Reflexionen.

> Fitzgerald, F. Scott: Der Große Gatsby, Diogenes, 2006. Ebenfalls ein Klassiker (von 1925) der New York Literatur.

> Foer, Jonathan Safran: Extrem laut und unglaublich nah, Kiepenheuer & Witsch, 2005. Der Autor aus Brooklyn schildert die Nachwirkungen von „9/11" aus der Sicht eines 9-jährigen Jungen, der seinen Vater verloren hat.

> Friedman, Kinky, u. a. Greenwich Killing Time (Rotbuch Verlag, 2005) und Der glückliche Flieger (Bittermann, 2005). Der jüdische Texaner lebte in Greenwich Village und schildert in

seiner ungewöhnlichen Krimiserie skurrile Fälle.

❯ *Himes, Chester: Harlem Romane, Unionsverlag, 2009. Bei den Krimis des Afroamerikaners (1909-1984) sorgen „Coffin Ed" Johnson und „Grave Digger" Jones in Harlem für Ordnung.*

❯ *Kerouac, Jack, The Town and the City, Rowohlt, 1984. Eine tragische Familiengeschichte steht im Zentrum des Romans von 1950, zudem ein Spiegelbild der persönlichen Erlebnisse Kerouacs, der im Drogenmilieu den „Großstadtwahnsinn" am eigenen Leib erlebte.*

❯ *McCann, Colum, Die große Welt, Rowohlt 2009. Der Roman spielt in New York und handelt u. a. von Philippe Petit, jenem großen Seiltänzer, der 1974 zwischen den Türmen des World Trade Center balancierte und diese Erfahrungen in „To reach the clouds" (Faber & Faber, 2008) niedergeschrieben hat. In dem Roman „This Side of Brightness" (Picador, 2005, dt. Titel „Der Himmel unter der Stadt") geht es um einen Obdachlosen, aber auch um den Subway-Bau Anfang des 20. Jh.*

❯ *MacLean, Alex, Über den Dächern von New York, 2012. Die Stadt von oben.*

❯ *Niemann, Christoph, Abstract City, Knesebeck 2012. Alltägliches aus NYC mit genialen grafischen Mitteln und viel Humor umgesetzt.*

❯ *Selby, Hubert: Letzte Ausfahrt Brooklyn, Rowohlt, 1972. Der Romanklassiker von 1964 handelt vom Niedergang Brooklyns und seiner Bewohner.*

❯ *Stringer, Lee, Grand Central Winter, Herder, 2002. Fesselnde Geschichte aus dem Leben der „homeless people" („Obdachlose"). Der Autor selbst lebte lange auf der Straße bzw. den Schienen.*

❯ *Swift, Hildegarde H.: The Little Red Lighthouse and the Great Grey Bridge, 1942 (Nachdruck). Kinderbuch, das den kleinen Leuchtturm unter der Washington Bridge bekannt machte.*

❯ *Vandenberghe, Tom, Jacqueline Gossens, Luk Thys, New York Street Food, 2013. Das Buch beschäftigt sich mit dem Phänomen des Straßenimbisses in New York City und bietet Rezepte zum Nachkochen.*

❯ *Whitehead, Colson: Der Koloß von New York, Hanser 2005. Collagenartige Stories über New York.*

❯ *Whitman Walt, Leaves of Grass, Simon & Schuster, 2006 (neue deutsche Übersetzung bei Hanser Verlag München: „Grasblätter", 2009). Lesenswerter Gedichtband - in stetig erweiterter Fassung zwischen 1855 und 1897 mehrmals aufgelegt - des Nationaldichters (1819-1892), der in Brooklyn aufwuchs und zeitweise lebte und unter anderem als Korrespondent für die New York Times arbeitete.*

❯ *Wolfe, Tom, Fegefeuer der Eitelkeiten, Rowohlt, 2005. „The Bonfire of the Vanities", so der Originaltitel, erschien 1987. Wolfes (geb. 1931) spannende Geschichte gibt am Beispiel eines Wall-Street-Brokers Einblick in das High-Society-Leben in der Upper East Side.*

Unterschied zu den beiden vorher genannten gute Kommentare.

The New York Observer (http://observer.com) ist eine lachsfarbene Wochenzeitung für die „Happy Few": zynisch, liberal-demokratisch, einfallsreich. Bekannt geworden ist die 1987 gegründete „Zeitung für Journalisten" durch Kolumnen von Candace Bushnell („Sex and the City") und lesenswerte Geschichten aus der Society, Literatur, Kunst und Stadtpolitik.

Internet und Internetcafés

Internetnutzung mit privaten Laptops stellt normalerweise kein Problem dar, denn es gibt zahlreiche **WLAN-Hotspots** in New York. V. a. die Downtown Alliance betreibt zwölf Hotspots in Lower Manhattan. Es gibt z. B. welche an folgenden Orten:

> Bowling Green ❷
> Bryant Park [C15]
> City Hall Park (s. S. 131)
> Hanover Square (William–Hanover St, [D23])
> Pier 17 (South Street Seaport ⓬)
> Times Square ㊴ (Broadway Pedestrian Plaza)
> Union Square ㉖ und Umgebung
> Vietnam Veterans Park (South–Water St., [D23])
> World Financial Center ❽, Winter Garden
> Subway-Bahnhöfe, derzeit: 8th Ave./W 14 St. Station, 8th Ave./23rd St., 7th Ave/W 14 St. und 6th Ave./W 14th Street. Ausbau geplant (Account nötig).

Listen der Hotspots in New York finden sich unter:

> http://manhattan.about.com/od/citylife1/a/freewifihotspot_2.htm
> www.downtownny.com/programs/free-public-wifi
> http://auth.nycwireless.net/hotspots_map.php (Karte)

In vielen **Cafés, Geschäften** und in **öffentlichen Einrichtungen,** z. B. der New York Public Library ㊸ oder im David Rubenstein Atrium (Lincoln Center ⓬), gibt es ebenfalls Hotspots oder frei bzw. preiswert nutzbare internettaugliche Computer. In **Hotels** steht manchmal Internet gratis im Zimmer zur Verfügung, gelegentlich nur in der Lobby, vielfach ist es auch kostenpflichtig. Zusätzlich stehen manchmal *business center* mit Gästecomputern zur Verfügung.

134ny Abb.: mb

◁ *WLAN-Hotspots in Parks und auf Plätzen sind in New York verbreitet*

Maße und Gewichte

Längen

1 inch (in)	2,54 cm
1 foot (ft)	30,48 cm
1 yard (yd)	0,91 m
(= 3 feet)	
1 mile	1,61 km
(= 1760 yards)	

Flächen

1 square inch	6,45 cm²
1 square feet	929 cm²
1 square yard	0,84 m²

1 acre	4046,80 m²
	(0,405 ha)
1 square mile	2,59 km²
(= 640 acres)	

Hohlmaße

1 pint	0,47 l
1 quart (= 2 pints)	0,95 l
1 gallon (= 4 quarts)	3,79 l

Gewichte

1 ounce (oz)	28,35 g
1 pound	453,59 g
(= 16 ounces)	

Konfektionsgrößen

Herren

Deutsche Bekleidungsgrößen (z. B. 50) minus 10 ergibt amerikanische Größe (40)

❯ Herrenhemden

D	36	37	38	39	40/41	42	43
USA	14	14,5	15	15,5	16	16,5	17

❯ Herrenschuhe

D	39	40	41	42	43	44	45
USA	7	7,5	8	8,5/9	9,5/10	10,5	11,5

Damen

D	36	38	40	42	44	46
USA	6	8	10	12	14	16

❯ Damenschuhe

D	36	37	38	39	40	41	42
USA	5,5	6/6,5	7/7,5	8	9	9,5	10

Kinder

D	98	104	110	116	122
USA	3	4	5	6	6x

❯ Kinderschuhe

D	23	24	25	26	27	28	29	30	31	32	33
USA	6,5	7,5	8,5	9,5	10,5	11,5	12,5	13	1	1,5/2	2,5

Temperaturen

Umrechnungsschlüssel
(Grad Fahrenheit - 32) x 0,56 = Grad Celsius

Beispiele
23 Grad F	-5 Grad C
32 Grad F	0 Grad C
50 Grad F	10 Grad C

Medizinische Versorgung

Allgemeine Situation

Den hohen Arzt-, Medikamenten- und Krankenhauskosten in Amerika steht ein **hoch entwickeltes medizinisches System** gegenüber. Schnelle und fachkundige Behandlung ist gesichert, vorausgesetzt, man kann die Zahlungsfähigkeit (durch Vorlage einer Kreditkarte) nachweisen. Bei Praxisbesuchen ist sofort zu bezahlen, gesetzliche Krankenkassen übernehmen die Kosten nicht, weswegen der Abschluss einer Reisekrankenversicherung (s. S. 344) ratsam ist.

Besonderen **Risiken** sind US-Reisende nicht ausgesetzt, es gibt selten Umstellungsprobleme mit der Nahrung und das Wasser kann unbesorgt getrunken werden, in den letzten Jahren hat sich sogar der Chlorgeschmack verringert. Besondere Impfungen sind nicht nötig. Relativ häufig sind Erkältungen aufgrund der Vollklimatisierung von Bauten und Verkehrsmitteln. Empfindliche sollten immer eine Jacke, einen Pullover, ein Tuch oder einen Schal dabei haben. Hygiene wird in den USA großgeschrieben und WCs sind normalerweise sehr sauber.

Ärzte und Apotheken

An qualifizierten **Ärzten** besteht kein Mangel, der Spezialisierungsgrad ist hoch und die Konkurrenz groß, daher preisen Mediziner in Zeitungen und Telefonbüchern ihre Dienstleistungen an. **Health Care** oder **Family Centers** sind Gemeinschaftspraxen, die ohne Termin und lange Wartezeiten („walk-in") weiterhelfen. Hausbesuche sind unüblich. Im **Notfall** ruft man die Ambulanz oder fährt zu einer Hospital-Notaufnahme (emergency room). Namen und Adressen von Ärzten können leicht über die Hotelrezeption bzw. das Telefonbuch (medical services/physicians) in Erfahrung gebracht werden.

Krankenhäuser und Arztpraxen
�+**554** [D11] **Doctors House Call Service/ Travelers Medical Center**, 952 5th Ave./76th–77th St., Tel. 212 7371212, http://travelmd.com. Arztbesuche rund um die Uhr, auch in Hotels sowie medical center (24 Std.).
➕**555** [C18] **St. Vincent's Hospital**, 153 W 11th St./7th Ave., Tel. 212 6047998. Zentrales Krankenhaus mit Notaufnahme.
➕**556** [B15] **Dr. Walk-In**, Times Sq, W 661 8th Ave./42nd St., www.drwalkin.com. Arztservice in Duane-Reed-Drogeriemärkten. Ohne Voranmeldung, mehrere Filialen.

Zahnärztliche Notfälle
➕**557** [D17] **Emergency Dentist NYC**, 8 Gramercy Park (Union Sq.), Tel. 212 4869458. 24-Stunden Notfallservice.

Apotheken
Pharmacies sind rar, dafür gibt es in jedem Supermarkt und drugstore ein Grundsortiment (größer und preiswerter

als z. B. in Deutschland) an freiverkäuflichen Arzneimitteln.

In *drugstores* kann man an speziellen Schaltern auch ärztliche Verordnungen *(prescriptions)* für rezeptpflichtige Medikamente einlösen. In New York verbreitet sind die *drugstores* **CVS Pharmacy** (www.cvs.com), **Duane Reade** (www.duanereade.com) und **Rite Aid** (www.riteaid.com, 24-Std.-Service).

Es empfiehlt sich dennoch, die übliche kleine **Reiseapotheke** und dringend benötigten Arzneien von zu Hause mitzubringen.

Notfälle

Verhalten im Notfall

In einem Notfall hilft ein Polizist *(cop)* oder man wählt die gebührenfreie **zentrale Notrufnummer 911**, über die man Polizei, Krankenwagen und Feuerwehr erreicht.

Das nächste **Polizeirevier** kann man unter Tel. 311 oder Tel. 212 3746735 erfragen. Bei Diebstahl (zum Beispiel Reisepass) oder sonstigen Verbrechen ist dort Anzeige zu erstatten. Darüber hinaus sollte man sich wegen der Ausstellung eines Ersatzreiseausweises an die zuständige **diplomatische Auslandsvertretung** (s. S. 302) wenden. Auch in anderen Notfällen, medizinischer oder rechtlicher Art, bemüht man sich dort, vermittelnd zu helfen.

Karten- und Schecksperrung

Bei Verlust der Kreditkarte gibt es für Kartensperrungen eine **deutsche Zentralnummer** (unbedingt vor der Reise klären, ob die eigene Bank diesem Notrufsystem angeschlossen ist).

In **Österreich** und der **Schweiz** gibt es keine zentrale Sperrnummer, daher sollten sich Besitzer von in diesen Ländern ausgestellten Kreditkarten vor der Abreise bei ihrem Kreditinstitut über den zuständigen Sperrnotruf informieren.

Generell sollte man sich immer die **wichtigsten Daten** wie Kartennummer und Ausstellungsdatum separat notieren, da diese unter Umständen abgefragt werden.

▷ *Ärztezentren wie dieses gibt es – im Falle eines Notfalls – in fast allen Stadtvierteln*

> **Deutscher Sperrnotruf (von den USA aus):**
> Tel. 011-49-116116 oder
> Tel. 011-49-3040504050
> Unter **www.kartensicherheit.de** gibt es zusätzliche Infos und es kann ein SOS-Infopass mit den wichtigsten Telefonnummern heruntergeladen und ausgedruckt werden.

Gegen Angabe der Seriennummern bzw. sogar des Kaufbelegs werden **Reiseschecks** innerhalb von 24 Stunden ersetzt. Dazu ist bei einem Verlust oder Diebstahl umgehend die Meldung bei American Express bzw. Travelex nötig: Telefonnummern und Hinweise erhält man zusammen mit den gekauften Schecks (vorher notieren!). Gegebenenfalls wird ein Polizeiprotokoll gefordert und muss ein Rückerstattungsformular ausgefüllt werden.

Manche **Mobilfunkkarten** lassen sich ebenfalls über die zentrale deutsche Sperrnummer sperren. Ansonsten ist ein sofortiger Anruf bei der Kundenbetreuung des Anbieters nötig. Dort kann die SIM-Karte gesperrt und eine neue SIM-Karte bestellt werden. Um die Karte sperren zu lassen, werden neben der Rufnummer evtl. auch die PUK-Nummer, die Kartennummer oder das Kundenkennwort abgefragt.

Fundbüros

Es gibt kein städtisches Fundbüro, lediglich die Taxivereinigung und MTA (Metropolitan Transit Authority) unterhalten Sammelstellen:
> **New York City Taxi & Limousine Commission,** Tel. 212 8404734
> **MTA-Fundstelle:** Tel. 212 7124500 oder 212 7124501, http://advisory.mtanyct. info/lostfound (Forschen nach Fundob-

jekten), Abholung: Subway-Station 34th St./8th Ave.

Geld von zu Hause

Mit der **Kreditkarte** kann pro Transaktion bzw. Woche nur einen bestimmter, festgelegter Höchstbetrag in bar abgehoben werden. Je nach ausgebender Bank und Art der Karte bzw. Konditionen, gilt im Ausland meist ein Tageslimit von ca. 500 bis 1000 €, bis der vorgegebene Kreditrahmen ausgeschöpft ist. Wer dringend eine größere Summe Bargeld benötigt, kann sich aber z. B. weltweit über **Western Union** Geld schicken lassen. Für den Transfer muss die Person, die das Geld schicken soll, bei einer Western-Union-Vertretung (in Deutschland bei der Postbank (nur mit Postbank-Girokonto) oder der Reisebank mit Filialen an vielen Bahnhöfen, Flughäfen etc.) oder im Internet ein entsprechendes Formular ausfüllen und der Code der Transaktion dem Empfänger in den USA übermitteln. Code und Reisepass verhelfen dann in einer beliebigen Vertretung von Western Union in New York nach Ausfüllen eines Formulars binnen Minuten zu Geld (max. 5000 €). Die Gebühren hierfür liegen bei 3 bis 6 %.
> Infos unter www.westernunion.de

Öffnungszeiten

In den USA gibt es kein verbindliches Ladenschlussgesetz und in New York gilt oft sogar „24/7", d. h. Betrieb täglich und rund um die Uhr.
> **Geschäfte:** je nach Art und Größe von 9/10 bis mind. 18 Uhr, oft länger (v. a. Buchläden). An Sonntagen manchmal geschlossen oder ab 11/12 bis 17 Uhr.

> **Kaufhäuser/Malls:** 10-19/20 Uhr,
  So. meist 11-18 Uhr
> **Restaurants:** ca. 12-15 und 18-22 Uhr
  warmes Essen
> **Delis:** 7-24 Uhr,
  manche rund um die Uhr
> **Bürozeiten:** Mo.-Fr. 9-17 Uhr
> **Banken:** werktags 10-14/15 Uhr
> **Postämter:** Mo.-Fr. 8/9-17, Sa.
  bis 13/14 Uhr
> **Museen und Sehenswürdigkeiten** besucht
  man am besten von Di. bis So. zwischen
  10 und 17 Uhr (Mo. ist manchmal
  geschlossen).

Post

Postämter benötigt man heute fast nur
noch zum Kauf von Briefmarken. In Auto-
maten sind sie meist nur in ungünstigen
Stückelungen und mit Preisaufschlag er-
hältlich. **Briefkästen** sind blau-rot und
mit der Aufschrift „US-MAIL" und einem
Adler gekennzeichnet. Express Mail und
Priority Mail sind schnellere, aber teurere
Versandmöglichkeiten, für die es eigene
Briefkästen gibt.

Größere Sendungen verschickt man
mit einem **parcel service** (zum Beispiel
UPS, FedEx, DHL) und **Geldanweisungen**
gibt man bei Western Union auf (Tel. 1
800 3254176).

Wer innerhalb den USA Post verschi-
cken möchte, kommt am günstigsten
mit „First-Class Mail" weg, „Priority" und
„Express" sind teurer. Infos zu Gebühren
und Laufzeiten finden sich unter http://
postcalc.usps.com.

✉ **558** [B16] **Farley Post Office,**
  421 8th Ave./31st St., gegenüber
  Madison Square Garden, Mo.-Fr.
  7-22, Sa 9-21, So 11-19 Uhr

Radfahren

New York ist kürzlich zur fahrradfreund-
lichsten Stadt nach Portland/OR gewählt
worden und stolz auf ein 320 km um-
fassendes Fahrradwegenetz. Jeden Mai
ist „Bike Month" mit zahlreichen Events
(www.bikemonthnyc.org). Der **Manhattan
Waterfront Greenway** führt auf ca. 50 km
beinahe rings um Manhattan. Am schönsten ist ein ca. 18 km langer Abschnitt mit
bike trail entlang der West Side vom Battery Park ❸ bis zur George Washington
Bridge. Der Pfad ist schmal und im Südabschnitt stärker befahren als im Norden.
> **Infos:** www.nyc.gov/html/dcp/html/mwg/
  mwghome.shtml

Citi Bike ist ein neues Bike-Sharing-Pro-
jekt, bei dem an 600 solarbetriebenen
Docking-Stationen in Manhattan und
Brooklyn blaue Leihfahrräder zur Verfügung stehen. Eine eintägige oder wö-
chentliche Mitgliedschaft gibt es für $
9,95 bzw. $ 25. Details zur Nutzung fin-
den sich unter www.citibikenyc.com

Fahrradverleih und Radtouren bietet
z. B. **Bike and Roll** an. **Bike the Big Apple**

Postgebühren

(Stand: Juni 2014)

> **Deutschland, Österreich, Schweiz:**
  Karten und Briefe bis 1 oz (28 g) $ 1,15
  (jedes weitere oz: 98 c). Die Beförde-
  rungsdauer beträgt ca. 5 bis 7 Tage.
> **Inland** („First Class"): Briefe bis 1 oz
  (28 g) 49 c, jedes zusätzliche oz kostet
  weitere 20 c, Karten 34 c.

323ny Abb.: mb

Schwule und Lesben

Seit 24. Juni 2011 sind im Staat New York gleichgeschlechtliche Ehen erlaubt und was die Zahl der Heiratslizenzen als auch die Einnahmen in die Stadtkasse angeht, war dieses Gesetz ein voller Erfolg. Die „Gay Community" in New York gilt als besonders groß, aktiv und wirtschaftlich bedeutend. Tipps zum Heiraten in NY gibt es unter: www.nycgo.com/nycido.

Die LGBT-Szene (die Abkürzung steht für „Lesbian, Gay, Bisexual and Transgender") konzentriert sich auf Greenwich Village, das benachbarte Chelsea und Teile von SoHo. Auch Jackson Heights in Queens ist für sein *gay nightlife* bekannt und Park Slope (Brooklyn) ist ein beliebter Wohnort.

Treffs, Bars und Klubs

559 [C18] **LGBT Community Center**, 208 W 13th St./7th Ave., Tel. 212 6207310, https://gaycenter.org. Infozentrum und Beratungsstelle

560 [B18] **Gyms Sportsbar**, 1678th Ave., www. gymsportsbar.com. Bis 4 Uhr morgens Barbetrieb und im Untergeschoss „locker room" mit intimer Partyatmosphäre. Vor allem für Männer.

561 [C19] **Henrietta Hudson**, 438 Hudson St. (West Village), http://henriettahudson.com. Lesbenbar mit DJs und Billiard.

562 [C19] **Stonewall Inn**, 53 Christopher St./Sheridan Sq., http://thestonewallinn nyc.com. Die wohl legendärste Schwulenbar der Welt.

563 [C19] **The Monster**, 80 Grove St./ 7th Ave., www.manhattan-monster.com. Beliebter Gay-Klub, im EG Pianobar, im UG Disco, gute Margaritas und v. a. Latinopublikum.

(www.bikethebigapple.com) veranstaltet interessante Touren durch alle fünf Boroughs, auch Nachttouren. **Central Park Bike Tours** offeriert Parktouren und Fahrradverleih (http://centralparkbiketours. com).

> **Bike and Roll**, Central Park (s. S. 230) sowie weitere saisonal geöffnete Standpunkte. www.bikeandroll.com, Tel. 212 2600400. Es gibt verschiedene Touren, auch über die Brooklyn Bridge und per Water Taxi zurück. Fahrradverleih ab $ 44/Tag.

Allgemeine Infos und Karten gibt es unter:

> www.nyc.gov/html/dot/html/bicyclists/ bikemain.shtml
> www.ridethecity.com – mit Routen und Fahrradwegen
> www.bikenewyork.org – Infos zu Fahrradtouren/-veranstaltungen

137/ny Abb.: jah

LGTB-Hotels

564 [B18] **Chelsea Pines Inn,**
317 W 14th St. (8th–9th Ave., Chelsea),
Tel. 212 9291023, www.chelseapinesinn.
com. Großteils von Gay-Publikum frequen-
tiertes Hotel in guter Lage. In einem alten
Reihenhaus aus der Mitte des 19. Jh. warten
26 gut ausgestattete Zimmern ab $ 220/DZ
auf die Gäste.

565 [A15] **The Out NYC,** 510 W 42nd St.,
Tel. 212 9472999, http://theoutnyc.com.
Erstes Hotel der Stadt, das auf homosexuelle
Besucher abzielt. In Hell's Kitchen mit Res-
taurant und Spa sowie XL Nightclub, Cabaret
und Lounge (www.xlnightclub.com).

△ *Die Christopher Street Parade*

◁ *Leihfahrräder von Citi Bike stehen
nicht nur in Manhattan zur Verfügung*

LGBT-Szene im Internet

❯ www.nycgo.com/gay – Rubrik von NYC & Co.
❯ www.newyorkgaytravel.com – Tipps zu
Hotels, Bars, Nightlife, Shopping etc.
❯ www.timeout.com/newyork/gay-lesbian –
eine eigene Rubrik in „Time Out NY"
❯ www.nycpride.org – NYC Pride ist ein 10-tä-
giges Fest Ende Juni in Erinnerung an die
Stonewall Riots, mit großem Umzug entlang
der Christopher Street.

Sicherheit

Allgemeine Situation

Nach neueren Statistiken zählt NYC zu
den sichersten US-Großstädten mit über
¼ Mio. Einwohnern. New York, aus Filmen als Stadt der Diebe und Straßen-
gangs, der Mafia und der Banden bekannt, ist zu Recht stolz darauf. Vor allem
die Gewaltverbrechen sind in den letzten

Jahren um rund ein Drittel zurückgegangen, wohingegen *street crimes,* Delikte wie Taschendiebstähle, aber auch Überfälle, Schutzgelderpressungen und Drogengeschäfte wie in anderen Großstädten schwieriger zu bekämpfen sind.

Seit dem 11. September 2001 hat sich viel verändert, nicht nur was die Umgangsformen angeht, sondern auch was **erhöhte Polizeipräsenz** und **verschärfte Sicherheitsvorkehrungen,** Beobachtungskameras und Kontrollen betrifft. Am Einlass zu Events, Sportveranstaltungen oder Attraktionen und Museen wird wie am Flughafen kontrolliert, Taschen werden durchsucht und größere Rucksäcke sind nicht erlaubt. Ebenso kann Gepäck in Nahverkehrsmitteln oder Subway-Stationen überprüft werden.

In den letzten Jahren hat sich in touristisch frequentierten Gebieten, selbst in früheren *high crime areas* wie dem nördlichen Central Park oder Harlem und Teilen von Queens, den Bronx oder Brooklyn die Situation **erheblich verbessert.** Harlem kann mitterweile angstfrei besucht werden. Die Polizei ist wesentlich stärker präsent und es ist als gutes Zeichen zu werten, dass viele Innenstadtbereiche in letzter Zeit wieder an Attraktivität gewonnen haben und zu beliebten Wohnvierteln geworden sind.

Vorbeugende Maßnahmen

Vorsicht ist bei **Massenveranstaltungen und Menschenaufläufen,** z. B. in öffentlichen Verkehrsmitteln oder während Veranstaltungen, geboten. Taschendiebstahl *(pickpocketing)* ist eines der häufigsten Delikte. Dagegen stellen die in Subway-Stationen und an den Straßen sitzenden Obdachlosen *(homeless peo-*

ple) normalerweise keine Gefahr dar. **Parks, verlassene Gegenden und dunkle Parkgaragen** sollte man **bei Dunkelheit** (besonders allein) besser meiden und Umwege in Kauf nehmen, wenn sie durch belebtere Viertel führen.

Wie in jedem anderen Urlaubsland ist davon abzuraten, Handtaschen, Fotoausrüstungen, dicke Brieftaschen (womöglich in der Gesäßtasche) und kostbaren Schmuck offen herumzutragen und Reisegepäck unbeaufsichtigt zu lassen. Stattdessen sind **Brustbeutel, Gürteltaschen** und ein **kleiner Rucksack** sinnvolle Alternativen. **Bargeld** sollte man nur in kleineren Mengen bei sich haben und das **Aufteilen von Papieren/Schecks** zwischen zwei zusammenreisenden Personen ist ebenso empfehlenswert wie das getrennte Aufbewahren von Dokumentenkopien und Originalen.

In der teils zu Unrecht verrufenen **Subway** ist es wichtig, die speziellen Sicherheitshinweise, vor allem bei Nachtfahr-

138ny Abb.: mb

ten, zu beachten und z. B. die kamera-
überwachten Wartezonen aufzusuchen
(off-hour waiting areas). Häufig halten
sich Polizeibeamte in Subway-Stationen
auf und dazu ist immer in den mittleren
Wagen ein Zugabfertiger präsent. **Busse**
sind nachts oft die sicherere Alternative, da die Fahrer mit Funk ausgestattet
sind. Nur in offizielle gelbe **Taxis** mit Lizenz und Tarifuhr einsteigen!

In **Hotels**/**Motels** haben Spione, mehr-
fache Schließanlagen, verschlossene
Verbindungstüren sowie das Angebot,
Wertgegenstände im Safe zu deponie-
ren, ihren Sinn. Serviceschilder sollte
man nicht an die Türklinke hängen, sie
zeigen lediglich deutlich an, dass niemand im Zimmer ist.

Sport und Erholung

Aktivsport und Freizeitvergnügen

Grünflächen, Parks und Freizeitareale
sind in New York reichlich vorhanden. Am
bekanntesten und größten ist der Central Park **70**, größenmäßig gefolgt vom
Riverside Park (entlang dem Hudson River), der nordwärts in Fort Tryon und Inwood Hill Parks übergeht, und vom Prospect Park **94** in Brooklyn (mit Zoo und
Wildlife Center). Mehrere kleine Parks
verteilen sich auf Midtown und Downtown, etwa der Battery Park **3**, der Wa-

🔼 *Pause gefällig? Grünanlagen und
Strände gibt es in New York genug*

◁ *Massive Polizeipräsenz macht New
York heute zu den sichersten US-Städten*

shington Square Park [C/D19] oder der
Bryant Park [C15], dazu kommen *com-
munity gardens* (s. S. 70). Man entdeckt
derzeit die *waterfront* und die alten Piers
neu, sie werden u. a. zum Spielen (u. a.
Pier 25) und Sonnenbaden genutzt (u. a.
Pier 45) oder mit Lokalen bzw. Bars (u. a.
Pier 65 sowie 84) ausgestattet.

Botanische Gärten sind ebenfalls in allen Stadtvierteln zu finden: vom Conservatory Garden (Central Park) über New
York Botanical Garden und Wave Hill in
der Bronx bis hin zum Queens und Brooklyn Botanic Garden.

Auch an **Stränden** herrscht kein Mangel, sei es auf Coney Island/Brooklyn
(z. B. Brighton oder Manhattan Beach),
Long Island (Rockaway Beach – besonders geeignet zum Wellenreiten!), in der
Bronx (Orchard Beach – zur Naturbeob-
achtung ideal!) oder in Queens (Jamaica
Bay). Einen Teil von Staten Island nimmt
die Gateway National Recreation Area
(Strände, Sportanlagen, Jogging-/Fahr-
radwege u. a.) ein und Governors Island
(s. S. 110) gilt ebenfalls als neues grünes
Freizeitidyll am Wasser. Die Strände auf
Long Island gelten als besonders einla-
dend (www.loving-long-island.com/long-
island-beaches.html). Die Badesaison

Besondere Sportevents

> Ein Höhepunkt im Sportkalender ist der **New York Marathon** (www.tcs nycmarathon.org, www.nyrrc.org), der seit 1970 am ersten Sonntag im November an der Verrazano Bridge startet und bis zum Central Park durch alle fünf Stadtteile New Yorks führt.

> **Empire State Building Run-Up**, Anfang Februar. Es gilt die 1576 Stufen zum 86. Stock des Empire State Bldg. zu erklimmen. Infos: www.nyrr.org

> **Tunnel to Towers Run**, im Sept. wird mit einem 5 km-Lauf an den Feuerwehrmann Stephen Siller erinnert, der durch den Brooklyn Battery Tunnel zu den Twin Towers rannte, wo er später starb, http://tunnel2towers.org.

> **US Open Tennis Championships**, Flushing Meadow (Queens), Ende Aug.–Mitte Sept., www.usopen.org. *Das* legendäre Tennisturnier

> **Five Boro Bike Tour**, Anf. Mai, 65-km-Fahrradtour für jedermann (www.bike newyork.org/ride/five-boro-bike-tour)

> **Formel 1 New Jersey**, Weehawken/NJ, vor der Skyline NYs, www.grandprix weehawken.com

läuft von Ende Mai bis Anfang September (Infos: www.nycgovparks.org/facilities/beaches).

Abgesehen von einer **Eislaufbahn** im Bryant Park befinden sich im Winter weitere am Rockefeller Center ⑩ (50th St./5th Ave.), im Central Park ⑳ (Wollman Rink) und im Prospect Park ㊹. Überall werden auch Schlittschuhe verliehen.

Der **Manhattan Waterfront Greenway** führt auf knapp 50 km beinahe rings um Manhattan und wird von Spaziergängern,

Joggern, Bikern und Skatern gleichermaßen benutzt (s. auch S. 319). Ähnlich verhält es sich mit der **East River Esplanade** und am Ufer gegenüber bietet der **Brooklyn Bridge Park** ebenfalls eine breite Palette an Freizeitmöglichkeiten, darunter einen Pool an Pier 2 (Ende Juni–Anfang Sept., www.brooklynbridgepark.org).

Der Central Park, der an Wochenenden für den Verkehr gesperrt ist, bietet Möglichkeiten für verschiedene Freizeitaktivitäten, z. B. Sport- und Spielplätze, Fahrrad-, Skates- und Bootsverleih (s. S. 230).

Fitness

🅂566 [A17] **Chelsea Piers Sports & Entertainment Complex**, 17th–23rd St./Hudson River, Tel. 212 3366666, www.chelseapiers.com. Fitnesseinrichtungen aller Art, Laufbahn, Pool, Eisbahn, Golf, Sport- und Spielfelder, Jachthafen, aber auch Shops und Lokale wie Chelsea Brewing Company.

Profisport

New York ist ein Paradies für Sportfans mit Profiteams in den vier Nationalsportarten **Basketball** (National Basketball Association/NBA: November–Anfang Juni; Women's National Basketball Association/WNBA: Juni–August), **Baseball** (Major League Baseball/MLB: April–Oktober), **American Football** (National Football League/NFL: September–Januar) und **Eishockey** (National Hockey League/NHL: Oktober–Mai) sowie im **Soccer** (Fußball: Mai–Oktober).

Einen Besuch im Madison Square Garden ㊱, z. B. wenn die **Rangers** (Eishockey) oder die **Knicks** (Basketball) spielen, sollte man sich nicht entgehen lassen. Lohnend ist auch ein Baseballspiel, sei es der gefeierten **Yankees**

oder der **Mets** (Karten frühzeitig vorbestellen, Yankee-Tickets vergünstigt am
Spieltag bei Modell's, 234 W 42nd St.),
die sich zuletzt 2000 im Meisterfinale
gegenüberstanden.

American Football

> **New York Giants (NFL),** MetLife Stadium
  im Meadowlands Sports Complex New Jer-
  sey, 1 MetLife Stadium Dr., East Rutherford/
  NJ – S-Bahn-Anschluss ab Manhattan/Penn
  Station und Expressbusse zu Spielen ab Port
  Authority Bus Terminal, 8th Ave./42nd St.,
  www.giants.com
> **New York Jets (NFL),** ebenfalls im MetLife
  Stadium, s. o., www.newyorkjets.com

⌂ *Im Barclays Center spielen
die Brooklyn Nets Basketball und bald
auch die Islanders Eishockey*

Baseball

> **New York Yankees (MLB),**
  Yankee Stadium 104,
  http://newyork.yankees.mlb.com
> **New York Mets (MLB),** Citi Field 100,
  http://newyork.mets.mlb.com

Basketball

> **New York Knicks (NBA),**
  Madison Square Garden 36,
  www.nba.com/knicks
> **New York Liberty (WNBA),** Madison Square
  Garden 36, www.wnba.com/liberty
> **Brooklyn Nets (NBA),** Barclays Center,
  620 Atlantic Ave./Flatbush Ave. [I24],
  Brooklyn, www.nba.com/nets

Eishockey („hockey")

> **New York Rangers (NHL),**
  Madison Square Garden 36,
  http://rangers.nhl.com

324ny Abb.: mb

Noo Yawkese – die Sprache der New Yorker

„Ever'body says words different …", schrieb John Steinbeck in *„Grapes of Wrath"* *(„Früchte des Zorns")*. In der Tat wird im Land der unbegrenzten Möglichkeiten eine ganze Reihe **regionaler Dialekte** gepflegt. New York bildet sogar eine eigene Sprachinsel zwischen dem Südstaaten-Dialekt – dem *„Southern drawl"* – und dem Neuengland-Dialekt. *„American English"* ist nicht gleich *„American English"* – ein Kalifornier wird sich vermutlich mit einem Mexikaner leichter verständigen können als mit einem Südstaatler oder gar mit einem *„Noo Yawker"*.

Immer noch skeptisch? Beginnen wir mit der heimlichen Nationalhymne Brooklyns – *„Brooklyn National Anthem"*:

*„Da Spring is sprung, do grass is riz
I wunneh weah da boidies is?
Da boid is on da wing? – dat's absoid
From what I hoid a wing is on da boid!"*

Alles klar? Das folgende Beispiel klärt weiter auf: Ein gewisser Mr. John Occhiogros- so aus Brooklyn gewann den Wettbewerb *„Best New York Accent in Houston"* u. a. mit dem Ausspruch: *„Can oi hab a cuppa kowafee an a glazza watta?"* Der Herr wünschte eine Tasse Kaffee und ein Glas Wasser, allerdings auf *„Noo Yawkese"*, streng genommen auf *„Brooklynese"*, einem New Yorker Subdialekt.

Die **Herkunft des New-York-Dialekts** geht auf die britische Kolonialzeit zurück. Im damaligen Kings County (Brooklyn) wurde *„King County English"* gepflegt, hinzu kamen deutsche und vor allem jiddische Elemente, wie *„Mazel tov"*, der Begriff für *„viel Glück"*, oder Wörter wie *„Bagel"*, *„Blintz"*, *„Knish"* oder *„Chuzpe"*, *„Zoff"*, *„malochen"* oder *„Tacheles"* reden.

Bezüglich der **Aussprache** glaubt man Wurzeln im Gälischen ausmachen zu können (z. B. oi und d/th). Da zudem einige Sprachforscher Gemeinsamkeiten mit dem *„Southern drawl"* erkannt haben, was bei der starken Zuwanderung von Afroamerikanern aus den Südstaaten zu Beginn des 20. Jh. nicht wundert, ist es legitim, von

---

❯ **New Jersey Devils (NHL),** Prudential Center, 165 Mulberry St., Newark/New Jersey (PATH ab Manhattan), http://devils.nhl.com

❯ **New York Islanders (NHL),** Nassau Veterans' Memorial Coliseum, Uniondale (s. S. 258), http://islanders.nhl.com

Fußball („soccer")

❯ **Red Bull New York (MLS),** Red Bull Arena, 600 Cape May St., Harrison/New Jersey (PATH ab Manhattan), www.newyorkredbulls. com bzw. www.redbullarena.us

Sprache

Es dürfte schwierig sein, in den USA ganz ohne **Englisch** auszukommen, doch es ist einfacher als in jedem anderen Land, sich trotzdem durchzuschlagen. Small Talk ist auch mit kleinem Wortschatz möglich und die Erwartungshaltung der Amerikaner nicht hoch. Das **Amerikanische** weist gegenüber dem britischen Englisch etliche Abweichungen hinsichtlich des Wortschatzes, der Grammatik

*New York als „nest of languages" zu spre-chen. Schließlich sollte nicht verschwiegen werden, dass es Wissenschaftler gibt, die das „Noo Yawkese" weniger als regiona-len oder geografischen Dialekt betrachten, sondern als **Klassendialekt**, als die Spra-che der „lower class".*

„Whadsa madda wid dat" („what's the matter with that"), „da goils love it" („the girls love it"), „Shoiman boined Atlanter" („Sherman burned Atlanta"), „dose were da days" („those were the days") oder „my udduh bruddah" („my older brother") las-sen Besonderheiten erkennen, die es dem Besucher nicht unbedingt leicht machen, einen New Yorker zu verstehen, es sei denn, man kennt die folgenden Regeln:

❯ *Vokal+r wird zu oi: girl - goil, pearl - poil, nerve - noive, Jersey - Joisey, third - thoid, turn - toin, dirty - doity, purple - poiple. Aber auch: I/I'm - Oi/oim*

❯ *oi wird zu er: toilet - terlet, noise - nerz, voice - verse, choice - cherce, oyster - erster*

❯ *th wird zu t oder d: with - wit, that - dat, mother - mudda, others - uddas, then - den*

❯ *aw-Laute: talk - tawk, fork - fawk, New York - Noo Yawk, of course - uf caws*

❯ *Weglassung von r: paper - papah, beer - beeah*

❯ *Weglassung von d: didn't - dint*

❯ *Hinzufügung eines r: idea - idear, sofa - sofer*

❯ *Verkürzungen: should have - shudda, what's the matter - smatter, wouldn't you - wuntcha, do you hear me - juhhimee, did you eat yet - jeet jet, what the … - whudda …, cup of - cuppa, glas of - glazza, got to - gotta, go on - gwan*

❯ *Dehnungen: dog - dooaug, cab - keeab, coffee - kowafee*

❯ *Spezielle Aussprache: Staten Island - Staten Oi-land, Long Island - Lunk-guylan, New Jersey - Joisey; Houston (St.) - Hausten (St.), Greenwich - Grännitsch*

und der Aussprache auf. Gewisse Uni-versalfloskeln gehören zum guten Ton, z. B. „How are you (today)?" – die Frage nach dem Befinden ist aber vor allem auch eine Begrüßungsformel. „Have a nice day/trip" dient der Verabschiedung, ebenso wie „It was a pleasure meeting you" oder „See you". Letzteres ist selten als Einladung gemeint, sondern vielmehr ein legerer Abschiedsgruss. Eine Kleine Sprachhilfe finden sich im Anhang dieses Buches (s. S. 348).

Stadttouren

Bustouren

❯ **Gray Line**, www.newyorksightseeing.com, Tel. 212 3972600. Angeboten werden Touren verschiedener Länge in Doppelde-ckerbussen (z. B. eine „Hop-on-hop-off"-Tour, die Tickets sind 48 Std. gültig und kos-ten $ 54), mit unterschiedlichem Fokus und in verschiedenen Kombinationen, z. B. auch inklusive Bootsfahrt.

> **City Sights NY,** Tel. 1 877 4868769, www. citysightsny.com. Stadtrundfahrten in Doppeldeckerbussen, beliebiges Ein- und Aussteigen („Hop-on-hop-off") u. a. Angebote.

Walking Tours

gratis

> **Big Apple Greeter,** Tel. 212 6698159, www. bigapplegreeter.org. Kostenlose Führungen von New Yorkern durch ihre Viertel. Vorherige Anmeldung nötig.

> **Free NYC Foot Tours,** Tel. 646 4506831, www.nycbyfoot.com. Gratistouren durch Lower Manhattan, Midtown, die Historic Districts (Soho, Little Italy, Chinatown, Greenwich Village) sowie Central Park. Für weitere Details siehe die Website.

> **Historic Orchard St. Walking Tour,** www. lowereastsideny.com. Angeboten werden kostenlose Walkingtouren durch die Lower East Side. Ab Katz's Delicatessen (s. S. 42), Apr.–Nov. So. 11 Uhr, keine Anmeldung nötig.

> **Discover Flatiron Walking Tour,** Tel. 212 7412323, www.flatironbid.org/tour.php. Gratistouren durch den historischen Flatiron District. Start ist sonntags um 11 Uhr ab Südwestecke Madison Square Park (23rd St./Broadway), William Seward Statue, Subway: 23rd St.

kostenpflichtig

> **Big Onion Walking Tours,** Tel. 212 4391090, www.bigonion.com. Touren (ab $ 20) von Historikern durch verschiedene Viertel und zu verschiedenen Themen.

> **NYC Walking Tours, Municipal Art Society,** Tel. 212 4391049, http://mas.org/tours. Tägl. 12.30 Uhr Grand Central Terminal, ansonsten meist Sa./So. interessante Touren mit Schwerpunkt Architektur/Stadtplanung/Kultur ($ 20).

> **Susansez NYC Walkabouts,** Tel. 917 5093111, http://susansez.com. Verschiedene ausgefallene Touren, auch außerhalb Manhattans, z. B. Arthur Ave. (Italienerviertel) und City Island in der Bronx, Astoria in Queens; unterschiedliche Dauer und Preise.

> **NY Insightseeing Tours,** Tel. 718 4471645, www.insightseeing.com. Deutschsprachige Führungen in kleinen Gruppen in unterschiedlichen Vierteln ab $ 27.

Spezialtouren

> Siehe auch **Fahrradtouren** (S. 319).

> **Enthusiastic Gourmet,** Tel. 646 2094724, www.enthusiasticgourmet.com. Susan Rosenbaum, u. a. Absolventin des French Culinary Institute, bietet in kleinen Gruppen kulinarische Touren durch verschiedene ethnische Viertel an; dreistündige Touren ab $ 45 (Frühbucherpreis) inkl. Snacks (siehe auch S. 41).

> **Harlem Heritage Tours,** Tel. 212 2807888, www.harlemheritage.com. Breite Palette an Walking- und Bustouren (kleine Gruppen) durch das Harlem von früher und heute. **Harlem is Home Tours** (www.harlemonestop. com/tours) bietet Touren mit Einheimischen.

> **Helicopter Tours of NY,** Tel. 212 3550801, www.heliny.com. Touren ab 15 Min. Dauer, weitere Anbieter sind zum Beispiel www.libertyhelicopters.com oder www.newyorkhelicopter.com.

> **HusHTours,** http://hushtours.com, Tel. 212 2093370. „Hip-Hop"-Bustouren u. a. Touren auf den Spuren von Rap-Legenden und zu Filmschauplätzen durch Harlem, Brooklyn und die Bronx.

> **Chassidic Discovery Walking Tour** (s. S. 265). Empfehlenswerte Rundgänge durch Brooklyns jüdisches Viertel.

> **Made in Brooklyn Tours,** Tel. 1 800 8383006, www.madeinbrooklyntours.com.

Dom Gervasi stellt in zweistündigen Walking-touren (Fr.-So.) Besuchern Teile seiner Stadt – DUMBO, Red Hook, Williamsburg, Gowanus oder Bensonhurst – vor. Es werden Unternehmen gezeigt, die in Brooklyn verschiedene Waren herstellen – Wein, Kaffee, Schokolade, Glas, Möbel oder Keramik.

> **Markus Hartel Street Photography,** Tel. 1 888 8593688, www.markushartel. com. Fototouren durch die Stadt und Workshops mit dem deutschen Fotografen.

> **New York Rock and Roll Walking Tours,** Tel. 212 6966578, www.rockjunket.com. Es gibt zweistündige Musik(Bus-)touren zu verschiedenen Themen in unterschiedlichen Vierteln.

> **On Location Tours,** Tel. 212 2093370, http://onlocationtours.com. Auf den Spuren großer Stars und ihrer Filme New York entdecken. Beliebt sind vor allem die „Sex and the City"-Touren!

> **Wall Street Walks,** www.wallstreetwalks. com. Interessante Rundgänge durch den Financial District mit Wall Street und Ground Zero Memorial ($ 25/15). Verschiedene Schwerpunkte, Themen und Zeiten.

> **Wild Food and Ecology Tours,** Tel. 914 8352153, www.wildmanstevebrill.com. Touren durch den Central Park und andere Parks mit „Wildman" Steve Brill, der Besuchern u. a. zeigt, was essbar ist und was nicht.

> **A Slice of Brooklyn Bus Tours,** www.aslice ofbrooklyn.com. 4,5-stündige Bustouren ab Manhattan durch Brooklyns Neighborhoods mit Filmszenen auf Monitoren und Test zweier Pizzerien.

> **Urban Oyster NYC Walking Tours,** Tel. 347 6188687, www.urbanoyster.com. Ungewöhnliche Food-/Biertouren, schwerpunktmäßig in Brooklyn mit seiner Brauerei-Tradition.

> **Urban Safari New York,** Tel. 1 866 6972327, www.theurbansafari.com/tours/ny. Kombi-

nierte Walking-, Subway- und Bootstour „off-the-beaten-track" durch Manhattan, aber auch Brooklyn, Queens und die Bronx. Inkl. Ground Zero Museum Workshop (s. S. 121).

Schiffsfahrten

> **Circle Line Sightseeing Cruises,** Pier 83/W 42nd St., Tel. 212 5633200, www.circleline42.com. Ganze oder halbe Umrundung Manhattans, außerdem diverse Abend- und Dinner-Cruises.

> **New York Waterway,** Tel. 1 800 5333779, www.nywaterway.com. Regelmäßiger Fähr-verkehr und diverse Touren ab W 38th St./ Hudson River Park.

> **Whale Watch/Dolphin Watch Adventure Cruise,** www.americanprincesscruises.com/ dolphin_whale_watching.htm. Vierstündige Walbeobachtungstouren, Mitte Juni–Ende Aug. Mi./Do./Fr. 12 Uhr ab Riis Landing, Rockaway/Queens.

⊡ Dom Gervasi bei einer seiner „Made in Brooklyn"-Touren

EXTRATIPP

Harbor Experience

„Harbor Experience" besteht aus **New York Water Taxi** und **Circle Line Downtown** (www.harborexperience.com). Außer den gelben Water Taxis (v. a. regulärer Fähr- und Shuttleservice) gehören das Ausflugsschiff „Zephyr" und das Hochgeschwindigkeitsboot „Shark" dazu.

Empfehlenswert sind die **Hop-on-hop-off-Touren** mit den Water Taxis. Die Boote legen an fünf Stopps rund um Manhattan an und können beliebig den ganzen Tag benutzt werden (Tagesticket $ 30).

Zudem sind verschiedene *cruises* im Angebot, z. B. die **ZEPHYR Seaport Liberty Cruise** (vorbei an der Freiheitsstatue), der **SHARK Speedboat Thrill Ride**, eine **Sunset-Tour** oder im Herbst die **Fall Foliage Cruises**.

> **New York Water Taxi,** www.nywatertaxi.com bzw. www.circlelinedowntown.com, Tel. 212 7421969, Abfahrten u. a. von Pier 16 und 17/South Street Seaport ⑫ und Battery Park ❸

Interessant sind auch die **Hafentouren,** die den Sommer über veranstaltet werden. Das Ausflugsschiff „Zephyr" fährt von Pier 16 aus New Yorks „working harborfront" entlang (http://workingharbor.com/hh-boat-tours.html).

Telefonieren

Eine Eins gefolgt von einem dreistelligen **area code** – in Manhattan 212 im Festnetz bzw. 646 und 917 für *mobil phones,* in der Bronx, Brooklyn, Queens und Staten Island 718 oder 347 – geht der siebenstelligen Rufnummer voraus und muss auch bei Ortsgesprächen mitgewählt werden.

Die Rufnummer kann auch als werbewirksame **Buchstabenkombination** (meist Namensabkürzung) angegeben sein: 2 – ABC, 3 – DEF, 4 – GHI, 5 – JKL 6 – MNO, 7 – PQRS, 8 – TUV, 9 – WXYZ.

Gebührenfrei, aber regional begrenzt, sind 1–800er-/844er-/855er-/866er-/877er-/888er-Nummern, teuer sind Nummern, die mit 1–900 beginnen.

In jedem Hotel-/Motelzimmer liegen **Telefonbücher** aus: ein *General Directory (white pages)* und ein *Classified Directory (yellow pages),* also ein Branchenbuch, oft auch mit allgemeinen Stadtinfos und Karten. Bei den Telefonkosten wird unterschieden zwischen *local calls* (bis 3 Min. in NYC 25 oder 50 c), *non-local* (außerhalb der Stadt), *long-distance* (innerhalb der USA) und *oversea calls* (ins Ausland).

Telefonkarten

In Hotels bereitet Telefonieren kein Problem, es wird meist über Kreditkarte abgerechnet. An (selten gewordenen) öffentlichen Fernsprechern sind massenhaft Quarter-Münzen notwendig, die bessere und preiswerte Alternative dazu und zu Handy-Gesprächen sind Telefonkarten. Bei diesen wird grundsätzlich zwischen **calling cards** (monatliche Abrechnung vom Kreditkartenkonto) und **prepaid** oder **phone cards** (geladen mit einem bestimmten Betrag) unterschieden. Da die verschiedenen auf dem Markt befindlichen Karten zur schwer durchschaubaren Wissenschaft geworden sind, sei

Wichtige Telefonnummern

> **Internationale Fernsprechauskunft:** 00
> **Internationale Vermittlung:** 01

Für Telefonate aus den USA ins Ausland
lauten die Vorwahlen wie folgt (jeweils
gefolgt von der Ortskennzahl ohne Null
und der Rufnummer):

> **Deutschland:** 011–49
> **Österreich:** 011–43
> **Schweiz:** 011–41

hier lediglich auf einige hilfreiche Websites verwiesen:

> **www.callingcards.com** – Übersicht über
> Anbieter und Preise, ebenso:
> **www.long-distance-phone-cards.info/**
> **callingcards**
> **www.us-callingcard.info** – empfehlens-
> werte beliebig wiederaufladbare Karte ohne
> Grundgebühr

In den USA gibt es Telefonkarten auch in
Supermärkten oder Tankstellen zu kaufen. Die Bedingungen bzw. Einsatzmög-
lichkeiten der Karten unterscheiden sich
aber gravierend und viele sind für Über-
seegespräche ungeeignet.

Mobile Phone (Handy)

Der eingedeutschte Begriff „Handy" existiert im Englischen in Bezug auf Telefone
nicht, *handy* heißt lediglich „praktisch",
„nützlich" oder „geschickt". Man spricht
von *cellphone* oder *mobile (phone).*

Unlängst wurden 25 **solarbetriebe-
ne Telefon-AT&T-Ladestationen** mit jeweils sechs Steckplätzen in Betrieb genommen. Eine befindet sich z. B. im Central Park bei der SummerStage, weitere
in anderen Parks und an Beaches, auch
außerhalb Manhattans.

Wegen hoher Gebühren sollte man
bei seinem Anbieter herausfinden, wel-
cher Roamingpartner günstig ist und
diesen ggf. per **manueller Netzauswahl**
voreinstellen. Da sich die **passiven Kosten,** wenn man von zu Hause aus ange-
rufen wird, addieren, besser die Mailbox
deaktivieren.

Uhrzeit und Datum

Die Vereinigten Staaten sind in vier
Hauptzeitzonen eingeteilt – Eastern
Time, Central Time, Mountain Time, Pacific Time –, die eine Verschiebung von
der mitteleuropäischen Zeit zwischen 6
und 9 Stunden bedeuten. In New York
gilt **Eastern Time,** d. h. **6 Stunden Zeitverschiebung.** Wenn es in Mitteleuropa
12 Uhr mittags ist, ist es in New York erst
6 Uhr morgens.

In den USA wird bei der **Uhrzeit** nicht
bis 24 durchgezählt, sondern nur bis 12.
Die Zufügung von a.m. *(ante meridiem)*
weist auf vormittags, p.m. *(post meridiem)* auf nachmittags hin. 12 Uhr mittags heißt *noon,* 0 Uhr *midnight.*

Sommerzeit *(daylight saving time/
DST)* herrscht in den USA vom zweiten
Sonntag im März bis zum ersten Sonntag im November. Das **Datum** wird in
der Reihenfolge Monat–Tag–Jahr angegeben, z. B. Sept. 30, 2014 oder kurz
9/30/2014.

Den **Jetlag,** der sich glücklicherweise
bei Ankunft in den USA (meist am späten Nachmittag/frühen Abend) im Unterschied zur Rückkehr kaum bemerkbar macht, übersteht man am besten, in-

dem man sich möglichst gleich auf die Ortszeit einstellt. Besser im Flugzeug auf dem Hinweg nicht schlafen – es bleibt ohnehin hell – und trotz des langen Anreisetages erst zu gewohnter Zeit am Abend schlafen gehen.

Die Tage nach der Rückkehr bereiten einem mehr Probleme, weil man am Morgen oder Vormittag in Deutschland, Österreich oder der Schweiz ankommt. Wohl dem, der es ungeachtet aller Enge geschafft hat, ein paar Stunden im Flugzeug zu schlafen! Ansonsten sollte man zu Hause möglichst auf den verlockenden Nachmittagsschlaf verzichten, erst am Abend zu Bett gehen und nicht länger als üblich schlafen. Viel frische Luft hilft gegen Jetlag, aber die Umstellung auf die heimische Uhrzeit kann dennoch ein paar Tage dauern. Es ist daher günstig, einen zusätzlichen Urlaubstag einzuplanen bzw. an einem Wochenende zurückzukehren.

Unterkunft

Ein wenig überspitzt könnte man behaupten, in New York gäbe es eigentlich nur zwei Arten von Hotel: entweder superteure Luxusherbergen oder teure Absteigen. Die Zimmer in letzterer Kategorie sind meist klein und zur Grundausstattung gehören Farbfernseher, Telefon sowie (oft laute) Klimaanlagen. Die (Schallschutz-)Fenster sind häufig nicht zu öffnen und blicken oft auf triste, dunkle Hinterhöfe. Frühstück ist fast nie im Preis enthalten.

Generell kann man sagen. dass das **Preis-Leistungs-Verhältnis**, was Service, Größe, Ausstattung und Lage der Hotels bzw. der Zimmer angeht, in New York im Vergleich zu anderen US-Städten zu wünschen übrig lässt.

Derzeit gibt es an die 100.000 Hotelzimmer allein in Manhattan, weitere sind in Arbeit bzw. in Planung. Der **offizielle Durchschnittspreis** liegt statistisch bei derzeit knapp unter $ 300 für ein Doppelzimmer; dazu kommt die **tax** (Steuer) in Höhe von 14,75 % und je nach Zimmerzahl noch ein zusätzlicher **Aufschlag** pro Nacht *(Hotel Room Occupancy Tax)*. In **Realität** lässt sich mit etwas Recherchieren ab **etwa $ 180** ein ordentliches Zimmer finden.

Während sich die typischen Touristenhotels vornehmlich in Midtown, im Umkreis von Theater District und Broadway befinden, sind weiter nördlich, an der 5th Ave. bzw. auf der Upper East Side verstärkt die Luxushotels angesiedelt. In Szenevierteln wie SoHo, Gramercy oder dem Meatpacking District wächst die Zahl schicker, aber ebenfalls teurer *boutique hotels*.

Besonders viele Hotels eröffneten in den letzten Jahren neu in den **boroughs.** Sie bieten zunehmend günstigere Alternativen zur Übernachtung in Manhattan. Einen Blick wert sind v. a. Hotels in Brooklyn, das zudem gut an Manhattan angebunden ist (www.visitbrooklyn.org/lodging.htm). In **Brooklyn** (v.a. in Williamsburg) gibt es auch schicke Boutiquehotels wie das King & Grove (www.kingandgrove.com), das Wythe Hotel (http://wythehotel.com) oder das nu Hotel (www.nuhotelbrooklyn.com).

In New York ist eine **Buchung im Voraus** das ganze Jahr über ratsam, sei es über hiesige Reiseveranstalter oder auf eigene Faust, z. B. im Internet über Hotelbroker oder direkt beim Hotel. Ein weiterer Vorteil ist, dass es sich dann um

„Inklusivpreise" handelt. Besonders beliebte Reisedaten, an denen Hotelzimmer knapp werden können, sind der 4. Juli (4th of July, Unabhängigkeitstag), Thanksgiving, Weihnachten und auch bestimmte Sommerwochenenden.

Die **Preise in Reisekatalogen** beginnen in der Nebensaison bei rund 160 € für ein schlichtes Doppelzimmer ohne Frühstück. Preiswerter ist meist eine **Buchung im Internet**, z. B. bei

> www.hotelbook.com
> www.nycgo.com/hotels
> www.reservation-services.com/new-york-newyork-hotels.html
> www.tripadvisor.de (Bewertungen von Hotels)

Hat man bereits zu Hause ein Hotelzimmer gebucht, legt man an der Rezeption den erhaltenen **Voucher** bzw. die erhaltene Reservierungsnummer und eine Kreditkarte – als Sicherheit und für Zusatzkosten (*incidentals*) – vor. Bei Suche vor Ort lohnt es sich auf alle Fälle, nach **special rates** zu fragen (z. B. Summer Specials, Senior, AAA-, Corporate oder Frequent Flyer Rates).

209ny Abb.: mb

⌂ *Das Guesthouse Easyliving Harlem (s. S. 244 und S. 337) befindet sich in einem Brownstone House beim historischen St. Nicholas District*

Hoteltipps

Luxusklasse

Der neueste Trend in New York sind Boutique Hotels. Sie sind fast ebenso teuer wie die altehrwürdigen Luxusherbergen, aber klein und schick, mit dem gewissen Etwas und allem erdenklichen Luxus, viel Hightech und Wellness, natürlichen Materialien und edler Ausstattung mit hippem Flair.

🏨 **567** [B13] **6 Columbus Circle** $$$-$$$$, 6 Columbus Circle, Tel. 1 877 6265862, www.sixtyhotels.com/6columbus. 88 Gästezimmer in Designerhotel am Central Park, cool, modern, zeitlos, elegant und avantgardistisch. Mit großem Bad und Minibar im Zimmer.

🏨 **568** [D23] **Andaz Wall Street** $$$-$$$$, 75 Wall St., Tel. 212 5901234, http://newyork. wallstreet.andaz.hyatt.com. 253 große Zimmer und Suiten auf 13 Etagen im Finanz-

Preiskategorien

Die Kategorien beziehen sich auf den ungefähren Preis für ein Doppelzimmer zuzüglich Steuern, ohne Frühstück. Saisonal bedingt bzw. an Feiertagen oder Wochenenden kann es zu Aufschlägen kommen, andererseits gibt es in flauen Zeiten oft Angebote. Broker bzw. Reiseveranstalter vermitteln dieselben Unterkünfte oft preiswerter.

> ❭ $ unter $ 130
> ❭ $$ $ 130–200
> ❭ $$$ $ 200–300
> ❭ $$$$ über $ 300

viertel. Loftartiges Ambiente, dazu kommen warme Farben und natürliche Materialien wie Bambus oder Marmor. Ein Garten ist zugehörig, Frühstück und Internet sind inklusive und das Restaurant Wall & Water gehört wie The Spa dazu. Eine weitere „Filiale" ist Andaz Fifth Ave./E 485 5th Ave./41st St., Tel. 212 601 1234, http://newyork.5thavenue. andaz.hyatt.com.

🏠**569** [D14] **New York Palace** $$$$, 455 Madison Ave., www.newyorkpalace.com, Tel. 212 8887000. Schräg gegenüber der St. Patrick's Cathedral, rund 900 Zimmer in drei Kategorien verteilen sich auf das Herrenhaus (von 1882) des New Yorker Finanziers Henry Villard im Stil eines italienischen Palazzo und mit 55-stöckigem Turm.

🏠**570** [C23] **Ritz Carlton New York** $$$$, 2 West St., www.ritzcarlton.com/en/ Properties/NewYorkBatteryPark, Tel. 212 3440800. 298 große, edle Zimmer, viele mit Hafenblick!

🏠**571** [B18] **Standard Hotel** $$$$, 848 Washington St., http://standardhotels.com/high-line, Tel. 212 6454646. Schon wegen der

Lage über dem High Line Park ein heißer Tipp. Boutiquehotel mit allem Drum und Dran, auch Restaurant, Bar und Biergarten, Preise inkl. Frühstück.

🏠**572** [C14] **The Blakely** $$$–$$$$, 136 W 55th St., www.blakelynewyork.com, Tel. 212 2451800. Traditionell-edel gestaltetes Hotel mit rund 100 gut ausgestatteten Zimmern, mit CD-/DVD-Player, WLAN und Küchenecke.

🏠**573** [D15] **The Library Hotel New York** $$$$, 299 Madison Ave./E 41st St., Tel. 212 9834500, www.libraryhotel.com. Aller erdenklicher Luxus und ideal für Bücherwürmer. Im Preis enthaltenes Frühstücksbuffet, Gratisgetränke, *cookies* und Obst, Wein und Käse am Abend, WLAN etc. Zahlreiche *specials* und Packages.

🏠**574** [C15] **The Muse Hotel** $$$–$$$$, 130 W 46th St., www.themusehotel.com, Tel. 212 4852400. Guter Tipp in Midtown für Leute, die in Luxus investieren möchten: Boutiquehotel mit verschiedenen Zimmertypen, Superservice und Lokal.

Gehobene Kategorie

🏠**575** [B18] **Abingdon Guest House** $$–$$$, 21 8th Ave., www.abingdonguesthouse. com, Tel. 212 2435384. Im West Village werden in zwei *townhouses* nahe dem Village Vanguard Jazz Club neun unterschiedlich ausgestattete Zimmer angeboten.

🏠**576** [C21] **Cosmopolitan Hotel** $$$–$$$$, 95 W Broadway/Chambers St., Tel. 212 5661900, www.cosmohotel.com. Günstig gelegen in TriBeCa, 125 Zimmer und „Mini-lofts" mit schlichter Möblierung, relativ klein, aber sauber, nach hinten raus ruhiger.

🏠**577** [C14] **Hilton New York Hotel** $$$, 1335 Ave. of the Americas, Tel. 212 5867000, www.hilton.de/newyork. Gut gelegenes, auch von Deutschland aus buchbares Hotel, noch erschwinglich, da es Sonderangebote

und verschiedene Zimmertypen gibt. Toller Ausblick von den Zimmern in den oberen Etagen.

578 [I26] **Hotel Le Bleu** $$$, 370 4th Ave./ Brooklyn (Subway 9th St./4th Ave.), www. hotellebleu.com, Tel. 718 6251500. Das erste Boutiquehotel in Brooklyn, im trendigen Park Slope. Modern, schick und noch erschwinglich. Parken, WLAN und Frühstück gratis.

579 [H18] **King & Grove Hotel** $$$, 160 N 12th St., Brooklyn, Tel. 718 2187500, www.kingandgrove.com/nyc-hotels/hotel-williamsburg. Mitten in der angesagten North Side von Williamsburg, 64 geschmackvolle und moderne Gästezimmer sowie Suiten verschiedener Typen, schicke Rooftop-Bar mit „Lounge" (Ausblick auf Manhattans Skyline!) und großer Swimmingpool. Gratis-WLAN und

◹ *Gut nächtigen lässt es sich im King & Grove Hotel in Williamsburg*

Minibar. „The Elm" heißt das zugehörige, mehrfach ausgezeichnete Restaurant.

580 [D17] **Marcel Hotel** $$$, 201 E 24th St., http://hotelmarcelnewyork.com, Tel. 212 6963800. 135 kompakte, moderne Zimmer, Kaffeebar und Restaurant im Haus, auch von Deutschland aus buchbar.

581 [A9] **Marrakech Hotel** $$$–$$$$, 2688 Broadway/102nd–103rd St., Tel. 212 2222954, www.marrakechhotelnyc.com. 125 ausgefallene, saubere Zimmer (auch für 4 Pers.) in kräftigen Farben, nahe Subway-Stopp in günstiger Lage.

582 [C16] **The Ace Hotel** $$$–$$$$, 20 W 29th St., Tel. 212 6792222, www.acehotel.com. Günstig zum Theater District gelegen, in 12-stöckigem historischem Bau mit 260 unterschiedlich großen Zimmern *(small, medium, large, bunk)* in interessantem hippem Design, teils mit Sitzecke und Kühlschrank. Gratis-WLAN, Bar in der Lobby.

583 [B14] **The Belvedere** $$$–$$$$, 319 W 48th St., www.belvederehotelnyc.com, Tel.

212 2457000. Art-déco-Bau im Theater District, große Zimmer mit Kitchenette, breites Preisspektrum.

☎**584** [D17] **The MAve** $$-$$$, 27th St./62 Madison Ave./27th St., Tel. 646 2372004, www.themavehotel.com. Modernes neues Boutiquehotel im Flatiron District, Preise inkl. Frühstück und WLAN, auch günstigere *special rates*.

☎**585** [C19] **Washington Square Hotel** $$$, 103 Waverly Place, Tel. 212 7779515, www.washingtonsquarehotel.com. Eher kleine Zimmer, Preise inkl. Frühstück. Die obere Etagen bietet einen schönen Parkblick.

Mittlere bis preiswerte Kategorie

☎**586** [C14] **Ameritania Hotel** $$, 230 W 54th St./Broadway, Tel. 212 2475000, www. ameritaniahotelnewyork.com. Im Theater District gelegenes Standardhotel mit zweckmäßigen, schlicht-modernen Zimmern. Das Hotel ist auch bei deutschen Veranstaltern und im Internet buchbar.

☎**587** [B17] **Chelsea Lodge** $$, 318 W 20th St., Tel. 212 2434499, www.chelsealodge. com. Brownstone-Bau in Chelsea mit 22 charmanten und preiswerten (kleinen) Zimmern mit Waschbecken und Dusche, WC auf dem Flur.

☎**588** [J21] **Condor Hotel** $$, 56 Franklin Ave., Brooklyn, Tel. 347 5072482, www.condor ny.com. In Williamsburgs weniger bekannter South Side, in einem interessanten orthodox-jüdischen Viertel gelegen. Verschiedene gut ausgestattete Zimmer und Suiten, einige Zimmer mit Balkon und Blick auf die Skyline von Manhattan. Gratis-WLAN und -Frühstück.

☎**589** [C16] **Herald Square Hotel** $$-$$$, 19 W 31st St., www.heraldsquarehotel.com, Tel. 212 2794017. 130 unterschiedlich eingerichtete, gemütliche Zimmer in ehemaligem Sitz des LIFE Magazine (1883–1936).

Günstige Hotelketten

Empfehlenswert sind die Hotels der Kette **Apple Core** – Broadway@Times Square, La Quinta Manhattan, New York Manhattan Hotel, The Hotel@Times Square und Ramada Eastside. Alle sind in guter Lage und inklusive Frühstück und WLAN zu relativ günstigen Preisen (ab $ 180 sowie Sonderangebote) erhältlich.

❯ www.applecorehotels.com, Tel. 212 7902710

Die Hotels der **Affinia-Kette** – u. a. Affinia Dumont, Manhattan, Shelburne, Gardens, Affinia 50 – sind etwas teurer, aber auch luxuriöser ($$$).

❯ www.affinia.com, Tel. 646 4242600, auch in dt. Reisekatalogen

Die **GEM-Hotelgruppe** unterhält in New York je ein Hotel in Midtown, Chelsea und Soho ($$–$$$).

❯ www.thegemhotel.com

☎**590** [D18] **Hotel 17** $-$$, 225 E 17th St., Tel. 212 4752845, www.hotel17ny.com. 122 preiswerte kleine Zimmer. Glamourös und kultig, altmodisch mit viel Holz, nicht alle mit eigenem Bad.

☎**591** [be] **Opera House Hotel** $$-$$$, 436 E 149th St., Bronx, www.operahousehotel. com. In der ehemaligen Oper in dem angesagten Viertel SoBro gelegenes Boutiquehotel. Gemütliche Zimmer mit allen modernen Annehmlichkeiten.

☎**592** [B15] **Paramount Hotel** $$-$$$, 235 W 46th St., Tel. 212 7645500, www.nycparamount.com. Hotel am Times Square mit fast 600 Zimmern verschiedener Kategorien, modern eingerichtet, wenn auch klein, dazu relativ preiswert (Specials!).

🏨**593** [B14] **Skyline Hotel** $$, 725 10th Ave./ 49th, Tel. 212 5863400, www.1skyline. com. 230 motelartige, moderne und ordentlich ausgestattete große Zimmer nahe dem Broadway, auch bei deutschen Veranstaltern buchbar.

🏨**594** [E20] **SoHotel** $$–$$$, 341 Broome St., Tel. 1 800 7370702, http://thesohotel. com. Neu renoviertes, historisches Haus in Bowery/Nolita mit 100 Zimmern verschiedener Typen (bis zu 5 Pers.), gute Betten und zugehöriges Lokal/Bar Randolph.

🏨**595** [E13] **The Bentley** $$–$$$, 500 E 62nd St./York Ave., www.hotelbentleynewyork. com, Tel. 212 6646000. Große Zimmer, Rooftop-Restaurant, Cappuccinobar (24 Std.), auch bei deutschen Veranstaltern buchbar, aber im Internet günstiger.

🏨**596** [D17] **The Gershwin** $$, 7 E 27th St., Tel. 212 5458000, www.gershwinhotel.com. Gut 100 (große) Zimmer in prima Lage zwischen SoHo und Theater District. Verschiedene Kategorien vom Stockbett im Schlafsaal bis zur Suite; auch bei deutschen Veranstaltern buchbar.

🏨**597** [B19] **The Jane** $-$$$, 113 Jane St., Tel. 212 9246700, www.thejanenyc.com. Standard Single Cabin mit nur knapp 5 m² und Badezimmer im Gang, Bunk Bed Cabins für 2 Personen mit technisch guter Ausstattung sowie größere Captain's Cabins mit eigenem Bad. Im West Village nahe Hudson River.

🏨**598** [D14] **The Pod Hotel** $$–$$$, 230 E 51st St., Tel. 1 800 7425945, www.thepodhotel.com. 360 Zimmer in Midtown, winzig, aber gut, witzig ausgestattet mit Minibädern. Schicker Outdoor-Patio mit Ausblick; auch Schlafsäle. Filiale:

🏨**599** [D15] **The Pod Hotel 39** $$–$$$, 145 E 39th St., 3rd Ave.–Lexington Ave., Tel. 212 8655700.

🏨**600** [C16] **Wolcott Hotel** $$$, 4 W 31st, Tel. 212 2682900, www.wolcott.com. 176 renovierte Zimmer, sauber und relativ preisgünstig, dazu in guter Lage nahe Empire State Building.

🏨**601** [B15] **YOTEL** $$–$$$, 570 10th Ave., Tel. 646 449 770, www.yotel.com/en/Hotels/New-York-City. Hotel nahe Times Square mit verschiedenen Typen an „cabins", wie die Bäder eher klein, doch sehr hipp und schick. Kostenloses WLAN.

Bed and Breakfast

🏨**602** [C5] **Easyliving Harlem** $$, 214 W 137th St., www.easylivingharlem.com, Tel. 646 5995651. Vier Gästezimmer in einem historischen Haus im Herzen von Harlem (s. S. 244), mit Gemeinschaftsküche, Innenhof und kenntnisreichen Gastgebern.

🏨**603** [C6] **Harmony Hospitality House** $-$$, 216 W 122nd St., www.airbnb.de/rooms/241021. Apartment in der obersten Etage eines liebevoll renovierten Brownstone-Reihenhauses in Harlem (siehe auch S. 240).

🏨**604** [D10] **Stay the Night** $$, 18 E 93rd St., Tel. 212 7228300, www.staythenight.com. Sieben Zimmer und Suiten (davon 1 Apartment) in einem *townhouse* nahe Central Park. Im EG liegt die Wohnung des Vermieters.

❯ Auch unter **www.airbnb.de** finden sich zahlreiche Privatzimmer in NYC.

Jugendherbergen und Hostels

In der Jugendherbergsszene ging es zuletzt **drunter und drüber.** Nachdem in den letzten Jahren zahlreiche Hostels eröffnet hatten, einige seriös, andere weniger, schlossen etliche wieder, **gelegentlich zum Nachteil von Reisenden,** die gebucht (und evtl. bezahlt) hatten und dann vor verschlossenen Türen standen bzw. erst kurz vor Reiseantritt davon erfuhren. Viele der Hostels haben nicht den städtischen Auflagen entsprochen, daher ist Vorsicht geboten. Eine **aktuelle Liste** an preiswerten Unterkünften findet sich unter: www.hostels.com/us.ny.ny.html.

☎605 [A17] **Chelsea Highline Hotel** $, 184 11th Ave., Tel. 212 3664129, www.jazzhostels.com/jazzlocations/chelsea-highline-hotel. Selbe Kette wie Jazz on Park. Gratis-Frühstück und verschiedene Zimmer (ab ca. $ 35/Bett).

☎606 [C15] **Equity Point Hostel@Times Square** $, 206 W. 41st St., Tel. 212 7038600, www.equity-point.com. Schlichte, aber saubere Schlafsäle (4–8 Betten) in grandioser Lage am Times Square. WLAN und Frühstück inklusive.

☎607 [B8] **Hostelling International New York** $, 891 Amsterdam Ave./W 103rd St., Tel. 212 9322300, www.hinewyork.org. 624 Betten in Schlafsälen (4–12 Pers.), Grünanlage, Cafeteria, Küche. Jugendherbergsausweis oder Tagesmitgliedschaft nötig.

☎608 [B10] **International Student Center** $, 38 W 88th St., Tel. 212 7877706, www.nystudentcenter.org. 18- bis 30-Jährige können nahe dem Central Park in einem historischen Bau im Schlafsaal nächtigen. Reservierung über Internet möglich.

☎609 [B8] **Jazz on the Park Hostel** $, 36 W. 106th St., www.jazzhostels.com, Tel. 212 9321600. Inkl. WLAN, Frühstück, Bettwäsche etc., max. sechs Betten pro Zimmer, auch DZ/Familienzimmer, ab $ 40.

☎610 [D20] **The Bowery House** $–$$, 220 Bowery, Tel. 212 8372373. http://thebowery house.com. Neu renovierte, loftartige Unterkunft in der Bowery, zeitweise Soldatenunterkunft daher v. a. kleine „cabins", aber auch 4-Bett-Zimmer, teils ohne eigenes Badezimmer und ohne Fenster. Gemeinsamer *living room* mit TV, Dachgarten, Bar und Lokal.

☎611 [D15] **YMCA Vanderbilt Hotel** $–$$, 224 E 47th St., www.ymcanyc.org, Tel. 212 9122500. Eine der besten Herbergen im UN-Viertel mit 371 Zimmern, Gemeinschaftsbädern, Fitness-, TV-Raum und Cafeteria.

Für längere Aufenthalte

❯ **Sara's New York Homestay**, 1 W 34th St./5th Ave., Tel. 212 5645979, www.sarahomestay.com. Für Studenten, Unterbringung in Familien, WGs oder Studios/Apartments verschiedener Typen und Standards in ganz New York City.

Verhaltenstipps und Umgangsformen

Selbst in New York, das bezüglich der Umgangsformen einen eher schlechten Ruf hat, sind Freundlichkeit, Hilfsbereitschaft, Diskretion und Disziplin üblich. Der Kunde ist König, Vordrängen, Muffigkeit, Aggressivität und Hektik sind verpönt.

Do's und Don'ts – amerikanische Besonderheiten

❯ **Trinkgelder** (*tipp* oder *gratuity*) sind in den USA nicht inklusive. Angesichts der geringen Löhne der Beschäftigten im Dienstleistungsgewerbe ist es üblich, in Restaurants, Klubs, Bars etc. 15 bis 20 % vom Rechnungsbetrag zu der Gesamtsumme zu addieren. Ein Amerikaner berechnet meist auf den Cent genau das Trinkgeld, manchmal sogar anhand eigens dafür konstruierter Tabellen. Ein ähnlicher Richtwert gilt für Taxifahrer (15 %), während in Hotels für den Transport von Gepäck durch den *bellboy* $ 1–2 pro Gepäckstück angemessen sind, etwa dasselbe für das Bereitstellen des Pkws. Zimmermädchen (*maids*) erhoffen sich ca. $ 2 pro Aufenthaltstag und auch *guides* gibt man ein Trinkgeld, selbst wenn die Touren gratis sind.

> Obwohl in vielen **Museen** New Yorks nur von einer *suggested donation* die Rede ist, gilt es als unhöflich, die vorgeschlagene Summe nicht zu bezahlen.

> **Rauchen** ist in Parks und auf Plätzen, in öffentlichen Gebäuden, in Nahverkehrsmitteln und auch in der Mehrzahl von Restaurants und Bars verboten. Die Zahl reiner Nichtraucherhotels wächst ebenfalls.

> **Alkohol** darf an Personen unter 21 Jahren nicht verkauft oder ausgeschenkt und generell nicht in der Öffentlichkeit konsumiert werden.

> Bei offiziellen **Einladungen** oder Restaurantbesuchen sollte man nach den Kleidervorschriften fragen: *formal* („elegant"), *business casual* („ordentlich"), oder *casual* („leger")?

> **Händeschütteln** ist bei der **Begrüßung** eher unüblich, dafür werden altersunabhängig schnell die Vornamen benutzt.

> Eine echte Wissenschaft ist der Gebrauch der weiblichen **Anredeformen:** Mrs. (meist verheiratet oder verwitwet, älter) steht „Miss" als universal anwendbare Anredeform, unabhängig von Alter und oft auch Stand – und geschrieben noch neutraler „Ms." – gegenüber.

> Die amerikanischen **Tischsitten** unterscheiden sich besonders im Hinblick auf das Hantieren mit dem Besteck: Amerikaner schneiden mit dem Messer vor und benutzen dann nur noch die Gabel. Beidhändig zu essen gilt als „europäisch". Es würde keinem Amerikaner einfallen, Pizza oder Meeresfrüchte mit Messer und Gabel zu essen. Selbst in Toplokalen kann man sich Essensreste in ein *doggy bag* einpacken lassen.

> **Toiletten** nennt man nie *toilet* sondern immer *restroom, ladies'* bzw. *men's room, bath* oder *powder room; Handys* heißen in den USA *mobile* oder *cell phone*, bedeutet doch das Wort *handy* nichts anderes als „handlich", „praktisch" oder „geschickt".

Verkehrsmittel

Autofahren ist in den USA normalerweise ein Vergnügen, nicht so allerdings in New York. Vom selber Fahren kann nur abgeraten werden, zumal in New York City ein gut ausgebautes, preiswertes und sicheres öffentliches Verkehrssystem existiert.

Subway und Busse

Die New Yorker Nahverkehrsbetriebe **MTA (Metropolitan Transit Authority)** betreiben seit 1965 Busse und U-Bahnen. Die Verbindung nach New Jersey stellt hingegen New Jersey Transit her.

Die **Subway**, kurz *train* genannt, verfügt über die größte U-Bahn-Flotte der Welt – über 6300 Subway-Wagen auf 21 Linien mit 468 Stationen – und transportiert täglich etwa 5,5 Mio. Fahrgäste auf einer über 370 km langen Schienenstrecke, sowohl unterirdisch als auch oberirdisch. Es handelt sich um ein schnelles, sicheres und preiswertes Verkehrsmittel. Auch wenn technische Pannen an der Tagesordnung sind und irgendwo stets Bauarbeiten anstehen, lässt sich ein New Yorker davon nicht aus der Ruhe bringen. Schließlich hat er/sie immer Lesestoff oder Smartphone dabei. *Riding the train* bedeutet, mit unzähligen Kulturen, Hautfarben, Sprachen, Geräuschen und Gerüchen, Zeitungs- und Buchtiteln konfrontiert zu werden, und erlaubt interessante Sozial- und Gesellschaftsstudien.

Außerdem betreibt die MTA über 5700 **Busse**, über 300 Linien in fünf Stadtteilen, die über 15.000 Haltestellen bedienen und an einem normalen Werktag auf insgesamt etwa 3000 km Liniennetz über 2,6 Mio. Fahrgäste transportieren.

Der streckenunabhängige Einheitspreis für ein **Einzelticket** (SingleRide ticket) beträgt $ 2,75 (Expressbusse $ 6), Kinder unter 1,10 m Größe fahren gratis. Mit einer **MetroCard**, einer wiederaufladbaren Geldwertkarte, kostet die Einzelfahrt nur $ 2,50 („Pay-Per-Ride"). Es gibt MetroCards aber auch als Zeitkarte, „**Unlimited-Ride**". Eine Zoneneinteilung und damit Preisstaffelung gibt es bislang nicht.

Die **Geldwertkarte** kann in Subway-Stationen an Automaten oder Schaltern mit einer beliebigen Summe zwischen $ 5 und $ 100 aufgeladen werden, der Fahrpreis wird an einer Schranke bzw. einem Lesegerät (in Bussen) beim Durchziehen automatisch abgebucht. Normalerweise kommt auf dem Display die Meldung „GO", bei Ungültigkeit der Karte oder Problemen „Please, swipe again" („Bitte wiederholen"). Es gibt an Ausgängen von U-Bahn-Stationen auch *Metro-Card Reader,* Lesegeräte, zur Überprüfung der Restsumme. Die Karte kann von mehreren Personen gleichzeitig benutzt werden und ab $ 5 Wert gibt es einen Rabatt von 5 %. Sie kostet einmalig $ 1, ist wiederaufladbar und normalerweise ein Jahr gültig (das Datum steht oben links).

Das kostenlose **Umsteigen** zwischen Bus und U-Bahn (bzw. umgekehrt) oder von Bus zu Bus ist innerhalb von 2 Stunden möglich, allerdings mit gewissen Einschränkungen. So darf z. B. ein Bus mit demselben Ticket nicht auch zur Rückfahrt benutzt werden und Expressbusse ($ 6) sind ausgeschlossen. Beim erneuten Durchziehen der Karte nach dem Umsteigen erscheint dann die Anzeige „Transfer OK" statt einer Neuabbuchung. In Bussen ist es nötig, beim Schaffner bzw. am Automaten ein Umsteige-(Transfer-)Ticket zu besorgen.

145ny Abb.: mb

Die MetroCard gilt nicht nur in Manhattan, sondern auch in den Verkehrsmitteln anderer Gesellschaften wie MTA Long Island Busse, MTA SIR und mehreren anderen Buslinien in Queens oder Staten Island. Für Besucher empfehlenswert sind **Zeitkarten** *(Unlimited-Ride)* für beliebig viele Fahrten, z. B. eine **Wochenkarte** für derzeit $ 30. Bei Wechsel der Station (z. B. weil man versehentlich am falschen Gleis steht) kann eine Unlimited-Ride MetroCard erst nach 18 Minuten erneut benutzt werden. Sie ist damit auch nicht von mehreren Personen gleichzeitig zu verwenden.

❭ **Infos:** MTA, Tel. 718 3301234 und 718 3304847 (mehrsprachig), www.mta.info (mit Fahrplänen und Karten)

❭ **Interessant** sind auch www.straphangers.org und www.nycsubway.org und ein Besuch des NY Transit Museums in Brooklyn (s. S. 61).

❭ **Fundbüro MTA:** http://advisory.mtanyct. info/lostfound, Abholung: Subway-Station 34th St./8th Ave.

❭ **Achtung:** An Wochenenden verkehren gerade in Brooklyn wesentlich weniger *trains* und es kann zu Ausfällen kommen. An den Stationen sind jeweils die Fahrplanänderungen angeschlagen.

Taxi

Martin Scorsese bzw. Travis Bickle in „Taxi Driver" machten die Berufssparte unsterblich und tatsächlich scheint es, als seien in New York mehr Taxis auf der Straße als private Autos. Es sollen über 13.000 lizenzierte Gefährte und rund 42.000 Taxifahrer unzähliger Nationalitäten auf den Straßen unterwegs. Rund 90 % aller Fahrer wurden im Ausland geboren, was man auch schnell merkt, wenn man in eine der Karossen steigt.

EXTRATIPP

Subway- und Busfahren leicht gemacht

Trains, wie die New Yorker die Subway-Züge nennen, fahren in Manhattan **Uptown** (nach Norden) oder **Downtown** (nach Süden) und sind mit **Buchstaben** oder **Nummern** sowie mit der **Endstation** gekennzeichnet. **Busse** sind wesentlich stärker verkehrsabhängig, erfordern mehr Zeit und Geduld und eine bessere Ortskenntnis. Auf Bussen wird die **Endhaltestelle** angegeben. Sie verkehren entlang den Avenues in **Nord-Süd-Richtung** und an etwa jeder 10. Straße ist das Umsteigen in „Crosstown-Busse" – in **West-Ost-Richtung** – möglich. Bushaltestellen sind klar gekennzeichnet und werden mindestens zwischen 7 und 22 Uhr regelmäßig angefahren.

Bei Bussen und Subway wird zwischen **Express** und **Local** unterschieden. Erstere halten nicht überall und sind schneller (und im Fall der Busse teurer). **Pläne** hängen in jeder U-Bahn-Station oder Bushaltestelle, Faltpläne sind an Ticketschaltern kostenlos erhältlich. In Bussen ist das Einsteigen nur vorn, beim Fahrer, möglich (dort Bezahlung per MetroCard oder mit abgezähltem Bargeld). Zum **Aussteigen** ist es nötig, eine Schnur oder einen Druckknopf zwischen den Fenstern zu betätigen, die das „Stop Request"-Schild zum Erleuchten bringen. Man steigt hinten aus, indem man gegen die Tür drückt.

◁ *An der auffälligen Subway-Station am Times Square* **39** *laufen zahlreiche U-Bahn-Linien zusammen*

326ny Abb.: mb

1907 wurden in NYC erstmals rot-grüne Taxis in Betrieb genommen, seit 1967 sind sie gelb lackiert. Klassisch waren die Checker Cabs, gefolgt von Ford Crown Victorias, die zunehmend durch **Hybridfahrzeuge** (z. B. Ford Escape Hybrid-SUV) ersetzt werden. Man hat **Kreditkartenzahlung** in Taxis eingeführt und ist dabei, alle mit **Satellitentechnik** (zur Lokalisierung) auszustatten und mit **Videobildschirmen**, auf denen Fahrgäste das Kinoprogramm oder Stadtpläne, gekoppelt mit allerlei Werbung, sehen können.

Abseits von Sammelpunkten wie Bahnhöfen oder Flugplätzen werden Taxis in New York auf der Straße mehr oder weniger waghalsig in gewünschter Fahrtrichtung per **Handzeichen** angehalten *(to hail a taxi)*. Taxistände sind unbekannt. Auf dem Dach des Fahrzeugs zeigt ein **erleuchtetes Schild** mit einer Nummer an, dass das Fahrzeug frei ist. Ein Taxi nimmt auch mehrere Passagiere in etwa gleicher Fahrtrichtung auf (jeder zahlt separat), ansonsten werden bis zu vier zusammenreisende Personen zu einem Fahrpreis transportiert. Man sitzt immer auf der **Rückbank**, die von den Vordersitzen durch Plexiglas abgetrennt ist. Dort klebt meist auch die Lizenz. Man sollte immer nur in offizielle **gelbe Taxis** mit Taxameter, Foto des Fahrers und Lizenznummer ein-

EXTRATIPP

Fahrradtaxis

Ein Kuriosum sind die „Velotaxis" (Fahrradrikschas), die sich todesmutig durch den stinkenden Großstadtverkehr (bzw. den Central Park) schlängeln, um Besucher von A nach B zu bringen. Abgerechnet wird nach gefahrener Zeit (vorher fragen!), pro Min. werden im Schnitt $ 2,50–4 verlangt. Für 30 Min. Central-Park-Tour sind mind. $ 60 einzuplanen.

> **Infos:** www.nycpoa.org

⌂ *Taxis sind gelb oder apfelgrün, Letztere fahren v. a. in den „boroughs"*

EXTRAINFO

Taxi-Preise und Infos (Stand Mai 2014)

Grundgebühr $ 2,50 plus 50 c für jede zusätzliche 1/5 mi (ca. 300 m) bzw. pro 60 Sek. langsamer Fahrt. Aufschläge fallen von 20–6 Uhr (50 c) bzw. Mo.–Fr. 16–20 Uhr ($ 1) an, außerdem für Übergepäck und besondere Fahrten. Es gibt eine Flughafen-Flatrate ($ 52 plus *toll/tip*), auch für Fahrten zum Flughafen, aber nur nach/von Manhattan.

> **New York City Taxi and Limousine Commission,** Tel. 212 2218294 (Beschwerden, allg. Infos), Tel. 212 8404734 (Fundbüro)
> **Infos zu NYC Taxi und Boro Taxi:** www.nyc.gov/html/tlc/html/home/home.shtml

steigen und ans Trinkgeld (ca. 15 %) denken! Außerhalb Manhattans verkehren apfelgrüne Taxis, sog. **Boro Taxis,** wobei diese auch in Harlem zu sehen sind. Dort bieten ansonsten v. a. schwarze Limousinen „car service" an, da reguläre Yellow Cabs Harlem früher eher mieden.

Limousinen

Limousinen sind bei mehreren Personen eine Alternative zum Taxi. Limousinen-Gesellschaften bieten meist Stundentarife für 1 bis 4 Personen (ab ca. $ 35 Grundpreis) an. Extras kosten Aufpreis und für Flughafenfahrten gibt es oft einen Fixpreis. Die Anbieter sind zahlreich, einer davon ist

> **Lincoln Limousine Service,** Tel. 212 6665050, www.lincolnlimousines.com. Individuelle Touren und Flughafenfahrten nach Absprache.

Regionalzüge

Regionalzüge aus New Jersey und Long Island – betrieben von PATH, NJTransit und LIRR (Long Island Railroad) – kommen in der Penn Station, die aus dem Norden (New York State und Connecticut) von Metro North Railroad hingegen im Grand Central Terminal (42nd St./Park Ave.) an.

PATH stellt die Verbindung nach Newark, New Jersey her. Ein zweiter PATH-Bahnhof befindet sich an der World Trade Center Site ❾. LIRR frequentiert 130 Stationen auf Long Island, hält u. a. an Shea Stadium und Belmont Park.

> **Metro North:** www.mta.info/mnr
> **PATH:** www.panynj.gov/path
> **NJTransit:** www.njtransit.com
> **LIRR:** www.mta.info/lirr

Fährverkehr

Die Hauptanlegestellen für Fähren in New York City sind: Pier 17 (South Street Seaport ⓬), Pier 11 (Wall St.), State Island Ferry Terminal (Whitehall St.), Battery Park (Slip 6, vor Castle Clinton ❸), WFC (World Financial Center ❽), Pier 83 (Circle Line).

> **Staten Island Ferry** (s. S. 106). Gratisfahrten nach Staten Island, vorbei an der Statue of Liberty und mit Blick auf Manhattans Skyline. Abfahrten alle 30 Min., rund um die Uhr, jeweils zur vollen und halben Stunde.
> **Governors Island Ferry** (s. S. 106). Kostenloser Pendelverkehr im Sommer mit Ausblick auf die Erholungsinsel.
> **NY Waterway,** mehrere Anlegestellen, www.nywaterway.com. Verbindung zwischen Manhattan und New Jersey.
> **NY Water Taxi** (s. S. 330). Hop-on-hop-off-Touren verbinden Anlegestellen in Manhattan und Brooklyn/DUMBO (Fulton Ferry/

210ny Abb.: mb

Pier 1), außerdem Fähre zwischen IKEA Red Hook/Brooklyn und Pier 11/Wall St.
> **East River Ferry,** www.eastriverferry.com, $ 4, Tagesticket $ 12 (an Wochenenden $ 6/18). Fährverkehr auf dem East River zwischen Manhattan, Queens und Brooklyn.

⌂ Die East River Ferry verbindet Manhattan mit Brooklyn und sorgt damit für einen weiteren Aufschwung dieses boroughs

▷ Frühling in New York – eine optimale Zeit für einen Besuch, wenngleich die Stadt ganzjährig mehr als genug zu bieten hat (s. S. 346)

Versicherungen

Eine Versicherung ist in den USA unverzichtbar: eine private **Auslandskrankenversicherung,** da die Kosten für ärztliche Behandlungen in den USA von den gesetzlichen Krankenversicherungen in Deutschland und Österreich nicht übernommen werden. **Schweizer** sollten bei ihrer Versicherungsgesellschaft nachfragen.

Der Abschluss einer **Jahresversicherung** ist in der Regel kostengünstiger als mehrere Einzelversicherungen. Günstiger ist auch eine **Versicherung als Familie** statt als Einzelpersonen. Zur Erstattung der Kosten zu Hause benötigt man ausführliche Quittungen (mit Datum, Namen, Bericht über Art und Umfang der Behandlung, Kosten der Behandlung und Medikamente). Bei Versicherungsabschluss ist auf einen **Vollschutz ohne Summenbeschränkung** zu achten, außerdem sollte im Falle einer schweren

Krankheit oder eines Unfalls auch der **Rücktransport** übernommen werden. Wichtig ist auch, dass im Krankheitsfall der **Versicherungsschutz über die vorher festgelegte Zeit hinaus** automatisch verlängert wird, wenn die Rückreise nicht möglich ist.

Nicht immer sinnvoll ist der Abschluss **weiterer Versicherungen** wie Reiserücktritts-, Gepäck-, Reisehaftpflicht- oder Reiseunfallversicherung. Sie enthalten viele Ausschlussklauseln und zudem sind gewisse Schäden und Verluste auch durch bereits existierende Versicherungen wie Privathaftpflicht oder Unfallversicherung abgedeckt. Auch in manchen (Gold-)Kreditkarten sind bestimmte Versicherungen schon enthalten, meist allerdings nur für den Karteninhaber und oft nur bei Bezahlung der Reiseleistung mit der Kreditkarte.

Eine **Reiserücktrittsversicherung** lohnt bei unterschiedlich hohem Selbstbehalt und zu unterschiedlichen Konditionen nur für teure Reisen und für genau definierte Fälle, z. B. gelten Terroranschlag, Streik oder Naturkatastrophen nicht als Rücktrittsgründe.

Bei der **Reisegepäckversicherung** ist zu bedenken, dass zum Beispiel bei Flugreisen verlorenes Gepäck oft nur nach Kilopreis und nach Zeitwert oder sogar nur nach Vorlage von Rechnungen bzw. eines Polizeiprotokolls ersetzt wird. Dabei gibt es strikte Regeln, was Sorgfalt und Aufsichtspflicht angeht, und eine lange Liste an Ausschlussgründen. Überdies deckt häufig die Hausratversicherung schon Einbruch, Raub und Beschädigung von Eigentum auch im Ausland ab.

Eine **Privathaftpflichtversicherung** hat man in der Regel bereits und bei einer

148ny Abb.: mb

existierenden **Unfallversicherung** sollte man prüfen, ob diese im Falle plötzlicher Arbeitsunfähigkeit aufgrund eines Unfalls im Urlaub zahlt.

Wetter und Reisezeit

Für New York gibt es keine „Nebensaison" und eigentlich auch kein „schlechtes Wetter", denn dafür ist die Angebotspalette an Museen und „Indoor-Attraktionen" zu groß. Die **jährlichen Klimaschwankungen** in New York sind extremer als hierzulande. Sehr heißen und feuchten Sommern stehen kalte und durchaus schneereiche Winter gegenüber. Im **Sommer** kann die Hitze in der Stadt unerträglich werden, verstärkt durch hohe Luftfeuchtigkeit, fehlende Luftzirkulation und die Luftverschmutzung. Kurioserweise sind während des Hochsommers, in der Ferienzeit, die Flüge am teuersten, während Hotels gerade dann mit Sonderangeboten und Ermä-

ßigungen locken. In den Sommermonaten empfiehlt sich leichte **Kleidung.** Erkältungsanfällige Personen tun jedoch gut daran, Pullover oder Jacke mitzunehmen. Regenschutz ist wegen der annähernd gleichmäßigen Verteilung der Niederschläge übers Jahr sinnvoll, ebenso bequeme feste Schuhe.

Frühjahr und Herbst sind meist mild, haben kühle Nächte und sind daher die empfehlenswerteren Jahreszeiten für einen Besuch der Stadt. Der Herbst (vor allem Sept./Anf. Okt.) birgt den Vorteil meist größerer Wetterstabilität, während das Frühjahr bzw. der Frühsommer (Mai/ Anf. Juni). längeres Tageslicht bietet, allerdings auch schnellere Wetterwechsel und Regenschauer.

Der **Winter** ist recht wechselhaft, häufig sehr kalt und schneereich, vor allem im Januar und Februar. Hingegen herrschen meist zum Christmas Shopping, vor Weihnachten, noch relativ gute Wetterbedingungen: Es ist nicht all zu kalt und der Schnee hält sich in Grenzen.

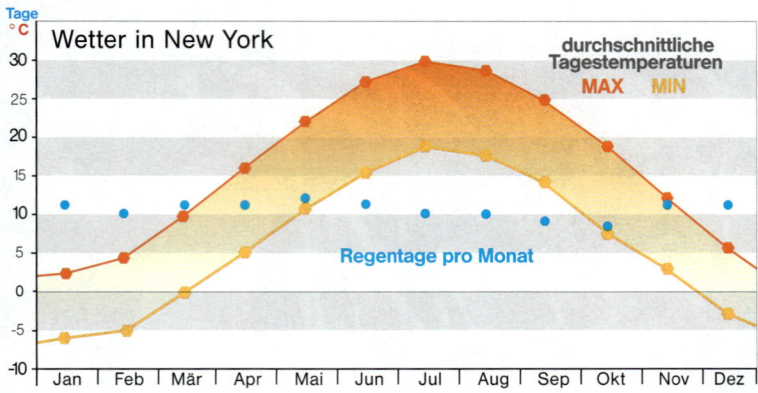

Anhang

006ny Abb.: mb

Kleine Sprachhilfe

Für einen tieferen Einstieg in die Sprache seien an dieser Stelle die Reisesprachführer „Amerikanisch – Wort für Wort" (Kauderwelsch-Band 143), „American Slang" (Kauderwelsch-Band 29) und „More American Slang" (Kauderwelsch-Band 67) aus dem REISE KNOW-HOW Verlag empfohlen.

Begrüßung und Höflichkeit

Guten Morgen	*Good morning* (bis mittags)
Guten Tag	*Good afternoon* (ab mittags)
Guten Abend	*Good evening*
Gute Nacht	*Good night*
Auf Wiedersehen	*Good bye/Bye-bye/* *See you* (umgangssprachlich)
Willkommen!	*Welcome!*
Mein Name ist ...	*My name is ...*
Wie heißen Sie?	*What's your name?*
Schön Sie/Dich kennenzulernen/zu sehen.	*Nice/Good to see you.*
Entschuldigen Sie ...	*Excuse me, please, ...* (bei Fragen)
Verzeihung!	*Sorry/Pardon me!*
Bitte	*Please* (bei Fragen, Bitten)
Danke	*Thank you/Thanks*
Bitte, gern geschehen	*You are (very) welcome*
Könnten Sie mir bitte sagen ...	*Could you, please, tell me ...*

Allgemeine Fragen und Wendungen

Ich bin/Wir sind ...	*I am .../We are ...*
Das ist/sind ...	*This is/These are ....*
Wo ist/sind ...?	*Where is/are ...?*
Wo kann ich ... bekommen?	*Where can I get ...?*
Was ist das?	*What's that?*
Haben Sie ...?	*Have you got ...? I am looking for ...*
Wie viel kostet ...?	*How much is ...?*
Ich verstehe nicht.	*I don't understand.*
Sprechen Sie Deutsch?	*Do you speak German?*
Wie heißt das auf Englisch?	*What's that in English?*
vielleicht	*perhaps, maybe*
wahrscheinlich	*probably*
Ist es möglich ...?	*Is it/Would it be possible ...?*
Wer?	*Who?*

+++ NEU: Die wichtigsten Wörter mit dem Bonus-Audiotrack des Kauderwelsch-

Was?	What?
Wie?	How?
Wie viel(e)?	How much? (Menge) How many? (Anzahl)

Zeit

Wie spät ist es?	What time is it?
Es ist 10 Uhr	It's 10 a.m. (ante meridiem)
Es ist 22 Uhr	It's 10 p.m. (post meridiem)
Mittag/Mitternacht	noon/midnight
heute	today
morgen	tomorrow
gestern	yesterday
morgens	in the morning
nachmittags	in the afternoon
abends	in the evening
früh/früher	early/earlier
spät/später	late/later

Wochentage

Montag	Monday
Dienstag	Tuesday
Mittwoch	Wednesday
Donnerstag	Thursday
Freitag	Friday
Samstag	Saturday
Sonntag	Sunday
Feiertag	holiday

Geldangelegenheiten

Geld, Kleingeld, Bargeld	money, change, cash
1 Dollar ($)	„buck" (100 cent)
1/5/10/25 Cent (c.)	penny/nickel/dime/quarter
Tausender	grand
Geldautomat	ATM (automated teller machine)
Kreditkarte	credit card
Reisescheck	travelers cheque/check
Ausweis	ID (identification papers/card), passport
Steuer	tax
Gebühr	fee

AusspracheTrainers auf PC oder Smartphone lernen (siehe Umschlag hinten) +++

Kleine Sprachhilfe

Unterwegs

Wie weit ist es bis ...?	*How far is it to ...?*
Ist das der richtige Weg nach ...?	*Is this the right way to ...?*
Nord, Süd, Ost, West	*north, south, east, west*
links, rechts	*left, right*
geradeaus, zurück	*straight (ahead), back (to)*
Ampel, Kreuzung	*traffic light(s), junction*
Auto/Mietwagen	*car, vehicle/rental car*
Autovermietung	*car rental station*
Lastwagen	*truck*
Motorrad	*motorcycle, bike*
Benzin	*gas*
Tankstelle	*gas station*
Führerschein	*driver's license*
Panne/Pannenhilfe	*breakdown/roadside assistance*

Öffentliche Verkehrsmittel

Fahrkarte	*ticket*
Tageskarte	*day pass*
einfache Fahrt	*one-way trip*
hin und zurück	*round trip*
Schienenverkehr (Tram, U-/S-Bahn)	*light rail*
Straßenbahn	*tram, streetcar, light rail*
U-Bahn	*subway, metro*
(Bus-)Bahnhof/-Haltestelle	*(bus) station/stop*
Eisenbahn/Bahnhof	*railroad/railroad station*
Schiff/Fähre/Taxi	*boat/ferry/cab*

Unterkunft

Haben Sie ein Zimmer frei?	*Any vacancy? Do you have a room available?*
Zimmer frei/besetzt (Schilder)	*Vacancy/No vacancy*
Reservierung	*reservation*
Einzel-/Doppelzimmer	*single/double room*
... mit einem Bett/	*... with one (king-size)/*
... mit zwei Betten	*... two (queen-size) beds*
... mit Frühstück	*... breakfast included*
Badezimmer/Dusche/Badewanne	*bathroom/shower/bathtub*
Nebenkosten	*incidentals*
WC	*bathroom, restroom, ladies'/men's room*
behindertengerecht	*handicapped accessible/handicap-accessible*
Aufzug/Treppe/Rolltreppe	*elevator/stairs/escalator*
Stockwerk/Parterre/erster Stock	*floor/ground oder first floor/second floor*

Essen & Trinken

Speisekarte	*menu*
Ich möchte ... bestellen	*I would like (to order) .../I will take .../*
Rechnung	*check*
Tagesgericht	*daily special*
Vorspeise	*appetizer*
Hauptgericht	*entree/entrée*
Nachspeise	*dessert*
Frühstück	*breakfast*
Mittagessen	*lunch*
Abendessen	*dinner/supper*
Bedienung	*waiter/waitress*
Trinkgeld	*tip, gratuity*
essen	*to eat*
trinken	*to drink*

Mit REISE KNOW-How ans Ziel

Landkarten

aus dem *world mapping project*™
bieten beste Orientierung – weltweit.

wmp USA 4 · nordost · northeast 1:1,25 Mill.

REISE KNOW HOW

1:1 250 000

4 | USA, nordost

Connecticut
Delaware
Maine
Maryland
Massachusetts
New Hampshire
New Jersey
New York
Ohio
Pennsylvania
Rhode Island
Vermont
West Virginia

USA, northeast
états-unis, nord-est
EE.UU., noreste
США, северо-восток

· reiß- und wasserfest
· rip & waterproof
· indéchirable et imperméable
· irrompible & impermeable
· нервущаяся и водонепроницаемая

world mapping project

USA 4 · nordost · northeast 1:1,25 Mill.

Landkarte
USA 4, Nordost
1:1.250.000

ISBN 978-3-8317-7218-6

Euro 8,90 [D]

- Aktuell über **180** Titel lieferbar
- Optimale Maßstäbe ▪ 100%ig wasserfest
- Praktisch unzerreißbar ▪ Beschreibbar wie Papier ▪ GPS-tauglich

Register

Die Autoren

Margit Brinke und **Peter Kränzle** sind promovierte Archäologen, die sich 1995 als freiberufliche Journalisten und Buchautoren selbstständig gemacht haben. Seither konnten sie sich durch über 80 Publikationen bei verschiedenen Buchverlagen und durch regelmäßige Mitarbeit bei verschiedenen Zeitungen und Magazinen einen Namen im Reise- und Sportjournalismus machen.

Im REISE KNOW-HOW Verlag wurden außer dem vorliegenden Buch bereits Reiseführer über „San Francisco", „Chicago" und „Kreta" sowie außerdem die CityTrips „Athen", „Augsburg", „Basel", „Genf", „New York", „Salzburg", „Toronto", „Las Vegas", „Los Angeles" und „New Orleans" publiziert. „Washington, D.C." ist derzeit in Arbeit.

Seit dem ersten New-York-Besuch im Jahr 1982 wurden die Autoren vom Charisma dieser einzigartigen Weltmetropole in den Bann gezogen. Dennoch war es keine „Liebe auf den ersten Blick", denn New York ist eine Stadt, die man „erobern" und lieben lernen muss. Inzwischen zieht es die Autoren Jahr für Jahr in den sich stets wandelnden „Big Apple", denn hier wird es einem einfach nie langweilig ...

Bildnachweis

Soweit nicht direkt am Bild vermerkt, stehen die Kürzel an den Abbildungen für folgende Fotografen, Firmen und Einrichtungen. Wir bedanken uns für die freundliche Abdruckgenehmigung.

mb und Seite 2	Margit Brinke (die Autorin)
mt	Michael Tulipan
msg	MSGEntertainment
pm	Paula Monroe
RPBW_CRP	Renzo Piano Building Workshop/ Cooper, Robertson & Partners

NYC&Co:

al	Alex Lopez
ba	Bami Adedoyin
gg	Gordon Gary
jah	J. Alan Hamillton
js	Julienne Scheer
mbr	Malcolm Brown
mw	Marley White

Umschlagklappe, rechts	Margit Brinke
Umschlag	fotolia.com©olly

Aktuelle Informationen nach Redaktionsschluss

Unter **www.reise-know-how.de** werden aktuelle Ergänzungen und Änderungen der Autoren und Leser zum vorliegenden Buch bereitgestellt. Sie sind auch in der **Gratis-App** zum Buch abrufbar.

Cityatlas

OO7ny Abb.: mb

1 cm = 150 m
0 ■■■ 300 m
© REISE KNOW-HOW 2014

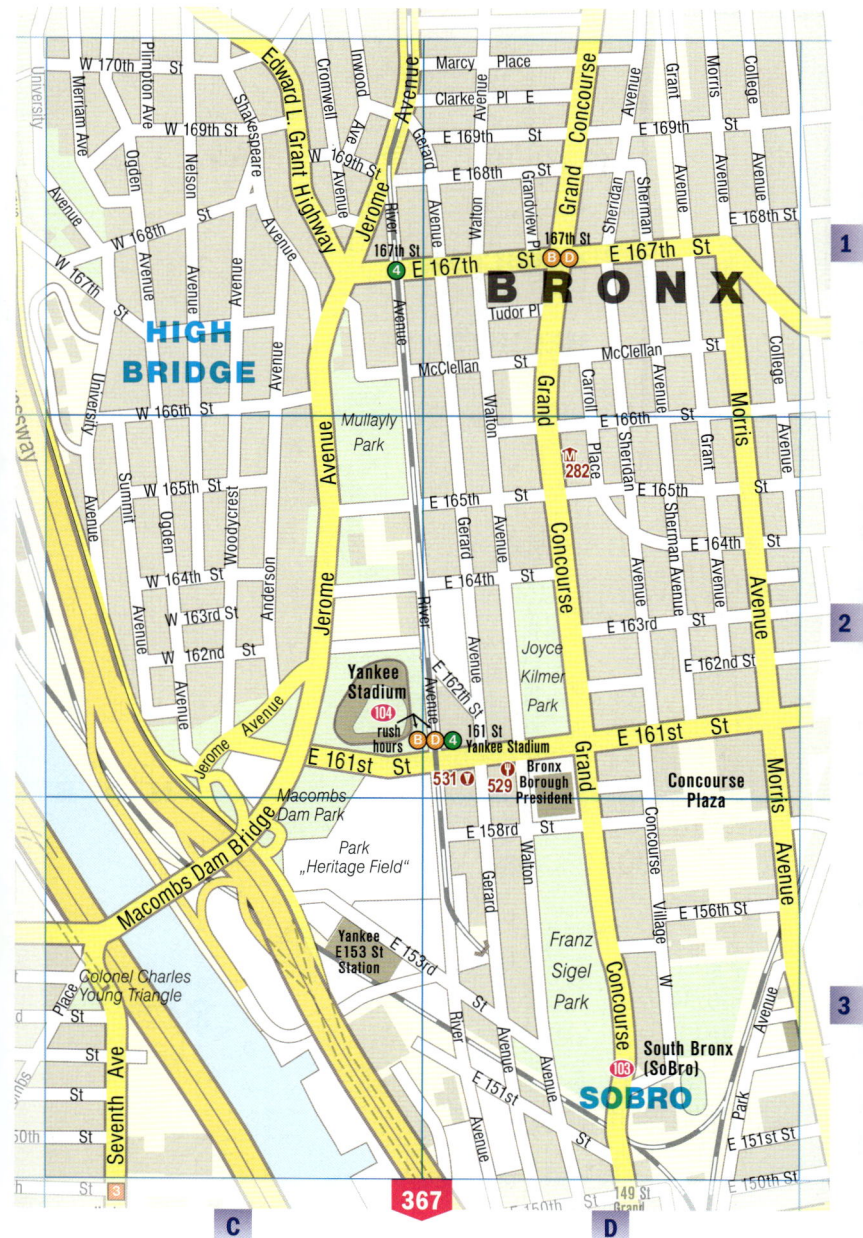

W 170th St
Plimpton Ave
Merriam Ave
Ogden
W 169th St
Shakespeare
Edward L. Grant Highway
Inwood Ave
Cromwell
Ave
Jerome
River
W 169th St
Gerard
Avenue
Avenue
Marcy Place
Clarke Pl E
E 169th St
Grant
Morris
College
Avenue
Avenue
E 169th
Avenue
Nelson
Avenue
E 168th St
Watson
Grandview Pl
Sheridan
Sherman
Avenue
Avenue
E 168th St
W 168th
Avenue
Avenue
Avenue
167th St
167th St
4 E 167th St B D E 167th St
W 167th St
University
Avenue
B R O N X
Tudor Pl
McClellan St
Carroll
McClellan Avenue
College
Morris
HIGH
BRIDGE
W 166th St
Mullayly
Park
Grand
E 166th St
Sheridan
M 282
Place
Grant
St
Avenue
Summit
W 165th St
Ogden
Woodycrest
Gerard
E 165th St
Avenue
St
Concourse
E 165th St
Sherman Avenue
E 164th St
St
W 164th St
Anderson
Jerome
E 164th St
Avenue
Avenue
Avenue
W 163rd St
E 163rd St
E 162nd St
Morris
Avenue
W 162nd St
River
Avenue
Avenue
Joyce
Kilmer
Park
Avenue
Yankee
Stadium
104
rush
hours
E 162th St
161 St
B D 4 Yankee Stadium
Jerome Avenue
E 161st St
531 T 529 Bronx
Borough
President
Grand
Concourse
Plaza
Morris
Avenue
Macombs
Dam Park
E 158rd St
Walton
Concourse
Park
„Heritage Field"
Macombs Dam Bridge
Gerard
Concourse
Village
E 156th St
Colonel Charles
Young Triangle
Place
St
Yankee
E 153 St
Station
E 153rd
Franz
Sigel
Park
Concourse
W
Park
Avenue
St
St
Seventh Ave
St
St
E 151st
Avenue
South Bronx
(SoBro)
103
St 151st St
St
River
SOBRO
3
St
367
Avenue
E 150th St
149 St
Grand
E 150th St

C D

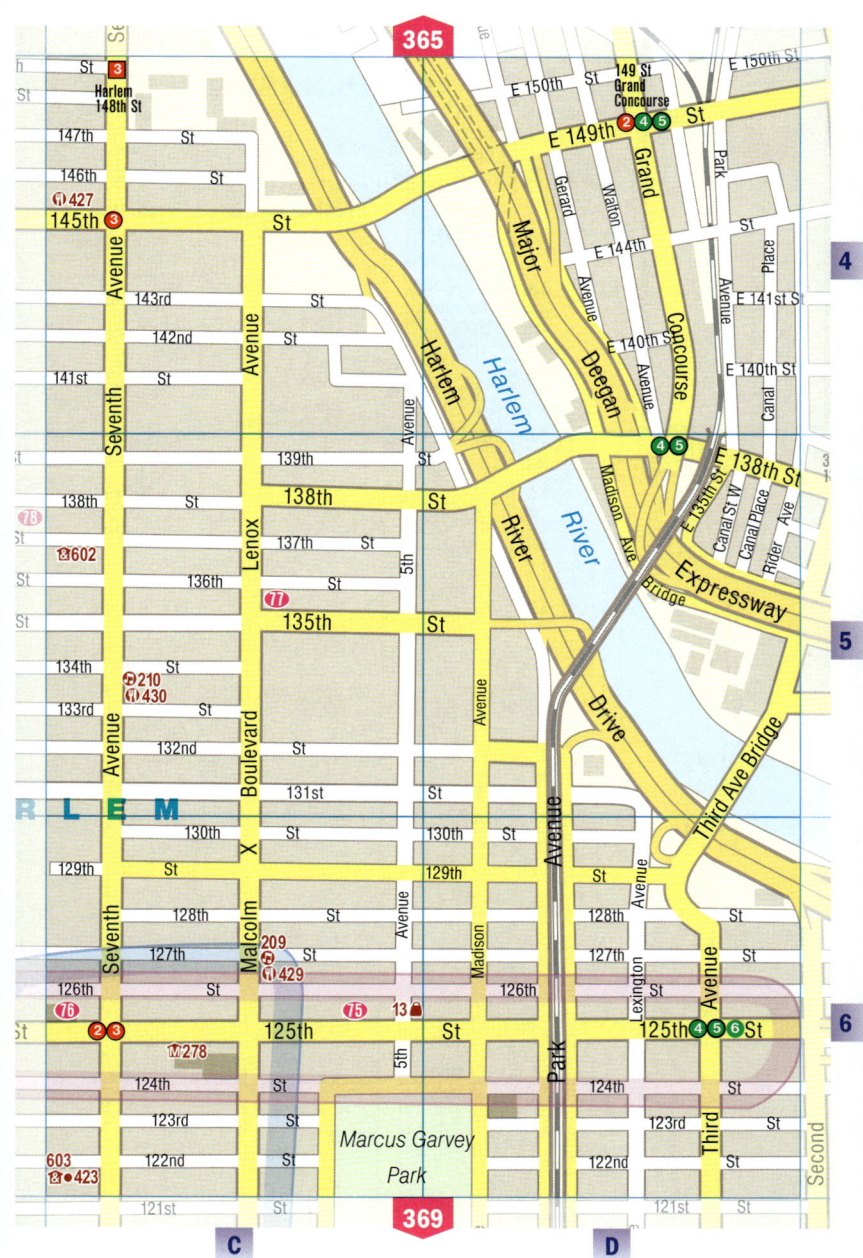

1 cm = 150 m

0   300 m

© Reise Know-How 2014

MORNINGSIDE

HEIGHTS

Teacher's College

Barnard College

Columbia University

Cathedral of St. John the Divine

431 ★

R. Niebuhr Pl

121st St
120th St
119th St
118th St
117th St
116th St
115th St
114th
113th St
112th St
111th St
Cathedral Parkway
109th St
108th
107th
106th
105th
104th
103rd St
102nd St
101st St
100th
99th
98th
97th
96th St
95th
94th
93rd

Claremont Avenue
Broadway
Amsterdam Avenue
Morningside Drive
Morningside Avenue
Morningside Park
Manhattan Avenue

St. Nicholas Avenue
Frederick Douglass Boulevard

426
96 🚇 116th St
188 ⏱

116th 🅱️🆎 St

Cathedral Pkwy. 110th St 🅱️🆎
Fred Douglass Circle

Riverside Drive
Hudson River
Riverside Drive
Henry Hudson Parkway
West End Avenue

203
140
112
581 🏛️
607
609

103rd St 🅱️🆎

The Pool

West Side

Central Park West
Columbus Avenue
Manhattan Avenue

103rd St

96th St 🅱️🆎

1 116th St Columbia Univ.
81 Columbia University
82

1 Cathedral Pkwy. 110th St

1 103rd St
1 2 3 96th St

116th 96th St

Cathedral Pkwy. 110th St

The Hill

366

372

A   B

7

8

9

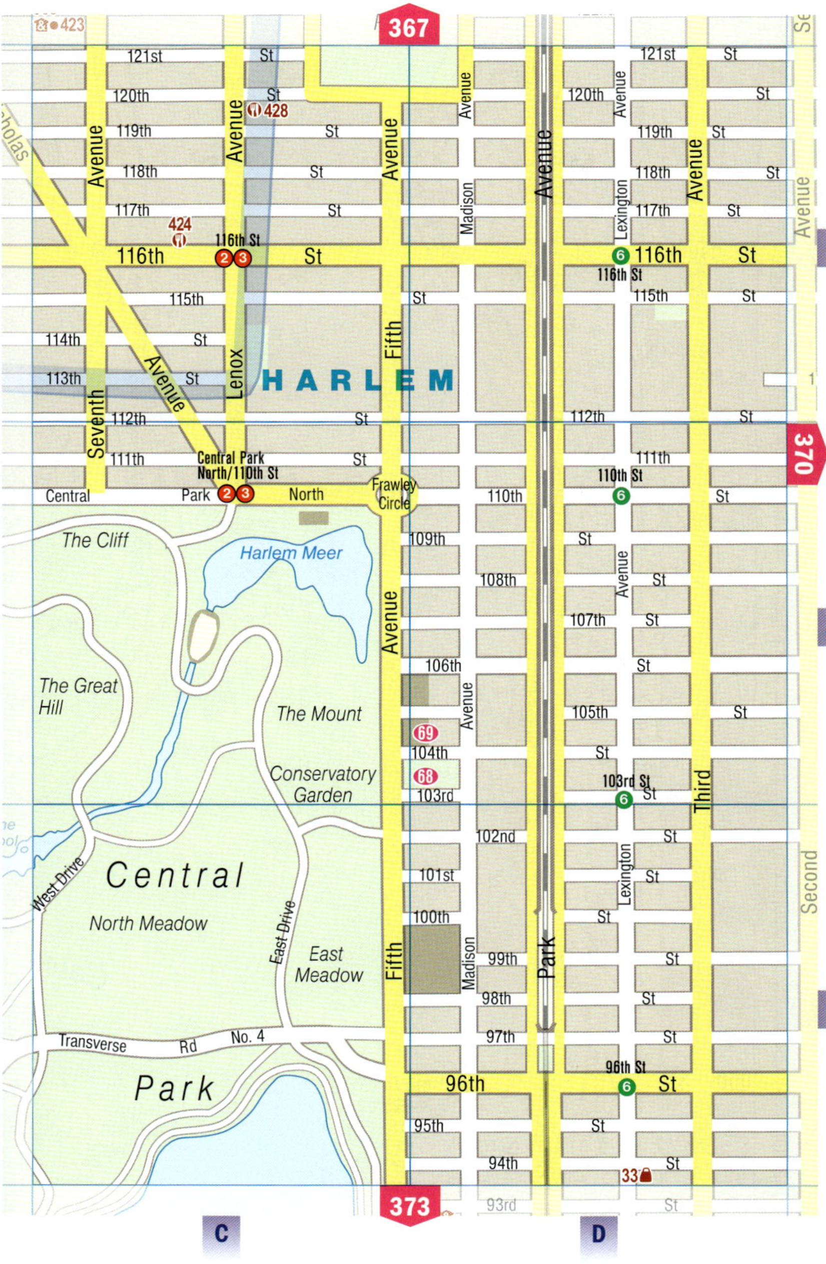

367

370

373

121st St
120th St
119th St
118th St
117th St
116th St
115th St
114th St
113th St
112th St
111th St

☎●423
☐428
424

Avenue
Avenue
Avenue
Avenue
Madison
Avenue

Lenox
Seventh

H A R L E M

Central Park
North/110th St

❷❸

Central   Park   North
Frawley
Circle

Fifth

The Cliff

Harlem Meer

The Great
Hill

The Mount

Conservatory
Garden

C e n t r a l

North Meadow

East
Meadow

Transverse   Rd   No. 4

West Drive

East Drive

P a r k

109th St
108th St
107th St
106th St
105th St
104th St
103rd St
102nd St
101st St
100th St
99th St
98th St
97th St
96th St
95th St
94th St
93rd St

Avenue

Avenue

Avenue

Fifth
Madison

121st St
120th St
119th St
118th St
117th St
116th St
116th St
115th St

112th
111th St
110th St

Avenue
Lexington
Avenue

❻ 116th St
❻

110th St
❻

103rd St
❻

96th St
❻

Park
Lexington

Third
Second

33 🔒

7

8

9

C   **D**

1 cm = 150 m

0   300 m

© Reise Know-How 2014

7

369

8

9

120th St

119th St

118th St

117th St

116th St

115th St

113th St

112th St

St

110th St

109th St

108th St

106th St

105th St

104th St

103rd St

102nd St

101st St

100th St

99th St

97th St

96th St

95th St

94th St

93rd St

Avenue

Avenue

First

Second

New A New St
New St

(East River Drive)

D. Roosevelt Drive

Franklin

Drive

River

East

Jefferson Park

Randalls Island Park

Robert F. Kennedy Bridge

Triborough Plaza

Triborough Plaza

Triborough Plaza

Manhattan Psychiatric Center

E 125th St

Wards Island Park

Foot Bridge

Hell Gate

Mill Rock Park

Hellgate Field

2nd

374

E

F

7

20th Ave

Blvd

Ralph
Demarco
Park

Shore

18th St

19th St

20th St

21st St

20th Ave

23rd St

24th St

25th St

26th St

8

21st Ave

21st Ave

21st Ave

21st Rd

21st Drive

Ditmars Blvd

Crescent

St

St

DITMARS
STEINWAY

Ditmars Blvd

22nd Rd

St

22nd Dr

24th St

26th St

27th St

St

St

23rd Ave

23rd Rd

23rd Dr

23rd Terrace

24th Rd

24th Ave

21st St

23rd St

St

St

23rd Ave

26th St

28th St

9

Robert F. Kennedy Bridge

Shore Blvd

Astoria
Park

Pot Cove

Astoria Park South

12th St

14th St

14th Pl

18th St

25th Rd

26th Ave

9th St

St

St

4th St

Hoyt Ave

Crescent

24th St

27th St

24th St

Hoyt Ave North

29th St

◯ 517

Hoyt Ave South

22nd St

St

St

27th St

Astoria Blvd
(Hoyt Ave)

N ◉

G   **H**

1 cm = 150 m
0 — 300 m

© REISE KNOW-HOW 2014

368

10

11

12

A   B

93rd St
94th St
92nd St
91st St   421
90th St
89th St
88th St
87th St
86th St   1 86th St   608
85th St   145   B C 86th St
84th St
83rd St   259
82nd St   418 420   UPPER
81st St   422   81st St Museum of Natural History   B C
80th St   115   WEST
79th St   91   79th St
78th St   1 79th St   American Museum of Natural History
77th St   SIDE   74
76th St   63
75th St   272
74th St
73rd St   Verdi Square   73
72nd St   2 3 72nd St   72nd St B C
71st St   1   165
70th St   Sherman Square
69th St
68th St
67th St
66th St   66th St Lincoln Center
    1
376   Lincoln   257   412

Broadway
Amsterdam Avenue
Avenue
West End Avenue
Columbus Avenue
Central Park West
Henry Hudson Parkway
Riverside Drive
Hudson River Greenway
Riverside Boulevard
Freedom Place
West Drive
West Drive
Summit Rock

Jaqueline Kennedy
Onassis Reservoir

Transverse Rd No. 3

Pinetum

The Great Lawn
Metropolitan Opera
Metropolitan Museum of Art

Central

Belvedere Castle
Turtle Pond
318
Transverse Rd No. 2

Cedar Hill

Park

The Glade
The Ramble
Conservatory Pond

The Lake

Pilgrim Hill

Cherry Hill

Bowling Green
Bandshell & Summerstage

Sheep Meadow

East Green

The Mall

Transverse East Drive

West Drive
East Drive

369

377

Guggenheim Museum

YORKVIL

374

UPPE

EAST

SIDE

Avenue
Park
Madison
Fifth
Lexington

94th St
93rd
92nd
91st
90th
89th
88th
87th
86th St
85th
84th
83rd
82nd
81st
80th
79th
78th
77th
76th
75th
74th
73rd
72nd
71st
70th
69th
68th
67th
66th

86th St
77th St
68th St/
Hunter College

St
St
St
St
St
St
St
St
St
St
St
St
St
St
St
St
St
St
St
St
St
St
St
St
St
St
St

33

67 604
66
65
63
64
62
409
155
410
302
554 304
303
61
60
70
545
415
318

C   D

1 cm = 150 m
0 ————— 300 m
© Reise Know-How 2014

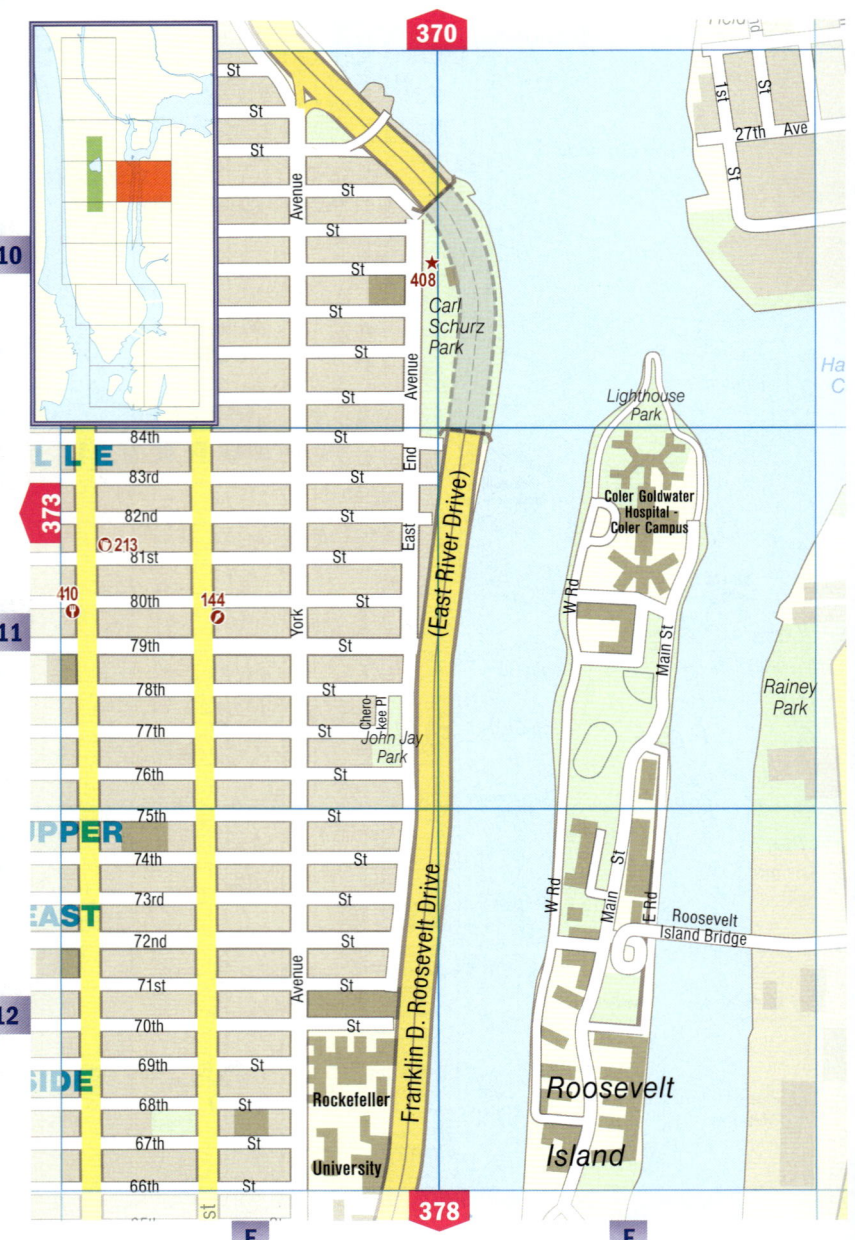

370

10

St
St
St
Avenue
St
St
St
★
408
St
Carl
Schurz
Park
St
Avenue
St
St
St
End
St

Lighthouse
Park

Ha...
C...

LLE
84th St
83rd St
82nd St
81st St
80th
79th
78th
77th
76th
York
Avenue
East
(East River Drive)
408

Coler Goldwater
Hospital -
Coler Campus

W Rd
Main St

373

213
410
144

St
St
St
St
St
St
Cher-
okee Pl
St
John Jay
Park

Rainey
Park

11

UPPER
75th St
74th
73rd
72nd
71st
70th
Avenue
St
St
St
St
St
St

W Rd
Main St
E Rd

EAST

Roosevelt
Island Bridge

12

SIDE
69th St
68th St
67th St
66th St
Rockefeller
University

Franklin D. Roosevelt Drive

Roosevelt

Island

378

E
F

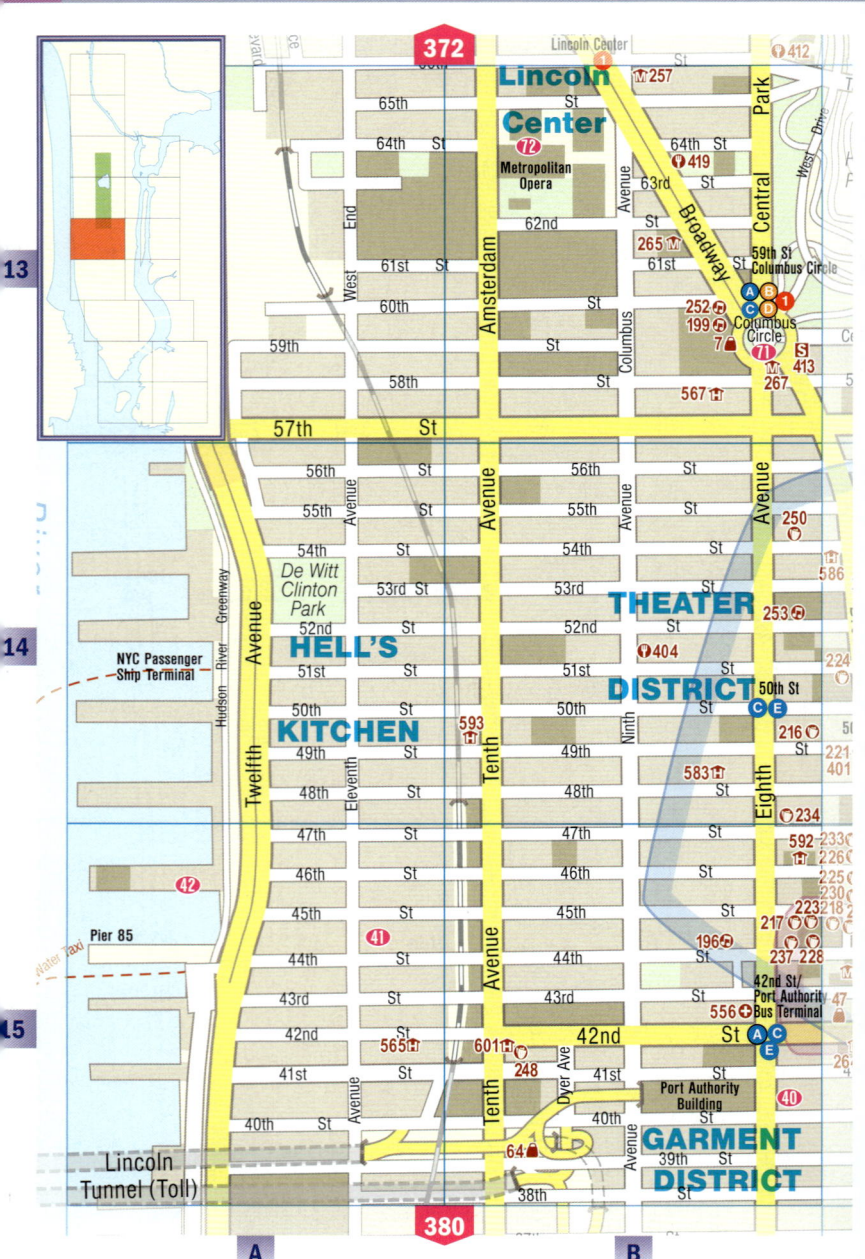

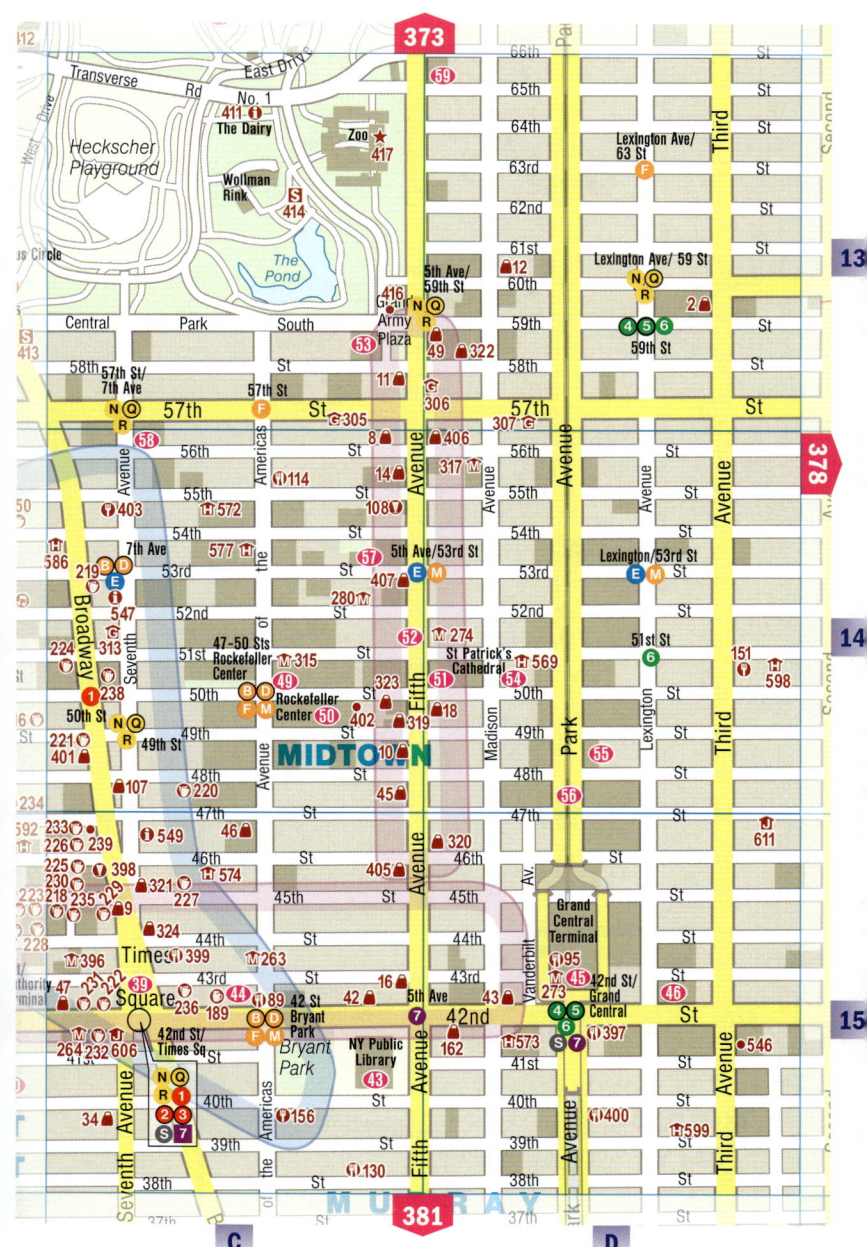

1 cm = 150 m
0 ▬▬▬ 300 m

© REISE KNOW-HOW 2014

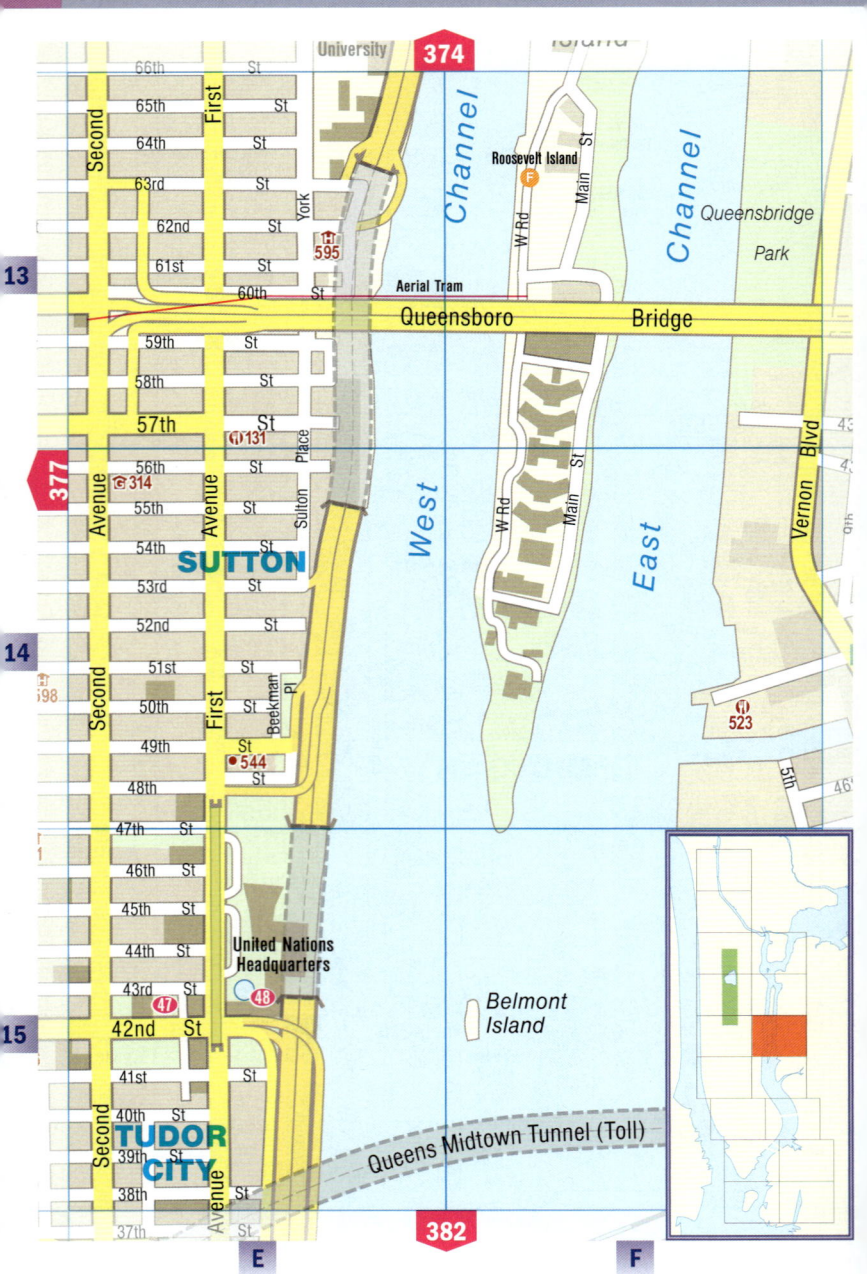

374

University

Channel

66th St

65th St

64th St

63rd St

62nd St

61st St

Second

First

York

H 595

13

60th St

Aerial Tram

Roosevelt Island
F
Main St

Channel

Queensbridge
Park

Queensboro   Bridge

59th St

58th St

57th St

131

56th St

314

55th St

54th St

53rd St

52nd St

Avenue

Avenue

Sutton Place

W Rd

Main St

West

Vernon Blvd

377

SUTTON

East

14

51st St

50th St

49th St

48th St

Second

First

Beekman Pl

598

544

523

5th

47th St

46th St

45th St

44th St

43rd St

42nd St

41st St

40th St

39th St

38th St

37th St

Second

First

Avenue

**United Nations
Headquarters**

47

48

15

**TUDOR
CITY**

*Belmont
Island*

Queens Midtown Tunnel (Toll)

382

E   F

☐ Liste der Karteneinträge Seite 396

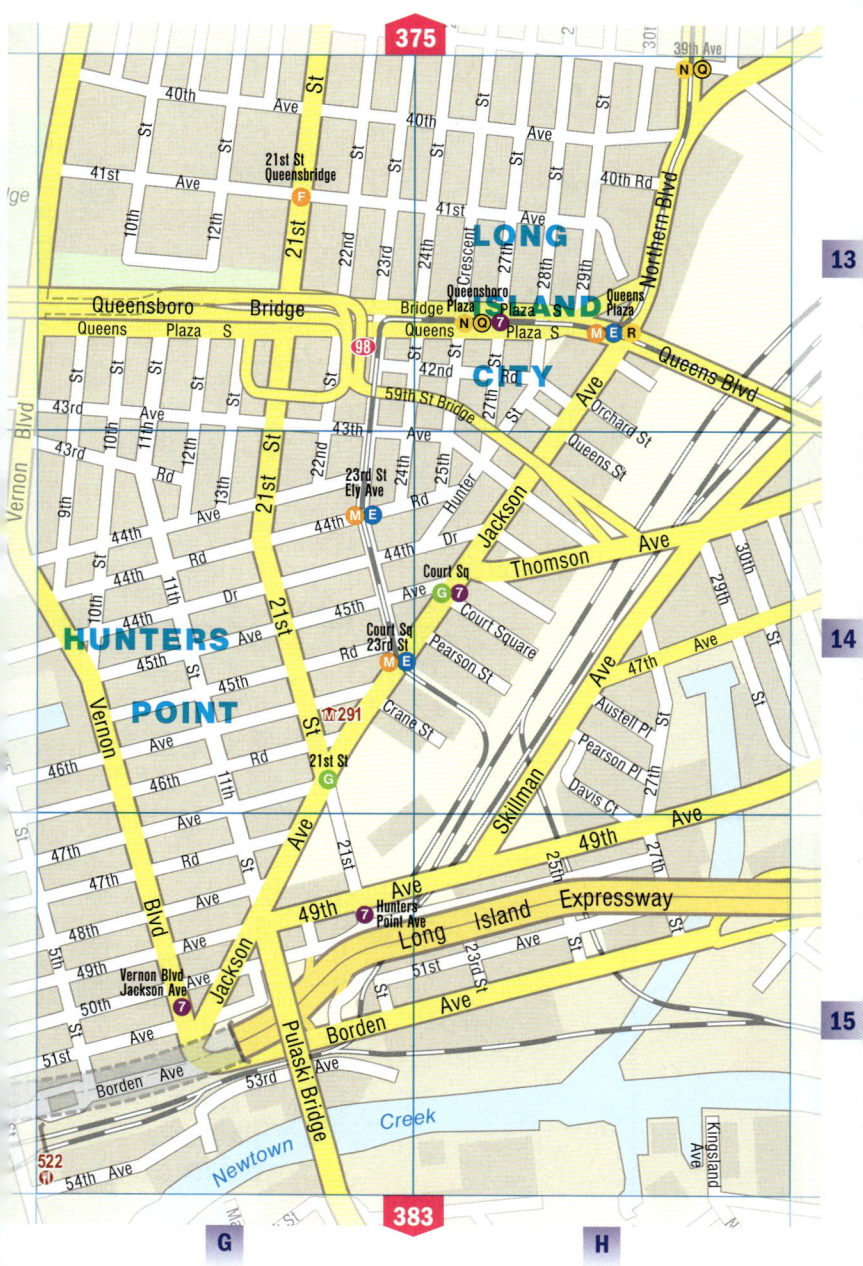

Tunnel (Toll)

376

DISTRICT

Midtown/W 39th St.
Ferry Terminal

Jakob K. Javits
Convention Center
38

38th St
37th St
36th St
35th St

Dyer Ave
Ninth Avenue

34th St Penn Stn.
55

A C E

34th St

33rd

395

50
Madison Square Garden
36
44

31st St

16

Heliport

37
558

30th St
29th St
28th St
309
27th St

Twelfth Avenue

26th St
25th
311
24th
308
605

Eleventh Avenue

High Line Park

Chelsea Park

Ninth

23rd St
C E

Pier 63

17

Pier 62

23rd St
23rd St

22nd
30
141
391
21st St
C H E L S E A
20th St
387
560
19th St
18th
164
163
17th St
16th
73
15th St
564
14th St/8th Ave
A C E
L
14th St
★334
392
393
389
13th
Jackson Sq.
571
390
32
12th
575
597
Abingdon Sq.

566
S

Chelsea Piers

312
310

31

Tenth Avenue

Eleventh Ave.

West St

388
587
1

Eighth Avenue

Hudson St
Jane St
Bank St
Horatio St
Gansevoort St
Little 12th

MEAT-PACKING DISTRICT

18

A
B

384

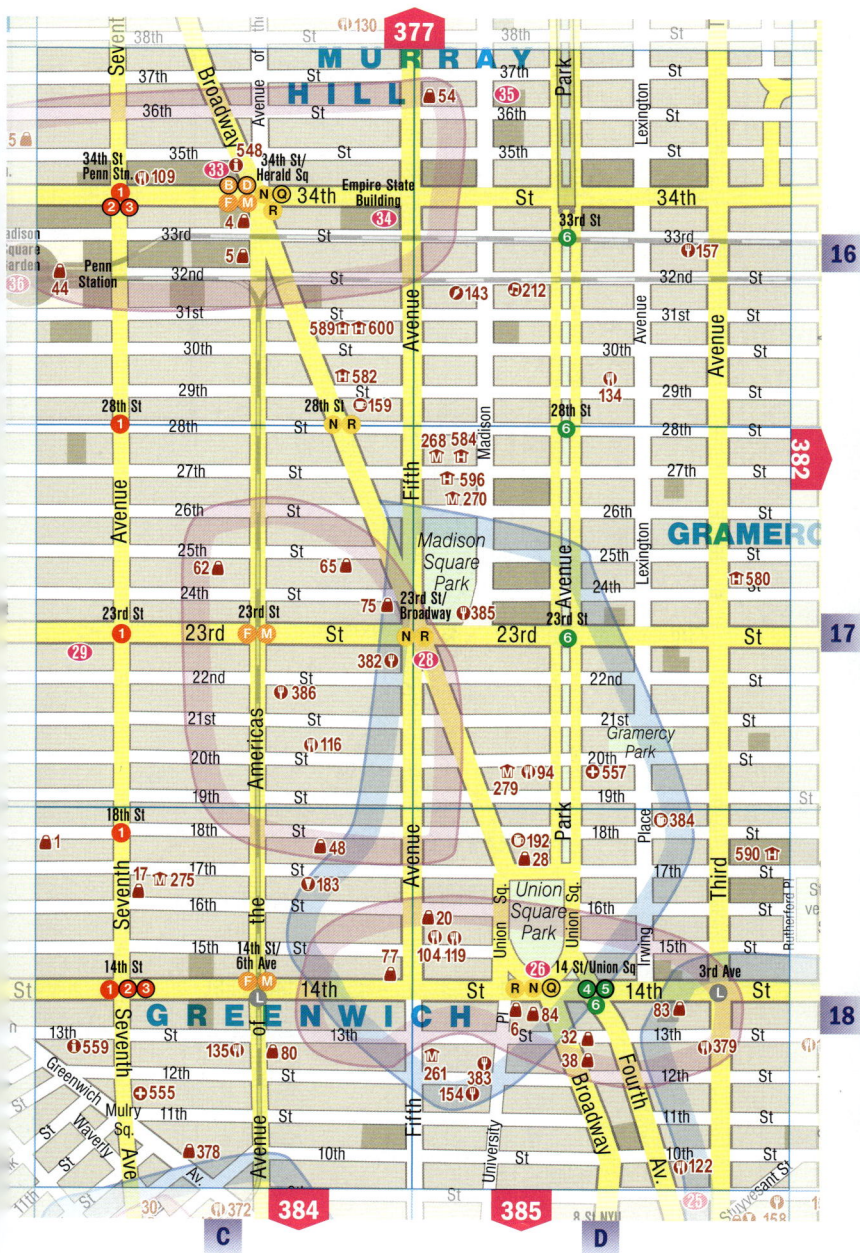

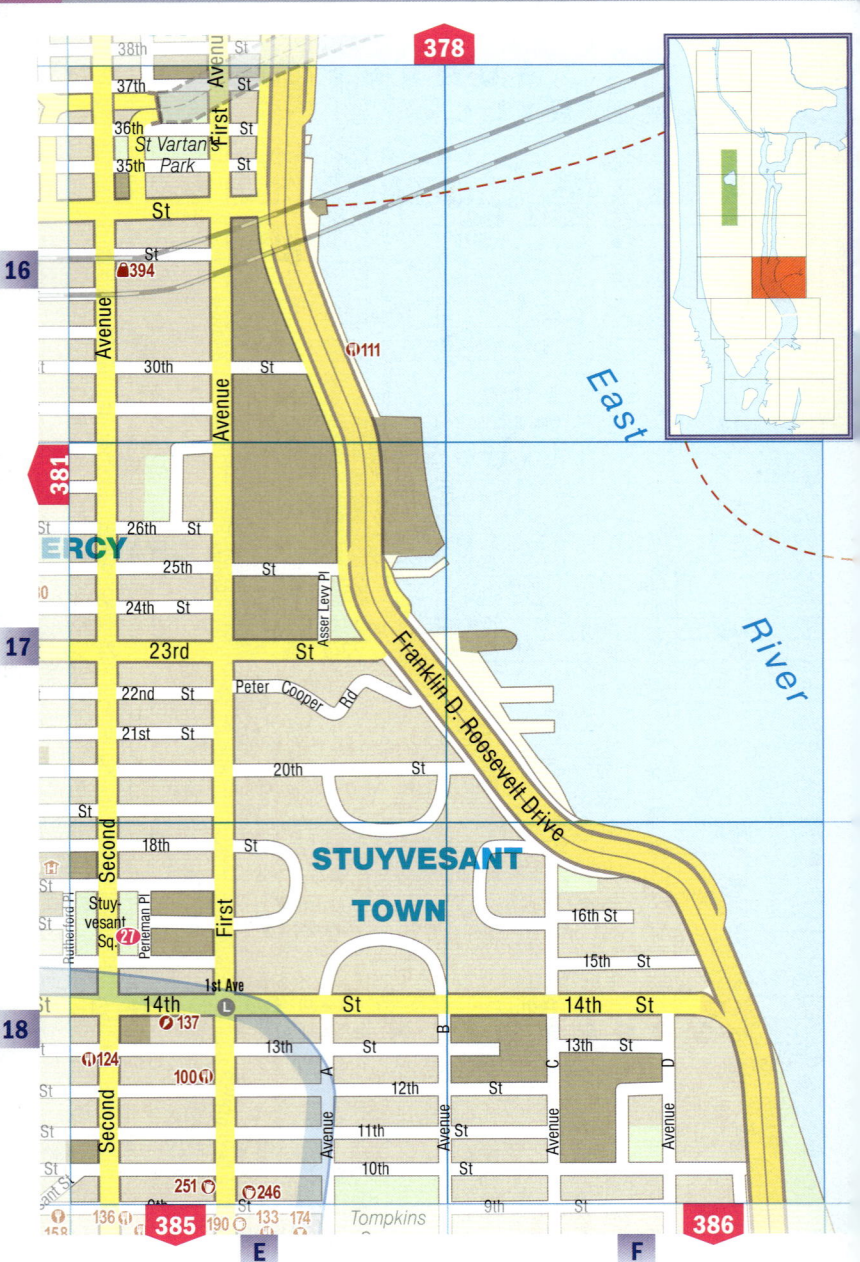

378

381

16

17

18

St Vartan Park

St

394

111

30th St

PERCY

26th St

25th St

24th St

23rd St

22nd St

21st St

20th St

Peter Cooper Rd

Asser Levy Pl

Franklin D. Roosevelt Drive

East

River

18th St

Second Avenue

Stuy-vesant Sq.

Rutherford Pl

Perlman Pl

First Avenue

STUYVESANT TOWN

16th St

15th St

1st Ave

14th St

St

14th St

137

13th St

B

13th St

C

D

124

100

12th St

A Avenue

B Avenue

C Avenue

D Avenue

11th St

10th St

251

246

9th St

136

158

190

133 174

385

E

386

F

Tompkins

380   Abingdon Sq.   381

West St
Jane St
597 12th St
Bethune St
Washington
Bank St
11th St
Perry St
Charles St
10th St
Weehawken St
Barrow St
Morton St
Leroy St
Clarkson St
Houston

WEST VILLAGE

Hudson St
Bleecker St
11th St
Perry St
Christopher St
Sheridan Sq
193
Washington St
Greenwich St
373
242
138
374
241
561

30
40
202
214 562
194
200 563
204
195
36 240
102
81
98

9th St
8th St
53
142
585
Washington Pl
105
121
197
245
243
376
375

372
Waverly Pl
Sheridan Sq
Washington Pl
W4th St Wash. Sq
3rd St
99
29
365
205
171
Bleecker St

Washington Square
Washington

Varick St

Houston

Houston St   211

King St
Charlton St
Vandam St

Greenwich St

Spring St
Dominick St
Broome St
Watts

316
172
160

Prince
52
113
367
148
79
24
Spring St

Sullivan St
Avenue of the Americas
Broadway

Canal St   Canal St   1

Holland Tunnel (Toll)   Pier 34

Pier 40

Watts
Desbrosses
Washington St
Vestry
Laight
Hubert
Beach
North Moore
Franklin
Harrison

West St
Greenwich St
Collister St
Ericson Pl
St Johns Lane
Varick St

Canal
170
125
371
101
23
Leonard
Hudson
Staple St
Jay St
Duane
Reade

TRIBECA

River

NY Water Taxi

Pier 25

Hudson River Park
Chambers   St

Warren

Chambers St   576
1 2 3

388

	19
	20
	21

B   C

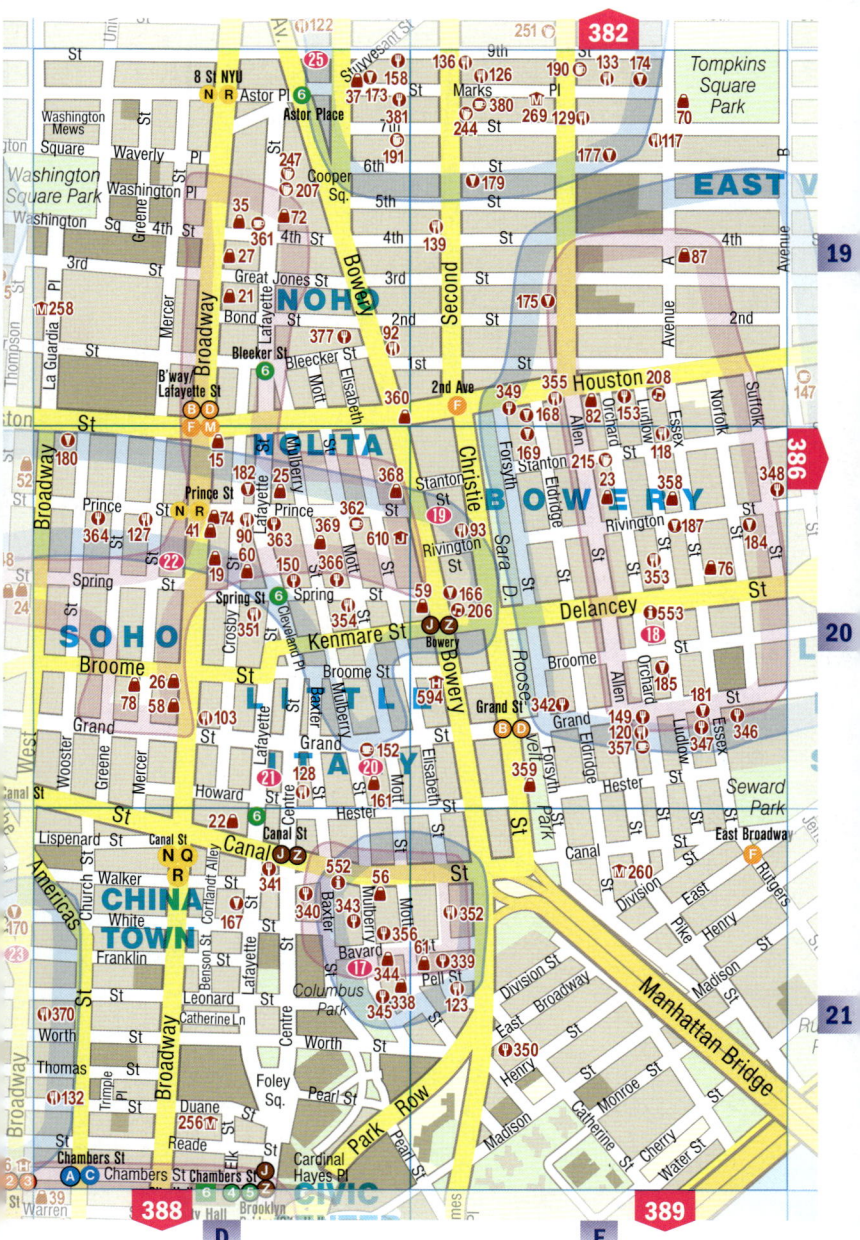

1 cm = 150 m

0 ——— 300 m

© REISE KNOW-HOW 2014

382

383

495

19

VILLAGE

9th St
8th St
7th St
6th St
5th St
3rd St

Avenue B
Avenue C
Avenue D

St

St

St

Nangin St
Baruch Pl

East River

O 147

Attorney St
Ridge St
Pitt St
Sheriff St
Columbia St

Hamilton
Fish Park

Baruch Dr

385

Clinton St
Stanton St

Bialystoker

F M
J Z
Essex St/
Delancey St

St
St

Williamsburg Bridge

Park

20

LOWER

EAST

SIDE

Clinton St
Pitt St
Willett St
Columbia St
Lewis St

Downing
Park

Broome St

Grand St

Broadway
Clinton
Montgomery
Henry St
Madison

Jackson St

Cherry St

St

Cherry St

Corlears
Hook Park

Rutgers Park
Broadway

Jefferson St
Madison St
St

Gouverneur St

Water St

South St

Bay

21

Cherry St

Rutgers
Park

East River Drive / South St Viaduct

East River Ferry

Wallabout

East River Ferry

East River Ferry

Marshall St
John St
Hudson St

Little St
West St
West St

East Way

West Way

Evans Ave

M...

F

G

1 cm = 150 m

0 — 300 m

© REISE KNOW-HOW 2014

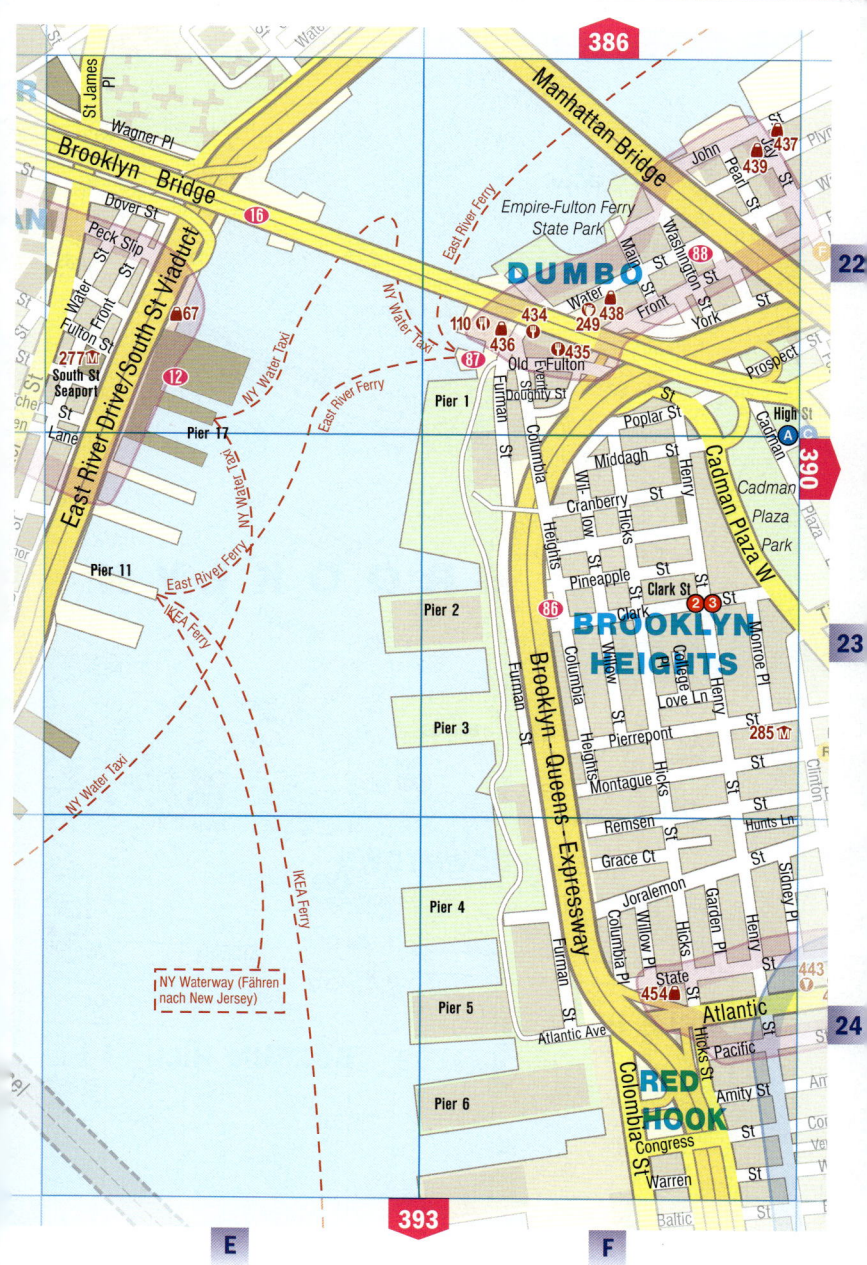

386

Manhattan Bridge

St James Pl
Wagner Pl
Brooklyn Bridge
Dover St
Peck Slip
16
Water St
Front St
Fulton St
277 M
South St
Seaport
St
Lane
67
12

John St
437
439
Pearl St

Empire-Fulton Ferry
State Park

East River Ferry

NY Water Taxi

DUMBO
Washington St
88
Water St
Main St
Front St
York St
434 **438**
110 **249**
436
435
Old Fulton St
Everit St
Doughty St
Prospect St

Pier 1
Furman St
Columbia St
Poplar St
High St
A
Cadman Plaza
390

Middagh St
Henry St
Willow St
Cranberry St
Hicks St
Heights
Pineapple St
86
Clark St
2 3
Clark St

Pier 17
Pier 11

East River Ferry
NY Water Taxi

IKEA ferry

Pier 2
Brooklyn-Queens-Expressway
Columbia
Heights
Pineapple St
Willow St
College Pl
BROOKLYN HEIGHTS
Monroe Pl
Love Ln
Henry St
22
23

Pier 3
Furman St
Pierrepont St
285 M

NY Water Taxi
East River Ferry

Montague St
Hicks St
Henry St

Remsen St
Hunts Ln
Grace Ct

Pier 4
Joralemon St
Willow Pl
Columbia Pl
Hicks St
Garden Pl
Henry St
Sidney Pl

IKEA Ferry

NY Waterway (Fähren
nach New Jersey)

Pier 5
Furman St
State St
454
443
Atlantic
Hicks St
24

Atlantic Ave
Pacific St
RED HOOK
Amity St

Pier 6
Columbia St
Congress St
Warren St

393

E
F

Brooklyn Bridge

East River Drive/South St Viaduct

386   387

389

22

23

24

G   H

394

VINEGAR HILL

Plymouth St
Water St
Front St
York St
Gold St
York St
Sands St
St

Ship Ways Ave
Evans St
2nd St
1st St
Navy St
Chauncey Ave
327
Morris St
Market St
Paulding Ave
Farragut Ave
8th Ave
Clinton Ave
Vanderbilt

Bridge St
Nassau St
Concord St
Navy St
Flushing Ave
Commodore John Barry Park
N Elliott Pl
N Portland Ave
N Oxford St
Cumberland St
Canton St
Clermont Ave
Adelphi St

Brooklyn – Queens – Expressway

Prospect St
Pearl St
High St
Jay St
New St
Adams St
Concord St
Chapel St
Cathedral Pl
Tillary
Flatbush Ave Ext
Bridge St
St Edwards St
Myrtle Ave
Ashland
Fort Greene Park

High St C

Whitman Park

Plaza E
Plaza
Park

Tillary St
Tillary
Johnson St
Lawrence St
Myrtle Ave
Duffield St
Gold St
Flatbush
Fair St
Willoughby
Place
DeKalb Ave
Fort Greene Pl
St Felix St

B R O O K L Y N

Cadman Plaza
Johnson St
Metrotech Walk
Bridge St
Jay St
Albee Square
Fleet
Ashland
Rockwell
Ashland

Court St R
Borough Hall
Remsen St
Joralemon St
Clinton St
Pearl St
Willoughby
Jay St Metro Tech
A C
F
Fulton St
447
Hoyt St
Fulton St
2 3
Fulton St
Albee Square
DeKalb Ave
E R
89
Fulton St
2 3
4 5
Nevins St
Flatbush
Hudson
Rockwell
Ave

433
i

4 5

254

DOWNTOWN

Livingston St
Court St
Boerum Place
Smith St
Gallatin Pl
Hoyt St
Elm Pl
Bond St
Hanover Pl
Schermerhorn St

Livingston St
Schermerhorn St
State St
287
Schermerhorn St
G A C
Hoyt-Schermerhorn Sts
Schermerhorn St
State St

State St
445
State St
457 451
Atlantic Ave
441
444
456

443
449
446
Ave
461 452 459
Pacific St
Pacific St
Atlantic
3rd Ave

COBBLE HILL

BOERUM HILL

Amity St
Congress St
Verandah Pl
Warren St
Clinton St
Court St
Dean St
Bergen St
Wyckoff St
Warren St
Pacific St
Smith St
463
Bergen St
F G
Wyckoff St
Warren St
Hoyt St
Dean St
Bergen St
Wyckoff St
Warren St
Nevins St
Bond St
3rd Ave
Baltic St   Baltic St   Baltic St

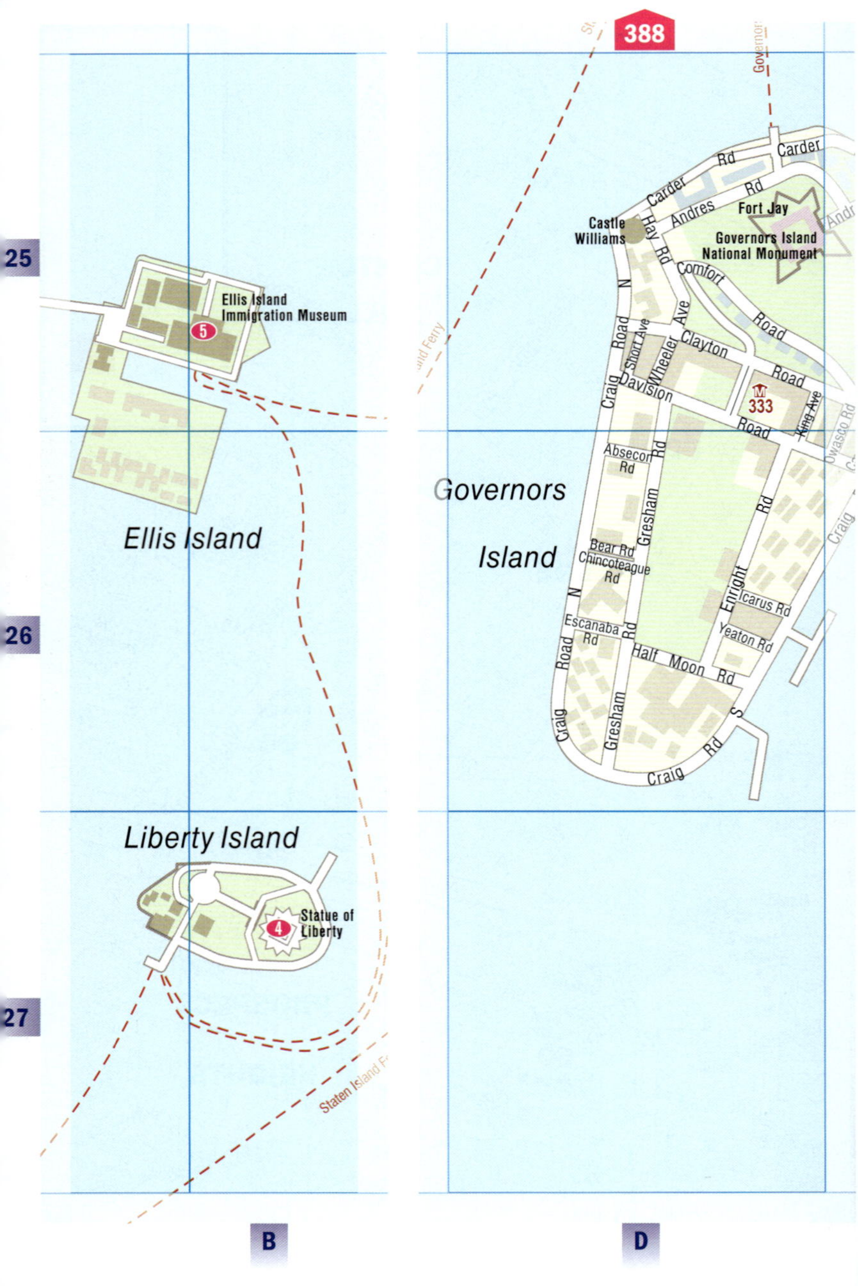

1 cm = 150 m
0
300 m
© Reise Know-How 2014
388
25
26
27
B
D
Ellis Island Immigration Museum
5
Ellis Island
Liberty Island
Statue of Liberty
4
Staten Island Ferry
Governors Island
Castle Williams
Fort Jay
Governors Island National Monument
Carder Rd
Andres Rd
Hay Rd
Comfort Road
N Road
Short Ave
Wheeler Ave
Clayton Road
Davision Road
King Ave
333
Craig Road
Absecon Rd
Gresham Rd
Enright Rd
Bear Rd
Chincoteague Rd
Icarus Rd
Yeaton Rd
Escanaba Rd
Half Moon Rd
Owasco Rd
S Craig Rd

389

Warren St

Baltic St

Kane St

Tiffany Pl

Hicks St

Cheever Pl

Henry

Pier 9A

Brooklyn - Battery Tunnel

Pier 9B

Degraw St

Colombia St

Sackett St

Hicks St

465

25

Union St

President St

Carroll St

Brooklyn-Queens-Expressway

Channel

Summit St

Woodhull ⊕ **458**

IKEA Ferry

Atlantic Basin

Browne St

Imlay St

Seabring St

26

Commerce St

Luquer St

Colombia

Red Hook Passenger Ship Terminal

Van Brunt St

Delevan St

Richards St

Nelson

Hicks

Hun

Verona St

Buttermilk

Imlay St

⊞ **469**

Visitation Pl

Clinton Wharf

Pioneer St

King St

King St

Dwight St

Colombia

Ce

Sullivan St

Ferris St

RED HOOK

Wollcott St

Conover St

Sullivan St

Van Brunt St

Richards St

Bush St

Dikeman St

Wollcott St

Van Brunt St

Lorraine St

Louis Valentino Jr. Park

471 ◨

Coffey St

⊞ **467**

91

Dikeman St

Otsego St

Creamer St

Van Dyke St

⊞ **466**

⊞ **470**

Coffey St

Bay St

468 ⊕

Ferris St

472 ◨

Beard St

Van Dyke St

● **330**

288 ⊞

Conover St

Van Brunt St

Dwight St

Sigourney St

27

Reed St

Beard St

Beard St

Richards St

IKEA

IKEA
Ferry
Dock

389

Craig Rd S

Owasco Rd

Carthage Rd

Kimmel

Comfort Rd

Barry Rd

Evans Rd

Kimmel Rd

Andres Rd

Rd

order Rd

E

F

394

1 cm = 150 m

0   300 m

© REISE KNOW-HOW 2014

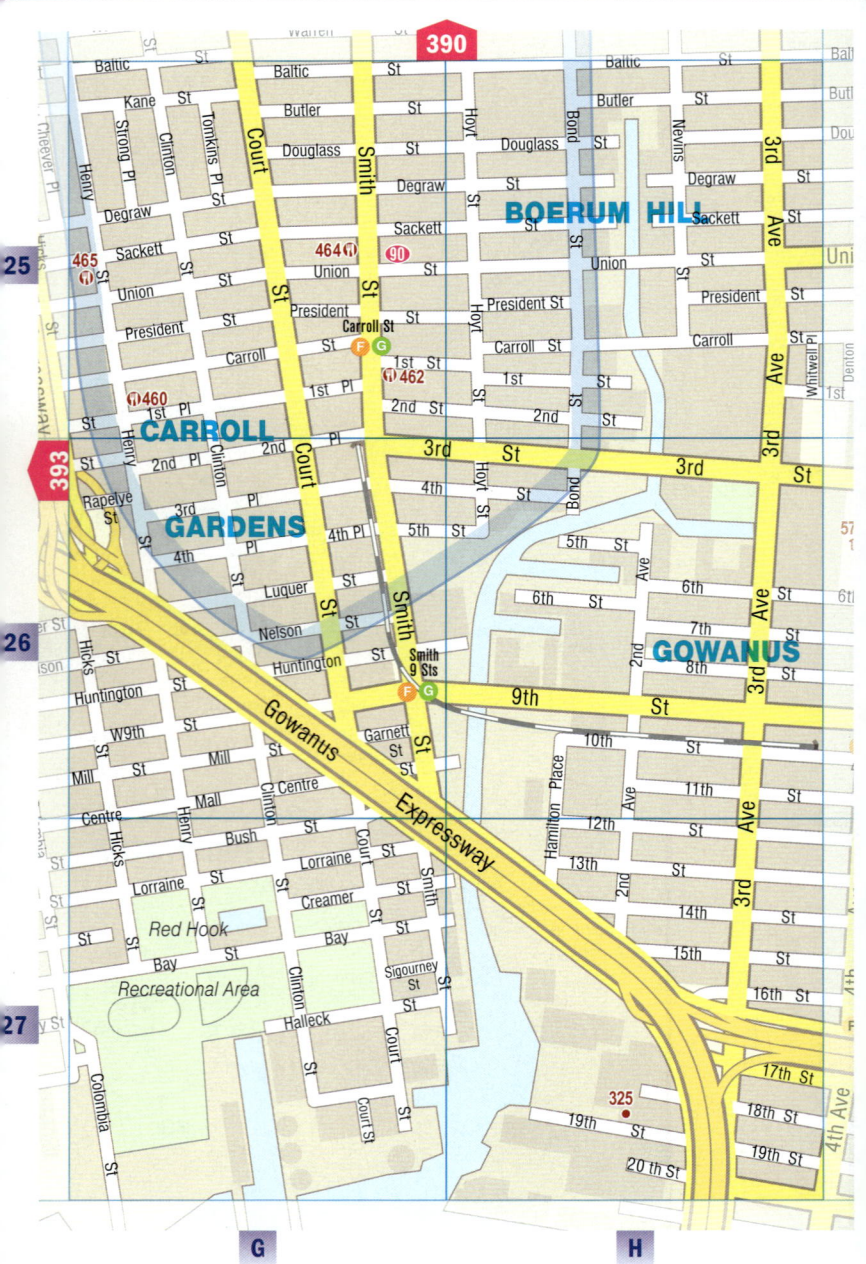

390

393

25

26

27

BOERUM HILL

CARROLL

GARDENS

GOWANUS

Red Hook
Recreational Area

460

465

464

462

90

325

57

F G

F G

G

H

Baltic St
Kane St
Strong Pl
Clinton St
Tomkins Pl
Court St
Baltic St
Butler St
Smith St
Douglass St
Degraw St
Sackett St
Union St
President St
Carroll St
1st Pl
2nd Pl
Clinton St
Court St
3rd Pl
4th Pl
Luquer St
Nelson St
Huntington St
Gowanus Expressway
Hicks St
W 9th St
Mill St
Mall
Bush St
Lorraine St
Creamer St
Bay St
Halleck St
Colombia St
Court St

Henry St
Degraw St
Sackett St
Union St
President St
Carroll St
1st Pl
Henry St
2nd Pl
3rd
4th
Rapelye St

Hoyt St
Douglass St
Degraw
Sackett St
Union St
Carroll St
President St
1st St
2nd St
3rd St
4th St
5th St
Hoyt St
Smith St
Smith & 9 Sts
Garnett St
Garnett St
Smith St
Smith St

Bond St
Nevins St
Butler St
Douglass
Degraw
Sackett
Union
President St
Carroll
1st
2nd
3rd St
4th
5th St
6th St
7th St
8th St
9th St
10th St
11th St
12th St
13th St
14th St
15th St
16th St
17th St
18th St
19th St
20th St
19th St

3rd Ave
Whitwell Pl
2nd Ave
3rd Ave
Hamilton Place

Warren St
Baltic St
Butler St
Bond St
Uni

Denton St

GOWANUS

Gowanus Expressway

Liste der Karteneinträge

Liste der Karteneinträge

Liste der Karteneinträge

Liste der Karteneinträge

Liste der Karteneinträge

Hier nicht aufgeführte Nummern liegen
außerhalb der abgebildeten Karten.
Ihre Lage kann aber wie bei allen im Buch
vorkommenden Ortsmarken mithilfe des
Internet-Kartenservice Google Maps™
lokalisiert werden (s. S. 396).

New York mit PC, Smartphone & Co.

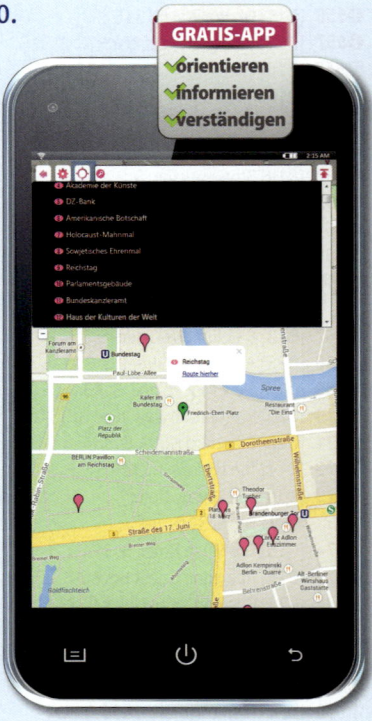

QR-Code auf dem Umschlag scannen oder
http://ctp-nyc14.reise-know-how.de
eingeben und die **kostenlose
CityTrip-PLUS-App** aufrufen!

★ **Anzeige der Lage und Luftbildansichten
aller** beschriebenen Sehenswürdigkeiten
und touristisch wichtigen Orte
★ **Routenführung** vom aktuellen Standort
zum gewünschten Ziel
★ **Exakter Verlauf** der empfohlenen
Stadtspaziergänge
★ **Audiotrainer** der wichtigsten Wörter
und Redewendungen
★ **Aktuelle Infos** nach Redaktionsschluss

Weitere **kostenlose Downloads** auf
www.reise-know-how.de auf der Produktseite
dieses Titels unter „Datenservice":
★ **GPS-Daten aller Ortsmarken:** einfacher Import in GPS-Geräte, Navis und Geosoftware
auf PCs und mobilen Geräten.

Unsere App-Empfehlungen zu New York City

ctp-nyc14.reise-know-how.de

> **iTrans NYC Subway** ($ 3,99 für iOS) und **nycTrans.it** (gratis für Android):
  Apps zum Nahverkehr mit praktischen Tipps zu Linien und Fahrplänen sowie aktuellen Infos
> **Time Out New York:** Nützliche App des informativen Wochenmagazins mit Tipps
  zu Restaurants, Läden, Nightlive und Events (gratis für iOS und Android)
> **Broadway.org:** Infos über gerade laufende und geplante Broadway-Shows
  mit der Möglichkeit, direkt Tickets zu erwerben (gratis für iOS und Android)
> **NY Times:** App der New York Times mit Nachrichten und Veranstaltungshinweisen
  (kostenlos für iOS und Android)
> **m.nycgo.com:** Mobile Seite von New York City & Company, zum Beispiel
  mit Empfehlungen zu Gastronomie sowie Shopping und „what's nearby"-Funktion

Manhattan, Stadtbezirke; Legende der Karten- und Textsymbole

Manhattan, Stadtbezirke

© REISE KNOW-HOW 2014

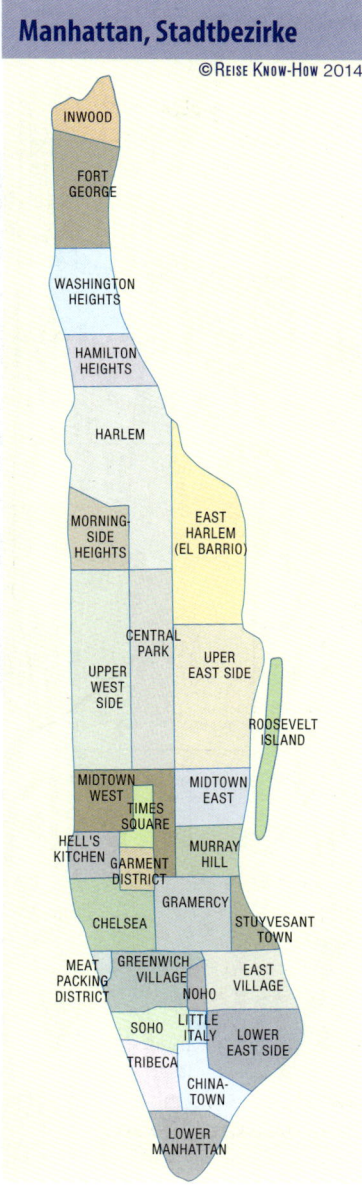

Legende der Karten- und Textsymbole

⓫	Hauptsehenswürdigkeit
[L6]	Verweis auf Planquadrat im City-Faltplan
✚	Arzt, Apotheke, Krankenhaus
❶	Bar, Bistro, Klub, Treffpunkt
☎	Bed and Breakfast
☉	Biergarten, Pub, Kneipe
☕	Café
🄶	Galerie
⌂	Geschäft, Kaufhaus, Markt
⌂	Hotel, Unterkunft
❶	Imbiss
❶	Informationsstelle
⍟	Jugendherberge, Hostel
🏛	Museum
❸	Musikszene, Disco
✉	Postamt
❶	Restaurant
★	Sehenswürdigkeit
🆂	Sport-/Spieleinrichtung
•	Sonstiges
♡	Theater
❷	vegetarisches Restaurant
❶	Weinlokal
6	Terminal (Endhaltestelle Subway)
6	Local Stop (Subway)
Ⓐ	Express Stop (Subway)
3—	Stadtspaziergang Nr. 3
⬭	Shoppingareale
⬭	Gastro- und Nightlife-Areale

Die **Benutzung der Symbole** in Karte und Text wird auf S. 7 erläutert.

Diesem Buch liegt in Form eines Lesezeichens ein Gutschein für eine SIM-Karte von Cellion bei, die mit dem eigenen Mobiltelefon in den USA benutzt werden kann. Sollte der Gutschein herausgefallen sein, finden Sie auf Seite 353 weitere Informationen.